新时代数字企业管理系列教材

丛书主编◎戚聿东　焦　豪



# 数字企业管理原理

戚聿东　肖　旭◎主编

PRINCIPLES OF DIGITAL ENTERPRISE MANAGEMENT

北京师范大学出版集团
BEIJING NORMAL UNIVERSITY PUBLISHING GROUP
北京师范大学出版社

**图书在版编目(CIP)数据**

数字企业管理原理/戚聿东，肖旭主编. —北京：北京师范大学出版社，2022.10

新时代数字企业管理系列教材

ISBN 978-7-303-28145-9

Ⅰ. ①数… Ⅱ. ①戚… ②肖… Ⅲ. ①数字技术－应用－企业管理－教材 Ⅳ. ①F272.7

中国版本图书馆 CIP 数据核字(2022)第 166075 号

**图书意见反馈**：gaozhifk@bnupg.com 010-58805079

营销中心电话：010-58802181 58805532

出版发行：北京师范大学出版社 www.bnup.com

北京市西城区新街口外大街 12-3 号

邮政编码：100088

印　　刷：天津中印联印务有限公司

经　　销：全国新华书店

开　　本：787 mm×1092 mm 1/16

印　　张：16.25

字　　数：375 千字

版　　次：2022 年 10 月第 1 版

印　　次：2022 年 10 月第 1 次印刷

定　　价：49.80 元

策划编辑：陈仕云　　责任编辑：陈仕云

美术编辑：李向昕　　装帧设计：李向昕

责任校对：陈　民　　责任印制：赵　龙

# 新时代数字企业管理系列教材
# 丛书编委会

# 总 序

在数字经济时代，数字企业的良性健康发展成为重塑国家竞争优势的新机遇。数字经济的发展速度之快、辐射范围之广、影响程度之深前所未有，正在推动社会生产方式、生活方式和治理方式的深刻变革，成为重组全球要素资源、重塑全球经济结构、改变全球竞争格局的关键力量。2022 年 1 月 12 日，国务院印发的《“十四五”数字经济发展规划》明确提出，“十四五”时期，我国数字经济将转向深化应用、规范发展、普惠共享的新阶段。在数字经济大背景下，科技与商业双轮驱动的世界正在到来，依托数字技术形成的数字企业成为推动数字经济进一步发展的关键市场主体。与传统企业管理思维相比，数字企业的商业运行逻辑发生了根本转变，涌现出一系列蕴含新思想与新逻辑的管理实践。

因此，高等院校企业管理相关课程教材有必要在新时代进行重新设计，以指导数字企业的管理实践。在工业经济时代，以斯蒂芬·罗宾斯、迈克尔·波特、菲利普·科特勒为代表的学者出版了《管理学原理》《竞争战略》《营销管理》等经典教科书，极大地推动了工商管理实践的发展。如今，随着数字经济的迅猛发展，基于平台的数字企业管理活动成为时代主旋律，培养适应数字经济时代的经济管理人才成为新趋势。一方面，国内外数字企业对数字管理人才具有巨大而迫切的需求，数字管理人才供给存在巨大缺口。针对这一问题，一些世界一流商学院进行了积极探索，如美国斯坦福大学工商管理专业增加了“大数据挖掘与商务智能”“数据主导型决策”“数字化竞争战略”等课程，为本科生与 MBA 学员开展数字企业管理工作提供指导。另一方面，在我国，大部分高校经济管理类院系相对缺乏针对数字企业管理领域的课程教材和培养体系，而传统的企业管理系列教材已不能完全适应数字经济时代企业管理的要求。因此，在数字经济时代背景下，有必要设计数字企业管理原理、战略管理、营销管理、创新管理、人力资源管理等方面的核心课程和教材。

出于上述考虑，北京师范大学经济与工商管理学院组织出版了“新时代数字企业管理系列教材”，旨在为我国各行业培养面向数字经济的经济管理类创新人才服务。为了更加全面、系统地反映数字经济时代企业管理理论与实践的发展，本系列暂定 10 本教材，首批 5 本教材是：

（1）《数字企业管理原理》。这本教材以数字企业为研究对象，揭示和阐述数字企业管理的新原理，以期对数字经济时代的企业管理理论与实践有所助益。具体内容包括数字企业运行机制、数字企业管理逻辑、数字企业管理目标、数字企业产权结构与治理结构、数字企业商业模式等方面。

（2）《数字企业战略管理》。这本教材聚焦数字经济时代背景下数字企业如何获取持续竞争优势这一核心问题，主要目的是指导数字企业应对数字化时代企业管理变革的要求，探索适应数字经济时代的企业战略管理新模式。具体内容包括数字化情境的基本规律、数字技术、数字企业愿景使命与利益相关者管理、识别数字机会、构建数字能力、业务层数字战略、数字平台战略、数字并购战略、数字生态系统战略、数字化战略变革等方面。

（3）《数字营销管理》。这本教材的主要目的是为数字经济时代的市场营销学提供理论与实践指导。具体内容包括数字营销基础、数字营销的价值识别、数字营销的价值创造、数字营销的价值触达、数字营销的伦理与法律等方面。

（4）《数字创新管理》。这本教材结合数字企业创新管理的最新实践，从指导企业实践的角度出发，揭示数字技术与企业数字创新的全貌。具体内容包括数字技术与数字创新、数字创新的过程、数字组织创新、数字创新的产出与应用、数字创新生态系统等方面。

（5）《数字人力资源管理》。这本教材介绍了数字时代人力资源管理的特性，以及企业如何运用数字经济时代的人力资源管理工具和技术进行知识管理、学习管理及绩效管理。具体内容包括数字时代的工作模式、数字人力资源的相关技术、变革导向的人力资源战略等方面。

总的来看，“新时代数字企业管理系列教材”涵盖了当今数字企业管理的热点领域和学术前沿研究成果，将相关领域的知识点有机地融合在一起。本系列教材在编写过程中遵循企业管理各个知识点的教育教学规律，注重把握当前数字企业的发展现状，精心设计教材内容，体现科学性与现实性。在形成篇章内容体系时，力求涵盖数字经济时代企业管理的基本原理、方法、手段和实践内容，体现系统性、前瞻性和创新性。

“新时代数字企业管理系列教材”作为数字经济与管理领域的跨学科研究成果，在资料收集和撰写过程中，参考了国内外许多专家的研究成果，在此谨向他们表示敬意和谢意。在编写过程中，得到了北京师范大学经济与工商管理学院领导班子的指导和支持，也得到了“数字经济与管理”教研团队的通力协作。在出版过程中，得到了北京师范大学出版集团党委书记、董事长吕建生的鼎力支持，责任编辑陈仕云为丛书策划、编辑、校对付出了巨大心血，在此一并表示衷心感谢！

数字企业管理是一个全新的领域，其运行过程和机制比较复杂，我们边研究边教学，由于理论认知水平有限，研究可能不够系统深入，内容体系尚不成熟。因此，本系列教材难免存在不足与缺憾，恳请专家和读者批评指正。

戚聿东　焦豪

2022 年 5 月 30 日

# 目　录

**导论　数字经济新图景与数字企业新篇章 /1**

0.1　中国迎来数字经济发展契机 ……………………… 2
0.2　中国企业面临数字化转型的现实需求 ……… 7
0.3　本书主要内容 …………………………………… 12

**第 1 章　数字企业运行机制 /14**

1.1　数字企业定义 …………………………………… 15
1.2　数字企业特征 …………………………………… 18
1.3　数字化业务 ……………………………………… 20
1.4　数字企业管理理念 ……………………………… 24

**第 2 章　数字企业管理逻辑 /39**

2.1　数据资产 ………………………………………… 41
2.2　数据价值 ………………………………………… 46
2.3　数字商业规律 …………………………………… 53
2.4　数字企业管理思维 ……………………………… 56

**第 3 章　数字企业管理目标 /74**

3.1　企业管理目标的属性 …………………………… 74
3.2　传统企业的企业管理目标 ……………………… 77
3.3　数字企业管理目标的特殊性 …………………… 79
3.4　数字企业管理目标的转换 ……………………… 82

**第 4 章　数字企业产权结构与治理结构 /87**

4.1　智力资本 ………………………………………… 88
4.2　有限合伙制 ……………………………………… 89
4.3　双重股权结构 …………………………………… 92
4.4　利益相关者治理 ………………………………… 97

**第 5 章　数字企业商业模式/101**

5.1　时基竞争 …… 103
5.2　蜂群思维 …… 108
5.3　碎片化价值 …… 113
5.4　数字化生态 …… 118

**第 6 章　数字企业战略管理/126**

6.1　数字经济时代的主导战略：数字化转型 …… 128
6.2　数字化转型的具体体现 …… 131
6.3　数字化转型实践 …… 134

**第 7 章　数字企业组织结构/142**

7.1　工业经济时代的企业组织结构 …… 144
7.2　数字经济时代的组织结构变革 …… 149
7.3　组织结构变革过程中面临的问题 …… 153

**第 8 章　数字营销/157**

8.1　信息过载与用户画像 …… 159
8.2　产品版本化与迭代化 …… 165
8.3　数字产品定价 …… 170
8.4　全渠道营销 …… 174
8.5　大数据营销 …… 178

**第 9 章　数字化生产运营/186**

9.1　数字技术 …… 187
9.2　数字生产方式 …… 193
9.3　数字化运营 …… 196
9.4　CPS 和工业互联网 …… 198
9.5　数字化生产实践 …… 202

**第 10 章　开放式创新/208**

10.1　数字化与创新 …… 209
10.2　数字创新 …… 211
10.3　开放式创新与开源战略 …… 215
10.4　协同创新 …… 219

**结语　数字企业的未来/228**

11.1　数字化商业逻辑 …… 228
11.2　数字化转型浪潮 …… 230
11.3　后摩尔时代数字企业创新方向 …… 232
11.4　中国企业数字化管理变革 …… 240

**参考文献/245**

# 导论　数字经济新图景与数字企业新篇章

自2008年金融危机以来，数字经济成为全球经济复苏的重要驱动力。美国、欧盟、日本等发达经济体依靠自身在信息产业领域的资源基础，尝试通过产业的数字化转型重获竞争优势。2016年G20杭州峰会将数字经济纳入议题，首次将数字经济与创新、新工业革命、结构性改革一起列为创新增长的四项举措，并就数字经济通过了首个由全球主要大国领导人共同签署的《G20数字经济发展与合作倡议》。美国、英国、德国、日本等发达国家纷纷将发展数字经济列入国家战略规划，大力发展数字技术。美国于2018年发布了《美国机器智能国家战略报告》，在2019年又发布了《国家人工智能研究和发展战略计划》，并启动"美国人工智能计划"。德国于2018年出台了《高技术战略2025》和《德国人工智能发展战略》。日本于2018年发布了《第2期战略性创新推进计划(SIP)》，在2019年又发布了《科学技术创新综合战略2019》。

新冠肺炎疫情期间，全球产业链的供应和协作受到冲击，全球经济不稳定性、不确定性增加。与之形成鲜明对比，数字经济却展现出顽强的韧性。远程医疗、在线教育、共享平台等新兴业态广泛应用，对促进各国经济回暖、推动全球疫情防控发挥了重要作用，产业数字化转型稳步推进，企业数字化转型步伐逐渐加快。各国经济发展的重心从物理空间开始向数字空间转移，虚拟世界的开启为生产要素的重新组合、创新潜能的释放打开了新的空间。根据中国信息通信研究院于2021年8月发布的《全球数字经济白皮书——疫情冲击下的复苏新曙光》，2020年全球数字经济增加规模达到32.6万亿美元，占全球GDP的比重为43.7%，同比名义增长3%，其中数字产业化比重为15.6%，产业数字化比重为84.4%，对第一、第二、第三产业的渗透率分别为8%、24.1%、43.9%。从规模上看，2020年，美国、中国、德国、日本、英国处于前五位，分别为135 997亿美元、53 565亿美元、25 398亿美元、24 769亿美元、17 884亿美元；从结构上看，德国、英国、美国、韩国的数字经济已经成为国民经济主导，数字经济占GDP的比重分别为66.7%、66%、65%、52%；在增速上，中国位居全球第一，同比增长9.6%，立陶宛、爱尔兰、保加利亚位居第二到第四位。当前，数字化浪潮席卷全球，数字经济正在成为重组全球要素资源、重塑全球经济结构、改变全球竞争格局的关键力量。人工智能、大数据、云计算、物联网等技术与制造、能源、材料等领域交叉融合，工业互联网、能源互联网、智能材料等新的技术应用改变了产业形态；量子计算、未来网络、超级计算机等前沿技术开始从概念阶段走向研发阶段，已经成为全球科技创新的重点领域。当代，数字化革命在世界范围内方兴未艾、如火如荼，相关新技术、新产业、新业态、新模式的发展日新月异，正在对人类的生产、生活和生态发生全面深远的影响，也正在改写和重塑世界经济的版图格局。

纵观世界文明史，人类社会先后经历了农业革命、工业革命、信息革命。每一次产业技术革命，都给人类生产生活带来巨大而深刻的影响。现在，以互联网为代表的信息技术日新月异，引领了社会生产新变革，创造了人类生活新空间，拓展了国家治理新领域，极大提高了人类认识世界、改造世界的能力(习近平，2015)。互联网、大数据、云计算、人工智能、区块链等技术快速创新，逐渐融入经济社会发展的各领域和全过程，深刻改变着经济社会发展的逻辑。根据中国信息通信研究院于2020年10月发布的《全球数字经济新图景(2020年)》，“数字经济是以数字化的知识和信息为关键生产要素，以数字技术创新为核心驱动力，以现代信息网络为重要载体，通过数字技术与实体经济深度融合，不断提高传统产业数字化、智能化水平，加速重构经济发展与政府治理模式的新型经济形态”。数字经济是发展中的新事物，具有高创新性、强渗透性、广覆盖性等特点，有助于推动产业转型升级，加快培育新的经济增长点。

2018年4月，习近平总书记在全国网络安全和信息化工作会议上指出，“要推动产业数字化，利用互联网新技术新应用对传统产业进行全方位、全角度、全链条的改造，提高全要素生产率，释放数字对经济发展的放大、叠加、倍增作用。”2021年10月，习近平总书记在十九届中共中央政治局第三十四次集体学习时强调：“数字经济事关国家发展大局，要做好我国数字经济发展顶层设计和体制机制建设，加强形势研判，抓住机遇，赢得主动。”数字经济发展速度之快、辐射范围之广、影响程度之深前所未有，把握新一轮科技革命和产业变革新机遇，加快数字产业化和产业数字化成为全球各国抓住先机、抢占未来发展制高点的重要突破口。

## 0.1 中国迎来数字经济发展契机

2018年12月召开的中央经济工作会议指出，“世界面临百年未有之大变局，变局中危和机同生并存，这给中华民族伟大复兴带来重大机遇。”其中，数字经济无疑是一个新的发展契机。如表0-1所示，2016—2021年我国“三新”经济绝对额稳步提升，2020年我国“三新”经济增加值为169 254亿元，相当于GDP的比重为17.1%，成为经济平稳增长的重要动力；2021年我国“三新”经济增加值为197 270亿元，相当于GDP的比重为17.3%，继续保持增长趋势。其中，2021年第一产业经济增加值为7 912亿元，相当于GDP的比重为0.7%；第二产业经济增加值为87 499亿元，相当于GDP的比重为7.7%；第三产业经济增加值为101 859亿元，相当于GDP的比重为8.9%。

**表0-1 2016—2021年中国“三新”经济发展情况**

| 年份 | “三新”经济 | | 第一产业 | | 第二产业 | | 第三产业 | |
|---|---|---|---|---|---|---|---|---|
| | 绝对额(亿元) | 相当于GDP比重(%) | 绝对额(亿元) | 相当于GDP比重(%) | 绝对额(亿元) | 相当于GDP比重(%) | 绝对额(亿元) | 相当于GDP比重(%) |
| 2016 | 113 587 | 15.3 | 5 830 | 0.8 | 48 497 | 6.5 | 59 260 | 8.0 |
| 2017 | 129 578 | 15.7 | 5 998 | 0.7 | 54 254 | 6.6 | 69 326 | 8.4 |
| 2018 | 145 369 | 16.1 | 6 227 | 0.7 | 62 453 | 6.9 | 76 689 | 8.5 |

续表

| 年份 | "三新"经济 | | 第一产业 | | 第二产业 | | 第三产业 | |
|---|---|---|---|---|---|---|---|---|
| | 绝对额（亿元） | 相当于GDP比重（%） | 绝对额（亿元） | 相当于GDP比重（%） | 绝对额（亿元） | 相当于GDP比重（%） | 绝对额（亿元） | 相当于GDP比重（%） |
| 2019 | 161 927 | 16.3 | 6 685 | 0.7 | 70 443 | 7.1 | 84 799 | 8.5 |
| 2020 | 169 254 | 17.1 | 7 423 | 0.7 | 73 486 | 7.4 | 88 345 | 8.9 |
| 2021 | 197 270 | 17.3 | 7 912 | 0.7 | 87 499 | 7.7 | 101 859 | 8.9 |

资料来源：国家统计局。

培育壮大发展新动能是加快产业转型升级、增强经济发展动力、推动高质量发展的重要举措。数字经济的快速发展，为中国经济增长不断注入新的活力。互联网和数字技术的广泛普及，加速了产业格局重构，催生出新产业、新业态、新商业模式。2020年，尽管遭受新冠肺炎疫情的严重冲击，以新产业、新业态、新模式为主要内容的经济发展新动能实现逆势快速增长，经济展现出良好的韧性活力，成为推动经济高质量发展的强大支撑。如表0-2所示，2015—2021年我国经济发展新动能指数逐年提高。2021年，我国经济发展新动能指数(以2014年为100)为598.8，较2020年增长35.4%；各项分类指数与2020年相比均有提升。其中，网络经济指数增长48.4%，对总指数增长的贡献最大，贡献率为81.9%；经济活力指数增长18.8%，对总指数增长的贡献率为8.0%；创新驱动指数增长20.5%，对总指数增长的贡献率为6.4%；知识能力指数增长11.6%，对总指数增长的贡献率为2.4%；转型升级指数增长7.0%，对总指数增长的贡献率为1.3%。

**表0-2　2015—2021年中国经济发展新动能指数**

| 年份 | 经济发展新动能指数 | | 经济活力指数 | | 创新驱动指数 | | 网络经济指数 | | 转型升级指数 | | 知识能力指数 | |
|---|---|---|---|---|---|---|---|---|---|---|---|---|
| | 指数值 | 增速（%） | 指数值 | 增速（%） | 指数值 | 增速（%） | 指数值 | 增速（%） | 指数值 | 增速（%） | 指数值 | 增速（%） |
| 2015 | 119.6 | 19.6 | 127.7 | 27.7 | 113.8 | 13.8 | 136.3 | 36.3 | 107.4 | 7.4 | 112.6 | 12.6 |
| 2016 | 146.9 | 22.8 | 163.1 | 27.7 | 126.6 | 11.2 | 200.1 | 46.8 | 119.8 | 11.5 | 125.1 | 11.1 |
| 2017 | 191.1 | 30.1 | 198.9 | 21.9 | 143.8 | 13.6 | 362.3 | 81.1 | 122.1 | 1.9 | 128.5 | 2.7 |
| 2018 | 258.1 | 35.1 | 234.0 | 17.6 | 174.8 | 21.6 | 601.6 | 66.1 | 144.1 | 18.0 | 135.9 | 5.8 |
| 2019 | 325.5 | 26.1 | 276.0 | 17.9 | 202.4 | 15.8 | 854.9 | 42.1 | 145.6 | 1.0 | 148.8 | 9.5 |
| 2020 | 442.4 | 35.9 | 330.9 | 19.9 | 243.6 | 20.4 | 1 323.5 | 54.8 | 150.4 | 3.3 | 163.7 | 10.0 |
| 2021 | 598.8 | 35.4 | 393.1 | 18.8 | 293.5 | 20.5 | 1 963.6 | 48.4 | 160.9 | 7.0 | 182.7 | 11.6 |

资料来源：国家统计局。

中国数字经济高速发展离不开互联网技术推广以及相关设施建设提供的扎实基础。如表0-3所示，2015—2020年，互联网上网人数从68 826万人增加到98 899万人，增长43.7%；互联网宽带接入端口从57 709.4万个增加到94 604.68万个，增长63.9%；移动互联网接入流量从418 753.31万GB增加到16 560 000万GB，增长3 854.6%；互联网宽带接入用户从25 946.57万户增加到48 355万户，增长86.4%。

**表0-3　2015—2020年中国互联网主要指标**

| 年份 | 互联网上网人数（万人） | 互联网宽带接入端口（万个） | 移动互联网接入流量（万GB） | 互联网宽带接入用户（万户） |
|---|---|---|---|---|
| 2015 | 68 826 | 57 709.40 | 418 753.31 | 25 946.57 |
| 2016 | 73 125 | 71 276.90 | 937 863.50 | 29 720.65 |
| 2017 | 77 198 | 77 599.09 | 2 459 380.26 | 34 854.01 |
| 2018 | 82 851 | 86 752.30 | 7 090 039.28 | 40 738.15 |
| 2019 | 90 359 | 91 577.98 | 12 199 200.64 | 44 927.86 |
| 2020 | 98 899 | 94 604.68 | 16 560 000.00 | 48 355.00 |

资料来源：中国统计年鉴。

进入新时代，中国社会的主要矛盾已经转化为人民日益增长的美好生活需要和不平衡不充分的发展之间的矛盾，提高供给体系质量的重要性不言而喻。数字技术的不断突破和广泛应用，迎合了中国供给侧结构性改革和现代化经济体系建设的需求，逐渐融入人民群众的日常生活，使得各个领域的数字化、网络化趋势日益凸显，社会生产力水平大幅提高。企业与用户之间建立数字连接，形成“数据穿透”，实现用户需求透明化、用户认知数据化、业务流程可追踪，提升了用户价值的响应效率。企业经营以用户价值为出发点，资本、劳动等生产要素在市场作用下向能够高效创造用户价值的领域集中，推动企业和产品的优胜劣汰，着力增加有效供给，破除无效供给，化解过剩产能，提高产品和服务质量的各类创新，提升供给水平和质量，从而在更高水平上实现供需的有机衔接。例如，以支付宝、微信支付为代表的“第三方支付”已经深入百姓生活，以高德地图、百度地图为代表的电子智能地图已经成为百姓出行的必备“神器”，以淘宝、京东为代表的电商平台推动用户消费向更加品质化、个性化和专业化发展，等等。如表0-4所示，2015—2020年，中国网上零售额保持稳定增长趋势，从38 773.2亿元增加至117 601.3亿元，增长203.3%；实物商品网上零售额从32 423.8亿元增加至97 590.3亿元，增长201.0%。

**表0-4　2015—2020年中国网上零售额统计**

| 年份 | 网上零售额 | | 实物商品网上零售额 | |
|---|---|---|---|---|
| | 绝对值（亿元） | 增长（%） | 绝对值（亿元） | 增长（%） |
| 2015 | 38 773.2 | 33.3 | 32 423.8 | 31.6 |
| 2016 | 51 555.7 | 33.0 | 41 944.5 | 29.4 |
| 2017 | 71 750.7 | 39.2 | 54 805.6 | 30.7 |

续表

| 年份 | 网上零售额 | | 实物商品网上零售额 | |
|---|---|---|---|---|
| | 绝对值(亿元) | 增长(%) | 绝对值(亿元) | 增长(%) |
| 2018 | 90 065.0 | 25.5 | 70 198.2 | 28.1 |
| 2019 | 106 324.2 | 18.1 | 85 239.5 | 21.4 |
| 2020 | 117 601.3 | 10.6 | 97 590.3 | 14.5 |

资料来源：中国统计年鉴。

数字经济具有高创新性、强渗透性、广覆盖性，不仅是新的经济增长点，而且是改造提升传统产业的支点。2020 年 10 月，中国共产党第十九届中央委员会第五次全体会议通过的《中国共产党第十九届中央委员会第五次全体会议公报》中提出，“以推动高质量发展为主题，以深化供给侧结构性改革为主线，以改革创新为根本动力，以满足人民日益增长的美好生活需要为根本目的，统筹发展和安全，加快建设现代化经济体系，加快构建以国内大循环为主体、国内国际双循环相互促进的新发展格局”。2021 年 3 月，第十三届全国人民代表大会第四次会议通过的《中华人民共和国国民经济和社会发展第十四个五年规划和 2035 年远景目标纲要》提出，“充分发挥海量数据和丰富应用场景优势，促进数字技术与实体经济深度融合，赋能传统产业转型升级，催生新产业新业态新模式，壮大经济发展新引擎”。2021 年 11 月，中国共产党第十九届中央委员会第六次全体会议通过的《中共中央关于党的百年奋斗重大成就和历史经验的决议》中提出，“推进制造强国建设，加快发展现代产业体系，壮大实体经济，发展数字经济”。加快数字化发展，推动 5G、物联网、云计算、大数据、人工智能、区块链等数字技术创新，打造数字经济新优势，全面支撑“双循环”，将为构建新发展格局提供强大支撑。

数字经济如火如荼地发展，数字化、智能化趋势加速形成，数据在经济社会中的作用不断显现。在以数据为基础所构建的网络空间中，虚体与实体的有机结合使得主体之间可以进行跨时间与空间范围的沟通，也有助于通过创新迭代以维持供给与需求的动态匹配(肖旭和戚聿东，2021)。数据加快技术、资本、劳动力等传统生产要素在不同部门之间流动，新的生产要素组合方式引发要素之间更替，推动生产方式发生变革，数字经济与传统产业的融合程度不断深化。如表 0-5 所示，2016—2020 年，中国数字经济对农业的渗透率从 6.2%提高到 8.9%，增长 2.7 个百分点；对工业的渗透率从 16.8%提高到 21.0%，提升了 4.2 个百分点；对服务业的渗透率从 29.6%提高到 40.7%，提升了 11.1 个百分点。

**表 0-5　2016—2020 年中国数字经济渗透率**

| 年份 | 农业渗透率(%) | 工业渗透率(%) | 服务业渗透率(%) |
|---|---|---|---|
| 2016 | 6.2 | 16.8 | 29.6 |
| 2017 | 6.5 | 17.2 | 32.6 |
| 2018 | 7.3 | 18.3 | 35.9 |

续表

| 年份 | 农业渗透率(%) | 工业渗透率(%) | 服务业渗透率(%) |
|---|---|---|---|
| 2019 | 8.2 | 19.5 | 37.8 |
| 2020 | 8.9 | 21.0 | 40.7 |

资料来源：中国信息通信研究院：《中国数字经济发展白皮书》。

技术升级带来协作方式的改变，推动生产效率的提升。随着数字技术的不断完善，产业内部数据获取、存储、分析等方面的能力均得以提高，数字产业化、服务化趋势不断增强。基于数字化连接，用户能够直接参与到生产环节中，"用户满意度"最终决定了产品价值的变现。越来越多的企业不再仅仅局限于生产活动，而是将业务向产业链全流程进行延伸，扩大服务供给。企业提升竞争力的关键在于不断提高对用户需求的响应能力和服务效率，服务化也成为制造业发展的重要方向(肖旭，2019)。如表 0-6 所示，2015—2021 年，电信业业务收入从 1.13 万亿元增加至 1.47 万亿元，增长 30.1%；软件和信息技术服务业业务收入从 4.28 万亿元增加至 9.50 万亿元，增长 122.0%；互联网和相关服务业业务收入从 0.54 万亿元增加至 1.55 万亿元，增长 187.0%。

**表 0-6　2015—2021 年中国数字产业化服务水平**

| 年份 | 电信业 | | 软件和信息技术服务业 | | 互联网和相关服务业 | |
|---|---|---|---|---|---|---|
| | 业务收入(万亿元) | 增速(%) | 业务收入(万亿元) | 增速(%) | 业务收入(万亿元) | 增速(%) |
| 2015 | 1.13 | 0.8 | 4.28 | 15.7 | 0.54 | 28.7 |
| 2016 | 1.19 | 5.3 | 4.82 | 12.6 | 0.67 | 24.1 |
| 2017 | 1.26 | 5.9 | 5.51 | 14.3 | 0.79 | 17.9 |
| 2018 | 1.30 | 3.2 | 6.19 | 12.3 | 0.98 | 24.1 |
| 2019 | 1.31 | 0.8 | 7.21 | 16.5 | 1.14 | 16.3 |
| 2020 | 1.36 | 3.8 | 8.16 | 13.2 | 1.28 | 12.3 |
| 2021 | 1.47 | 8.0 | 9.50 | 16.4 | 1.55 | 21.1 |

资料来源：中国信息通信研究院：《中国数字经济发展白皮书》。

数字经济释放贸易新动能，各国之间贸易业务往来将变得更加频繁。据世界贸易组织预计，到 2030 年，数字技术将促进每年全球贸易量增长 1.8%～2.0%。2021 年 10 月，在二十国集团领导人峰会上，中方正式提出申请加入《数字经济伙伴关系协定》(DEPA)，愿同各方合力推动数字经济健康有序发展，共同致力于便利化无缝的端到端数字贸易，允许可信任的数据流动，构建数字系统的信任。电子提单、在线报价等智能化技术较好地解决了物流不稳定问题，使信息流动、货物存储等效率得以优化，而将各个业务环节的信息上传到区块链之后有利于买卖双方更好地监督商品流通，及时解决贸易纠纷。当前，数字贸易进入数字技术与生产端全面融合阶段，形成新的产业，提供新的服务，如跨境结算、互联网医疗、远程教育等数字服务，拓展了传统跨境贸易领域。数字贸易对减少服务贸易总体逆差、提升中国服务贸易竞争力起到了重要作用。如表 0-7 所示，2015—2019 年，中国数字服务进口从 54 亿元增加至 88 亿元，增长 63.0%；出口从 58 亿元增加至 99 亿元，增长 70.7%。按联合国贸易和发展会议口径测算，2020 年我国可数字化交付的服务贸易规模达 2 947.6 亿美元，占服务贸易总额的 44.5%，比“十三五”初期提升了 13.9 个百分点。①

**表 0-7　2015—2019 年中国数字服务进出口情况**

| 数字服务 | 2015 年 | 2016 年 | 2017 年 | 2018 年 | 2019 年 |
|---|---|---|---|---|---|
| 进口(亿元) | 54 | 64 | 71 | 82 | 88 |
| 出口(亿元) | 58 | 62 | 69 | 87 | 99 |

资料来源：中国信息通信研究院：《中国数字经济发展白皮书》。

## 0.2　中国企业面临数字化转型的现实需求

数字经济是全球未来的主要发展方向，是推动中国经济高质量发展的重要动能。数字化转型作为数字经济发展的重要着力点，以云计算、大数据、人工智能等数字技术为抓手，广泛赋能各行业、各领域，已成为激发企业创新活力的突破口。数字化转型是建立在数字化转换、数字化升级基础上，进一步触及公司核心业务，以新建一种商业模式为目标的高层次转型。数字化转型要求企业对其业务进行系统性、彻底的重新定义，不仅仅是信息技术及相关设施发展，而且要对组织活动、流程、业务模式和员工能力的方方面面进行重新定义。

根据全国信息技术标准化技术委员会大数据标准工作组与中国电子技术标准化研究院联合发布的《企业数字化转型白皮书(2021 版)》，当前国内半数以上的企业已将数字化转型视为下一步发展重点，并且制定了清晰的数字化转型战略规划。企业进行数字化转型，就是要开发数字化技术及支持能力，以新建一个富有活力的数字化架构，形成新的商业模式，其中数字化架构是实施转型的基础。从全球跨国企业的发展历程来看，企业建立数字化架构需要先后经历自动化、信息化、“互联网+”以及智能化四个阶段，如图 0-1 所示。从发展阶段来看，业务数字化要经历从信息化到智能化的发展，涉及企业的采购、物流、仓储、销售、财务等所有职能的升级与优化，需要较长的时间；数字化业务产生于智能化阶段，其发展需要基于企业已建立的相对完善的数字化架构。

第一个阶段：自动化。在工业化时期，机械化和电气化的设备极大地解放了生产力，自动控制技术的发展则为自动化生产创造了条件。随着时代的发展，衡量一个国家是否实现工业化，要综合衡量机械化、电气化和自动化的水平。其中，自动化被视为工业化的高阶形态。自动化主要从三个方面给企业的生产活动带来改进。第一，自动化降低了生产环节的流程成本。自动化实现了流水线上的标准化操作，提高了产品质量，也为企业节省了检测和返修的成本。第二，自动化提高了生产环节之间的衔接

① 数据来源：《发展数字贸易 促进经济增长——2021 年数字贸易发展趋势和前沿高峰论坛发言摘编》，载《人民日报》，2021-09-04。

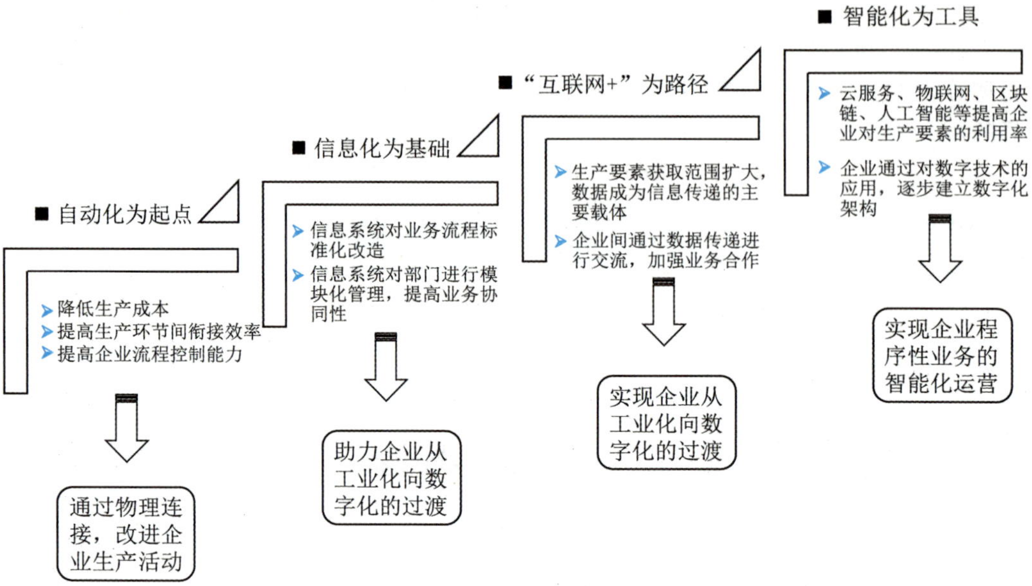


图 0-1　企业建立数字化架构的四个阶段

效率。通过在生产线之间建立技术连接，企业能够减少人工成本和时间成本。工人在经过高级技能培训后，能够从事经济附加值更高的活动，创造更大的生产价值。第三，自动化的设计，通过提高企业对流程进行测量、建模、控制的能力，降低损耗，提高原材料的利用率。作为工业化的高阶形态，自动化是企业建立数字化架构的起点。企业通过发展自动化技术，实现了生产环节的物理形态连接，通过机械化自动操作提高了生产要素的利用率，降低了原材料的损耗。

第二个阶段：信息化。信息化是在企业自动化生产的基础上，通过对财务、运营、生产等职能建立信息系统，加快信息在企业各部门之间的流通，并且逐步发展为面向服务的纯技术架构。信息化建设对于企业生产流程的改进体现在两个方面。一方面，企业通过建设信息系统，实现业务流程的标准化改造。企业信息系统的建立，加强了部门之间的业务沟通，减少了业务衔接的成本，提高了业务流程的效率。信息系统将业务要求进行信息化记录，提高了标准化程度。另一方面，信息系统对职能部门工作进行模块化管理，提高了部门之间的业务协同。信息化实现了信息在企业内部的共享，加强了职能部门内部的业务交流。同时，部门之间能够通过跨部门合作共同推进业务。借助信息系统，管理者能够发现业务流程中存在的问题，并及时做出调整。作为企业从工业化向数字化过渡的媒介，信息化是建立数字化架构的基础。通过提高职能部门内部以及部门之间的业务效率，企业的信息化建设实现了生产要素之间的虚拟连接，并且将连接从生产部门扩大到其他职能部门，进一步强化了企业内部的沟通与协作。

第三个阶段：“互联网＋”。信息化实现了企业各部门之间的连接，提高了企业内部的运营效率。但是，从产业发展的视角来看，企业仍然是一个个孤立的个体，企业之间的协作依然面临着连接障碍。互联网技术则为企业之间建立连接提供了支持。互联网技术实现了企业与合作方以及用户之间的直接连接，打破了传统的企业边界，也提高了企业整合、利用资源的能力。传统企业通过“互联网＋”的发展路径，实现从工业化向数字化的过渡。在“互联网＋”的技术协议下，企业获取生产要素的范围得以扩大，数据成为信息传递的主要载体。在将海量的信息和知识编码为数据后，企业之间可以通过数据传递进行信息交流，加强业务合作。企业还能够通过对数据的解读识别业务中存在的机会和问题。

第四个阶段：智能化。“互联网＋”促进了企业之间的连接，数据的潜在价值逐渐被发掘。然而，数据分析的工作仍然依赖于人工处理，数据人才的稀缺限制了企业对数据的使用。借助计算智能和数据科学，提高数据处理效率，缓解人才约束，成为企业的现实选择。随着机器算法的不断改进，全球催生出一系列新兴的数字技术，包括云服务、物联网、智能制造、区块链、人工智能等。新兴数字技术的崛起和应用，解决了企业所面临的诸多商业难题，进一步提高了企业对生产要素的利用率。企业通过对数字技术的应用，逐步建立起数字化架构，在企业内部实现程序性业务的智能化运营。

在数字化架构下，数据成为核心生产要素。具体而言，数据对于企业的商业价值体现在四个方面，如图 0-2 所示。第一，基于海量业务数据的深度学习所建立的机器记忆，能够实现程序性决策的高效执行，提高业务效率。另外，计算机通过处理新生的业务数据，能够自动优化对程序性决策的执行。第二，由计算机自动执行程序性决策，解放了相应环节的人工，企业可以将人工配置到经济附加值更高的非程序性决策中。第三，企业可以通过对数据的实时处理和分析，识别业务流程中存在的问题并及时纠正。第四，企业可以通过数据分析，揭示生产要素的使用效率，将生产要素从经济附加值低的环节向经济附加值高的环节集中。同时，企业也可以通过数据挖掘优化生产要素供给。

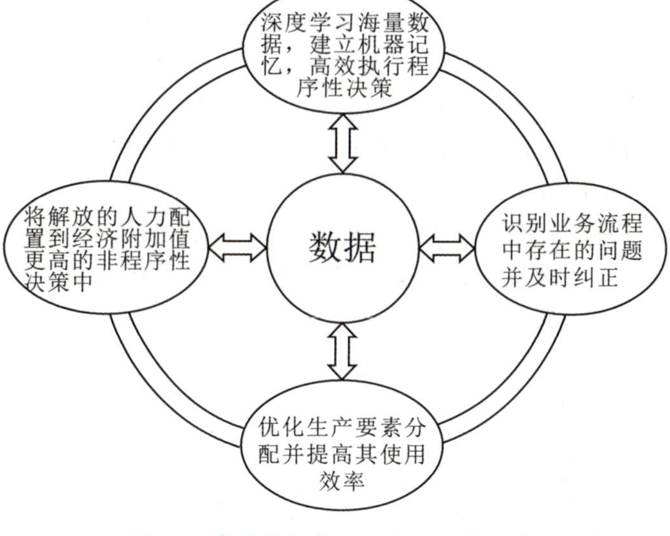


图 0-2　数字化架构之下数据的商业价值

企业数字化转型的本质在于以数据为核心要素，发展数字化业务，进而驱动传统产业的创新升级，发挥数据对于经济增长的促进作用。完成数字化转型的企业，能够通过对数据的挖掘、处理和应用提供新的产品或者服务，充分利用数据的时效性创造新的价值，为用户带来新的体验。企业进行数字化转型要在对组织内部的物质流、信息流以及价值流进行协同作用的基础上，将数字技术应用于业务当中，如图 0-3 所示。在传统的生产模式下，物质流主要指生产资料，企业通过信息化将物质流的生产资料转变为数据并且形成信息流，然后根据信息流所反映的情况将生产资料转变为具有价值的产品，最终提供给用户。可见，信息化仅仅提高了企业内部的生产效率，却没有考虑用户的需求，因而导致企业的产品并不总是能够获得市场认可，库存积压成为常态。企业通过“互联网＋”与合作方以及用户进行连接，提高了供给效率，但是仍然没有解决供给与需求之间的匹配问题。

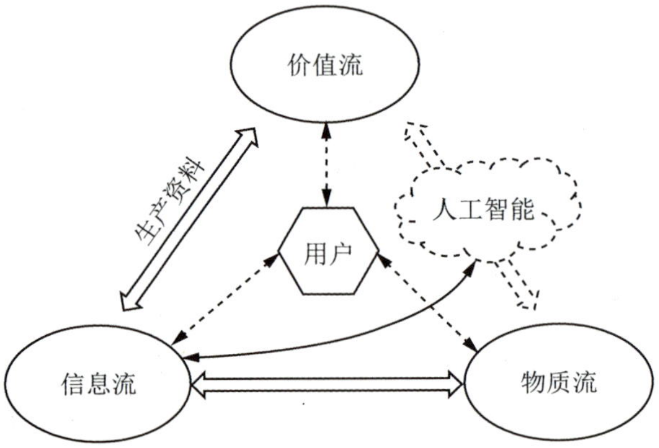


图 0-3　数字化业务下物质流、信息流、价值流之间的协同

在数字化架构的基础上，发展数字化业务，则能够解决企业所面临的这个难题。以信息流为支撑，企业通过数字技术的应用，让用户端获取的价值流实时影响物质流的调度，实现定制化批量生产，提高库存管理效率。企业内部发展数字化业务需要进行系统化设计，具体而言包括三个方面的任务：第一，以数据为导向，实现核心业务数字化，通过数据挖掘驱动业务效率提升；第二，利用数据外延，为合作方和用户提供业务支持，通过数据流通促进价值链条整合；第三，寻求跨界合作，拓展业务范围，通过数据共享重构产业的竞争格局。

数字技术不仅促进了企业业务效率的提升，而且从本质上改变了企业的商业模式。在数字经济环境下，企业之间的关系不再是此消彼长的零和博弈，共享发展成为新的经营理念。互联网的核心理念在于开放、共享，只有让数据在价值链条上流动起来才能够创造更大的商业价值。企业可以向合作方和用户共享数据的使用权，促进数据流通，提高数据的利用效率。越来越多的数字化企业打破了企业边界的束缚，尝试通过开放加强商业合作，这个过程在无形中促进了价值链条的整合。

数据流通进一步促进了合作方之间的合作，强化了价值创造。数据流通打破了传统价值链中企业之间的隔阂，增强了上下游企业之间的协同，提高了价值传递的效率。在这个过程中，下游企业可以根据上游企业的生产及交付状况，实时地调度生产方案和资源配置。同时，企业将数据分析的结果及时提供给员工，强化他们对于用户需求的认知，从而更好地提供个性化的服务。除了加强企业在纵向上的合作，数据流通同样可以在横向之间展开。拥有同类业务的企业可以通过数据流通实现优势互补，共同研发同一类产品。在数字经济体系中，社会化分工更加细化，社会化协作更加紧密。随着合作的增多，传统价值链条开始横向发展，覆盖范围不断扩张。

数据流通实现了价值链条与用户之间的连接，用户能够参与研发，加快了产品迭代。企业通过数字化业务将用户连接到价值链条中，并且借助移动设备的传感器及时捕捉到所有用户的即时响应数据，并快速做出反应。通过对用户数据的分析，企业能够发现用户对产品的关注点，从而对价值链进行整合，提高产品和服务的质量，改善用户体验。同时，企业也能够在数字化架构的基础上，对产品和服务的价值进行延伸，给用户带来新的体验。另外，一些企业还推出了开放式的研发架构，在共享专利协议的基础上邀请用户对产品进行个性化设计。用户参与研发，不仅提高了产品与用户需求的匹配，而且加快了产品的迭代。对于用户而言，则能够跳出传统渠道的束缚，在价值网络中，通过频繁的交互以及亲自参与研发，选择值得信任的产品，并做出恰当的购买决策。

随着中国经济由高速增长阶段转向高质量发展阶段，创新驱动成为经济增长的新动力。以“BATJX”(百度、阿里巴巴、腾讯、京东、小米)为代表的互联网企业经过20余年的发展迅速崛起，传统工业企业则面临转型升级的现实需求，亟须通过数字化转型提高创新能力。中国企业通过挖掘数据的潜在价值，创新商业模式，有利于实现对用户需求的洞察导向和敏捷反应。企业在数字化架构的基础上发展数字化业务，并且通过数据连接实现跨界合作，逐渐演化出产业的数字化生态。跨界入局打破了制约企业发展的传统边界，推动组织向市场的开放(戚聿东和肖旭，2020b)。在数字化生态下，企业之间相互依存，形成了共生、再生乃至互生的价值循环体系，不同的行业形成了业务交叉、数据通联、运营协同的产业融合机制，不同的经济主体借助大数据形成了跨地域、跨行业、跨系统的社会协同平台。

同质企业之间能够在传统基础上通过数字化信息的传递，基于运筹理论的计算将生态系统内的生产力和要素利用率配置到最优的企业，在进一步提高大批量生产效率的同时，实现低成本的个性化定制。另外，同质企业之间的业务协同还表现为对外部变化的协同应对。当外部变化对业务造成风险时，基于系统数据的处理将风险分散到多个企业，减少了风险对单一企业的冲击，并且通过系统化的解决方案对风险所造成的影响进行消化，从而尽快恢复运行常态。同时，同质企业共享用户数据，促进了对细分市场用户偏好的精准洞察和敏捷反应。

异质企业之间通过数字化信息的传递，降低了业务沟通的成本，提高了业务衔接的效率。基于系统数据的分析，企业可以从生态内的一处或者多处获得所需要素的精准供给。针对用户需求，异质企业之间对产品的性能进行协同升级，加快了创新迭代的效率，也提高了用户满意度。

新冠肺炎疫情暴发以来，国内数字基础设施建设稳步推进，助推数字化新工具的改进升级和市场推广。国内传统企业的数字化转型已经从部分行业头部企业的“可选项”转变为更多行业、更多企业的“必选项”，转型资金、人才等资源投入力度不断加大，从管理者到员工都普遍参与到这个过程中。数字化转型过程中，企业在传统业务的基础上也延伸出新的数字化业务和商业模式。受益于国内市场庞大的生产数据、应用数据和消费数据，全球众多大型跨国企业进一步加大在中国子公司的各项投入，为中国企业实施数字化转型带来了丰富的技术和经验。

2022 年 1 月，国务院印发的《“十四五”数字经济发展规划》中提出，“到 2025 年，数字经济迈向全面扩展期，数字经济核心产业增加值占 GDP 比重达到 10%，数字化创新引领发展能力大幅提升，智能化水平明显增强，数字技术与实体经济融合取得显著成效，数字经济治理体系更加完善，我国数字经济竞争力和影响力稳步提升”。文件从数据要素市场、产业数字化、数字产业化、数字化公共服务、数字经济治理体系五个方面做出部署，并且从数字经济核心产业增加值占 GDP 比重、IPv6 活跃用户数、千兆宽带用户数等方面提出发展目标。“十四五”时期，中国数字经济发展进入新阶段，中国企业面临数字化转型的现实需求。

## 0.3 本书主要内容

在数字经济的引领下，中国数字企业不仅如雨后春笋般兴起，而且迅速发展壮大。以 ATMD 为代表的一大批独角兽企业的异军突起，使得中国的平台经济、共享经济、移动支付、3R 产业、四众模式、AI 应用、区块链应用等能够引领世界潮流，“数字产业化”发展态势迅猛。同时，随着以 ABCD 技术(人工智能 AI、区块链 Blockchain、云计算 Cloud、大数据 Data)为底层技术驱动的数字化技术对传统各行各业的“渗透”和“赋能”，新服务、新制造、新农业等纷纷崛起，“产业数字化”态势加速形成，促进了传统产业的转型升级，业已成为经济发展的新动能。随着中国在数字经济领域战略规划的部署和实施，中国经济的追赶和超越进程将会大大加速，实现经济发展过程中一般国家历时漫长的重大结构性变革。企业数字化转型是一个复杂的系统工程，不仅包括转型前的可行性研究和转型中的过程管控，更包括转型后的管理适应性转变。在这样的背景下，我们编写《数字企业管理原理》一书，旨在基于数字企业管理实践提炼出较为成熟的管理理论框架。

在数字经济下，传统经济学和管理学发生了很大变化，如何针对数字经济运行规律进行有效的企业管理，是当代企业面临的重大课题。本书主要介绍数字企业运行机制、数字企业管理逻辑、数字企业管理目标、数字企业产权结构与治理结构、数字企业商业模式、数字企业战略管理、数字企业组织结构、数字营销、数字生产运营、开放式创新等内容，旨在揭示数字企业管理的新原理，厘清数字企业管理的逻辑，从而对数字经济时代的企业管理实践有所助益。本书中配有大量本土化实践案例，希望通过一个个鲜活的案例分析与课堂讨论，能加深读者对知识点的理解，为推进企业数字化转型打开新的思路。

本书主要具有以下两点特色：第一，将数字企业管理实践转化为理论成果，催生数字企业管理理论框架和体系的系统化，弥补现有工商管理教材体系的空白；第二，从整合分析和综合管理的视角，研究数字经济时代企业的特征、规律和思维，揭示数字经济时代下企业经营目标、产权结构与治理结构、战略设计、商业模式以及内部管理职能的新变化。本书适合作为高等院校工商管理、数字经济等相关专业的本科生和 MBA 教材，也可供从事数字企业运营管理和企业数字化转型相关工作的数字化管理人员阅读参考。

本书由戚聿东、肖旭主编，各章执笔人员如下：导论、结语，戚聿东；第1、第2章，肖旭、张兴刚；第3章，蔡呈伟；第4章，孙昌玲；第5章，肖旭；第6、第7章，徐凯歌；第8章，杜博；第9、第10章，郝越。

当下，数字经济正在向纵深发展，数字企业也在不断衍生迭代。在本书写作过程中，我们参考了诸多相关研究成果和案例素材，在此对作者们一并表示深深谢意。作为一种探索，本书内容体系不尽完善，观点未必正确，阐述未必得当，逻辑未必自洽，对于各种偏颇不当之处，敬请读者和同仁多多指正！

# 第 1 章　数字企业运行机制

【学习目标】

➢掌握数字企业、线上线下协同、跨界业务布局的内涵

➢熟悉数字化转型、数据驱动、价值至上、人机协作、全渠道营销

➢了解数字企业特征及运行机制

【关键术语】

数字企业　数字化转型　数字企业特征　企业运行机制

## 开篇案例

### 用数字技术服务美好生活

"本来是来买空调的，最后还带了床垫、枕头回家。"在海尔"海享睡"线下门店里，一名顾客说。作为海尔集团向智能睡眠场景踏出的第一步，"海享睡"为智能床垫推广、顾客体验交互、顾客数据反馈提供了更宽广的平台。顾客在店内体验其他家电时，场景中的床不再单纯作为摆件，而是作为产品之一推出，实现真正的所见即所得。

作为探索数字经济的先行者之一，海尔从一个传统的家电制造企业成功转型为一个智能定制生态品牌，大大提升了海尔在物联网时代的国际市场竞争力。

"以前梦百合在电商平台，只能打价格战。旗下智能监测枕产品与海尔智慧卧室场景深度融合后，将可视化的优质睡眠融入智慧家庭大场景中。梦百合智能枕的销量较以往提升 50%以上。"上海梦百合家居科技有限公司总经理王震说。

物联网时代，海尔基于体验云平台汇集大数据"云"，扩散成顾客个性化体验小数据"雾"，以满足顾客个性化需求。目前，在"海享睡"所属的三翼鸟体验云平台上，已经汇集了 2 万余款生态组件、1 000 余套场景方案、200 余种生态服务，并且链接了 2 万多名设计师、3 万多名家电顾客、1 000 多个家装公司、1 000 多个家居生态、超过 1.4 万名成套服务管家。

海尔三翼鸟体验云平台实现了员工、顾客和合作方一起共创，帮助生态合作企业提升获单能力，低成本实现数字化转型。

在三翼鸟的智慧烹饪场景中，烤鸭成了一道简单易上手的家庭美食。大厨张伟利、养鸭场主丁宜帮、海尔智家厨电创客张瑜历经 6 个多月的实验，最终找到了关键：鸭胚在零下 18 摄氏度的环境下配送，不需要解冻，可以直接送入烤箱；烤箱的温度要维持在 200 摄氏度，能够智能设定；整个烤制过程，要保持 70%的湿度……2020 年 11 月，这只"海尔造"的北京烤鸭，通过海尔的订单系统预售，两天时间就订出 1 万只。

烤鸭走上市场后，烤鸭预制、冷链、鸭场等供应商整体收益平均增长了 5%，张伟

利目前已经拿到的增值分享为近10万元。目前，智慧烹饪链群已经吸引了包含惠发集团、欣和食品、涵睿食品、新希望六和等上百个合作方和上百名大厨进行美食共创。

随着数字化进程的深入探索与推进，海尔通过人单合一模式探索物联网时代数字化转型创新，成功去掉了传统家电制造业企业的标签，从电子领域逐步拓展至整个物联网生态，并开始孵化新产业、新业态、新模式，更好地服务百姓美好生活。海尔云裳物联，凭借领先的衣联生态模式，荣获"2020年青岛市市级专精特新示范企业"等荣誉称号；青岛日日顺乐信公司，探索出了物联网智慧客服新模式。

资料来源：《用数字技术服务美好生活》，载《人民日报》，2021-12-17。

**思考与讨论：**

海尔如何利用"人单合一"模式对传统组织管理进行升级？

在新一轮科技革命和产业变革浪潮下，传统企业将互联网、大数据、云计算、人工智能等新兴技术与生产制造相融合，可以通过数字化、智能化、标准化的生产方式，提高产品质量和服务质量；通过数字化平台与各类要素资源有效链接，以数据流驱动技术流、物质流、资金流、人才流，有助于降低企业运营成本；在研发、采购、生产、设计、库存等领域加快数字化改造，有助于打通供应链上下游的数据通道，实现跨部门、跨企业、跨行业的资源优化配置，从而促进供需精准对接和市场高效生产。随着数字技术的普及与不断升级，数字企业活跃于全球商业舞台。区别于传统企业，数字企业作为企业形态之一，也表现出一系列新的特征，本章将对此进行介绍。

## 1.1 数字企业定义

所谓**数字企业**，是指那些由于使用数字技术，改变并极大地拓宽了自己的战略选择的企业。数字企业具有自己的战略特点，它们建立了一种商业模式，能够以新的方式捕捉利润，建立新的、强大的顾客和员工价值理念，在内部和外部运营中使用技术建立竞争优势。数字化的本质在于利用数字技术为企业高质量发展赋予新动能，在新旧动能转换过程中，必须平衡卓越运营和创新发展之间的关系，在确保卓越运营的同时实现创新发展。

企业为应对各种不确定性和客户需求的新变化，需要通过数字化转型构建企业新型能力，包括客户体验能力、智慧运营能力、产品创新能力、组织应变能力、生态协同能力、数据治理能力。在一家数字企业中，几乎所有的商业关系，诸如顾客、供应商、雇员之间以及核心的业务流程都是通过数字化的信息系统进行连接和沟通。同时，核心的企业资产例如智力成果、财务和人力资源也是以数字化信息系统的方式进行管理和运作，也就是电子化管理。"数字化"企业对外部环境的反应速度比传统企业要快得多，因而能够在竞争激烈、变化无常的市场环境中生存并保持持续的竞争力。在真正的数字企业中，上至宏观战略决策，下到具体业务操作都必须采用数字化管理方法和手段。如果没有量化的数字，战略决策就没有依据，业务革新就没有方向。

数字企业的出现首先归因于信息技术的革命。近几年来，互联网、国际贸易以及知识信息经济的发展已经重新定位信息系统在贸易和管理中的地位。互联网技术开始重新塑造新的商业模式、流程以及知识和信息的传播方式。越来越多的企业正在依赖互联网技术通过电子手段进行工作，它们把供应商、客户以及公司内部和外部的其他群体通过电子化的手段进行连接，所有的商业流程和信息都通过电子的方式在不分时间、不分地点地流转，这是早期数字企业的萌芽。

数字化转型是在数字技术全方位渗透到各项业务的基础上，进一步触及公司核心能力，以新建一种商业模式为目标的高层次转型。数字化转型的目标是开发数字化技术及支持能力，以新建一个富有活力的数字化商业模式。数字化要求企业从以下五点做出改变：第一，数字化转型是“数字技术＋业务创新”双轮驱动；第二，数字化转型应坚持问题导向，做有价值的转型，而在新技术的探索上可做适度超前投入；第三，在集团层面数字化转型，秉承共享服务先行的理念；第四，在不稳定、不确定的环境下，更需要预测式运营、实时感知、智能决策，数据将成为基础性、战略性资源；第五，要更加重视数字平台建设。

不过，在新冠肺炎疫情暴发之前，很多企业并未将数字化作为业务发展的重点，可能仅视为锦上添花的举措。此次疫情的突然来袭，使企业数字化进程被按下快进键，企业的态度不得不发生转变，从“被动”转变为“主动”。积极拥抱变化，才能在未来的竞争中赢得先机。此外，制造、医疗制药等行业将在日常工作中加快应用智能机器，以降低用工成本，提高工作效率；建筑、贸易、互联网等行业也将加快整合线上及线下并行的商品配送服务来解决物流问题。根据任仕达发布的《2020 年企业未来发展趋势报告》，全球有 48%的调研企业利用数字化加快业务向线上转型，有 43%的调研企业利用大数据进行数字化营销，有 41%的调研企业利用数字化提供“零接触”高品质的客户服务，有 38%的调研企业利用数字化提供在线教育、远程培训等服务，有 29%的调研企业利用数字化提供线上线下并行的商品配送服务，有 27%的调研企业利用数字化加强自媒体营销模式，有 27%的调研企业加快人工智能机器人的日常应用。

## 案例 1-1

### “量体裁衣”助力数字化转型

#### 华为深耕市场需求，推出多个场景化解决方案

如今，数字化转型已经不是“要不要做”的问题，而是“该如何做”的问题——数字化早已变成了刚需，是政府、企业提质增效、创新发展的关键一招。

尽管遭遇诸多挑战，华为近年来依然保持了稳健发展。华为董事彭中阳说，取得这些成绩的一个重要原因是华为踩中了千行百业“数字化转型”的节奏，瞄准客户的需求，帮助客户解决问题、产生价值。

日前，华为发布 11 个场景化解决方案，为客户“量体裁衣”，满足他们数字化转型中的个性化需求，共同应对挑战、抓住机遇，共创行业新价值。

#### 立足顾客需求，解决痛点问题

“数字化转型要以支撑企业主业为目标，以业务重构为关键，以构建数字能力为基础。”华为董事陶景文表示，华为自身也经历过从单领域数字化到全面数字化的转型过程。华为希望结合自己的实践，为顾客提供优质的产品和服务，让数字化转型在千行百业快速落地，帮助企业提高竞争力。

传统电网企业在发展中面临着一些挑战。比如，电力系统出现客户投诉时，传统人工派单方式要经由多层传达才能到达班组，响应慢，很容易导致客户投诉的再次发生。检修时，由于任务口头传达，巡视文件手工记录，导致作业执行过程不可知、不可控，新问题出现时，也难以及时处理。

基于华为业务交互服务平台，四川电网构筑起创新的数字化解决方案，以数字化班组为单元，建立了多个地市级智慧供服中心。在四川电网，工单可以智能地直接下发到班组，处理进度全程可知、可视；打通了从总部到地市，再到班组的分层分级的在线管理体系，让大屏、中屏和作业细节场景可以实时互动。

为实现数字技术与业务流程的深度融合，华为与合作伙伴一起，努力推动三个"深入"：从辅助系统深入核心生产系统、从"领导驾驶舱"深入作业场景细节、从局部业务深入全场景覆盖，实现全业务数字化，用数字技术解决关键业务问题。

#### 共建智慧城市，让生活更美好

华为此次发布的11个场景化解决方案，覆盖政府、能源、金融、交通、制造五大领域。

在政府与公共事业领域，一网统管、辅助运营和零信任安全三大方案的最新版本发布，持续助力政府的业务和流程变革，共同建设宜居、创新、智慧、绿色、人文、韧性的新型智慧城市。

近年来，上海市黄浦区打造"一网统管"平台，依托城市智能体技术底座，连通公共安全、公共治理、公共服务、经济运行等各方面数据，用数字技术克服城市精细管理中的难点、顽疾，为城市治理提供了新智慧。江苏省张家港市，以基于新一代云计算中心、城市数字平台、城市运行中心打造的城市智能体推动城市智慧升级。

"数字时代，人机协同、智能增效将成为城市在数字化转型背景下新的发展路径。"华为相关负责人岳坤说。

华为坚信，智慧城市建设应追求市民的获得感而非单纯堆砌先进技术，"以人民需求为目标"是城市建设的方向。要利用科技让城市治理更加精细，不断提升市民的幸福感。截至目前，城市智能体已经成功在上海、深圳、武汉、长春等50多座城市落地。

#### 面向千行百业，提供个性方案

国家石油天然气管网集团有限公司成立于2019年，自成立起，就携手华为开展数字化转型，并确定了"数字化让国家管网与众不同"的愿景。"数字化转型是一个长期的、复杂的系统化工程。"国家管网集团副总经理刘中云表示，公司携手华为推动数字化转型，将逐步实现资源共享化、架构标准化、数据融合化、应用场景化，助力企业高质量发展。

在能源领域，智慧电厂和智慧加油站两大方案的发布，将持续助力能源企业高质量发展，共同构建安全高效的零碳智慧能源体系。在金融领域，移动支付平台方案发布，持续助力金融机构成为更好的数字化生态型企业，共建全连接、全智能、全生态金融。

在交通领域，智慧机场最新版本、智慧空管、综合交通解决方案发布，持续助力交通行业客户"人悦其行，物优其流"的数字化转型。在制造领域，智慧车企最新解决方案发布，助力制造行业提升效率和体验。

拓维信息系统股份有限公司制造业务部总经理张亮表示，用桌面云承载工业应用，其优势在于灵活、高效、安全、可信。桌面云可通过软硬件生态端到端构筑，全面覆盖主要工业场景，实现多事业部制造云协同生产。

“让每位客户成为独特的自己。”彭中阳表示，面向数字化演进的不同阶段，华为将以数字技术和行业实践赋能千行百业，携手全球伙伴，全力支持客户数字化转型。据介绍，未来5年，华为计划发布超过300个场景化解决方案。

资料来源：《“量体裁衣”助力数字化转型》，载《人民日报》，2021-12-14。

数字企业的内部管理将采用协同办公和全方位协同的模式，要求管理者开放心态，整合一切可利用资源，比如企业之间的资源共享，甚至员工共享(如疫情期间盒马鲜生与西贝的员工共享合作)。针对内部突发事件，灵活办公、完善组织保障、加强在线培训学习等都是数字企业的有效管理措施。根据任仕达发布的《2020年企业未来发展趋势报告》，七成以上的企业将协同办公，提供零距离的员工管理和客户服务作为内部管理中应对突发事件的最有效手段；另外，尽管企业计划缩减后勤人员的招聘，但对于后勤保障需求并未降低，这就要求现有后勤人员的工作方式和工作内容必须及时调整，紧跟数字化转型的进程；除此以外，50%以上的企业对员工的终身学习，自我提升方面提出需求，更灵活的在线培训体系成为未来发展趋势。随着用工模式的多样化，数字企业的人才策略更加灵活多元。除了采用弹性工作制及远程办公等工作模式外，企业对组织架构将做进一步完善，以及时应对各种变化和危机。

随着数字化程度的不断加深，企业对人工智能、云计算、大数据等技术研发人员的需求日益提高，这一缺口仍然会长期存在。线上销售业务崛起，加大快消、贸易等服务性行业对于具备在线运营经验的人才需求。根据中国信息通信研究院在2021年11月发布的《数字经济就业影响研究报告》，2020年中国数字化人才缺口接近1 100万，随着全行业的数字化推进，需要更广泛的数字化人才引入，人才需求缺口依然在持续放大。不过，多元化的用工模式及员工培训、建立薪资保障机制等举措都有助于数字企业储备复合型人才，利用数字技术向全球招募人才也能够在一定程度上缓解这一困境。

## 1.2 数字企业特征

新一代信息技术的引入，打破了企业固有形态，推动产业链数字化，供应、研发、生产、服务更加透明化。可以说，企业实现数字化成长至关重要，尤其在数据成为生产要素的新经济条件下，企业必须认识到数字资产是未来最大的财富，构建一套收集数据的数字化体系，然后利用智能化工具从数据资产中挖掘，获取更深层次的数据洞察，从制造商转变为“数商”，实现数字化成长。数字企业是现代企业运行的一种新模式，它将信息技术、现代管理技术和制造技术相结合，并应用到企业产品生命周期的全过程和企业运行管理的各个环节，实现产品设计制造、企业管理、生产控制过程以及制造装备的数字化和集成化，以提升企业产品开发能力、经营管理水平和生产制造能力，从而提高企业的竞争能力。

数字化企业具有以下六个特征。

第一，标准化。完善的信息技术标准规范与行业和企业管理标准是数字化企业的主要特征之一。它用来约束和规范企业的信息化工作，并通过贯彻标准化与规范化的方法，保证数字化企业的集成框架与信息系统的开放性、可集成性和系统柔性。

第二，网络化。网络化包括企业内部的网络化和企业间的网络化，网络化为知识、信息以及系统的集成提供了必要条件。数字化企业是架构在网络之上的网络制造系统，可以广泛利用各种企业和社会资源，实现网络制造和全球制造。

第三，集成化。数字化企业将数字化技术、现代管理技术和制造技术相结合，并应用于企业产品全生命周期(从市场需求分析到最终回收处理)的各个阶段。通过信息集成、过程优化及资源优化，实现物流、知识流、价值流的集成和优化运行，达到人(组织、管理)、经营和技术三要素的集成。

第四，协同化。数字化企业是一个基于网络的协同工作系统，企业之间的竞争逐渐演变为供应链之间的竞争，企业与合作伙伴之间的合作关系日趋紧密，以协同制造、协同商务、相互信任和双赢机制作为共同的运作模式。

第五，敏捷化。数字化企业形成了虚拟制造和动态联盟为特征的新型制造模式，促进了敏捷制造的发展。它能敏锐地发现和抓住市场的机遇，快速地对多变的市场需求做出响应，缩短产品从概念到上市的时间，有效地满足顾客需求。

第六，绿色化。数字化企业是一种综合考虑资源效率的现代企业模式，它通过企业流程改造、生产过程重组以及系统综合集成，提高企业制造过程的效率，使资源消耗最小。

构建数字化企业，可以从发展目标、主导范式和演化特征三个维度来理解。企业实施数字化的目标是提升陷入停滞的生产效率。因此，无论构建数字化企业，还是发展智能制造模式，数字化成长的最终的目标都是打通顾客需求和企业生产，在利用数字技术提升生产效率的同时，还能精准对接顾客需求，实现规模定制生产，并最终构建起物联网生态模式。从主导范式看，为了满足以上目标，国内有智能制造和工业互联网两种技术范式，或者还包括腾讯提出的产业互联网，这三种主导范式的技术路线或有不同，但都是为了实现数字化成长，打造数据信息从生产到消费畅通无阻的物联网生态。数字化成长范式包括两方面内容，一方面是生产组织形态，采用数字化/智能化单元、工厂、企业等组织形式，不断提升生产效率；另一方面是价值提供方式，向顾客提供更加智能化的产品，更加智能便捷的物流和售后服务。如果说物联网生态是数字化成长的目标，智能制造或者工业互联网则是技术手段，但以智能制造或者工业互联网为手段实现规模定制并提升生产效率需要经过一个过程，并不是短期内就能够实现的。可以说，数字化是基础，然后实现网络化，最终实现智能化。数据成为生产要素的关键是，能够应用大数据技术，对于零散的数据信息进行挖掘，使得整个企业的经营系统越来越智能，越来越高效。

数字化制造是数字化技术和制造技术的融合，数字化建模是技术关键，即把所有的生产信息实现数字化。网络化则把这些数字化信息和工作状态通过网络连接起来，实现信息共享与集成。网络化制造促进了服务型制造的发展，使个性化定制、远程运维服务、网络协同制造等新模式兴起，大数据技术在制造业领域也开始得到应用。智能制造则是更高级阶段，实现了生产系统的决策优化和自我调整，使制造业创新能力极大提高。因此，打通部门之间的壁垒是关键，优化业务协同效率是目标。

## 1.3 数字化业务

在传统行业中，潜在数据量越大、数据品类越丰富的行业，数字化增速越快，这样的行业就是数字化高潜行业，例如广电、医疗、制造、教育和零售等行业。数字化颠覆了很多企业原有的商业模式。企业与顾客之间的关系发生深刻变化，从一次性的买卖关系变成了持续性的服务关系。对企业来说，数字化不再仅仅意味着一个单独的销售渠道，而更多代表的是企业跟顾客互动的新空间。新的数字化组织让企业具有了更大的开放性，企业边界逐渐消失，与上下游生态伙伴建立起更加灵活的、基于价值链的合作模式，实现了全链路的融会贯通。

企业边界是指企业以其核心能力为基础，在与市场的相互作用过程中形成的经营范围和经营规模，其决定因素是经营效率。企业的经营范围，即企业的纵向边界，确定了企业和市场的界限，决定了哪些经营活动由企业自身来完成，哪些经营活动应该通过市场手段来完成。经营规模是指在经营范围确定的条件下，企业能以多大的规模进行生产经营，等同于企业的横向边界。数字经济时代，企业要以人为本构建数字业务模型，实现需求和生产的高效协同，完成数字经济和实体经济的融合共建。从客户需求出发，先对最终顾客和客户进行数字化连接，实现数字化营销、服务和社群运营等，由此再逐步传导到业务生产侧的数字化，实现更柔性的按需生产，同时配合进行企业运营管理的数字化改造。从业务生产出发，先对生产的重点环节或流程进行数字化改造，提升生产质量和效率，再进一步推进自身数字化运营管理的提升，以及供应链上下游数字化，再延伸客户侧的数字化连接和运营，实现精准供给。

当前，企业要在业务转型、敏捷创新及协同创新等方面下足功夫。例如，欧莱雅凭借业务转型和敏捷创新的能力，通过数字化手段对顾客进行深度的洞察，为产品研发和品牌营销提供了清晰的指导，实现了商业模式的升级；良品铺子作为零食领域的初创企业，通过数字化手段，在大量分散的供应商与庞大的消费群体之间建立起高效的连接，以更高的效率来打造新的产品。依托全链路的数字化经营，良品铺子实现了快速的成长。

### 1.3.1 线上线下协同

当前互联网技术不断发展，企业在进行商业模式探索的过程中，将线上业务和线下业务进行协同，才是符合时代趋势的管理思路。线上线下协同是指企业利用数字技术实现线上业务和线下业务的同步开展和协同实施，提高业务效率，节省流程时间，改变过去单纯依赖线下业务的局面。对于服务业企业而言，线上渠道具有交易便利，回款快等特点，其与线下渠道之间的关系并非此消彼长，更多的是相辅相成。企业在线上进行产品销售，在线下则是要完成价值交付的最后一公里。虽然线上平台会收取一部分的费用，但是相较于线下销售，支付的租金成本较低，企业可以把节约的成本转移到产品的价格上，适当地降低价格，或者是增加产品的宣传，以创造更大收益。网络的发展，使得产品能够在各个城市中进行流通。顾客只需要在平台上下单，产品就可以通过完善的物流体系配送到顾客手中，这样能够在便捷购物的同时节省时间成本。随着线上业务的发展，一些中小企业逐渐进入市场，他们所获取的信息提高了自己的核心竞争能力，加大了产品的售出，交易的效率也得到明显提高。通过对计算机数据的快速处理，企业可以更好地了解顾客需求，促进管理效率的提升，为顾客提供更加优质的消费体验。

对于制造业企业而言，由线上线下协同进行智能制造已经是主要趋势。智能制造正在世界范围内兴起，它是制造技术发展，特别是制造信息技术发展的必然，是自动化和集成技术向纵深发展的结果。智能制造是一种由智能机器和人类专家共同组成的人机一体化智能研讨会系统，它在制造过程中能进行智能活动，诸如分析、推理、判断、构思和决策等。通过人与智能机器的合作共事，去扩大、延伸和部分地取代人类专家在制造过程中的脑力劳动。它把制造自动化的概念更新，扩展到柔性化、智能化和高度集成化，在制造过程的各个环节几乎都广泛应用人工智能技术。智能系统技术可以用于工程设计、工艺过程设计、生产调度、故障诊断等，神经网络和模糊控制技术等先进的计算机智能方法可以应用于产品配方、生产调度等，以实现制造过程智能化。

智能制造包含智能制造技术和智能制造系统，智能制造系统不仅能够在实践中不断地充实知识库，具有自学习功能，还有收集与理解环境信息和自身的信息，并进行分析判断和规划自身行为的能力。具有自律能力的设备称为“智能机器”，“智能机器”在一定程度上表现出独立性、自主性和个性，甚至相互间还能协调运作与竞争。智能制造系统是人机一体化智能系统，是一种混合智能。基于人工智能的智能机器只能进行机械式的推理、预测、判断，只能具有逻辑思维(专家系统)，最多做到形象思维(神经网络)，完全做不到灵感思维，只有人类专家才真正同时具备以上三种思维能力。人机一体化一方面突出人在制造系统中的核心地位，另一方面在智能机器的配合下，可以更好地发挥出人的潜能，使人机之间表现出一种平等共事、相互“理解”、相互协作的关系，使二者在不同的层次上各显其能，相辅相成。智能制造系统中的各组成单元能够依据工作任务的需要，自行组成一种最佳结构，其柔性不仅表现在运行方式上，而且表现在结构形式上，所以称这种柔性为超柔性，如同一群人类专家组成的群体，具有生物特征。智能制造系统能够在运行过程中自行进行故障诊断，并具备对故障自行排除、自行维护的能力。这种特征使智能制造系统能够自我优化并适应各种新环境。

### 案例 1-2

#### 重百电器打通线上线下 向数字化新零售全面转型

云计算、大数据、人工智能深刻改变着新消费场景，家电行业呈现出从增量向限量分化、渠道多元化、消费需求多样化、主力客群年轻化等变化趋势，家电零售格局正经历巨大的变化。当不少家电企业正基于零售渠道碎片化时，重百电器积极顺应形势变化，开启了家电数字化新零售转型发展的新篇章。面向顾客大规模整合电商、微商、实体店等资源，重百电器顺应家电顾客的需求，从单一家电产品向全流程智慧场景解决方案转变，提高运营效率与服务水平，不断加速推进数字化。

2021 年以来，重百电器搭建了以“数字化重构业务价值链”为导向的组织架构，打造了快速裂变的“小前台”、资源集成的“强中台”及专业服务的“轻后台”组织体系，创新设立数字化转型与赋能、线上运营、产品发展等六大中心，围绕战略规划与业务目标，将线上平台运营及管理集中化，实现了组织创新。

此外，重百电器探索数字化创新业务。扩展前端流量入口，打造从总店到场店的专业化直播、秒杀引流业务体系，构建场景化专业直播厅，多层面、多渠道延伸店面触角，并创新便捷购交易方式，截至2021年9月销售1.6亿元，销售数量72 874个；打造线上运营新场景，整合“重百微商城”“重百电器汹”“重百创客”等自有线上平台资源，按“1＋N”运作模式，提升第三方运营平台旗舰店、专卖店竞争力，拓展快手、抖音等新兴社交电商；提升会员运营效率，打通会员系统与线上平台、售后服务平台，新增会员30万，会员消费占比、复购率大幅提升。

搭建数字化后台支撑。重百电器打造“数字化客服平台”，通过零距离体验、顾客关怀、高效受理、产品全生命周期四个途径，实施顾客体验与数据目标的融合；打造一体化售后服务管理平台；创立“重百小哥”服务品牌，提供到家服务场景，形成智能化、可视化、一体化闭环服务；打造电器现代物流体系，打通前、中、后台环节，实施规范化的送产品、全面智能化的送服务、个性化的送方案，推出极速达、准时达、半日达、次日达、定期达等多种物流时效，配送准时率达98％以上。

经过积极推动信息技术升级，重百电器重构了基于数字化商业的新消费场景。围绕线上线下消费的全过程，重百电器共计开发出13个大项目，包括优化世纪通、微商城、便捷购、会员、营销等前端业务的支持系统和物流一体化、智能客服、重百小哥售后等中后台服务系统，打造出数字化报表体系等管理系统，驱动业务发展，有效支撑决策，迅速提升重百电器全面数字化、全渠道销售、服务履约等能力。

未来，随着线上线下一体化项目实施，重百电器将大幅提升其全面数字化能力，积极有效应对家电行业的各种变化趋势，为推进实施电器全渠道、全产品、全场景“四走”战略以及数字化新零售转型发展打下坚实的基础。

资料来源：《重百电器打通线上线下 向数字化新零售全面转型》，人民网，2021-11-01。

## 1.3.2 跨界业务布局

传统经济以社会分工为主要依据划分的农业、工业、服务业之间界限分明，内部行业边界清晰。在清晰的分工模式下，人们在熟悉的领域，守着自己最擅长的生产方式纵向发展。于是有了“界”。进入互联网经济时代，信息流通变得越来越自由、平等和快速，每个人对行业的边界发生更大的递延，如果不跨界可能已有的知识会落伍。而更准确地说应该是一种融合，不断自我推翻、革新和创新。行业界限已经越来越模糊，无论是跨界线上线下的O2O(Online to Offline，线上到线下)，还是理想感性跨界的人工智能，都在通过跨界的方式拓宽自己的产业价值链。在信息技术帮助人类把整个行业与产业的知识技能提高到新的高度时，不管是人类自身还是我们使用的人工智能的机器，都在进行跨界。互联网渗透传统行业过程中的横向拓宽所带来的颠覆，为跨界创新提供更多想象，使企业跨界更加明显、广泛。特别是在跨界营销方面，各个独立的行业主体不断融合、渗透，也创造出很多新型的、发展势头强劲的经济元素。

跨界业务布局是指企业通过自身资源的某一特性与其他表面上不相干的资源进行随机的搭配应用，从而放大相互资源的价值，甚至可以融合出一个完整的独立产品或服务。互联网不仅是企业可以用于提高经营效率、改进生产技术的重要资源，而且放大了企业对资源进行整合的能力。“互联网＋”打破了传统的行业壁垒对企业发展的约束，企业可以在开展原有业务的基础上向新的领域布局，发现更多机会。

当过去积累的知识无法解决问题时，企业必须要尝试通过跨界打开新的局面。跨界主要指结合两个或两个以上专业或行业创造知识、产品、工艺或服务，也指个体从原来从事的专业或行业跨越到新的专业或行业，涉及知识内容和学科方法的迁移。跨界是在不同领域产生链接的过程，是不断打破自我、重塑自我的过程。跨界不仅是简单的行业堆叠复刻，更需要深度的融合，才能实现资源价值最大化。跨界的本质在于整合、融合。

跨界最难跨越的不是技能之界，而是观念之界。跨界业务布局要求数字企业的管理者建立跨界思维，转变传统的思维模式。所谓跨界思维，就是大世界大眼光，用多角度、多视野看待问题并提出解决方案的一种思维方式，既是一种时尚的生活态度，也代表着一种新锐的世界大眼光和思维特质。思维跨越没有界限，创新才永无止境。

**案例** 1-3

## 农产品加工跨界创新大有作为

“方便面企业也要跨界做泡饭！”不久前，在第二十一届中国方便食品大会上，一家主营方便面的农业龙头企业尝试推出泡饭、拌饭等新产品，引来试吃者不断，还有采购商当场下了大订单。为啥搞跨界经营？这家企业负责人说，农产品加工行业存在着“冷热不均”：一边是挂面、方便面等面制品市场趋于饱和，一边是近几年自热米饭、速食粥等米制品销量“井喷式增长”。为了顺应新趋势、打造新优势，企业开始进行跨界创新。

实际上，这种跨界并非个案。随着我国居民收入提高和消费需求升级，越来越多的地区开始探索农产品综合利用加工，满足市场多元化、快捷化需求。比如，将预制菜、螺蛳粉等产品送上餐桌，为农产品加工注入新动能。据统计，2020 年全国农产品加工业营业收入达 23.2 万亿元，规模以上农产品加工企业超 7.3 万家，加工转化率提升到 68%，吸纳 3 000 多万人就业，辐射带动了 1 亿多小农户增收，有效满足了城乡居民需求。

加工是农业产业体系中承前启后的关键环节。完善加工产业链，必须推进农产品多层次利用，促进多环节增值。比如，建好烘干、储藏等初加工设施，降低果蔬等农产品产后损失率，实现错峰销售，提高质量效益；引导企业加大精炼、保鲜等技术应用，挖掘玉米、稻米等农产品多种功能，通过精深加工涨身价；在农业废弃物利用上动脑筋，通过“麦麸变多糖”“果渣变纤维”等方式变废为宝，打开农产品增值新空间；等等。

技术创新是农产品加工业转型升级的重要因素。以新疆的杏、冬枣等产品为例，这些鲜果可以通过冻干技术，保留原色原味，易储存易运输，从而带动当地初级加工迈向精深加工。事实证明，农产品在市场上能走多远，很大程度上要看科技这条“腿”有多长。在重视生产环节的同时，在产后环节加大科研力度，围绕关键环节加强技术攻关，才能提升产品竞争力，推进产业提质升级。此外，还应重视运用物联网、大数据等新技术，优化区域布局，推动加工产能向主产区、优势区聚集，生产更多适销对路的产品。

做好农产品加工有助于保障粮食安全。保供给既要保数量，也要保多样、保质量。当前，顾客偏好更加多元化，个性化、多样化的细分市场发展迅速。发展符合新消费需求的主食、方便食品、休闲食品和净菜加工等，有利于优化农业生产结构和产品结构，提高粮食和重要农产品供给体系的适配性。如今，人们追求吃得更加营养健康。跟着市场走，就要不断提升供给质量。农产品加工企业需要在食品安全、口味和风味等方面精益求精、开拓创新，不断推出优质创新产品。

农业龙头企业是打造农业全产业链的中坚力量，也是带动农民增收的重要主体，在推进乡村全面振兴中具有不可替代的作用。坚持联农带农，完善利益联结机制，优化从田间到车间的农产品加工产业链，就一定能让农民分享更多发展红利，为希望的田野注入更多发展动能。

资料来源：《农产品加工跨界创新大有作为》，载《人民日报》，2021-11-26。

## 1.4 数字企业管理理念

企业运行机制是指企业生存和发展的内在机能及其运行方式，是引导和制约企业生产经营决策并与人、财、物相关的各项活动的基本准则及相应制度，是决定企业经营行为的内外因素及相互关系的总称。企业运行机制是企业的经营系统、技术创新系统、财务系统等运行过程中各环节内部以及各环节之间本质的内在的相互联系、相互制约的工作方式的总和。企业的经营活动是一个连续的过程。运行机制决定企业在运行过程中各生产要素之间的相互联系和作用及其制约关系，是企业经营运行自我调节的方式。运行机制可以使企业经营活动协调、有序、高效运行，增强内在活力和对外部环境的适应能力。与传统企业相比，数字企业运行机制具有数据驱动、价值至上、人机协作、全渠道营销四个突出的特征。

### 1.4.1 数据驱动

数字经济的发展，增强了数据的资源属性。数据在企业发展中的作用不断凸显，成为核心的生产要素。互联网应用扩张夯实了信息基础，将传统的决策模式从“人与信息对话”导向“人与数据对话”，并且试图实现“数据与数据对话”。数字技术在企业经营中的作用不再仅仅局限于辅助性角色，而是变得更加具有战略性价值。企业增加对数字技术的投资有助于扩大数字溢出对经济增长的贡献率。根据华为公司和牛津经济研究院于 2017 年联合发布的《数字溢出：衡量数字经济的真正影响力》，过去 30 年中，数字投资对 GDP 增长的边际贡献率达到 20 倍，而非数字投资的边际贡献率仅为 3 倍。除了对 GDP 增长的直接贡献，数字投资还在业务协同、产业融合、要素配置、创新升级等方面创造了广泛的间接收益。

数据驱动是指将数据作为核心生产资料，通过数据获取、处理、挖掘、分析等方法，将结果运用到业务经营过程中，促进各项业务优化。数据存储量的增加，有助于强化数据分析对经营决策的支持。在海量数据的基础上，企业通过不断修正数据模型的精确度，提高分析结果与现实场景之间的匹配程度。一方面，数据的价值体现在企业内部对程序性业务的优化。经过长期发展，程序性业务均有较为完善的流程与模式，由计算机进行智能化运营，脱离人工操作，有利于降低人工失误所造成的信息误差，进而实现业务效率的大幅提升。另一方面，企业通过对数据进行实时分析能够对业务流程进行全面、系统的监督，及时发现经营过程中的异常及隐患。同时，企业可以通过数据挖掘发现价值流程中的低效以及冗余环节，重组价值链条，改善顾客体验。以相机产业为例，电子传感器以及数字化存储技术的应用，实现了光学影像向电子数据的格式转变，消除了传统的化学处理流程，缩短了成像时间，节省了顾客的成本支出，促进了整个产业的效率提升。不过，对于非程序性业务而言，其解决之道仍然要遵循经典理论和主观经验，其中创造性思维将发挥更为重要的作用，而这却是数字技术在当前所不具备的能力。

## 案例 1-4

### 数据驱动 流水线也能有个性

#### 智能化改造能带来什么?

从经营被经销商扼住咽喉，到孵化出自有品牌，智能化改造后，房车生产商康派斯发展提速；

从刻板的流水线生产，到多样定制化制造，智能化改造后，西装企业酷特从一个芯片里见识到数据驱动的力量……

这些让企业焕发生机的改变，发生在山东青岛。近年来，青岛以智能制造为主攻方向，将互联网创新基因融入产品全生命周期，在家电、橡胶、轨道交通装备等重点行业建成了示范性的数字化车间或互联工厂。

一系列数据表明，智能化改造的优势已然显现——2019 年年底，当地对 358 个工业互联网试点示范项目跟踪评估的结果显示，智能化改造后，企业的平均生产效率提升 20%以上、运营成本降低 20%左右、产品研制周期缩短 35%左右。

#### 企业点单，转型升级方案任意选

在山东荣成康派斯新能源车辆股份有限公司的房车制造车间里，一批房车正在加紧生产中。公司副总经理于辉从智能车间走出来，脚下生风。“这次多亏了工业互联网平台!”于辉说。疫情防控期间，原有的板材供应受到影响，企业一批 400 台房车的出口订单一度面临违约风险。“我们在海尔卡奥斯平台发布需求的当天，就有生产厂家联系了我们，后续订单得以正常生产。”

看着如今车间里有条不紊的生产景象，于辉很是感慨：“几年前，公司还只是为国外一家房车经销商做代工，很难获知市场的真实需求。”

转机发生在 2017 年年底。为寻求转变、开拓市场，在进行反复比对后，康派斯选择了海尔卡奥斯工业互联网平台进行智能化改造。

“海尔卡奥斯进驻企业后，帮我们进行了全流程设计和再造。”于辉介绍，接入工业互联网平台后，康派斯产品的平均生产周期从原来的 35 天降低到 20 天，企业对市场的响应速度大大提高，综合采购成本也降低了 7.3%。

海尔卡奥斯采用以顾客体验为中心的定制模式。“7 个定制模块，就像是我们提供的菜单，顾客需要什么就能提供什么。”海尔工业智能研究院创新技术总监刘子力介绍，作为大规模定制解决方案平台，卡奥斯已孕育出房车、纺织等 15 类行业生态子平台，很多行业企业都可以在平台上找到适合的智能化改造模式。

数据显示，自 2020 年年初获得地方政府的大力支持以来，海尔卡奥斯已接入全省 4.8 万家工业企业，其中规模以上企业 1.7 万家。

### 信息互联，流水线生产定制产品

一条西装流水线上，一套套服装次第在轨道上“滑行”，但款式、面料、风格、尺寸等细节却各不相同。在青岛市即墨区的酷特智能股份有限公司，个性化定制和流水线生产的矛盾得以化解。这背后就是数据驱动的力量。

“其中的秘密就在一张卡上，可以说是每套衣服的‘身份证’。”酷特品牌经理马玉铭说道。在这张卡的芯片里，存储了个性化定制西装的所有信息，包括衣服每个部位的尺码、选择的材料、缝制时需要的工艺等。

每当接到上一流程传来的产品，操作员都要先找到这张卡刷一下，眼前的显示器便会弹出全部信息。从面料选择，到分拣、熨烫、包装，都是靠这张卡片来进行流水线管理，不需要过多人工管理。

“过去传统服装企业是先生产再卖，经常只能卖出七成的库存。”酷特董事长张代理说，从 2003 年开始，酷特投入资金，把 3 000 人的工厂当作实验室，逐步研发出了眼前这条“更懂市场”的定制化流水线。

酷特的成功转型，吸引了不同行业的传统企业前来学习交流。从不敢转到主动转，酷特智能工程系统总经理李金柱没想到，仅仅帮助其他企业进行个性化智能改造，也能成为酷特的新增长点。

服装企业恒尼智造（青岛）科技有限公司就是受益者之一。2017 年，青岛市政府搭建平台，启动了助推企业技术改造项目，即墨区有 5 家，包括纺织、轮胎等行业，其中与恒尼智造对接的就是酷特。

“之前一直想转型，但不知道怎么转，投入了不少资金和人力，费时费力。”恒尼智造总经理吴佳说，“酷特的智能化改造建立在已有生产线的基础上，不用推倒重来，上手快、操作性更强。”

一期改造中，恒尼智造在一条生产线上加装了一卡驱动，人工效率提高了 2.1 倍，产能提高了 75%，定制项目利润至少提高了 30%。“前期效果很好，下一步还想做二、三期。”吴佳说。

### 政府搭台，对准关键环节发力

“制造业与互联网融合创新发展是大势所趋。”青岛市工业和信息化局局长姜波说。

青岛市 2015 年率先启动了工业互联网建设工作，形成了智能工厂、大规模个性化定制、远程运维等工业互联网创新模式。

“政府搭建制造业创业创新平台，标杆龙头企业发挥了重要作用。”姜波介绍，这些企业创新能力强、带动作用大。青岛支持他们形成可复制、可推广、可普及的理念和模式，通过工业互联网平台向产业链上下游的中小企业输出技术和模式。

同时，中小企业也有自身优势，如机制灵活、结构简单、信息传递及时准确等。结合这些特点，依托大企业搭建的工业互联网平台，可以弥补中小企业在技术水平、人员储备等方面的短板。

“用互联网思维和智能制造技术改进传统生产方式，在连接顾客的同时，整合产业链上下游资源，形成产品全生命周期全价值链的产业生态体系，支撑了传统制造业转型升级。”青岛工信局工业互联网处处长周林介绍，中小企业实现规模化智能化过程的关键是数据驱动，青岛对准关键环节靶向发力，体系化推进产业基础。

近年来，青岛出台了工业互联网平台、智能(互联)工厂、数字化车间、自动化生产线认定标准，引导全市项目规范化建设。全方位营造产业发展环境，建立了拥有 3 380 个工业互联网应用场景的培育项目库。下一步，青岛还将聚焦超高清视频、智能家居等重点领域，建设新一代人工智能产业创新应用试验场，探索人工智能与实体经济深度融合发展新范式。

资料来源：《数据驱动 流水线也能有个性》，载《人民日报》，2020-07-03。

### 1.4.2　价值至上

随着数字技术的出现与普及，企业生产效率、获取关键要素等能力均大幅提升，企业与顾客之间建立数字化连接，有效地缓解了信息不对称。顾客作为价值需求的一方，能够主动参与生产活动，影响价值供给的形式，其在市场中的力量也得以增强。由此产生一个新的经济现象，在供求关系中，顾客的价值需求逐渐占据主导地位，企业价值的实现必须以前者的满足作为前提条件，即只有使顾客真正认可并接受企业所传递的价值，企业才能够获取由价值变现而带来的经济收益。因此，数字企业在日常管理中必须秉承顾客价值至上的理念。价值至上是指企业以顾客价值为核心，整合各类资源和业务，不断提高和改进顾客的消费体验，增加价值供给。

数字技术的出现为降低顾客的交换成本提供了解决方案。一方面，数字技术可以打通信息孤岛，加快信息在市场上的流通。在所有市场主体之间建立数字化连接，形成数据穿透，实现信息存储的去中心化管理。顾客在同一时点所能够获取的信息量大幅提升，这也促进顾客对商品的深度了解，进而做出高效的购买决策。同时，信息流通效率的改善也削弱了企业的信息优势。为了增加顾客对商品的关注，企业不得不将部分流程进行开放。随着顾客参与生产活动的逐步深入，企业与顾客在市场中的力量逐渐趋于平衡，实现更精确的供求匹配。

另一方面，数字技术可以实现商品所有权的明晰与管理，促进了商品使用权的交易。在传统商业模式下，顾客为获得商品所有权必须支付一定的购买成本，而为了延长商品使用期限，后期还不得不继续追加维护成本。数字技术的应用使得顾客在不占有商品所有权的条件下即可直接使用，仅根据具体的使用情况进行付费。商品所有者则凭借专业知识，对商品进行维护，提供高质量的使用保障。数字技术深化了商品的使用者与所有者之间的社会分工，在满足各自需求的同时，促进二者比较优势的发挥。以滴滴出行为例，平台根据顾客需求，安排附近的车主提供相应的打车服务，顾客根据使用情况进行付费，汽车的维护仍然由车主负责。随着顾客交易次数的增多，平台通过数据挖掘能够更好地掌握顾客的偏好，改进乘车服务。

数字技术的发展不仅增强了顾客获取信息的能力，而且放松了商品所有权带来的成本约束，使得交换成本对顾客价值的影响不断削弱。顾客购买商品的主要动机逐渐转变为满足生活需求，获取商品的使用价值，实现个人效用的最大化。

### 案例 1-5

## 解决用户“真”痛点　“真快乐”真选标准创造用户价值

2021 年 3 月，国美“嗨 Five 黑伍·快乐升级”线上直播发布会如约而至。除了公布“黑伍”大促期间的相关活动和玩法，联合众多厂家为顾客带来品质好物之外，最重要的环节就是公布了中国商业联合会与国美“真快乐”联合制定的《零售买手选品规范》团体标准，为零售业的升级确立了选品和服务的标尺，也再一次让外界见证了“真快乐”真选标准的独特优势。

“真”意为求真务实，对于国美而言，“真”还有着更实际的含义。1 月下旬，国美推出了娱乐化零售平台“真快乐”App，其名字中的“真”别有深意，指的就是严选商家、真选商品，从选品源头为顾客把好关。通过“GM 标准＋N”的严选商家高标准和“八重”的真选商品高标准，为顾客提供质优价廉的真选好物。

进入 21 世纪 20 年代，现代零售业的重点早已从线上、线下之争，发展到了以争夺顾客为核心，新趋势不断萌发，满足顾客不断变化升级的消费需求，方为瞬息万变的数字经济时代不变的发展内核。如今，国美以“八重真选”为出发点，配合《零售买手选品规范》团体标准，已经形成了一套完善完整的筛选机制，成为国美占据新零售阵营重要席位的撒手锏之一。

### 八重真选，解决顾客痛点

在“黑伍”大促发布会现场，国美定制公司 CEO、国美真选负责人程琳阐释了国美“八重真选”标准，介绍了国美如何严把产品质量关。他表示，国美真选，经过热销初选、品牌二选、销售三选、口碑四选、比价五选、好价六选、补贴七选、服务八选这八重真选标准，层层筛选，从而筛选出拥有真材实料的产品。同时，国美基于 34 年深耕零售业的优势，通过与企业伙伴深度对接，以直销方式砍去溢价，做到既从源头把控商品品质，又能实打实补贴顾客，让“低价”成为真选的核心优势之一。

最新发布的《零售买手选品规范》团体标准则是对真选标准的进一步补充和完善，着重对买手的资质做出了明确要求，明确每重真选的操作要点，以高标准严要求为顾客筛选“真选商品”。

国美之所以提出制定一套完善的真选标准，是因为敏锐地发觉到了当下顾客购物决策时的痛点——“选什么”和“怎么选”。

2021 年 2 月，贝恩公司发布的《2021 年中国零售市场十大趋势》报告指出，“随着数字化手段不断丰富，顾客触点日益分散，更容易在不同渠道之间进行转换。”对零售平台而言，渠道和触点的加速分散意味着获客和培养忠诚度的难度越来越高。如何留住顾客，靠什么留住顾客，也成了零售行业的普遍难题。

另外，伴随着全面小康社会的到来，顾客迈入美好品质生活时代，物质生活的极大丰富，网购的兴起，也让很多顾客陷入了“选择困难”的境地，往往需要花费许多时间成本进行筛选和判断，这时候把关者的角色显得尤为重要。怎么替顾客节省时间，并且帮助顾客快速做出正确而不后悔的抉择，成了零售平台提升客户忠诚度的关键。

“真快乐”从诞生初始就承担着这份重任，并且依托价美物好的“真选”策略，赢得顾客的心。把“真快乐”这三个简单的字拆分解读，“真”指的是严选商家、真选商品；“快”指的是快送、准时达；“乐”则是指商家和顾客能够娱乐卖、娱乐买、分享乐，这是“真快乐”的三大内涵，也是提升顾客购物体验，提升忠诚度和复购黏性的三大关键。

“真选”之所以处在核心地位，正是因为“真选低价”是“真快乐”平台的差异化竞争优势。只有通过真选品质、超低价福利、全品类产品，才能真正让顾客得到真热卖、真品牌、真销量、真口碑、真比较、补贴真给力、服务真贴心的真好价商品，真正实现国美“娱乐卖、娱乐买、分享乐”的平台愿景。

### 从平台到商家，顾客思维贯穿始终

本次“黑伍”大促发布会中，海尔、美的、海信、博西、vivo、格兰仕、创维等家电和非家电品牌通过短视频的形式力挺“真快乐”，承诺在“黑伍”大促中共同为顾客提供真选低价好物，以真低价的“真选”好物，为消费者真正带去实实在在的开春狂欢。

从中不难看出，国美倡导的顾客思维不仅仅是以身作则，也同样吸引了大批志同道合的企业伙伴共同贯彻“真选标准”，倡导商家和企业站在顾客的角度思考问题，以顾客为导向，尊重顾客利益，为顾客创造价值，让顾客享有更公平的选择权和更可持续的获得感，提升消费的品质，让消费体验和获得感全面升级。

作为聚合引领国美线上平台的“真快乐”App，一直以“真”“快”“乐”三大核心加速快跑，对全量商品进行展示和推荐，对全程服务进行牵引和传递，对全体顾客、全部会员的权益进行全面管理和交付激活，是国美零售的价值驱动引擎和数据智慧中枢。

目前，国美线下的超 3 000 家门店则全部完成数字化，并且都采用“一店一页”线上线下运作模式，视频导购、专业导购等覆盖周边 3～5 公里。并且，线下聚焦打造“家・生活”精品展厅，通过布局优化、场景改造、业态升级、功能工具升级等系列举措，全方位与线上平台融合协同，充分发挥、全面释放线下实体门店在精品展示和精品体验方面的优势和价值。

在聚焦“双循环”，展望“十四五”规划的大环境下，在产业和消费升级双驱动的大趋势之下，以服务型消费为代表的更高层次消费需求也在蓬勃增长，人们对于家生活的消费需求和理解逐步升级迭代，线下平台以“经营展示＋娱乐＋服务”形成了大服务概念，正在快速抢占本地生活服务行业的制高点。

数据显示，“真快乐”App 自 2021 年 1 月 21 日正式上线，截至 2 月 20 日，国美双平台成交额同比增长近 4 倍，日活稳定在百万规模以上，活动单日日活超过千万，非家电品类如母婴、护理类等高速增长。在平台与商家同心协力之下，“真快乐”推出的“真选”产品系列，受到了越来越多顾客的支持与欢迎。

### 四大特色，成就国美真选优势

受新冠肺炎疫情影响，当今的顾客需求发生改变，高端化趋势依然存在，但不少顾客持更为理性的消费态度，并对促销活动更加青睐，导致高端化和追求性价比两种不同需求加速分化。国美“真选”模式在兼顾品质与性价比的同时，做到了源头低价，无疑迎合了更多顾客追求品牌和性价比，“鱼与熊掌兼得”的心态。

在“黑伍”大促发布会上，中国商业联合会副会长张丽君肯定了国美“真选”模式，表示进一步规范和提升零售平台选品标准的《零售买手选品规范》团体标准的发布，是回归商业本质的重大举措。作为行业首个规范零售选品要求的团体标准，对零售业选择商品及品牌提出要求，对提高零售商品品质，满足顾客的品质需求有积极意义。

在风起云涌的商场中，秉持着“人无我有、人有我优、敢为人先”经营理念的国美，也有着自己独特的“撒手锏”，让国美真选标准持续领先行业。

第一，超强的选品团队和选品明星。“真快乐”的选品团队聚集了零售业从业多年的大咖，同时和相关专业人士进行合作，借助他们的“明星效应”和专业知识为顾客甄选“真选商品”。

第二，源于平台数字化的大数据选品方式。国美借助线上平台的大数据能力，先根据全网热销度进行选品，保障所选商品皆是爆款尖货；然后根据品牌热度进行比对筛选，而后再根据销量和口碑情况进行选拔和优化。在此过程中，大数据能够精准地对顾客画像，提前预测顾客的偏好，让国美能够精准地按需定采，打造出独家的满足顾客需求的产品。

第三，借助区块链等科技优势，国美已经实现了所有真选产品全程可溯源、可追踪，保证正品质量。顾客在购买时，能够在线查询商品生产、运输、仓储的全流程。

第四，物流＋售后打造超强服务链。“真快乐”真选商品还提供 99 天价保，家电 7 天无理由免费退换，生鲜百货先退款后取件等售后服务。同时搭配“准时达”和“快送”的物流服务，在保证“准时达”的基础上，重点加强门店前置仓的建设改造，“闪店送”小件快送服务在全国全面落地，最快 30 分钟上门。

“真选”标准的进一步升级，再配合国美的传统优势——“送装同步”、空调安装全年“十免”服务等为代表的行业最高服务标准，使国美新模式得到了越来越多的顾客认可。从前期的严苛选品到“送-安-维，洁-保-换”的一站式售后服务、到家服务夯实提升，顾客在国美零售还享受到了贴心全程服务、商品全生命周期服务。

真选标准的制定与完善，关乎选品定价的大事，是“真快乐”的核心竞争力，也是国美生态圈源源不断的“活水”。继续秉持顾客思维、科技思维、平台思维、生态思维，保持高质量发展，相信国美将推动引领零售行业走得更高更远。

资料来源：《解决用户“真”痛点　“真快乐”真选标准创造用户价值》，人民网，2021-13-11。

### 1.4.3　人机协作

在数据与算法的驱动下，生产活动实现自动化、智能化，计算机逐步对人的简单劳动形成替代。人与计算机之间将按照新的分工进行协作，劳动的性质和方式表现出新的特征。人工智能的出现与应用，有利于加强业务执行合规性、信息传递及时性，升级资源配置。与人相比，人工智能所具备的“类人化”思维在管理协调方面拥有更为突出的效果，并且开始得到普及推广。

数字化网络中，生产过程在时间和空间上实现自然连续，提高了要素利用率，生产工艺大幅改进，很多在工业经济时代无法供给的服务都具备了技术和经济的可行性。

计算机基于算法模型的最优方案，评估规模经济与范围经济的现实性与有效性，完成对生产要素的调度与安排，逐渐承担起中层管理者的职能。数字化转型的纵深推进，使得组织可以依托计算机的协助，按照解决问题的导向进行灵活调整。人机共融提高了组织内部响应顾客需求的速度与效率，计算机在高层决策者与一线执行者之间搭起信息传递桥梁，组织架构趋于扁平化。根据麦肯锡全球研究院于 2017 年 1 月发布的《人机共存的新纪元》，自动化减少了组织层级，降低出错概率，提高整体绩效，每年能够为全球生产力水平提高带来 0.8～1.4 个百分点的边际贡献。

互联网促进组织之间进行横向与纵向的交流、互动，数字化协作、跨领域知识交互增多。数字化凸显个体间的差异，只有做到与众不同才能够创造新的价值。对于组织不擅长处理的业务，均可以外包给网络中最适合的合作伙伴，将关键资源全部投向自身核心能力的深耕，构建差异化的竞争优势。在数字化的虚拟网络中，分工更加精细，规则更加透明，基于专业化技能的互动、协作也变得更加经济与普惠。创新不再仅仅局限于单一主体行为，而是更多地发生在核心能力上彼此互补的组织之间。在计算机的帮助下，人从单一、重复的程序性业务中解放出来，转而去从事那些需要一定脑力刺激的生产性活动。每个人都是创意输出的源头，人与人之间在网络中的思维碰撞变得更加频繁，新的想法层出不穷地涌现出来，为组织创新注入活力。

### 案例 1-6

## 当教练、做监工……人机协同下的 AI 更懂你

看起来枯燥、高冷的算法，在经过不断迭代升级之后，如何变成可感知外界的人工智能，成为辅助人类决策的工具？在第三届中国国际进口博览会上，这一过程有了生动的展示。人工智能可以是“读心”的乒乓球机器人，可以是灵活装配、节省成本的生产线“魔术师”，也可以是瞬间读懂人体密码的“灵魂捕手”。在与人类的相生相伴中，人工智能不止一面。

一位优秀的教练不仅要具备高超的技术水平，更需要具备“共情”能力，即了解运动员的心理状态。而在欧姆龙展区，第六代乒乓球教练机器人则具备了这些条件，它可以根据体验者的情绪与心理状态，加速提升人类球手的技术。

“机器人运用了独特的人体测量技术，通过图像传感捕捉人体的一系列信息，例如表情、视线、心率等，从而实时评估并把握体验者的技术水平和情绪状态。同时，机器人还搭载了人工智能技术，通过这一技术，机器人可以分析并为体验者制定可以调动其情绪的回球与对打计划，让体验者既不会因为缺乏挑战感到无聊，也不会因为难度过高感到沮丧。”欧姆龙株式会社研发中心人工智能控制研究室工程师刘晓俊说，在这样的智能算法加持之下，机器人具备了“读心”技能，和人类教练一样拥有了感知情绪的能力，进而可以更好地提升玩家的训练动力，帮助玩家释放自身潜能。

如果将这套人工智能逻辑系统腾挪到生产线上，系统则展现出冷静克制的一面。在乒乓球教练机器人不远处，是“人机协作智能化单元生产线”。

欧姆龙自动化中国市场推进部课长徐晓博介绍：“在这条生产线上，工人拧完螺丝后，生产线上的摄像头和传感器会扫描工人的作业情况，如果发现螺丝拧得不紧或者

有遗漏的，会提示机器人‘下手’拧紧，随后交给外观检测机器人完成料盒、装盒、检测和产品打标的系列工序，最后由‘移动操纵机器人’完成厂间的运输、取送、置放等工作流程。”他说，一旦出现作业波动，终端显示屏将自动提示问题所在，相关操作人员、管理人员、客户等都能清晰地了解到工厂的实际状态，并形成决策依据。

“整个工作流程也是可追溯的，如果发现某个产品的质量出现问题，可以通过后台的数据，追溯是零部件出了问题还是工人、工序的问题。”徐晓博说，基于这套人机协同生产线，工作效率可以提升 2 倍以上。

“人机协同，可以让生产线更好地适应柔性生产。传统的纯自动化生产线，如果要更换产品，就要换生产线，成本较高，但人机协同生产线可以根据上传订单的不同，进行多品种、小批量的送料装配、更改工序，而不需要换生产线，展示的这条生产线就能做 3 种产品。”徐晓博说，人机协同的优势也在于，哪部分用人工，哪部分用机械，可以定制，为提升生产线效率做小步快走的微调，而不是斥巨资大动干戈。

3 分钟，我们可以背一篇课文，记 10 个单词，看几条新闻，而在进博会 ABB 展区手表装配未来工厂的生产线上，机器人则可以配合组装一款手表。在现场的一块显示屏前，只要从四款表带中选择一款提交系统后，一旁的大屏幕就会显示当前的加工状态或者需要等待的时间。

在装配线上，分布了 5 个机器人，率先开工的一款机器人会根据顾客选择的表带和表面组装，并放在托盘上，随后，一款双臂机器人拿起手表和表带，组装在一起，甚至可以精细地将表带的一端插入表带扣中；当它传递给下一款双臂机器人后，该机器人会将手表放入包装盒中，并折叠好表带和盒盖，再盖上盒盖传递给工作站，当最后一个机器人拿起包装盒打印上定制信息后，一只手表便通过传送带，由机器人抓取，送到顾客面前，轻拍两下机械臂，它便松手去继续开工了。

“如果机器人识别来料有异常，超出了它的处理能力，就会抖动，同时在数字孪生界面异常显示，那么工人就会过去处理。”机器人应用工程师陈志军介绍，这条演示生产线搭载协作机器人与柔性输送系统，结合数字孪生与人工智能技术，可以为精密仪器加工、组装提供较高的工作效率。

资料来源：《当教练、做监工……人机协同下的 AI 更懂你》，载《科技日报》，2020-11-18，内容有删减。

### 1.4.4 全渠道营销

以数据流通为痕迹而建立的数字主线打破组织壁垒，串联起每个业务部门以及终端顾客，组织边界变得虚化。所有业务环节都要接受来自市场的直接检验，信息的使用部门可以摆脱对采集部门的依赖，直接获取体验反馈，及时进行修正。每个环节只有不断加深对顾客的认知，在产品中不断融入个性化、多元化的价值元素，在价值链条的方方面面贯穿服务理念，才有机会赢得顾客认可，将劳动付出转化为生产利润。全渠道营销是指企业为了满足顾客任何时间、任何地点、任何方式购买的需求，采取实体渠道、电子商务渠道和移动电子商务渠道整合的方式销售商品或服务，提供给顾客无差别的购买体验。

### 1. 全渠道营销的特点

全渠道营销具有三个特点，即全程、全面、全线。首先是全程，一个顾客从接触一个品牌到最后购买的过程中，全程会有 5 个关键环节：搜寻、比较、下单、体验、分享，企业必须在这些关键节点保持与顾客的全程、零距离接触；其次是全面，企业可以跟踪和积累顾客的购物全过程的数据、在这个过程中与顾客及时互动、掌握顾客在购买过程中的决策变化、给顾客个性化建议，提升购物体验；最后是全线，渠道的发展经历了单一渠道时代即单渠道、分散渠道时代即多渠道的发展阶段，到达了渠道全线覆盖即线上线下全渠道阶段，包括实体渠道、电子商务渠道、移动商务渠道的线上与线下的融合。

### 2. 全渠道营销理念带来的变革

全渠道营销理念带给企业三个方面的变革：第一，全渠道营销是消费领域的革命，具体的表现是全渠道顾客的崛起，他们的生活主张和购物方式不同于以往，他们的消费主张是“我的消费我做主”，具体的表现是他们在任何时候如早上、下午或晚间，在任何地点如地铁站、商业街、家中或办公室，采用任何方式如计算机、电视或手机等，都可以购买到他们想要的商品或服务。第二，全渠道营销正在掀起企业或商家的革命，理念上从以前的“终端为王”转变为“顾客为王”，企业的定位、渠道建立、终端建设、服务流程、商品规划、物流配送、生产采购、组织结构全部以顾客的需求和习惯为核心。以渠道建设为例，企业必须由以往的实体渠道向全渠道转型，建立电子商务渠道和移动电子商务渠道，相应的流程建设要建立电子商务和移动电子商务的营销、营运、物流配送流程，要建立经营电子商务和移动电子商务渠道的团队、储备适应于全渠道系统的人才。第三，全渠道营销给商家拓展了除实体商圈之外的线上虚拟商圈，让企业或商家的商品、服务可以跨地域延伸，甚至开拓国际市场，也可以不受时间的限制 24 小时进行交易。实体渠道、电商渠道、移动电商渠道的整合不仅能帮企业打开千万条全新的销路，同时能将企业的资源进行深度的优化，让原有的渠道资源不必再投入成本而能承担新的功能，例如，将实体店增加配送点的功能；通过线上线下会员管理体系的一体化，让会员只使用一个账号就可以在所有的渠道内通行，享受积分累计、增值优惠、打折促销等会员福利。

**案例 1-7**

## 中国移动聚焦互联网渠道变革 促进营销服务深度融合

2020 年年初暴发的新冠肺炎疫情，对全球经济产生重大影响。中国社会科学院相关报告指出，“十四五”时期，我国数字经济仍将保持快速增长势头，数字化转型势在必行。

对于通信行业而言，疫情的影响也很显著。疫情期间，实体渠道关停、线上服务迅速增长……这些转变都在倒逼企业线下渠道向线上迁移。面对新挑战，运营商如何加快数字化变革与渠道转型成为行业需要思考的问题。

目前中国移动已全面启动营销服务体系改革，将整合中移在线和中国移动集中运营中心成立“在线营销服务中心”，聚焦全网线上渠道发展和在线服务质量提升，加快数字化营销服务转型升级。

### 聚焦互联网渠道变革　推动线上线下一体化

长期以来，中国移动的线上渠道建设因组织架构等原因，呈现出多点分散运营的状态。以中国移动系 App 为例，除集团外，各省公司也有自己的线上渠道，这导致顾客流量被分散；同时，随着客户的消费场景整体从线下向线上迁移，其对互联网端的服务诉求也越来越多。服务资源不集中、不统一的现状影响了顾客体验和满意度，导致线上发展业务的增量并不理想。

中国移动的此次变革将全面整合线上渠道，做好面向互联网、热线、消息等线上非接触类渠道运营，加快传统线上渠道的互联网化、智能化升级，强化基于场景的精准营销能力，提升基于产品的价值经营能力。

正如通信行业专家康钊所言："中国移动将中移在线与集中运营中心整合，有利于打造立体化、多层次的渠道体系，有利于形成中国移动在全国的大流量、大市场、大贸易。"

### 线上触点赋能线下运营　促进营销服务深度融合

在疫情引发线上营销服务变革的同时，我们也要关注疫情对实体店的影响。作为与消费者关系最为紧密的通信行业，疫情期间，因防控要求导致部分实体店停摆，这也在警醒运营商思考实体渠道的未来。

在此背景下，中国移动营销服务改革将整合外部互联网、10086 微信公众号、10086 支付宝生活号、抖音、10086 App 等各个渠道，进行集中统一运营。中国移动一旦做大线上触点，便可为线下门店引流；而线下实体店服务体验的提升，也将反哺线上营销推广，彼此相互赋能，让服务更高效、营销更精准。

### 做强 5G 时代顾客数字生活消费 引领行业数字化转型升级

移动通信历经二十多年的发展，运营商之间的顾客"增量"之争逐渐转化为"存量"之争，激烈的市场竞争推动中国移动营销服务改革。当网络成为顾客基本消费需求，单纯的低价优惠已无法满足消费者日益丰富的服务需求，更多的权益、更优的服务才是增加顾客黏性、提升客户价值的最佳途径。

这一点在中国移动的此次改革中也有所体现。在传统的热线中，中国移动依托 5G 高速率低延时的特点及新型视频技术，推出 5G 视频客服，让一通电话开启多媒体交互体验，帮助客户解决更多问题；在互联网上，他们将加强音视频服务的渗透，支持客户在交互过程中随时唤起智能语音门户或人工客服，为客户解决互联网上遇到的问题。

同时，在线营销服务中心也将加快权益平台建设，以权益超市为载体，打造 5G 时代数字消费；并与头部互联网公司、全国性连锁企业开展总对总的 2X2C 生态合作，通过头部攻坚、腰部拓展、权益运营、异业合作等方式，做好"全网生态合作运营的支撑者"。

目前，中移在线变革尚处于起步阶段，更多细节还不明确。不过聚焦渠道变革与数字化转型，三大运营商均有所行动，数字化已是大势所趋，谁将"独领风骚"颇让人期待。

2021 年 11 月 1 日至 3 日，中国移动全球合作伙伴大会在广州举行，本次大会以

"数即万物，智算未来"为主题，通过论坛、展览、系列专题活动等形式，展现自身数智化营销服务能力和数智化创新成果，全面诠释中国移动数智化转型战略。

资料来源：《中国移动聚焦互联网渠道变革 促进营销服务深度融合》，人民网，2020-11-19，内容有删减。

### 3. 产销一体化

数字经济时代企业的整合营销策略，包含全渠道营销与精准化促销。它基于互联网、大数据、人工智能等技术，对各种营销工具和手段进行系统融合，根据环境进行即时性的动态修正，实现浸润式、立体化广告嵌入，兼顾宣传低成本与强冲击力，同时充分发挥线上与线下的优势，随时随地满足消费者的需求，并挖掘消费者的潜在需求予以满足，使消费者和企业在交易中实现价值增值，如图 1-1 所示。产销一体化是以数字技术将企业生产和销售连接在一起，按照销售数据对生产进行动态调整的系统。

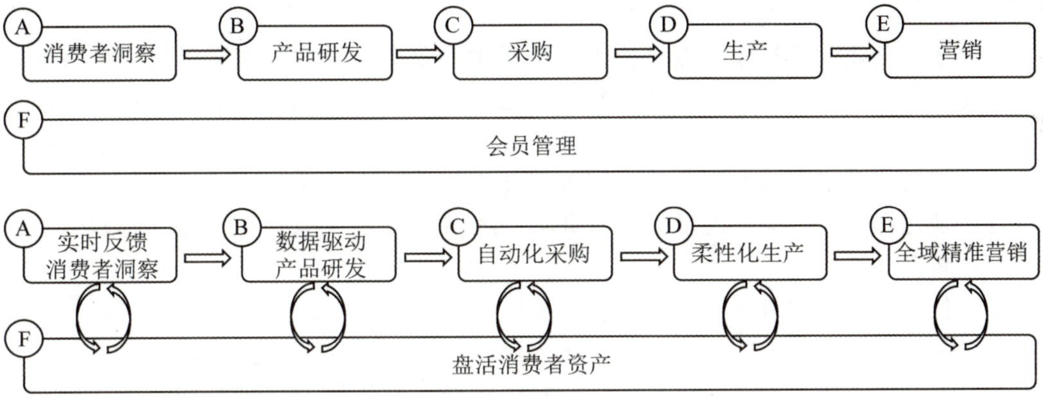


图 1-1　数字化企业的产销一体化路径

整合营销需要全面地收集消费者消费数据。随着移动互联网以及新的传播技术的出现，每个人都是自媒体，消费者更加容易接触到所需要的产品和服务，也更加容易与自己有相同需求的人进行交流。企业通过与消费者积极互动、尊重消费者作为主体的价值观，让消费者更多地参与到营销价值的创造中来。由于移动互联网、物联网所造成的连接红利，放大了客户与客户、客户与企业的交流频率，企业能够积累更多的消费信息，消费者也能积累更多企业的信息。企业的信息能够汇聚成口碑，成为病毒式扩散的基础。通过数据化消费行为，能够精确地描绘出消费者的电子画像，预测消费者的需求。消费者一次偶然的购买行为不仅仅是在某个时点购买产品，而是与企业之间形成一个相互连接的节点。当存在多个节点时，就可以通过大数据技术筛选相关关系，将相关节点连接在一起，绘制出消费者的潜在消费组合曲线。例如，购买牛仔裤的消费者很可能想要购买其他的衣物来搭配 T 恤衫。由于购买 T 恤衫的理由是想要与自己喜欢的偶像穿同款 T 恤衫，因此该消费者还可能需要购买偶像演唱会门票，或者墨镜、帽子等。通过广泛的数据挖掘与关联分析、深化算法，能够预测消费者的购买意图，并实现引导，使得消费者不是"一次性购买"或重复购买同一商品，而是一次性购买全部相关商品。同时整合实体渠道、电子商务渠道和移动电子商务渠道，确保消费者能够在任何时间、任何地点，通过多种方式购买到他们想要的商品或服务，给顾客提供无差别的购买体验。

以华为为例，通过专门的跨部门的团队——组合管理团队，其中包含销售、研发、供应链财务等部门成员，来负责公司和各产品线营销计划的制订，多维度对市场进行细分，再评估每个细分市场的吸引力和华为的竞争地位，选择进入市场吸引力高并且华为竞争地位较强的细分市场，从而确定华为的目标细分市场和目标客户，并确定华为在每个目标细分市场的定位。利用多种分析工具确定客户需求的权重，并确定和验证每个细分市场客户的关键购买要素；在组合分析的过程中，将华为在每一关键购买要素的满足程度与业界最佳的竞争对手进行分析，确定华为的差距，并在营销计划中确定行动计划。

## 本章小结

所谓数字企业，是指那些由于使用数字技术，改变并极大地拓宽了自己的战略选择的企业。数字企业具有自己的战略特点，它们建立了一种商业模式，能够以新的方式捕捉利润，建立新的、强大的顾客和员工价值理念，在内部和外部运营中使用技术建立竞争优势。数字化的本质在于利用数字技术为企业高质量发展赋予新动能，在新旧动能转换过程中，必须平衡卓越运营和创新发展之间的关系，在确保卓越运营的同时实现创新发展。

新一代信息技术的引入，打碎了企业固有形态，推动产业链数字化，供应、研发、生产、服务更加透明化。数字企业是现代企业运行的一种新模式，它将信息技术、现代管理技术和制造技术相结合，并应用到企业产品生命周期的全过程和企业运行管理的各个环节，实现产品设计制造、企业管理、生产控制过程以及制造装备的数字化和集成化，以提升企业产品开发能力、经营管理水平和生产制造能力，从而提高企业的竞争能力。数字化企业具有标准化、网络化、集成化、协同化、敏捷化、绿色化六个特征。

对企业来说，数字化不再仅仅意味着一个单独的销售渠道，而更多代表的是企业跟顾客互动的新空间。当前互联网技术不断发展，企业在进行商业模式探索的过程中，将线上业务和线下业务进行协同，才是符合时代趋势的管理思路。进入互联网经济时代，信息的流通变得越来越自由平等快速，让每个人对行业的边界发生更大的递延，如果不跨界可能已有的知识会落伍。“互联网＋”打破了传统的行业壁垒对企业发展的约束，企业可以在原有业务的基础上向新的领域布局，发现更多机会。

企业运行机制是指企业生存和发展的内在机能及其运行方式，是引导和制约企业生产经营决策并与人、财、物相关的各项活动的基本准则及相应制度，是决定企业经营行为的内外因素及相互关系的总称。与传统企业相比，数字企业运行机制具有数据驱动、价值至上、人机协作、全渠道营销四个突出的特征。

## 复习思考题

1. 结合数字经济发展趋势，比较传统企业和数字企业的管理理念。

2. 选择一家企业，分析其如何对传统业务进行数字化升级。
3. 以腾讯公司为例，探讨其跨界布局的思路。
4. 分析京东平台如何通过对顾客的数据分析来改进服务质量。
5. 以三一重工为例，分析在生产过程中应如何实现人机之间的高效协作？

## 案例分析

### “5G＋工业互联网”赋能生产制造

走进位于武汉光谷的长飞光纤光缆股份有限公司(以下简称“长飞光纤”)光缆生产车间，只见工业机器人忙着分拣不同规格的光纤配盘，一台台AGV(自动导引运输车)正有条不紊地运输成品光缆。通过5G传感器、“5G＋光云工业互联网”神经中枢平台，这个车间的全流程生产数据被传输到10公里外的长飞光纤总部运营指挥中心。工作人员坐在指挥中心的大屏幕前，不仅能实时监控和分析生产经营状况，还可预测未来变化趋势。

“‘5G＋工业互联网’帮助公司订单及时交付率提高了25%。企业数字化管理水平也大幅提升，其中能源利用率提高18%，库存周转率提升20%。”长飞光纤总裁庄丹告诉记者。

如今，“5G＋工业互联网”已融入我国各行各业的生产制造之中。2021年11月举行的2021中国5G＋工业互联网大会上，工信部发布了第二批“5G＋工业互联网”十大典型应用场景，包括生产单元模拟、精准动态作业、生产能效管控、工艺合规校验、生产过程溯源、设备预测维护、厂区智能理货、全域物流监测、虚拟现场服务、企业协同合作，以及石化化工、建材、港口、纺织、家电“5G＋工业互联网”五大重点行业实践。

“‘5G＋工业互联网’在支撑实体经济降本增效、绿色发展方面的重要作用正不断显现。”工业和信息化部总工程师韩夏介绍，截至2021年9月底，全国5G基站数量已达到115.9万座，5G融合应用明显深化，深入信息消费、生产制造、民生服务等多个行业领域，创新案例超过1万个。其中，20个“5G＋工业互联网”典型应用场景已在采矿、电力、钢铁等22个国民经济重点行业深度应用，助力传统产业转型升级。

工业互联网产业联盟在大会期间发布的《中国工业互联网发展成效评估报告》显示，2020年我国工业互联网总指数为146.6(2019年为基期100)，较上年提高46.6。工业互联网快速成长，日益成为我国制造业高质量发展的重要动力。

“‘十四五’期间，5G和工业互联网融合发展将着重在四方面发力。”工业和信息化部部长肖亚庆介绍，一是加快新型基础设施建设，打通信息“大动脉”。支持企业运用5G等新型网络技术和先进适用技术改造建设企业内网，支持企业设备上云，推动工业互联网平台进企业、进园区、进产业集群。二是拓展融合应用场景，推动制造业数字化、智能化转型。通过抓示范、树标杆、建园区，遴选一批专业化解决方案提供商，建设一批5G全连接工厂，做优一批工业互联网平台，打造一批复合型专家人才队伍，带动千行百业提质增效升级。三是加强关键技术攻关，夯实发展根基。大力推行“揭榜挂帅”机制，发挥企业创新主体作用，实现工业模组、传感器、关键软件等领域的快速研发和产业化。加快研制工业数据交互等基础共性标准，探索建设数据交易平台，提升数据管理和开发利用水平。四是深化开放共享，构建互利共赢的产业新生态。

资料来源：《“5G+工业互联网”赋能生产制造》，载《人民日报》，2021-12-08。

**思考与讨论：**

1. 5G技术应用给企业带来了哪些改变？

2. 数字经济时代，企业如何提高创新能力？

# 第 2 章　数字企业管理逻辑

【学习目标】

➢掌握数据资产、数据价值、数据要素市场、顾客价值主导的内涵

➢熟悉零边际成本、锁定效应、网络经济

➢了解数据资产管理、数据商业应用、数据穿透

【关键术语】

数据资产　数据资产管理　数据要素市场　网络经济

## 开篇案例

### 智能经济，澎湃发展新动能

车水马龙的深圳街头，司机们从前“车看灯”，如今“灯看车”——智慧交通解决方案将交通灯从读秒通行转为读车数放行，使关键路口平均等待时间缩短 17.7%。

热火朝天的雄安新区，建设者们从前盯着城市天气预报，如今享受专属气象服务——每平方公里布设一个自动气象站，将基于工地位置的精准气象数据通过智慧工地气象服务系统，投送到每个项目责任人手机上，为雄安新区建设保驾护航。

习近平总书记指出：“世界正进入数字经济快速发展的时期，5G、人工智能、智慧城市等新技术、新业态、新平台蓬勃兴起，深刻影响全球科技创新、产业结构调整、经济社会发展。”2021 年 12 月召开的中央经济工作会议提出，加快数字化改造，促进传统产业升级。2021 年是“十四五”开局之年，我国积极推进数字产业化、产业数字化，深度融合下茁壮成长的智能经济，正源源不断地为经济高质量发展注入强劲动力。

**工业互联网助力转型升级，激活增长新动能**

生产数据实时滚动，柱状图、饼状图动态变化……在中国一重数字化轧电制造厂的车间里，副厂长刘治国在仔细观察蓝色电子巨幕上的数据后，熟练地按下了按钮，大型变电设备随之开始轰隆隆转动。

中国移动联合中国一重运用 5G、云计算等新一代信息技术搭建适合重型装备制造业特点的工业互联网平台，刘治国所在的数字化样板车间里的 34 台机床陆续实现智能联网，通过平台进行生产数据的集中采集、汇总、分析、呈现。

“生产运营的数字化、标准化、精细化，使一线工人摆脱了过去‘靠经验干’的生产模式，管理人员也能对生产动态实时掌握、对生产过程开展追溯管理。”刘治国介绍，工业互联网为传统制造业装上了“智慧大脑”，更“聪明”的车间让生产管理成本降低了 20%、生产周期缩短 30%、生产收入提升 10%。

目前，我国具有影响力的工业互联网平台超过 100 家，连接设备数量超过 7 600 万

台(套)。这些平台持续推动传统制造业数字化、智能化转型，截至2021年8月底，制造业重点领域关键工序数控化率、数字化研发设计工具普及率分别达53.7%和73.7%，比2012年分别提高30.1个和25.4个百分点。

**人工智能赋能实体经济，拓展发展新空间**

下载“萝卜快跑”App，输入个人信息并通过系统审核，大约10分钟后，一辆蓝白相间的小汽车缓缓驶来。前不久，在北京某互联网企业工作的郭宇，借去上海休假的机会呼叫了一辆百度无人车。

“听说百度自动驾驶平台在上海正式启动，我想尝个鲜。”郭宇打开车门坐在后排，系好安全带，依照面前平板电脑的语音提示确认行程后，车辆便自动起步、提速、变线、超车……两三公里的行程安全平稳，驾驶座上的安全员一次都没有接管车辆。

百度智能驾驶事业群副总裁、首席安全运营官魏东介绍，上海是百度开放自动驾驶出行服务的第五个城市，2021年第三季度，“萝卜快跑”提供自动驾驶出行服务11.5万单，测试里程已超过1 800万公里。

自动驾驶是人工智能赋能交通的典型应用。除此之外，人工智能与工业、医疗、教育、文旅、城市管理、金融等各领域深度融合，不断创造出全新应用场景。工业和信息化部部长肖亚庆认为，我国人工智能产业发展取得了显著成效，图像识别、语音识别等技术创新应用进入了世界先进行列，人工智能发明专利授权总量在全球排名第一，核心产业规模持续增长，已形成覆盖基础层、技术层、应用层的完整产业链和应用生态。

科技部副秘书长贺德方介绍，科技部将强化场景驱动，组织开展制造、交通、农业、医疗、健康、城市管理等领域人工智能系列重大应用示范，发布重点场景清单，支持更多人工智能企业参与场景创新，为智能经济拓展更大空间。

**5G融入千行百业，点亮百姓新生活**

挥拍、扣杀……“刚才那个球，像是贴着我的脸飞过来!”在北京某高校工作的网球迷王沛说起观看2021年全运会的感受，直呼很过瘾。带给王沛超常观赛体验的是中国移动咪咕视频的VR(虚拟现实)直播模式，裸眼就能在手机屏上获得全视野VR效果。

沉浸式的观赛体验可不止这一项，王沛熟练地操作着不同的观看模式——选择喜欢的运动员视角可只观看单人画面，仿佛打开跟拍镜头；旋转切换可以从任意角度观看比赛，如同围绕赛场随意走动；遇到精彩镜头可点击暂停键并全方位回看……“多角度切换十分流畅，不在现场胜似现场。”

智慧观赛模式的背后，是近年来迅速普及的5G技术在发挥作用。陕西移动党委委员、副总经理周艳丽介绍，借助高速率、低时延、大带宽的5G网络，高清摄像机全方位捕捉到的赛场全景得以快速传输至手机等终端播放。

5G+医疗、5G+交通、5G+教育……如今，5G“牵引”的智能生活应用场景层出不穷。工业和信息化部数据显示，目前，我国已建成5G基站超过115万个，占全球70%以上，是全球规模最大、技术最先进的5G独立组网网络，全国所有地级市城区、超过97%的县城城区和40%的乡镇镇区实现5G网络覆盖；5G终端顾客达到4.5亿户，占全球80%以上。5G技术融入百业、飞入万家，激发新需求、带动新消费、点亮新生活。

资料来源：《智能经济，澎湃发展新动能》，载《人民日报》，2021-12-17。

**思考与讨论：**

数字经济给企业管理带来了哪些方面的改变？

人工智能、区块链、云计算、大数据等底层数字技术的应用加剧了企业之间在价值供给上的竞争。作为市场主体，企业的生存和发展都必然要面临市场竞争这一根本性问题。竞争使得最适合从环境中获利的企业最终胜出，而这些企业往往也最有利于周围事物。移动互联网的普及和第五代移动通信技术(5G)商用的不断扩大，使得“比特”成为信息传递的主要载体，推动人类社会从物质化的信息时代进入数字化的信息时代。数字技术的应用实现了顾客对生产过程的深度参与，企业价值的实现必须以顾客价值需求的满足为前提条件。由于使用价值是顾客价值的核心，企业之间的竞争逐步聚焦于产品使用价值的供给。与此同时，基于数字技术而建立的数字化连接打破了组织内部和外部的边界，为跨界经营创造了机遇，企业不得不面临来自不同领域的颠覆式创新和替代式竞争。由此产生的核心问题是：面对数字化革命带来的历史机遇和重大挑战，特别是面对全新复杂的竞争环境，为保持“基业长青”，企业的管理逻辑应如何做出适应性调整？本章将对这个问题进行介绍。

## 2.1　数据资产

如今，很多人这样开始一天的生活：开车上班时，查看手机地图避开拥堵路线；坐公交车前，先查询公交车路线、站点距离、实时路况等信息；和朋友聚餐前，先搜索团购券；付款时使用手机支付……“高大上”的大数据正在时刻改变人们的习惯，让生活更便捷。信息技术的发展一日千里，我们已经生活在一个数据的年代，日常生活中经常看到和接触到的也是以统计分析为主的大数据应用。数字经济时代，计算力已成为核心生产力，数据是网络运行的核心载体和关键内容，已成为重要资产与战略资源。在数字经济发展过程中，数据起着核心和关键作用，对土地、劳动力、资本、技术等传统生产要素产生着深刻的影响，展现出巨大的价值和潜能。党的十九届四中全会提出，“要健全劳动、资本、土地、知识、技术、管理、数据等生产要素由市场评价贡献、按贡献决定报酬的机制”，在国家层面将数据纳入生产要素范围。数据具有超越物质资源的价值，对于维持数字经济有序运行具有重要作用。在以数据为基础所构建的网络空间中，虚体与实体的有机结合使得主体之间可以进行跨时间与空间范围的沟通，也有助于通过创新迭代维持供给与需求的动态匹配。

数据是一剂良性催化剂，其价值体现在对传统的经济模式与社会生活进行多方面改进，涉及技术、劳动、交易等问题。数据本身不产生价值，但通过数据作用于现有产品，使其在创造收益、降低成本上有更好的表现。企业通过这种数据“内消”的方式，将生产经营中产生的数据进行收集、整理、分析，用于服务自身经营决策、业务流程，从而提高产品收益。利用数据优化业务的方式，是数据间接产生收益的方式，在这种情况下，数据能够产生的价值是难以评估的。在合法合规的前提下，让数据以各种形式进行交易，这是数据产生价值的直接方式。此外，数据还具有现代网络作为重要载体的价值，信息通信技术有效使用的价值，数据、网络和科技三个要素相互作用的价值。数字经济的发展，也是从数字资源到资产、再到资本的价值化过程。目前，尽管大数据的应用已经非常广泛，但大部分数据仍然停留在经济资源层面，内涵价值没有完全释放。只有通过确权和加工之后，数字资源才会转变成可量化的数字资产，进而通过交易和流通实现市场定价，上升为生产性的数字资本，真正释放其内涵价值。从这个意义上讲，数字经济的发展重点，就是要大力推动数字资源向资产和资本的跨越。未来的商业竞争离不开数据的竞争，数据资产化管理和数据驱动决策都将成为竞争焦点。

### 2.1.1 数据资产化

从IT时代到DT时代，“数据即资产”已然成为这场变革最核心的趋势和思维方式。资产是指由企业过去的交易或事项形成的、由企业拥有或者控制的、预期会给企业带来经济利益的资源。数据资产是由企业拥有或控制的、能够为企业带来经济利益的数据资源。对于能够直接产生价值的数据，数据变现的过程就是数据交易的过程，此过程的成本在于数据收集、处理、存储的成本，属于比较容易的数据变现；而利用数据为业务赋能拥有更复杂、更专业的资产化流程。例如，通过社会数据、网络采集、机构数据、企业填报等数据源采集企业数据，包括工商信息、股权信息、行政处罚、销售年报、司法信息、知识产权、法律诉讼、税务信息等；利用大数据技术进行数据清洗、数据合并、数据挖掘、数据标准化、安全脱敏、多维关联等数据治理操作，提高数据质量；利用机器学习技术学习专家打分，模拟专家对企业价值评价的决策过程，先建立评价模型，自动高效地对企业数据进行多维度、全方位解析，最终生成企业评价报告；等等。随着数据资源越来越丰富，数据资产化将成为企业提高核心竞争力、抢占市场先机的关键。

#### 1. 数据采集

对于企业来说，数据是需要重点保护的无形资产。虽然一些企业已经投资了大量的信息系统，但大部分系统的主要功能还是仅限于对业务流程的管理。这对于企业数据资产的沉淀来说，效率是非常低的，更谈不上管控。流程管理系统通常希望企业用户在线上完成所有工作，但实际的情况却是，流程管理系统通常只记录了一些员工手工填上去的死板数据，真正有价值的数据资产依然留存在每位员工的计算机和手机中。这不但让信息孤岛的问题越发严重，导致办公效率降低，更严重的后果是企业很可能需要承担由于数据资产外泄或者丢失所带来的直接或间接的经济损失。企业中的纸质文件，比如加盖公章的纸质合同、票据、审批单等，也是企业数据资产的重要组成部分。很多企业往往只注重电子文件，而忽略了海量的线下纸质文件，或者将两者分开处理和对待，这些都是很多企业会犯的典型错误。文件柜中保存的纸质文件，不但在使用过程中容易丢失，而且不便于保存。纸质文件由于物理原因，对企业档案柜的空间要求会越来越大，而且纸质的东西也会因为潮湿等问题导致被氧化和分解。纸质文件还有一个缺点，就是不能被快速地调用和流转。国家现在都在讲产业新升级，淘汰落后产品，因此，是否能将纸质文件进行电子化应用，是一个企业能否跟上产业新升级步伐的一个很重要的评判标准。

如今，各家企业都依赖于数据资产以做出更加明智和有效的决策。市场领导者正利用数据资产，通过丰富的客户资料、信息创新使用和高效运营取得竞争优势。企业通过高效的数据资产管理，可以提供更好的产品和服务，降低成本，控制风险。随着企业对数据需求的不断增长，以及企业对数据依赖性的不断增强，人们可以越来越清楚地评估数据资产的商业价值。每一个企业都需要有效地管理其日益重要的数据，通过业务领导和技术专家的合作，数据资产管理职能可以有效地提供与控制数据和信息资产。数据资产管理是信息化组织的数据管理专业人员和业务数据管理专员之间的共同责任，它们代表数据生产者和数据顾客的集体利益。其中，业务数据管理专员充当数据授权委托人，通常由相关领域公认的专家和业务领导担任，代表了其组织的数据利益，并承担了数据质量和使用方面的责任；数据管理专业人员是数据资产的专家监护人和技术托管人，通过保证数据及其元数据质量来确保数据资源满足业务需求。数据资产管理一般包括十大数据管理职能，分别是数据治理、数据架构管理、数据开发、数据操作管理、数据安全管理、参考数据和主数据管理、数据仓库和商务智能管理、文档和内容管理、元数据管理以及数据质量管理。

智能网联设备的应用与升级为数据采集奠定了较好的硬件基础，全球数据的“井喷式”生产为数据资产化奠定了基础。数据资产管理是规划、控制和提供数据及信息资产的一组业务职能，包括开发、执行和监督有关数据的计划、政策、方案、项目、流程、方法和程序，从而控制、保护、交付和提高数据资产的价值。根据国际数据企业(IDC)发布的《数据时代 2025》预测，2025 年全球产生的数据将从 2018 年的 33 ZB 增长到 175 ZB，相当于每天产生 491 EB 的数据。面对如此庞大的数据信息，“穿透融合，相互赋能”成为促进数字化转型的新命题。当前，全球已初步形成较为完整的数据资源供应链，数据采集、数据标注、时序数据库管理、数据存储、商业智能处理、数据挖掘和分析、数据交换等技术迅速发展。随着数据资产化发展，我国数据要素市场正在形成包含数据交易主体、数据交易手段、数据交易中介、数据交易监管的“四位一体”市场格局。从供给端来看，数据交易主体由政府主导向社会多主体共建发展，即由政府指导类、数据服务商类、大型互联网企业三类主体共同参与。区块链技术作为数据交易手段被初步运用并逐渐普及。区块链技术的发展与成熟，使得“区块链＋数据交易”成为企业的选择重点。

### 2. 数据隐私

数据在商业活动中的作用日益突出，市场对于数据隐私的关注越来越多，对于企业敏感的员工、客户和业务等数据加以保护的需求正在不断上升。数据隐私保护，是指对企业敏感数据进行保护的措施。每个企业都拥有敏感数据，包括商业秘密、知识产权、关键业务信息、业务合作伙伴信息或客户信息，此类数据必须根据企业政策、法规要求和行业标准进行保护。数据安全关系到数字经济的健康、安全和可持续发展。当前，数字经济与实体经济加速融合，数据权属问题更加凸显。只有明确了数据权属关系，才能进一步明确数据的主体和边界；明确了数据的所有权等权利的价值，才能合理地进行股权配置、市场交易、收益分配。在今日竞争激烈的市场中，数据安全和快捷性能缺一不可。凭借动态数据屏蔽，企业以数据驱动要素配置需要完善数据要素资源体系，加强数据资源采集汇聚，推进包含数据采集、标注、存储、传输、管理、应用的全生命周期价值管理，构建不同主体的数据采集、共享机制，推动落实不同领域的数据标注与管理应用，从而实现组织的快速升级扩展，为敏感和隐私信息提供实时保护，而不必迫使信息部门对应用程序和数据库进行昂贵且耗时的变更，避免影响生产效率，更重要的是，不会干扰员工履行其职责的能力。

近年来，我国不断推进网络强国、数字中国、智慧社会建设，以数据为新生产要素的数字经济蓬勃发展，数据的竞争已成为国际竞争的重要领域。《中华人民共和国数据安全法》坚持安全与发展并重，在规范数据活动的同时，对支持促进数据安全与发展的措施、推进政务数据开放利用等做出相应规定，通过促进数据依法合理有效利用，充分发挥数据的基础资源作用和创新引擎作用，加快形成以创新为主要引领和支撑的数字经济，更好地服务我国经济社会发展。当前，数据作为一种核心要素资源，虽然具有普遍的使用价值，但资产属性还没有充分体现。数据资产化使具有使用价值的数据成为一种资产，在市场上进行流通交易，给拥有者或使用者带来经济利益。未来通过建立确权制度，发展交易市场，探索金融创新，实现从原始数字资源到数字资产、再到数字资本的演进，将是数字经济发展的核心目标。

数据本身是分散的、孤立的、互不联系的，但通过企业的收集、整理、清晰，可以使之成为有机的链条，成为有使用价值的商品。所以，相关机构应当明确企业在数据开发中的合法权益，保证数据交易的公平合理，反对不正当竞争，反对数据垄断。从目前的司法实践来看，数据的法律问题集中表现在四个方面：一是数据产权归属不清。数据已经成为与土地、劳动力、资本、技术并列的生产要素，但数据的产生归属、数据收集者合法权益的边界、数据收集者的单方删除权等问题，给司法实践带来了巨大挑战。二是数据处理者侵犯个人隐私。《中华人民共和国民法典》规定，除非经权利人明确同意，数据处理者不得利用自然人隐私，当前我国正在制定关于人脸识别的相关司法解释。三是大数据集中导致“杀熟”。网络平台商家的“杀熟”现象严重侵害顾客合法权益，出现这一现象的深层次原因，主要在于平台商家长期收集顾客的交易数据并不当利用。四是缺乏数据算法合理性的裁量标准。一旦遇到问题，难以为查清案件基本事实提供依据。

### 2.1.2 数据法规

为了更好地发挥数据作为生产要素和资源的价值，就要将其配置到需要的地方。市场在资源配置中起决定性作用，数据资源要像产品与服务一样具有商品属性，有价格、有产权、能交易。由于数据流动载体的特殊性，要建立专有的数据交易平台，便于监管，尤其在跨境传输和安全保护等方面，要有严格的制度、规范和有效的监管手段。数据产生于网络之中，其资源属性也因网络而放大。对数据处理者来说，一方面，掌握的数据越多，平台推荐就越精准，客户黏性就越高；另一方面，掌握的数据越多，数据安全保障责任就越大，数据合规建设更显迫切。目前，我国已颁布了《中华人民共和国网络安全法》(2016 年 11 月 7 日第十二届全国人民代表大会常务委员会第二十四次会议通过，以下简称《网络安全法》)、《中华人民共和国电子商务法》(2018 年 8 月 31 日第十三届全国人民代表大会常务委员会第五次会议通过，以下简称《电子商务法》)、《中华人民共和国民法典》(2020 年 5 月 28 日第十三届全国人民代表大会第三次会议通过，以下简称《民法典》)、《中华人民共和国个人信息保护法》(2021 年 8 月 20 日第十三届全国人民代表大会常务委员会第三十次会议通过，以下简称《个人信息保护法》)。2021 年 6 月，第十三届全国人民代表大会常务委员会第二十九次会议通过的《中华人民共和国数据安全法》(以下简称《数据安全法》)，自2021年9月1日起施行，明确了数据安全的定义，同时提出“国家保护个人、组织与数据有关的权益，鼓励数据依法合理有效利用，保障数据依法有序自由流动，促进以数据为关键要素的数字经济发展”。这是我国第一部有关数据安全的专门法律，也是国家安全领域的一部重要法律。《数据安全法》的出台不仅保障国家、企业及个人的数据安全，也有望为未来的数据流通和商业变现落地保驾护航，极大推动国家数字经济的发展。制定《数据安全法》是维护人民群众合法权益的客观需要。数字经济为人民群众的生产生活提供了很多便利，同时各类数据的拥有主体更加多样，处理活动更加复杂，一些企业、机构忽视数据安全保护、利用数据侵害人民群众合法权益的问题也十分突出，社会反映强烈。《数据安全法》明确了相关主体依法依规开展数据活动，建立健全数据安全管理制度，加强风险监测和及时处置数据安全事件等义务和责任，通过严格规范数据处理活动，切实加强数据安全保护，使广大人民群众在数字化发展中获得更多幸福感和安全感。

### 案例 2-1

## 开展侵害用户权益整治行动 工信部下架540款App

“截至目前，已组织检测21批次共244万款App，累计通报2 049款违规App，下架540款拒不整改的App，对违规行为持续保持高压震慑。”工业和信息化部信息通信管理局有关负责人日前透露，工信部聚焦人民群众反映强烈的App违规处理用户个人信息、设置障碍、骚扰用户、欺骗误导用户等问题，纵深推进App侵害用户权益整治行动，取得显著成效。

工信部不断强化应用商店关键责任链管理，督促应用商店加强自查清理，应用商店已主动下架40余万款违规App。据介绍，近期工信部又部署开展了服务感知提升行动，推动全行业优化服务举措、提升服务能力，建立个人信息保护“双清单”，持续加大用户信息保护力度。

根据工作部署，工信部将进一步强化综合治理，努力为用户营造更健康、更干净、更安全的信息通信消费环境。

一是完善监管政策和标准。认真贯彻落实《数据安全法》《个人信息保护法》等法律法规，制定信息通信行业配套细化规定和标准，健全监管规则、细化实化监管举措，为用户权益保护提供更加坚实的政策制度保障。

二是建立全链条监管体系。推动建立覆盖互联网信息服务提供者、应用商店、网络接入服务提供者、第三方服务提供者、手机终端厂商的全链条监管体系。提出全链条共同遵循的共性要求和各类主体应承担的个性化义务，实现行业治理全链条、全流程规范。

三是进一步拓展监管手段。完善电信服务质量评测方法，建立互联网服务质量评测方法；构建覆盖基础电信企业、增值电信企业的全行业服务监管体系和服务质量实时监测机制；加强技术手段建设，不断提升自动化、标准化检测能力，及时监测发现和依法处置违规行为。

四是加强多主体协同共治。充分吸纳市场主体、行业协会、社会单位等多方力量共同参与治理，构建政府监管、企业自律、媒体监督、社会组织和用户共同参与的综合监管格局，实现多主体协同共治、齐抓共管的良好生态。

资料来源：《开展侵害用户权益整治行动 工信部下架540款App》，载《人民日报》，2021-11-18。

《网络安全法》《电子商务法》《民法典》《个人信息保护法》《数据安全法》五部法律在内容上彼此互补，共同构成了具有中国特色的数据领域法律体系。2021年11月，国家互联网信息办公室会同相关部门研究起草《网络数据安全管理条例(征求意见稿)》，这是我国加强网络数据法治化的又一重要举措，未来还会有更多相关配套法规出台。这对数据处理企业、数字化转型企业而言，将在搭建数据架构、完善数据合规体系等方面具有促进作用。

对标法律法规，如何将其落实到业务运营与商业交易的实际过程中，是企业长期要做且必须做的事。数据合规，首先是要明确行为边界，有所为、有所不为。国家网信部门依照《数据安全法》和有关法律、行政法规的规定，负责统筹协调网络数据安全和相关监管工作。从企业运营层面看，数据合规的要义之一是以精细化管理保障平台规则、隐私政策、算法公平公正。平台不得在平台规则、算法、技术、流量分配等方面设置不合理的限制和障碍，限制平台上的中小企业公平获取平台产生的行业、市场数据等，阻碍市场创新。从企业交易层面看，面临的是数据合规的全链条全过程监管，因此数据合规的要义之二是形成常态化数据安全保障机制。不管是合并、重组、解散、破产，还是境外上市等各类交易场景，都要接受数据监管。今后，企业交易行为触发网络安全审查的条件将越发严格，符合条件的不仅要主动向监管部门申报、报告，而且要定期开展一次数据安全评估。特别是涉及向境外提供个人信息和重要数据的情况时，企业要及时向相关机构报告情况，承担数据安全保障责任。

## 2.2 数据价值

2017年12月，习近平总书记在主持中央政治局集体学习时强调，“发挥数据的基础资源作用和创新引擎作用”。数据是对客观事物(如事实、事件、事物、过程或思想)的数字化记录或描述，是无序的、未经加工处理的原始素材，可以是连续的值，也可以是离散的值。数字经济时代，由网络所承载的数据、由数据所萃取的信息、由信息所升华的知识，正在成为企业经营决策的新驱动、商品服务贸易的新内容、社会全面治理的新手段。充分释放数据价值，既是建设数字经济的关键，也是带动经济社会未来发展的重点动力源。在不同的应用场景下，数据的价值需要依托特定的数据资产进行解释。大数据的生命力，必须依赖于对应的、适配的场景。大数据最初发端于技术科学，但最终还是要成就于管理科学。用好大数据，没有通用模板，而是要结合实际场景，发现机会、创造机会、抓住机会。就如同粗放农业必然走向集约农业，大数据产业的精耕细作，将是今后相当长的一段时间内的主线脉络。坚持场景大数据共识，加速推动数据要素化，是提升数据效能、效用的关键。

### 2.2.1　数据商业应用

当前，由于数据不能作为法定资产，数据的资产价值无法体现在会计报表上，数据资产化也仅仅反映了数据的经济价值。在现实中，数据很多时候仅仅只是数据而已，甚至可以说是冗余、沉没、庞大的无效内容，其资源化转换、价值萃取并不到位。各种各样的数字、代码、字节、痕迹，仅仅只是“大数据”最表面、最原始的样子。从某种意义上说，“数据”约等于原材料，只有深度淬炼、深度加工，才能“产销对路”，创造更多的附加值。数据因场景而生，场景因数据而立。取之有道的数据，才具备道德合法性；用对地方的数据，才能释放强大能量。要发挥数据在推动经济社会发展、国家治理等方面的作用，还需要通过一定的技术处理才能够实现。数据在经过信息提炼、知识归纳、智慧升华三个阶段之后，便可以用于问题分析、决策制定等，如表 2-1 所示。也正是通过分析和决策驱动生产方式、生活方式和社会治理等变革，间接地释放了数据的经济价值、社会价值。

**表 2-1　数据的技术处理**

| 项目 | 数据 | 信息 | 知识 | 智慧 |
| --- | --- | --- | --- | --- |
| 核心内涵 | 陈述（representation） | 描述（descriptions） | 解释和指导（explanations & instructions） | 预测和判断（prediction） |
| 特征 | 事实依赖/无意义 | 有意义/逻辑性 | 本质性/原则性/经验性/指导性 | 启示性/前瞻性 |
| 解决问题 | 知有无 | 知是何（what，when，who，where） | 知为何、知何为（why，how to） | 知最优（what is the best） |
| 时间维度 | 过去和现在 | | | 未来 |
| 意义 | 指导“正确”做事 | | | 规划做“正确”的事 |

资料来源：中国信息通信研究院：《数据价值释放与隐私保护计算应用研究报告（2021 年）》。

#### 1. 数据管理

数据凭借可复制、可共享、可无限供给的特点，助力产业实现精细管理、精益生产、精准营销、精确规划等提升，以此降低经济运行成本、提高经济运行效率、赋能传统产业转型升级，并催生大量新产业、新模式、新业态。依托数字经济中的海量数据规模和丰富应用场景优势，数字技术助力打破“数据壁垒”，推动数据赋能全产业链协同转型，助力形成高质量供给创造新需求、需求牵引供给的动态平衡，促进国民经济良性循环。

数据是数字化转型的基础，企业数字化转型，要制定明确的路线图，分析企业数字化现状，并基于企业数字化现状分析数字化需求、数字化差距，以此来构建企业的数字化战略。企业的数字化战略要为企业整体战略服务，而数据整合能力是进行数字化建设的基础，可以通过数据中台融合不同数据来源以及不同数据应用的场景，提供更多、更好、更快的数据服务。在企业数字化转型的道路上，数据是一层建筑和质量的基石，而数据治理在提升企业数据质量的道路上扮演重要的角色。为了规范数据处理过程，凸显数据业务价值，需对数据平台的数据进行数据治理，确保数据架构规划合理、数据加工条理清晰、数据处理可管控、数据知识可传承。之后企业将获得更干净、质量更高的数据，为进一步的数据活动打好基础。在提高数据安全性，保证合规性的同时，标准化的数据资产管理方法、流程和策略，将有效提高数据运营效率，使数据更容易与业务建立紧密联系，推动数据资产的变现，从而全面释放数据资产的价值，推动企业业务的进一步发展。大量的信息和数据在企业的日常管理和生产运作中产生。这些信息和数据直接反映了企业各个层面的运行状态和效果，是支持企业战略发展和决策执行非常宝贵的数字化资源。

## 案例 2-2

### 挖掘数据价值，抢占产业高地：金融数据港亮相上海浦东

2021 年 7 月 27 日，“全力打造城市数字化转型示范区——金融数据港开港仪式”在张江鑫智汇金融科技产业园隆重举行。建设金融数据港是浦东贯彻落实《中共中央 国务院关于支持浦东新区高水平改革开放打造社会主义现代化建设引领区的意见》(以下简称《引领区意见》)的重大举措，也是浦东打造上海城市数字化转型示范区的重要行动。

金融数据港建设将依托浦东金融数据海量、应用场景丰富的优势，重点聚焦支付、清算、征信、监管、安全、标准六大功能，加快挖掘数据的金融价值，提升数据资产在资源配置中的作用，抢占金融数据产业的高地，建设成为具有国际竞争力、影响力、辐射力的金融数据港，打造金融数字化转型的实践区、金融数据企业的集聚区、金融数据场景应用的示范区、金融数据创新监管的试验区和金融数据标准的先导区，推动金融和科技双向赋能、金融城与科学城“双城辉映”，推动金融更好地服务实体经济，为上海国际金融中心、科创中心、消费中心建设提供重要支撑。

打造金融数据港是浦东贯彻落实《引领区意见》的重要举措，也是上海市银行卡产业园转型升级的客观要求。经过 19 年的发展，卡园已成为全国范围内金融科技研发能力最强、金融数据能级最高、金融科技人才最集聚的区域，具备了建设金融数据港的产业基础。

此外，《引领区意见》明确提出支持在浦东设立国家级金融科技研究机构，这是重要的国家级金融科技基础设施，这一重量级项目也将落户金融数据港。

未来，金融数据港将不断完善产业链，加快“龙头企业集聚＋创新型新兴企业培育”的布局，构建具有全球影响力的金融科技产业集群。开港仪式上发布的“金融数据港十条”，涵盖了企业集聚发展、创新策源、应用场景拓展、创新应用评选、投融资服务、国际交流合作、人才落户、人才服务、创新监管、行业自治十大方面，大大提升了金融数据港的营商环境，为企业发展提供了最佳土壤。

资料来源：《挖掘数据价值，抢占产业高地：金融数据港亮相上海浦东》，人民网，2021-07-27，内容有删减。

有效地整合和利用信息资源对于企业监控战略目标的执行情况，提高决策能力都

至关重要。然而，这些信息资源都存放在各自的管理和信息系统中，并经由各个部门分别向管理层汇报。信息本身缺少统一的管理规范，信息的汇报也没有统一的途径，信息使用者需要从多个源头获取需要的信息，所获取信息的完整性和全面性也得不到充分保证。这些不便利增加了信息使用者获取信息和分析信息的难度，也降低了信息本身的利用价值。实现大数据“从来处来，到去处去”，一则需要搭建渠道，二则需要确立秩序。这一切有赖于一系列基础工程作为支撑。大数据行业的“新基建”，既包括从数据源、交易层到衍生层全方位地“搭架子”，也包括在“资产”“确权”“安全”等各个环节立规矩。数据，只有在标准化、制式化、商品化之后，才能成为数据要素、数据资源。

**2. 数据运用**

数据不会自动创造价值，而是需要结合场景梳理、落地，大数据产品的运用，永远是具体场景下的具体运用。对此，企业可以建设专业化的数据中心平台，促进数据管理和流通，即在批量采集历史数据功能的基础上，实现实时、准确、快速地响应企业各子系统的所有增量数据的抓取，同时遵循可靠性原则、实用性原则、可扩展性原则、可维护性原则、技术先进性、操作易用性、系统灵活性、系统安全性等数据中心的建设原则，完成大数据分析的应用功能，满足具体的业务要求。借助数据集平台产品，企业可以有效落实企业管理信息化，进一步强化各管理条线及业务条线的总体信息化水平，解决各下属部门数据收集烦琐、数据源复杂、人工干预多等问题，进一步提高了数据的完整性、准确性、及时性和一致性，完成数据互联模式和大数据决策探索模式的转变。企业通过透明地处理各类系统中庞杂的数据，有助于提高各种信息和历史数据的使用率和使用准确率；支持现有和未来业务系统的数据服务，助力业务部门实现数据分析、展现，并为客户提供强有力的决策依据。领英平台拥有近4亿顾客，每天都有海量数据产生，微软在2016年以262亿美元收购了领英平台，溢价超过50%；脸书凭借庞大的数据资产(8.45亿月活跃顾客及其产生的各类行为数据)，估值超过财报披露数据的14倍。

近年来，很多企业加快布局新型智能数据中心，积极探索大数据应用创新，关注点已从“数字化”转向“数智化”，从业务数据化转向数据业务化，更加关注新型数字商业基础设施的重构、迁移和切换。一些商家通过建立潮流商品模型数据中心打造“潮流商品数据大脑”，把前沿科技转化成顾客能感知的产品和服务体验；同时通过分析年轻顾客的在线浏览、购买、分享等数据，准确判断消费潮流趋势，与合作伙伴共同提升产业数字化水平、推动行业数字化转型升级。2020年12月，国家发改委等4部门联合发布的《关于加快构建全国一体化大数据中心协同创新体系的指导意见》提出，要加强全国一体化大数据中心顶层设计。大数据中心是促进“新基建”高质量发展的重要部分，对深化政企协同、行业协同、区域协同以及全面支撑各行业数字化升级和产业数字化转型具有重要意义。根据中国信息通信研究院发布的《数据中心白皮书(2020年)》，截至2019年年底，我国在用数据中心机架总规模达到315万架，近5年年均增速超过30%。

在国家大力发展“新基建”的浪潮下，数据中心建设成为重点。搭建全国一体化数据中心建设的“四梁八柱”，通过强化数据中心、数据资源的顶层统筹和要素流通，有利于加快培育新业态、新模式，助力国家治理体系和治理能力现代化。数据中心建设未来将面临诸多新的变化：一是定位的变化，以前是面向信息服务和互联网，接下来是面向全社会的基础设施、新型基础设施的数据中心。二是数据中心必须走向开放，因为只有开放才能让产业做得更大更强。国家工业信息安全发展研究中心在2021年4月发布的《中国数据要素市场发展报告》指出，由于缺乏主动开放数据的意识和动力，以及部分信息存在安全性要求，社会数据占比高达80%的政务数据尚未充分体现公共服务属性。只有把数据开放之后，让数据流动起来，才能够创造价值。三是数据中心的技术正在发生巨大变化，未来数据中心会成为技术创新制高点。对于存在较大需求缺口的北上广深等城市，可支持建设支撑5G、人工智能、工业互联网等新技术发展的数据中心；对于中西部能源富集地区，可利用自身能源充足、气候适宜的优势条件建设承接东部地区的大型、超大型数据中心，这样有利于促进区域供应匹配、降低运维成本。

### 2.2.2 数据要素市场

在数据流通和交易过程中，参与者有很多，包括数据提供方、数据购买方、交易场所、中介服务方等，还有数据交易的监管机构，共同构成了一个完整的数据交易生态。其中，涵盖数据托管机构、交易场所、估值评级机构等的数据要素市场将发挥关键作用。

#### 1. 数据市场

培育数据要素市场的目标应该聚焦于数据应用。大部分中小互联网企业虽然采集了大规模数据，但都缺乏数据治理的基础能力，专业的数据托管机构具有巨大的现实需求。数据托管机构可以作为互联网企业数据治理的“保险箱”和“加工厂”。通过强大的数据治理能力，对受托数据进行标准化清洗和脱敏处理，将其转变为有价值、可利用的数据资源；同时，与法律事务机构合作，对数据来源和采集过程进行合法性验证，保证其合规性；此外，还可以借鉴托管银行和资产信托的制度经验，合理设计数据托管制度，将经过主体授权或法律许可的数据资产，适度进行所有权、使用权、管理权、收益权的分离，实现数据资源价值的深度挖掘和大幅提升。作为数字经济基础设施的组成部分，数据托管机构应该满足具有社会公信力、经营公益性、技术能力和金融业务相关经验的基本要求。

数据评级是对用于交易的数据资源进行全面的可信性评估，包括数据提供方资质、数据稳定供给能力、数据安全保障能力，以及标的数据来源的合规性、交付率等。数据估值则是通过对数据资源的固有价值、市场价值、环境因素的综合分析，得出标的数据的公允价值。这就像企业上市发行股票和债券之前，会计师事务所和评级企业要对企业财务报表和财务状况进行审核一样，未来数据价值的评估机构也会肩负重要的职责。

建立和完善数据要素市场，要运用市场经济的思路，使其自动流向能够产生高价值的领域。数据交易完全可以在个人之间、企业之间一对一进行，程序上更加简便，不需要通过第三方平台。但大规模、常态化的数据交易需要通过专业平台进行，这是更加经济理性的选择：首先是更高效，可以增加互信，提高交易的成功率；其次是更经济，可以降低交易成本，缩短交易时间；然后是更普惠，有利于强化对核心资源的管理，提高社会的公共福利水平；最后则是更合规，便于市场监管，从而保证交易的合法合规。

### 2. 数据交易

目前，大部分数据交易仍然停留在“农贸市场”模式。这类模式非常粗放，没有对数据的敏感性进行分类分级，无法满足基于不同场景的数据流通交易需求。因此，未来的数据交易，应该从松散管理的“农贸市场”模式转变为精细管理的“交易所”模式，通过技术和模式创新，实现数据流通的规模化、差异化、场景化和定制化。未来的交易标的将更加多样化，是针对具体数字经济问题的一整套解决方案。在数据交易里，只有将数据、算法和算力三个要素有机组合起来，才能解决数字经济的实际问题。交易双方根据数字经济发展的需求，将这些数据要素进行有序组合交易，约定具体的交易标的内容、交易参与者权责和数据使用范围，运用区块链技术保障数据合约能够根据客户需要自动生成、自动执行。将区块链、数据共享、数据开放融合起来，打造数据驱动的各项服务，通过隐私计算等技术手段，确保数据安全，只提供数据产生的价值结果，真正实现数据创造场景和激活价值，让数据驱动创业创新，让数据活起来。

区块链技术作为数据交易手段已被初步运用并逐渐普及。相较于传统的认证技术，区块链具有去中心化、难以篡改、可溯源等特点，是对现有认证技术加以独创性的整合及创新，创造了一种全新的信任方式。当前，“区块链＋数据交易”成为数据交易市场上新的应用场景。量子加密等技术的开发应用，解决了数据交易流通中的安全保密问题，确保数据安全；区块链技术在数据交易流通中的应用，确保数据流通可信、透明、可追溯，解决了数据交易流通中数据非授权复制和使用等问题，提高了企业参与数据交易的积极性。数据提供方通过为顾客和数据生成一对一的数字身份，确保资产唯一性，为每组数据资产确权。然后，提供方将数据信息上链，设置数据目录的访问权限，授权记录和数据访问记录被永久记录在区块链中。基于区块链技术建立的数据交易流通体系，能够拉动数据供需双方交易率、提高流通效率，数字身份和可信凭证等技术确保数据交易流通安全可信。

随着数据交易市场的不断发展，第三方数据交易平台的市场定位出现综合化、服务化趋势，数据交易中介由单一的居间服务商向数据资源综合服务商转型。在数据交易监管方面，目前全国各地已经相继成立了大数据管理局，监督管理数据交易市场，促进数据资源流通。数据流通促进信息传递的客观、真实，推进供求动态匹配以及新技术应用整合，企业之间线上线下流程的衔接与联动得以加强，敏捷响应、并行制造节省了人流、物流、信息流的时间成本。数据资产需要依托专门的平台，才能在不同部门、不同主体之间合理流通，最大化地释放价值。数据资产平台不同于数据湖、大数据资源等信息存储类型数据中心建设，而是存算一体的数据资产建设，面向数据产品登记上市定价流通的技术支撑营运平台。数据消费端不仅是报表管理驾驶舱等数据可视化，而且是面向人工智能算法训练，构建新一代数件产品的基础设施。

## 案例 2-3

### 北京国际大数据交易所

2021 年 3 月，北京国际大数据交易所正式成立，这是国内首家采取数据分级分层管理模式，基于“数据可用不可见，用途可控可计量”交易技术的数据交易所，将综合运用数据确权、隐私加密、智能合约等计算技术，解决敏感数据交易中的痛点问题，努力探索数据交易的未来方向。

作为北京市建设全球数字经济标杆城市的重点工程，北京国际大数据交易所以创新的技术和独特的生态为支撑，探索数据合约等数据要素交易的新模式。具体来说，在生态建设方面，已入驻首批 10 家数据服务与合作单位，并联合 60 多家单位组建国际数据交易联盟，推动构建立足中国、面向国际的国家级数据资源流通生态体系；在技术支撑方面，依托数据确权、隐私计算、区块链、智能合约等先进技术，构建“1＋3”的交易系统总体架构，为数据供需双方提供可信的数据融合计算环境；在主体管理方面，严把准入关，通过实行实名注册制，对数据来源进行合规性审核，对数据交易行为进行规范管理；在交易管控方面，对数据交割、合约执行的数量和频次进行跟踪，对计算结果及数据服务等进行市场化评估，探索从数据、算法定价到收益分配的全生命周期的价格体系。

资料来源：范文仲：《充分挖掘和实现数据蕴含的巨大经济和社会价值》，人民网，2021-09-07，内容有删减。

数据价值在商业领域不断推广，加快了数据资产化进程，全球数据交易稳步发展。根据观众数据平台(OnAudience.com)的统计数据，2017—2019 年全球最大的五个数据交易市场的交易额增长率维持在 20%以上，2019 年美国市场交易额为 152.09 亿美元，中国市场在 2017—2018 年连续两年高速增长后，于 2019 年达到 23.93 亿美元的交易规模，成为全球第二大数据市场，如表 2-2 所示。

**表 2-2 2017—2019 年全球最大的五个数据市场**

| 国家 | 2017 年 | | 2018 年 | | 2019 年 | |
|---|---|---|---|---|---|---|
| | 市场交易额(亿美元) | 增长率(%) | 市场交易额(亿美元) | 增长率(%) | 市场交易额(亿美元) | 增长率(%) |
| 美国 | 97.82 | 34.9 | 123.41 | 26.2 | 152.09 | 23.2 |
| 英国 | 14.52 | 22.3 | 18.82 | 29.6 | 23.55 | 25.1 |
| 中国 | 7.47 | 127.2 | 14.61 | 95.6 | 23.93 | 63.8 |
| 加拿大 | 4.53 | 30.1 | 5.88 | 29.8 | 7.69 | 30.8 |
| 法国 | 2.32 | 56.4 | 3.41 | 47.0 | 4.70 | 37.8 |

资料来源：中国信息通信研究院：《数据价值化与数据要素市场发展报告(2021 年)》。

## 2.3 数字商业规律

2021 年 10 月，习近平总书记在主持中共中央政治局第三十四次集体学习时强调，近年来，互联网、大数据、云计算、人工智能、区块链等技术加速创新，日益融入经济社会发展各领域全过程，数字经济发展速度之快、辐射范围之广、影响程度之深前所未有，正在成为重组全球要素资源、重塑全球经济结构、改变全球竞争格局的关键力量。信息和数字产品是数字经济的典型产品和运行细胞，在技术经济特征上与工业产品有着较大差异。在供给侧，数字产品的边际成本递减等特性使得供给曲线向右下方倾斜，价格对供给的影响十分有限，免费、后向收费等模式加速涌现。在需求侧，由于梅特卡夫定律的存在以及网络外部性的作用，数字产品的边际和规模收益均呈现递增规律，产品的平台化、智慧化、生态化趋势明显。在数字经济下，数字商业活动表现出新的规律，包括零边际成本、锁定效应、网络经济。

### 2.3.1 零边际成本

物联网是“互联网＋”的重要延伸，它不仅打破和颠覆了传统思维，而且将触发生产力的革命和跃迁。物联网平台的传感器和软件将人、设备、自然资源、生产线、物流网络、消费习惯、回收流以及经济和社会生活中的各个方面连接起来，不断为各个节点(商业、家庭、交通工具)提供实时的大数据。大数据将接受先进的分析，转化为预测性算法并编入自动化系统，进而提高热力效率，大幅提高生产率，并将整个经济体内生产和分销商品或服务的边际成本降至趋近于零。物联网是改变人类组织经济生活的颠覆性科技，它帮助人类重新融入复杂的生物圈，在不损害地球生态关系的情况下大大提高了生产率。在循环经济中更有效地使用较少的资源，以及从碳基能源向可再生能源的过渡都是新兴经济模式的显著特征。这个网络是开放、分散和协同的，每个人在任何地点、任何时间都可以访问该网络，并且可以使用大数据技术以近乎零边际成本的方式创造新的应用，管理日常生活。市场正让步于网络，所有权正变得没有使用权重要。越来越多的顾客开始青睐访问权而不是所有权，他们只愿意付钱购买汽车、自行车、玩具、工具或其他商品的有限使用时间。

信息的生产成本很高，但是复制成本很低。信息类产品和服务的生产是高固定成本、低边际成本的(夏皮罗和范里安，2017)。边际成本趋向于零，产品和服务近乎免费，这是生产力进步所产生的功效之一。零边际成本是指信息类产品一旦生产出来，就会以接近于零的边际成本在网上迅速推广，在较短时间内便可实现多点落地。智能基础设施将为每个联网企业提供持续的大数据流，然后利用高级分析方法处理数据，从而创建预测算法和自动化系统，以此改进它们的热动力系统，从而极大地提高它们的生产力，并将整个价值链的边际成本降低到接近于零。在数字经济下，企业可以将供应链、生产过程、流通渠道进行整合，这极大地降低了交易成本，提高了效率和生产率，降低了生产和流通的边际成本。最重要的是，它降低了顾客获取产品和服务的价格，促进了经济繁荣。

移动互联网让“零边际成本”的概念脱颖而出。企业在前期建设移动互联网时需要投入一定成本，随着经营时间的增加，市场份额也会随之骤然增长。到后期，信息产品传播的边际成本接近于零，并能带来业务规模的迅速增长。移动互联网之所以能够降低边际成本，有时甚至到接近于零的程度，是因为它累积了可供挖掘的大数据和可以共享的丰富资源，提供了近乎免费且充分多样化和个性化的商品与服务。个人、组织或者企业通过社会化平台共享闲置实物资源或认知盈余，以低于专业性组织者的边际成本提供服务并获得收入的经济现象。互联网平台把熟人之间的共享关系扩大到了陌生人群，在这个过程中，可实现需求、数据、供应等多领域闲置资源的共享利用，因而个人既是顾客也是生产者。

### 2.3.2 锁定效应

顾客使用信息类产品和服务时，越来越明显地受制于转换成本及锁定效应，即一旦选择用某种技术或格式存储信息，选择使用其他同类产品的转换成本往往非常高。转换成本是指客户从购买一个供应商的产品转向购买另一个供应商的产品时所增加的费用，如增加新设备、重新设计产品、调整检测工具、对使用者进行再培训等发生的费用。这种成本不仅仅是经济上的，也是时间、精力和情感上的，它是构成企业竞争壁垒的重要因素。如果顾客从一个企业转向另一个企业，可能会损失大量的时间、精力、金钱和关系，那么即使他们对企业的服务不是完全满意，也会三思而行。顾客从一种信息类产品转移到另一种产品的代价是，数据文件很可能无法完美转换，使用中可能经常会出现与其他工具不兼容的情况。然而，更麻烦的是，顾客不得不改变长期以来养成的使用习惯，花费时间重新接受新的培训。航空企业一般不愿意更换飞机供应商，因为如果将波音换为空中客车，必须对机械师重新进行系统化培训、投资购置新的备用部件、重装新的管理信息系统等，这些改变都会增加大量成本。

锁定效应是指较高的转换成本会使得顾客不愿意放弃原先使用的产品，进而不愿意购买和体验新产品的现象。当转换成本高到一定程度时，顾客就会被锁定。顾客最初选择了某种产品，花费了大量的时间和精力进行学习、实践，并达到相当熟悉的程度，此时即使他面对一个更好的产品，也不会轻易接受，而是会继续使用他所熟悉的那个产品。两个相同意义上的科学技术产品，一个较先进入市场，积累了大量顾客，顾客对其已产生依赖；另一个较晚才进入市场，由于顾客对第一个已经熟悉了解，而另一个还需要顾客重新学习了解，因此较晚进入市场的那个产品很难再积累到顾客，从而慢慢退出市场，而先进入市场的那个产品相当于已经锁定了同种类型的科学产品，则发展越来越快。通俗地讲，锁定效应是指顾客将来的选择将受到今天所做选择的限制。锁定效应使得原先具有规模优势的企业在市场竞争中占有更为有利的主动权，规模优势又使这类企业的竞争优势和规模越来越大，最终形成赢者通吃的局面。

在 20 世纪 70 年代，世界上流行两种不同的家用录像带制式，即 BETA(也叫小二分之一)和 VHS(也叫“大二分之一”)。索尼生产的第一款独立的盒式视频录像机 Betamax，在技术专家的评价里比 VHS 制式的录像机先进得多。但是后者的生产商是老牌产业巨头松下电器，在录像带的市场竞争开始之前，松下在家电市场的占有率已经比索尼大得多，并且与其他国家的进口商和电视机生产商建立了比索尼更为密切的伙伴关系。凭借市场份额的优势，松下在 10 年内彻底击败了对手的优势技术。对于高科技产品来说，锁定效应的作用更为明显。消费者在使用各种高科技产品前都要花一段时间来学习，因此当他们学会此系统后，通常不愿意花时间再学另外一套系统。当顾客从一种品牌的技术转换到另一种品牌的技术时，必将为这种转换支付一定数量的成本。

一旦某种商品形成规模化之后，由于在市场上拥有绝对的优势，顾客在长期的使用过程中会形成固定的消费习惯，企业也因此很容易把该商品的特点变成一种行业标准，使得竞争对手很难改变这种状态。在信息产业，新企业同领先企业竞争的主要方式，就是反对领先企业的锁定。当信息商品交易之后，经常存在顾客被厂商锁定的现象。对现代的产品来说，熟悉和了解一个产品的学习成本正变得越来越高。假设你正在一家专卖店选购笔记本电脑，你已将选择范围缩小到了两款类似的产品，两者的图像看上去完全一样。事实上，两者也看不出任何差别，只是一台标价为 7 000 元，而另一台为 4 500 元。价高的一个是你正在使用的品牌，而后者是你从未听说过的品牌。此时有多少人——包括你自己在内，会决定节约 2 500 元，去买那台不知名的笔记本电脑呢？实际上，由于使用习惯的作用，人们总是喜欢先入为主，认为正在使用的品牌的配套产品和服务更有保障，甚至根本不愿意去尝试新产品。

### 2.3.3　网络经济

工业经济时代，企业增长由规模经济驱动；数字经济时代，企业增长更多地依赖于网络经济。网络经济是一种建立在计算机网络基础之上，以现代信息技术为核心的新的经济形态。它不仅是指以计算机为核心的信息技术产业的兴起和快速增长，也包括以现代计算机技术为基础的整个高新技术产业的崛起和迅猛发展，更包括由于高新技术的推广和运用所引起的传统产业、传统经济部门的深刻的革命性变化和飞跃性发展。网络经济改变了企业的传统经营模式和经营理念，各类企业利用信息和网络技术整合各式各样的信息资源，并依托企业内部和外部的信息网络进行动态的商务活动，以及研发、制造、销售和管理活动。在网络经济中，由于外界环境的变化极其迅速，推动企业发展的不再是效率，而是高度的适应性。应该把企业看成一个有机体，它可以感受环境、适应环境，甚至改变环境。

现代信息技术的发展，大大提高了人们处理信息的能力和利用信息的效率，加速了科技开发与创新的步伐，加快了科技成果向现实生产力转化的速度，从而使知识在经济增长中的贡献程度空前提高；全球信息网络的出现和发展，进一步加快了信息在全球范围内的传递和扩散，使传统的国家、民族界限变得日益模糊，使整个世界变成了一个小小的“地球村”，从而使世界经济发展呈现出明显的全球化趋势。在网络经济中，企业必须顺应环境的变化，采取全新的竞争原则和竞争策略，才有可能在激烈的竞争中取胜。

在传统经济中，以全体顾客为对象的大批量生产、大众化销售方式盛行。在网络经济中，出现了“柔性生产”技术。由于互联网的互动作用，企业易于了解顾客的个人偏好，可以借助于网络和计算机，适应个人的需要，有针对性地提供低成本、高质量的产品或服务。个性化产品的售价要比大批量生产的产品价格高，这不但因为它支出的成本较高，而且因为它更容易激起顾客的购买欲望。

企业必须首先找出具有代表性的个人习惯、偏好和品味，据此生产出符合个人需要的产品。然后，企业找出同类型的大量潜在客户，把他们视作一个独立的群体，向他们出售产品或服务。为了吸引特定顾客的注意力，企业应迎合他们共同的人生经历、价值观念和兴趣爱好，创造一个虚拟社会，唤起一种社区意识。虚拟社会能使客户树立对品牌的忠诚。在建立虚拟社会上投入得越多，得到的客户忠诚和收入回报就越多。一项产品一旦成为虚拟社会关注的焦点，就达到了锁定客户的目标，该社区的成员将会拒绝购买其他同类产品。为了锁定客户，仅靠产品的品牌化是不够的，客户还应因其忠诚而受到奖励。瞄准特定市场是一个循环往复的过程：企业跟踪调查单个顾客的消费行为，将有关数据输入计算机，从而对某一顾客群体的购买行为进行预测，并施加一定的影响，如邮寄广告或有针对性的购物指南。对于那些老客户，还可以享受额外的打折优惠。瞄准特定客户，是弱小企业的最佳策略。由于小企业的资源和能力有限，只能瞄准范围有限的特定客户群。随着锁定一部分客户并不断扩大战果，企业可遵循主流化原则迅速提高市场占有率。但是，随着市场份额的上升，瞄准特定市场的效果也就逐步下降，因为未受控制的份额在迅速缩小。当然，随着企业的发展，它所瞄准的客户的范围将会不断扩大。

一种产品的生产经营会有多个环节，每个环节都有可能增值。企业不应只着眼于价值链某个分支的增值，而应着眼于价值链的整合，着眼于整个价值链的增值。因此企业应尽可能多地拥有或控制价值链上的分支，并从中赚取尽可能多的利润。同时，企业应缩短价值链，获取由被砍掉的价值链分支曾经获取的收入。

价值链的每一个环节都应有价值增值，并使价值乘数达到最大。所谓价值乘数，是指增值总量与增加的投资之比。价值乘数的大小与客户数量、反应率、结账率(实际购买人数)和价格呈正相关关系，与广告费用呈反相关关系。企业应设法稳定价格、增加客户数量、提高反应率和结账率，减少广告费用。而要做到这一点，关键是瞄准特定市场、创造虚拟社会，锁定比较狭窄的客户群；或者运用“柔性生产”，使个人需要得到较大的满足，使产品可以有更高的售价。

在控制价值链分支上，最能带来巨额利润的是建立一个新的价值链，即建立一个由相关企业组成，存在着上、下游关系的产业。例如，微软的产业价值链不仅包括本企业，还包括成千上万个开发商、合作伙伴和追随者。索尼等游戏机制造商出售的游戏机是亏损的，但它可以锁定用户并将其纳入自己的价值链中。索尼公司不但可以通过出售游戏软件大发横财，还可以从影院、快餐店及玩具制造厂等生产相关产品的价值链的分支上获取利润。

## 2.4 数字企业管理思维

工业具有信息本源性，是信息的物化体，因而总是倾向于最大限度地运用可以获取和处理的信息。然而，在传统的商业关系中，企业作为产业的主要生产部门，却是一个封闭型组织。客观存在的组织边界抑制了信息的传递，企业之间互为独立的信息孤岛，竞争更多地发生在价格、质量、性能等产品的生产属性上。信息无法高效地进行传递，在一定程度上制约了产业的创新效率。特别是对于一些需要多个领域协同开展的项目，无疑会产生较大的消极影响。尽管企业内部通过各种努力尝试对产品的创新升级，但是受到要素禀赋的限制，实际效果并不是非常理想，创新速度难以跟上顾客需求的变化。如果选择通过扩张战略增加要素供给，又会带来规模不经济以及核心竞争力的下降，反而得不偿失。同时，过多地关注于生产端的技术改进，也导致企业在服务端的工作不够到位，顾客体验得不到足够重视。因此，在以企业生产活动为主导的商业逻辑下，产业的创新能力无法得到完全释放，顾客仅仅作为产品的被动接受者，其权益也无法得到充分保障。数字技术的出现改变了上述状况，企业之间建立起互联互通的商业网络，数字化连接打破了组织的内外边界。在商业活动中，顾客的地位和作用得以增强，新的商业逻辑逐渐转变为以顾客价值为主导。

### 2.4.1　数据穿透推进信息孤岛的互联互通

互联网的普及使得信息传递的载体变为“比特”，数字技术则将“比特”信息进一步数字化为数据。与信息相比，数据仅仅被视为一种量化的符号和客观存在，本身没有固定的意义。也正因如此，数据能够穿透组织边界的抑制，在网络上快速传递。数据穿透是指数据在网络空间中不会受到组织边界的限制而自由传播，任何个体都能够在网络空间中获得各类数据。从性质上看，数据属于非竞争性资本，没有内在价值，其传递不存在边际价值递减的问题，只有当数据被转化为信息或知识并用于决策时，才能够产生一定的社会和经济效用。数据的客观性也使得其用途没有限制，在一个领域创建的数据仍然能够跨界提供信息或知识的支持。此外，数据作为数字经济以及第四次工业革命的核心，它的流动还能够带动技术、资本、人才向利用效率更高的领域集中，纠正资源错配。综合以上三点，数据穿透在推进信息孤岛的互联互通的基础上，还为产业组织内部加强协作、促进知识扩散、优化要素配置创造了有利条件。数字化转型促使企业的经营更加专注于深耕自身的核心能力，产业组织演变为一系列核心能力的组合。

数字化转型的逐步深入，日益放大了数据在商业活动中的作用。随着互联网应用扩张，人类社会逐步向“人与数据对话”“数据与数据对话”的时代过渡。从产品设计到质量检测，从订单分配到终端销售，都离不开数据驱动的潜在影响。在产品被数字化为具体的数据指标后，数据驱动的生产系统避免了由人的主观意识所造成的误差，在程序性业务的运营上对人形成了替代。由于计算机不涉及体力恢复、娱乐休闲等生活性问题，数据驱动的生产线能够进行全时段生产，保障产品的稳定供给。对于数据的分析遵循一套通用的商业规则，克服了地域文化、语言障碍、国别差异等现实问题，进而降低了企业之间的沟通、协作成本。不过，也要意识到，在网络经济中，数据所能传递的边际价值随着时间而递减。数据延迟会向市场传递错误的信号，误导企业的经营活动，并且产生负向的连锁反应。因此，企业不仅需要具备快速收集实时数据的能力，而且要能够对实时数据进行及时地处理、分析，将其转化为经营决策。

企业数字化能力的加强，有利于降低失误、犯错的概率，提高经营效率。为了巩固竞争优势，企业还必须将核心能力做到极致，不断推出超越市场预期的产品、服务，以此加强品牌声誉。基于自身的核心能力来开展适应市场变化的业务，对于企业未来的发展具有非常重要的意义。从这个角度来看，企业在制定战略方向时，选择“做正确的事”显然要比“正确地做事”更符合数字经济的发展趋势(图 2-1)。柯达、诺基亚、西尔斯等老牌名企都是因为过度地专注于巩固传统的优势业务，没有及时切换战略“赛道”而遗憾落败，将行业领先地位拱手让给了竞争对手。

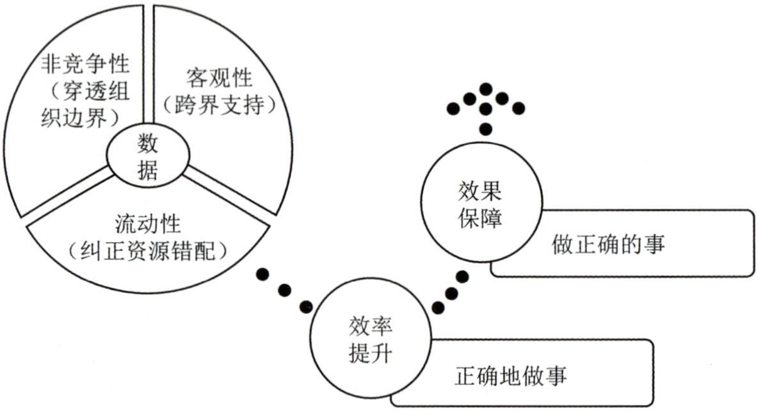


图 2-1　企业之间互联互通后的战略方向

根据格罗夫定律(Grove's Law)，在网络效应的影响下，新的产品或服务必须在性价比方面超出现有产品或服务的 10 倍，才能够赢得市场认可，而这也需要企业对市场动态进行全面了解。区别于工业经济时代相对稳定的市场环境，数字经济时代的市场环境日新月异，企业只有根据市场变化随时调整经营重点，才能够立于不败之地。数据客观地记录了市场行为和市场选择，因而能够比信息更加真实地反映市场状况。企业通过收集来自不同领域的实时数据，结合高效的分析工具，有助于其较好地追踪市场动向。更为准确地讲，就是通过更精确、更深入地挖掘顾客偏好和行为，不断加强供需两端的衔接。数据穿透将产业组织内部连接起来，并且向顾客开放了深度参与生产活动的机会，企业与顾客之间的距离不断被拉近，顾客对生产活动的影响越来越突出。

## 2.4.2　顾客价值主导下企业目标的转变

数字技术为商业活动构建起一个虚拟世界，数字孪生(digital twin)系统将物理世界完整地映射到数字化空间。在这里，顾客摆脱了物理环境的束缚，能够从多个渠道接收实时的市场信息，与任何企业的任何生产环节进行直接对话，并获得所需要的产品、服务。数字世界的微妙之处在于，它在很大程度上实现了顾客和企业之间的权利平等。顾客的个性化得以释放，参与生产活动的热情显著提高，不断从需求端倒逼生产活动的改变，“以顾客为中心”的理念也从一句营销口号真正转变为企业经营的价值判断。毫不夸张地讲，在数字经济时代，只有顾客才能定义企业，也只有顾客才能成就企业。信息量的丰富，使得顾客对市场与产品能够做出更为合理的判断。由于顾客最终决定了产品价值能否变现，企业既要积极满足顾客明确表达的需求，也要善于挖掘顾客不易于表达以及尚未产生的潜在需求。企业只有以顾客价值为主导，持续地向顾客输出价值，才能够赢得顾客的认可，实现生存与发展。顾客价值主导是指企业通过对各类资源的整合、利用，满足顾客期望产品或服务所应具有的要素和价值。在数字世界中，企业应该利用各种途径，想尽方法去了解顾客。以苹果公司为例，乔布斯通过对既有技术进行新的组合，在现有功能的基础上，不断为顾客提供预期之外、更加便捷的使用体验。无论是早期的iPod系列，还是后来的iPhone系列，苹果公司都取得了不菲的业绩，企业市值曾长期稳居世界第一。2018年，苹果成为全球首家市值突破1万亿美元的科技公司。爱彼迎通过为房屋所有者和旅行爱好者建立在线连接，促进闲置房源的共享，利用虚拟现实(VR)和增强现实(AR)技术较好地向旅行爱好者展示了房屋信息。这种共享模式为房屋所有者创造了获得闲置资产收益的机会，也为旅行爱好者提供了便捷、经济的居住体验，实现了交易双方及第三方平台的价值共赢。2019年，爱彼迎的全球顾客数量超过5亿人次。凭借全球顾客的认可以及良好的财务业绩，2019年爱彼迎的市场估值升至420亿美元。

在传统企业管理理论中，利用顾客信息改进产品、服务的供给已经是常规做法。但是，信息存储技术能力有限，信息量在规模和范围上难以实现较大突破，在决策支持方面难以提供充分的证据。受益于云计算及相关辅助性技术的升级与完善，企业能够以较低的成本在多个维度快速聚集海量的顾客数据。谷歌凭借搜索引擎建立了庞大的顾客数据库，在美国疾病预测系统上处于领先地位。然而，仅仅拥有数据仍然无法建立牢固的竞争壁垒。企业还必须能够从实时数据中快速、持续地挖掘出稳定的边际价值，并且在较短时间内体现到产品、服务的供给中。高德地图、百度地图利用路况的实时数据，预测交通流量并推荐最优路线，赢得了大量顾客，而这些实时数据在几分钟内就会失去价值。对实时数据的快速采集和高效挖掘，加剧了企业在价值创造上的竞争，直接的结果就是产品更新换代的速度逐渐增快。根据摩尔定律(Moore's Law)，计算机微处理器(芯片)的处理能力(速度)每18个月就会翻一番。因此同等价位的微处理器会越变越快，同等速度的微处理器则越变越便宜。这一规律反映了信息技术更新升级的速度，以及企业发展所面临的压力和危机。这也意味着，刚刚上市的新产品，可能还没有来得及实现成本优化和大规模盈利，便已陷入被淘汰的尴尬境地，这正是比尔·盖茨所说的“微软离破产永远只有18个月”的道理所在。

一切商品对它们的所有者是非使用价值，对它们的非所有者是使用价值(马克思，2009)。企业倘若过多地关注利润最大化而与顾客的实际需求渐行渐远，最终结果就是脱离市场，被顾客所放弃。正如彼得·德鲁克在《管理：任务、责任和实践》一书中所讲，“企业本身打算生产些什么东西并不具有十分重要的意义……顾客想要买的是什么，他认为有价值的是什么，这才具有决定意义——它决定着什么是一个企业，它生产些什么，它是否会兴盛起来”。从这个角度来看，顾客价值决定了企业存在的价值。在以顾客价值为主导的商业逻辑下，企业在为顾客创造价值的同时，也是在实现自身价值的最大化。因此，企业与其将精力花费在追求利润最大化上而陷入被动，倒不如为顾客创造更多的价值，主动去赢得顾客的信任和积极预期，平衡多方利益主体的权益，追求自身价值的最大化。在向顾客提供新价值的同时，不断强化与其他企业在知识、技术等领域的合作与协同，以此降低生产成本，实现长期发展、互利共赢，显然是更为合理、有效的经营目标(图 2-2)。在国际品牌企业发布的“2019 年全球最有价值品牌 100 强榜单”中，苹果、谷歌、亚马逊、微软的品牌价值位列前四位，四者在顾客信任、数据驱动、价值创造、多方协作等方面均有较好的表现，其企业价值也恰恰都跻身于全球前四位之列。

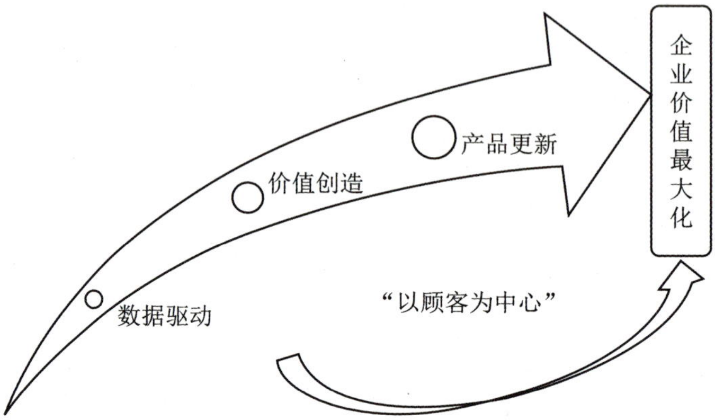


图 2-2　顾客价值主导逻辑下企业管理目标

## 案例 2-4

### 人工智能释放巨大应用价值

从“刷脸”乘坐飞机到无人超市，从多功能巡逻机器人到智慧医疗……在移动互联网、大数据等新技术驱动下，人工智能行业应用不断落地开花，正以前所未有的速度和广度，深刻改变着人们的生产生活。为了抓住人工智能发展的重要机遇，越来越多的国家和地区将人工智能写入国家发展战略，将其视作促进经济转型、改善民众生活质量的重要手段。

**阿联酋——无接触服务提升生活品质**

从迪拜国际机场出发或转机，乘客只需在机场指定通道走过，即可完成航班值机、出境通关、登机等流程。每个环节耗时仅 5～10 秒，全程不需要接触机场工作人员。这是迪拜国际机场于 2020 年 10 月推出的“智能通道”，设置了数十个人脸识别技术摄像头，将面部识别和虹膜识别技术相结合，当乘客看向通道的不同角落，摄像头便可以多角度记录其面部特征。这项技术替代了普通的护照检查，给乘客带来更加便捷高效的旅行体验。

“在新冠肺炎疫情大流行的背景下，这种无接触式通关方式让我们感觉更加安全、卫生、便捷。和过去处处排长队、一等就是半个多小时的状况相比，真的感谢科技发展。”经常乘机往返于埃及与阿联酋的埃及商人阿扎姆表示。

在阿联酋，从智能基础设施到机器人“警察”，人工智能的影子随处可见。迪拜工商会的报告显示，人工智能的快速发展推动了社会生活多方面的改变，正在创造巨大的经济效益。

2021 年 9 月初，家乐福的第一家人工智能超市在阿联酋购物中心开业。顾客在手机上下载相关应用程序后，凭二维码进店。在选好商品，离开店铺 5 分钟后，顾客的手机就会收到账单，直接在线完成支付，整个过程没有任何店员参与。据了解，该超市的天花板上安装了近百个摄像头。它们不仅可以跟踪并识别每一件商品，还可以识别顾客在商店里的活动情况。如果商品离开货架，系统会自动添加至顾客数字购物篮中；如果商品退回货架，系统又会自动将其在购物篮中删除。家乐福中东地区零售代理商负责人哈尼·魏斯表示，商家必须得到顾客授权才能收集有关数据，且这些数据不会被共享。“云端结账，随拿随走，方便自由，节省时间，这就是未来的购物方式。感觉很棒！”在超市购物的顾客阿卜杜勒评价道。

### 新加坡——机器人巡逻提高工作效率

一台四轮机器人在熙熙攘攘的大街上巡逻，车身显示屏闪烁着“保持安全距离”等防疫提示信息。如发现有人在禁烟区吸烟，机器人立刻移动到那里，并发出“请不要在禁烟区吸烟”的提示音……

这是新加坡政府开发的多功能巡逻机器人“泽维尔”，2021 年 9 月初在该国大巴窑地区进行了为期 3 周的试运行。“泽维尔”配备有传感器和安全装置，能自主导航行驶，最高时速约 5 公里，续航能力 4～5 小时。在人流量高峰期，“泽维尔”每天都会依照预设的线路巡逻。一旦视像分析程序探测到违规行为，如有人在禁烟区吸烟、非法贩卖商品、违规停放自行车或聚会人数超过政府规定等，它就会提醒公众停止这些违规行为。

同时，“泽维尔”车身上还配备有 360 度全景摄像头，会将拍摄到的图像和视频，在几秒内传送到指挥与控制中心，协助执法人员了解现场情况。执法人员还可通过“泽维尔”身上的双向对讲机，远程应对突发事件。

这项机器人巡逻计划由新加坡内政科技局等 5 个机构共同实施。据新加坡内政科技局自动化和无人系统专业研究中心主任钟伟强介绍，地面机器人具有多功能性，可根据不同领域和操作环境进行量身定制和广泛应用。

在新加坡，人工智能技术还广泛地应用于医疗、金融、农业等领域。新加坡《海峡时报》评论称，人工智能是一种无形资产和新的生产要素。对于新加坡来说，可以通过大力发展人工智能，形成新的经济增长点。

### 西班牙——智能头盔提供安全保障

在西班牙，骑自行车是一项颇受欢迎的运动，但运动过程中有时难免遇到各种意外。为了预防和减轻事故伤害，西班牙一家名为埃维科斯的初创企业研发了一款基于人工智能技术、配备有安全气囊的自行车头盔。

该头盔内置多个传感器，可以收集佩戴者在运动过程中的骑行速度、运动轨迹和加速状况等信息，并通过内置芯片进行分析。一旦检测到事故发生，安全气囊将在千分之一秒内被激活，在启动后对后颈部位进行保护。同时，芯片将通过智能手机应用程序发送预警信息，拨打紧急联络人或紧急援助电话，并对佩戴者进行定位。此外，头盔设计还加入了预防事故功能，当骑行者靠近危险区域或事故多发路段时，将会发出提醒，并提供其他路径选择。

西班牙托莱多的一家医院与这家初创企业合作，为头盔设计提供了医学建议，并验证了该项技术在医学上的有效性。目前，该初创企业团队正对产品进行最后试验，预计 2022 年投放市场。该企业首席执行官马克·米耶特表示，虽然这项设计目前主要针对自行车运动，但未来可以推广至所有需要佩戴头盔的体育运动，包括速滑、马术和滑雪等。该企业也在和不同的运动头盔品牌商接洽，将该发明纳入其设计。

西班牙另一家初创企业推出了智能溺水救援项圈。设备通过内置的感应器和芯片，可对佩戴者和周边环境信息进行检测和分析。一旦发现佩戴者有溺水反应，会自动启动充气系统，帮助佩戴者头部露出水面，便于恢复意识和自主呼吸。同时，芯片还会向周边医疗机构以及使用同一产品或手机应用程序的顾客发出求救信号，实现更迅速的救援与救治。

专家预期，未来人工智能和物联网等技术将在运动保护等领域得到更广泛和深入的应用，将对预防运动损伤、防范风险发挥更重要的作用。

资料来源：《人工智能释放巨大应用价值》，载《人民日报》，2021-12-14。

在企业追求利润最大化的传统目标下，资产负债表、利润表、现金流量表的信息仅仅传递了价值创造的过程，既未体现企业价值创造的源泉，更未体现企业价值创造的目的。而表外资产(如投资者关系、高管团队、商业模式、治理结构与组织结构、供应链与渠道、公共关系等)，才是推动表内资产的高效运转、进而创造利润和现金流的价值驱动器，是企业名副其实的“第一资源”，是企业真正的价值源泉。众所周知，资产若创造不了利润则成为“不良资产”，即便是有巨额的利润，但若这种建立在权责发生制基础上“纸上富贵”的利润转化不了收付实现制基础上“真金白银”的现金，则照样可能导致企业的“黑字破产”(有别于长期亏损、资不抵债的“赤字破产”)，即由于资金链断裂而导致的企业再生产难以为继现象，通俗地说就是“盈利企业没钱花”现象。鉴于 2008 年国际金融危机以来企业“黑字破产”频频发生，故“现金为王”理念大行其道。作为未来现金流的贴现值的企业价值，无疑表现为企业价值创造的目的所在。在企业价值最大化目标下，不仅保留了利润最大化的所有优点，也有助于克服利润最大化在不体现为现金流、没考虑风险、未考虑货币时间价值、容易导致短期行为等方面的根本缺陷。这就使得“值钱”比“赚钱”更符合企业的根本目的和长期目标。也正因为如此，与工业经济时代实体企业的市值占主导相比，在数字经济时代，数字企业的市值地位更为凸显甚至引领潮流，参见图 2-3。

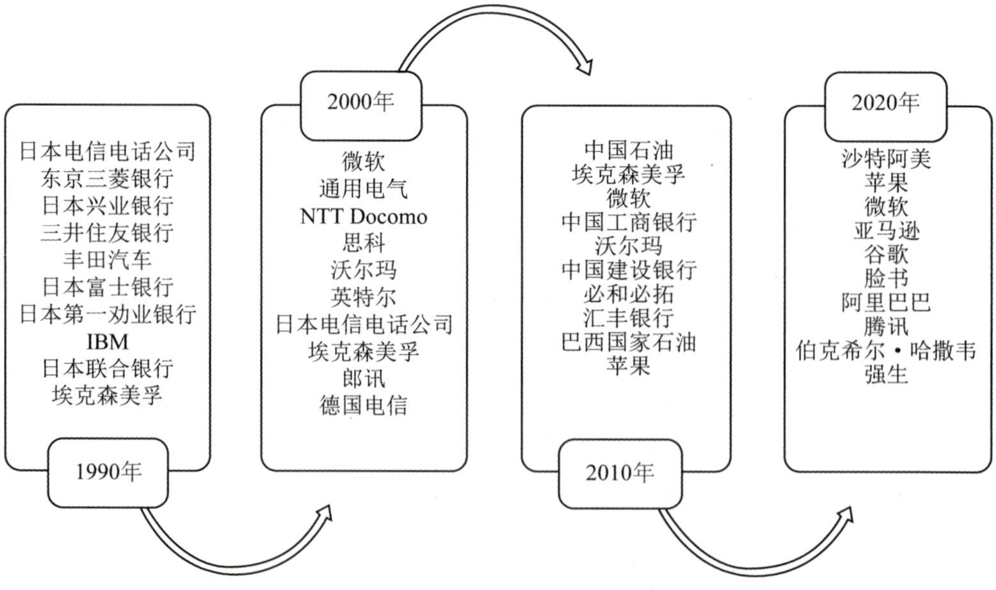


图 2-3　全球市值排行前十的企业

在数字经济条件下，企业之间的协同固然重要，但是不能忽略了顾客的参与。在以顾客价值为主导的商业逻辑下，顾客与企业共同参与价值创造，这也是未来产业竞争的主要模式。让顾客实质性地参与到企业的生产活动中，赋予顾客更多的话语权，从需求端向供给侧发力，是数字经济下企业追求价值最大化的必要条件。在这个问题上，数字技术似乎爆发出了巨大的能量。

## 本章小结

在数字经济时代，计算力已成为核心生产力，数据是网络运行的核心载体和关键内容，已成为重要资产与战略资源。在数字经济发展过程中，数据起着核心和关键作用，对土地、劳动力、资本、技术等传统生产要素产生着深刻的影响，展现出巨大的价值和潜能。在以数据为基础所构建的网络空间中，虚体与实体的有机结合使得主体之间可以进行跨时间与空间范围的沟通，也有助于通过创新迭代以维持供给与需求的动态匹配。

数据是对客观事物的数字化记录或描述，是无序的、未经加工处理的原始素材，可以是连续的值，也可以是离散的值。在数字经济时代，由网络所承载的数据、由数据所萃取的信息、由信息所升华的知识，正在成为企业经营决策的新驱动、商品服务贸易的新内容、社会全面治理的新手段。充分释放数据价值，既是建设数字经济的关键，也是带动经济社会未来发展的重点动力源。在不同的应用场景下，数据的价值需要依托特定的数据资产进行解释。大数据的生命力，必须依赖于对应的、适配的场景。

信息和数字产品是数字经济的典型产品和运行细胞，在技术经济特征上与工业产品有着较大差异。在供给侧，数字产品的边际成本递减等特性使得供给曲线向右下方倾斜，价格对供给的影响十分有限，免费、后向收费等模式加速涌现。在需求侧，由于梅特卡夫定律的存在以及网络外部性的作用，数字产品的边际和规模收益均呈现递增规律，产品的平台化、智慧化、生态化趋势明显。在数字经济下，数字商业活动表现出新的规律，包括零边际成本、锁定效应、网络经济。

在以企业生产活动为主导的商业逻辑下，产业的创新能力无法得到完全释放，顾客仅仅作为产品的被动接受者，其权益也无法得到充分保障。数字技术的出现改变了上述状况，企业之间建立起互联互通的商业网络，数字化连接打破了组织的内外边界。在商业活动中，顾客的地位和作用得以增强，新的商业逻辑逐渐转变为以顾客价值为主导。

## 复习思考题

1. 如何从全生命周期价值管理的角度，做好数据资产管理？
2. 数据价值体现在哪些方面？请举例说明。
3. 以某省建设数据中心为例，讨论数据要素市场发展面临的机遇与难题。
4. 以某家平台类企业为例，分析数字商业规律对平台发展的影响。
5. 选择一家国内企业，介绍其如何按照数字管理逻辑对管理模式进行变革。

## 案例分析

### 百度：从连接信息到唤醒万物

2018年1月19日，百度创始人、董事长兼CEO李彦宏登上《时代》周刊（亚洲版）封面，成为中国第一位登上该周刊封面的互联网企业家。《时代》周刊以“Baidu's Robin Li is Helping China Win the 21st Century”为题，对百度“All in AI”的商业生态进行了介绍。作为中国互联网搜索引擎领域的“翘楚”，百度占据了80%的国内市场份额，资产规模达到600亿美元，成为在搜索引擎领域仅次于Google的全球第四大网站。凭借庞大的AI商业生态，百度在2016—2018年连续三年排在“中国人工智能百强”榜单的首位。与特斯拉(Tesla)总裁埃隆·马斯克(Elon Musk)和物理学家霍金(Stephen William Hawking)对AI的担忧相比，李彦宏认为AI技术提供了自动化的收益，为人类社会的崛起创造了历史性机遇，人类总是有能力把世界变成一个安全的地方。同时，针对AI技术导致社会性失业的问题，李彦宏公开表示：“每一次技术改变世界的时候，都会造成大量失业，但是也会有很多的新职业诞生。”①李彦宏憧憬中国将在不远的未来主宰全球的AI规则，并且将百度的使命定位于：“让复杂的问题变得简单”。然而，回顾百度布局AI商业的历程，李彦宏一路走来却并不简单。

#### 打造搜索引擎“专业户”

经过前期的充分准备，2000年1月1日，在密友徐勇的协助下，李彦宏在中关村创建了百度公司。2000年1月3日，李彦宏在百度第一次正式会议上，允诺投资商在6个月内开发出中文的搜索引擎软件。2000年4月，百度完成中文搜索引擎“百度1.0”，为日后发展奠定了基础。经过5年的发展，2005年8月百度赴美上市成功。2005—2010年，百度市场份额逐年递增，如图2-4所示。

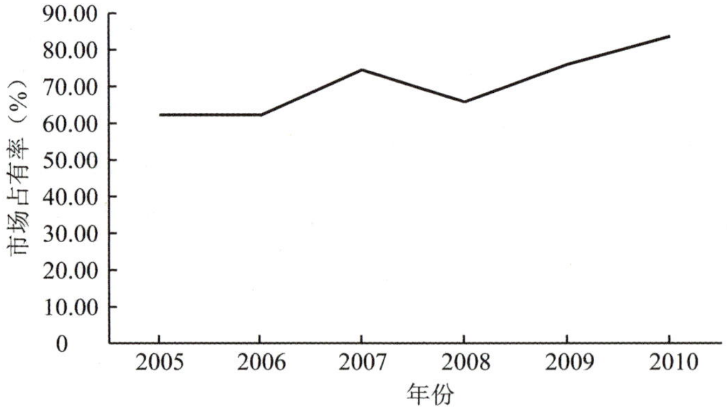


图2-4　2005—2010年百度搜索在中国市场份额②

2005年11月，李彦宏向外界声明：“百度只做中文搜索，不会为了创新而创新。”通过提供出色的本地语言搜索结果，仅仅成立5年的百度已在中国市场建立了领先优

① 百度官网，http://home.baidu.com/home/index/news_detail/id/17768，2018-01-19。

② 作者根据互联网公开资料整理所得。

势。在 2005 年读者首选搜索引擎品牌调查中，百度以 62.29%的选择率成为最受读者喜爱的搜索引擎①。

2006 年 7 月，百度推出了“百度硬盘搜索服务器版 1.0”“百度空间”和“百度精准广告”等划时代的产品和服务以及全新的指数搜索服务。2006 年 8 月，依托于北京大学法学院、北大法律信息网，百度法律搜索正式上线。2006 年，百度成为能够洞察中国网民上网行为的最重要媒体之一，并且能够依据顾客的搜索意图，分类互联网信息及其背后的整个世界。

2007 年 1 月，百度首页改版，强化搜索的社区化，希望改变搜索引擎的一次性消费过程，让用户能够在搜索之余获得更多的互动。随后，百度还推出了图书搜索、文化共享搜索等业务。2007 年 12 月，百度宣布推出专利搜索服务(zhuanli. baidu. com)，首次整合 270 多万条专利信息，方便网民即时查询。

2008 年，百度围绕搜索业务，继续推出语音搜索、和讯全财经网等服务，并进军日本市场，成为日本第四大独立搜索引擎。作为“嘉定·无线城市”首批战略合作伙伴之一，搜索引擎公司百度除了继续为这一项目提供全程搜索技术及服务支持外，还将全面主导“嘉定·无线城市”名片——无线城市门户网站的搭建工作。

2009 年，为了强化搜索引擎功能，百度新增搜索框的提示功能、无限搜索以及搜索营销专业版，并在日本市场推出中文搜索服务。同时，百度在搜索引擎方面的改进仍然在进行：百度统计正式上线，推动搜索营销进入效果可量化时代，并推出《搜索营销标准与规范》。

2010 年 1 月，百度将个性化首页与工具栏实现互通，重推了广告管家以促进媒体平台战略，将地理位置融入微博尝试提供实时搜索服务。由于在中国市场的主要竞争对手 Google 于 2010 年 3 月正式退出中国大陆，凭借在中国搜索引擎领域确立的市场地位，百度在 2011—2012 年仅仅是巩固既有业务，并没有推出重大的技术创新项目。

### 索引真实世界

依托于提供搜索引擎业务所积累的用户数据，百度在精准营销业务领域取得了突出的成绩，营销业务成为百度 AI 生态下最早的一块版图。百度在 AI 领域的野心，最初显露于 2013 年 1 月百度深度学习研究院(IDL)的创立。后来李彦宏陆陆续续建成了五大实验室，除了深度学习实验室之外，还有硅谷人工智能实验室(2014 年 5 月)、大数据实验室(2014 年 8 月)、增强现实实验室和深度学习(2016 年 8 月)及应用国家工程实验室(2017 年 2 月)。这些实验室的研发成果历经 5 年的整合，逐渐形成了一个平台体系：百度智能云和百度大脑。

在 2013 年年初加大对移动互联网的研发投入后，Baidu Inside 于 2014 年 4 月推出首批智能设备，并且发布全球首个开放大数据引擎。2014 年 6 月，百度与万科达成合作，尝试打造智能商业地产。同年 8 月，百度推出的新首页中，融合了极简与智能化的元素。9 月，百度与宝马签署合作协议，共同研发高度自动驾驶技术。同月，百度与广发银行围绕互联网金融业务展开合作，拟为客户提供更加智能的个性化服务。

---

① 《〈电脑报〉搜索引擎市场调查：百度占据 6 成》，http://home. baidu. com/home/index/news_detail/id/17097，2006-03-21。

2015 年 9 月，在百度世界大会上，百度推出小度机器人。2016 年 6 月，百度在“十二五”科技创新成就展上，推出了首款纯电动无人车。同年 7 月，在《麻省理工科技评论》评选出的 2016 年“全球 50 大创新公司”中，依靠在语音、人工智能技术领域积累的 1 548 项专利，百度力压谷歌、微软等科技企业，排名第二①。9 月，在百度世界大会上，李彦宏首次展示了百度大脑。9 月，百度创建独立的风投公司，投资 2 亿美元专注在 AI 领域的布局；10 月，百度成立 200 亿元百度资本，加速对外投资。2016 年，百度在金融、医疗、汽车、娱乐、电信、出行六个领域尝试进行智能升级，对云计算进行升级，开始布局国际化发展。

在过去 4 年技术研发积累的基础上，2017 年百度继续在 AI 领域和国际化发展两个方面加强布局。2017 年 1 月，百度度秘发布人工智能操作系统 DuerOS 专注语音交互方式，并用 AR 技术复现北京老九门风采。2017 年，百度在互联网金融、AR、自动驾驶、智能银行、智能出行、民航业智能升级、智慧城市等方面加强外部合作，继续深化在 AI 领域的生态布局。在 2017 年 5 月召开的百度联盟峰会上，李彦宏表示：“AI 时代已经到来，观念需要 from think mobile to think AI，百度联盟正着力打造无边界的智慧共赢新生态”，如图 2-5 所示。在 2017 年 7 月召开的“百度 AI 开发者大会”上，百度 AI 技术首次整体亮相，李彦宏再次表示：“AI 是必由之路，开放让所有人都收获更多”②；陆奇表示：“百度将 All in AI，我们在 AI 时代的核心战略就是开放赋能，我们的将来必须建立在与每个开发者共赢的基础上。开发者的成功就是百度的成功，这是百度 AI 平台的核心价值观。”③

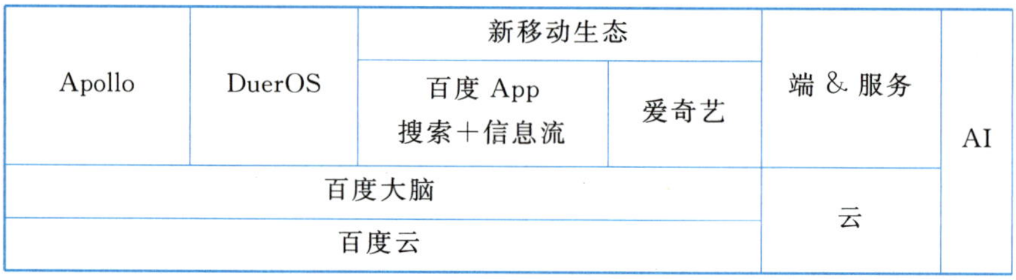


**图 2-5　百度 AI 开放生态④**

2018 年 2 月，百度发布 2017 年第四季度财报，百度人工智能业务在该季度的表现持续亮眼，AI 生态不断完善，AI 产品化和商业化持续加速，在投资版图和业务生态两个方面的布局逐步成形。根据百度 2017 年财报公布的数据，百度大脑已经拥有 80 多项核心 AI 能力，超过 37 万名开发者和合作伙伴，每天被调用 2.19 亿次，这些调用来自百度内外：对内，百度将 AI 能力输送到现有的各个产品之中，主业搜索自不必说，

① 《百度入选全球 50 大创新公司，人工智能专利超 1500 项》，http://home.baidu.com/home/index/news_detail/id/16797，2016-07-05。

② 《2017 百度联盟峰会：李彦宏提出 AI 时代新思维》，http://home.baidu.com/home/index/news_detail/id/17693，2017-05-24。

③ 《百度举办全球首个 AI 开发者大会，构建最完整 AI 开放生态》，http://home.baidu.com/home/index/news_detail/id/17703，2017-07-05。

④ 尹世明：《人工智能时代的商业应用》，https://baijiahao.baidu.com/s?id=1595979446979656720，2018-03-23。

从一开始就受惠于AI技术的进步，包括手机百度、爱奇艺等应用也在AI的驱动下不断提升，2016年推出的信息流业务也在迅速发展；对外，百度走上开放平台的道路，主推DuerOS和Apollo，以DuerOS和Apollo为核心，通过多种方式对业务进行了梳理和聚焦，成立了新的事业部进行支撑①。百度在其他方面也一直有尝试，比如金融、机场、新零售等场景，百度也在不停地开拓，一步一步积聚力量，构建自己的下一个生态。总体来说，无论是从“All in AI”的技术投入来看，还是从所有能力汇总于百度大脑、全力推进Apollo、DuerOS两大平台的布局来看，百度都在集中自己的AI力量，向着最重要的行业单点突破。2018年1月，在第51届国际消费类电子产品展览会(international consumer electronics show，CES)上，陆奇明确表示：“我们认为自己是一家旨在加快创新的AI公司，致力于实现AI技术的产品化和商业化。我想强调的是，最重要的是将该技术商业化，否则一切都是空谈。”

如图2-6所示，百度“All in AI”生态分为底层技术、研发合作和场景落地三个板块。底层技术包括智能云和百度大脑，其中智能云基于大数据和ABC智能云服务两项技术，百度大脑的技术基础包括计算机基础设施、认知层和感知层三个方面。计算机基础设施的开发包括37万以上开发者和合作伙伴，认知层包括万亿级搜索数据、数十亿定位数据以及数十亿图像与视频，感知层专注于研发视频识别、图像识别、语音识别、深度学习、数据智能、增强现实、知识图谱、自然语言理解八个领域的技术。

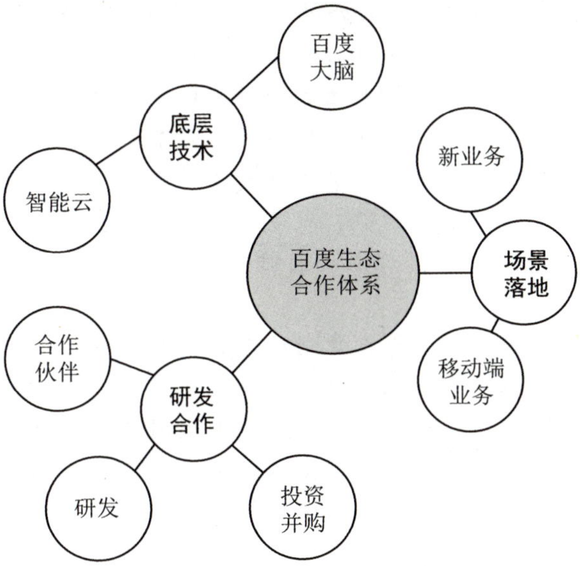


图 2-6　百度“All in AI”生态布局

目前，百度拥有五大实验室和七大研发中心，与百度达成研发合作的合作伙伴包括智能设备企业、科研院校、交通出行企业、金融机构、政府、航空公司等企业和机构。通过投资并购，百度的研发项目涉及芯片、技术供应、设备、汽车共享出行平台、汽车技术开发、自动驾驶汽车硬件厂商、车厂、零售等业务。

① 部分业务在发展过程中难以达到市场预期而被放弃，例如医疗。

百度将针对AI技术的场景落地业务细分为立足AI的新业务和AI驱动移动端业务。其中，立足AI的新业务包括智能设备平台(DuerOS)、金融平台和交通出行平台(Apollo)。Apollo平台旗下包括70多家平台合作者，拥有1 700多个合作伙伴，吸引了6 000多位开发人员，Apollo平台具有障碍物感知、决策规划、云端仿真、高精地图服务、端到端的深度学习五大核心能力。AI驱动移动端业务包括爱奇艺和手机百度，手机百度能够为集团企业其他业务提供信息流。

### 三叉戟投资版图："护城河"+"远征军"

在百度的AI生态中，发挥战略布局作用的核心组织是先后于2016年9月和10月成立的两家投资公司。经过一年多的发展，百度形成了"护城河"+"远征军"的三叉戟投资版图。2017年，百度的业务发生变化，成为一家以搜索为主、以信息流和人工智能为重的公司，同时对百度投资体系进行了重构。在百度新建立的投资基金结构中，对内有百度战投，负责战略投资，对外有风投、资本基金，分别对应早期和中后期的财务投资，与此同时，在各个产业链条里，还有多个产业基金布局其中。各种调整后，百度投资并购部也变成了百度战略投资部门(下称"百度战投")。曾被视作在投资并购市场上缺乏野心的百度，2017年向外界展示了异常清晰的投资架构。

百度风投2017年领投美国VR/AR公司8i、作业盒子，投资鲸仓科技、梯影传媒等"撒豆成兵"，涉及领域较为宽广且均为早期融资。百度资本领投蔚来汽车、威马汽车和货车帮，大都是即将迈入收获期的公司。百度战投2017年全资收购KITT. AI、渡鸦科技、xPerception，并投资首汽约车、蜻蜓FM等。

从性质上讲，百度风投、百度资本是完全独立的投资公司，吸收外部资金并设立CEO，同时拥有不同的发展目标。百度风投和百度资本所投资公司原则上无须与百度业务整合，百度科技公司的背景确保了决策判断上的专业性，为投资人带来获得丰厚回报的可能。如果把百度比作航空母舰，百度战投负责引来先进战机停泊，百度风投和百度资本则作为驱逐舰负责在外巡航，同时拥有独立作战的能力，可谓内有"护城河"，外有"远征军"。

"三叉戟"体系中，解决了大公司投资到底应该聚焦现在还是布局远方的无休止争论，让业务归于业务、让投资归于投资。一方面，通过独立投资机构，百度的投资业务拥有独立的投资决策能力，缩短了决策链条，由集团式投资变成由职业投资人进行的专业式投资；另一方面，有别于过去完全依赖百度自有资金的敏感投资形式，独立的投资机构更偏向基金式管理，这种方式不仅能够引入社会资金调动杠杆，还能给予职业投资经理人更多的权限和更优渥的奖励机制，提升职业投资经理人的积极性。同时，百度战投也得以回归业务本身，追逐务实价值，在聚焦百度整体战略的背景下进行投资，与百度自身业务形成协同，从而提升百度公司战略或拳头产品的市场竞争力，也给被投公司带来更广阔的发展平台和业务资源。此外，百度战投也做出前瞻性投资决策，对诸如人工智能、智能驾驶、语音助手等新兴行业下注。总体上，明确目标、细分需求、更为合理的投资导向，使得百度的投资风格变得更为灵活，从制度建设上保障了强大的自我驱动力，在瞬息万变的市场上捕捉最佳战机，从而频频传出佳作。

百度战投2017年全资收购的三家公司中，完全贯穿AI主题。渡鸦科技承担硬件设备研发制造重任，其raven H智能音箱在百度世界和CES上的惊艳亮相引发海内外广泛关注。KITT.AI 和 xPerception 都拥有全球先进的技术和人才，一个补充百度无唤醒词语音交互技术、一个加强百度机器视觉能力，加速了百度 AI 战略的推进。2017 年，百度战投参与了首汽约车与中科慧眼的融资，在智能出行领域助力百度阿波罗计划的推广和落地。另外，配合百度“夯实移动基础，决胜 AI 时代”的战略，百度战投促成了百度外卖与饿了么的合并，投资 70 亿元人民币参与联通混改项目，向市场传递了百度的战略聚焦点。

2017 年百度资本的动作主要在汽车领域。蔚来、威马两大新能源智能汽车均有百度资本的资金进入，从事公路物流互联网信息服务的货车帮也获得百度资本投资。根据百度资本的定位，其重点关注两类企业：拥有 AI 核心技术和产品的公司，能将 AI 技术和产品落地的公司。

整体来看，2017 年百度投资业务的调整，是经过对 AI 时代的洞察以及深思熟虑后所进行的调整。目前，我们已经看到了这种调整带来的积极变化。而这只是百度投资“三叉戟”体系的第一年。

### 世界很复杂，百度更懂你

(1)云端有你，创享未来

百度云端基础服务，能够打造稳定高效的 IT 系统。百度技术领先的绿色低能耗数据中心、高质量网络、T 级带宽接入、超大规模分布式底层架构、新一代智能自动化运维及超强云安全团队为顾客的云上业务保驾护航。提供全系列的计算、网络和存储产品，满足不同场景的 IT 需求，唤醒沉睡数据的无限价值，百度专家团队为顾客提供最优的解决方案支持。

凭借多项绿色数据中心技术创新以及专业运维提升 IT 设施水平，打造高规格数据中心；依托多年集群管理和系统优化技术，提供极致稳定的计算能力，为顾客提供高效稳定的计算服务；推出多级数据存储解决方案，保障数据存储安全无忧，为顾客提供可靠安全的存储服务。百度云平台针对顾客的网络需求，推出了六个方面的细分业务，分别是网站部署、数字营销云、大数据舆情、教育行业、短视频、零售行业。

(2)让世界领略中国速度

2017 年 4 月 19 日，“Apollo 计划”诞生，百度宣布开放自动驾驶平台。“Apollo 时代”正式开始，中国自动驾驶从此拥有最具代表性的品牌。2018 年 2 月 15 日，由百度 Apollo 领衔的无人车队方阵登上央视春晚，在世界最长的跨海大桥——港珠澳大桥上进行无人车队的“巡演”。此次无人车队面向全国人民乃至全世界，展示了以百度 Apollo 为代表的中国科技力量，让世界领略中国速度。即将实现量产的 Apollo 正在带来一个前所未有的智能出行城市样本，一个快速变革的汽车行业，一个颠覆性的智能出行时代。目前，全球已有 90 多家合作伙伴加入了 Apollo 2.0 计划，未来高速公路和城市道路上将充斥着全自动驾驶汽车。

(3)让商业遇上人工智能

DuerOS 是百度度秘事业部研发的对话式人工智能系统，是百度全球领先人工智能技术的重要应用之一，借助百度的信息与服务构成的巨大生态 DuerOS 拥有海量数据，能通过自然语言完成对硬件的操作与对话交流，为用户提供完整的服务链条。作为一款开放式的操作系统，DuerOS 通过云端大脑时刻进行自动学习让机器具备人类的语言能力。搭载 DuerOS 系统能力的“智慧芯片”，具备低成本、低功耗、高度集成等特点，广泛适用于智能玩具、蓝牙音箱、智能小家电等多种设备，极大降低了合作伙伴使用人工智能对话系统的门槛。

百度在人工智能三大要素即算法、计算、数据上，都有着得天独厚的优势，如图 2-7 所示。拥有建立在超大规模神经网络、万亿级参数、千亿级样本上的人工智能算法；依托数十万服务器和中国最大 GPU 集群的计算能力；作为全球最大的中文搜索引擎，累积了全网万亿网页、数十亿搜索、百亿级图像视频和定位数据；DuerOS 对话式人工智能系统，建立在语音识别、图像识别、自然语言处理、用户画像等世界领先的技术能力之上，是百度技术的集大成者。

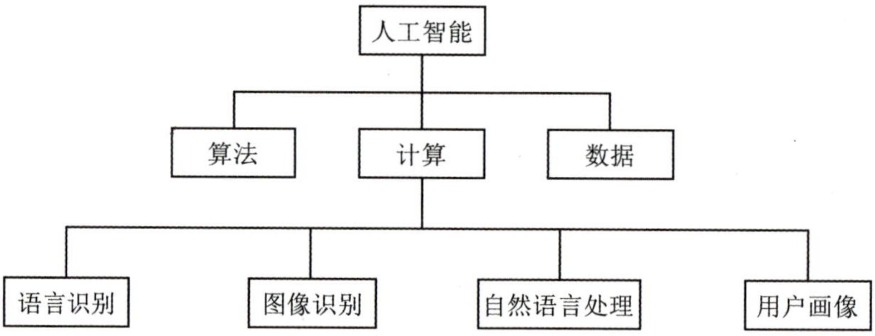


图 2-7　百度人工智能支撑的三大要素和四项功能

在 2017 年的百度世界大会上，渡鸦接连公开了三款基于智能音箱形态的新品，分别为 raven H、raven R 和 raven Q。其中，raven H 在亮相后便开启预售。在 2018 极客公园创新大会(Geekpark IF)上，渡鸦 raven H 再度力压国内互联网巨头旗下的相关产品，斩获“年度智能音响”大奖。Raven H 这款黑科技产品一经推出，就彻底颠覆了小伙伴们对音箱的传统认知。除了颜值超高以外，渡鸦不仅在材质、工艺、音质等方面有品质保障，更深度整合了百度智能语音交互、知识图谱等核心能力，与百度生态达成更多场景串联，为用户提供更加极致的智能体验。Raven R 是全球首个全自动六轴机械臂情感机器人，应该算得上是拥有机器人概念的智能音箱形态，或者说是能够通过音乐传达情感的机器人。Raven Q 则是一款无限接近于 Home Robot 概念的 AI 产品。另外，顾客还可以通过百度 Unit 平台，轻松订制对话系统，打造专属对话机器人。通过对话单元，只需编辑意图、词槽、回应，并提供训练样例，即可轻松完成对话能力的配置。通过推荐能力提供少量样本，即可获得更多数据，优化理解效果。

(4)让每个人重新认识自己的行业

2016 年 9 月 1 日，李彦宏在百度世界大会上发布了“百度大脑”(Baidu Brain)项目。百度大脑集“语音、图像、自然语言处理和用户画像”四大核心能力于一体，随着百度开放战略的推动，其应用规模不断扩大。百度大脑已建成超大规模的神经网络，拥有万亿级的参数、千亿样本、千亿特征训练，能模拟人脑的工作机制。目前，作为最早布局人工智能的技术公司之一，百度已经开放了 80 多项百度大脑的能力或者说是 API，有 37 万多个开发者在使用百度大脑各种各样的能力，包括语音识别、OCR、人脸识别、知识图谱、自然语言理解、用户画像等。越来越多的合作伙伴的加入，使更多用户都能享受到百度大脑所提供的服务。“不自 high 而让用户 high”，正如百度长期以来所倡导的技术创新理念，随着百度大脑的技术进步和广泛赋能，智能科技有望切实而广泛地改变人们的日常生活。

**Bring AI to Life**

(1)双引擎转型助力精准锁定

百度从搜索到“搜索＋信息流”双引擎的转型，借力AI技术实现品效合一等优势正逐渐被广告主和代理商所认可，2017年代理商业绩呈现飞跃式增长。百度正在通过大数据赋能、技术应用及生态共建三大优势，推动营销变革。从2016年年底到2017年年底，百度经历了一系列的变化，从单一的搜索到“搜索＋信息流”的双引擎，百度的优势非常明显，包括用户的积累拥有大量的搜索数据，能够精准锁定目标顾客。除了对百度产品更迭的持续关注，百度的平台能力、大数据能力和技术优势也是代理商所看重的。百度正在突破大家的常规认知，比如AI技术在商业产品上突破了搜索的界限，顺应了媒体形式的变革。百度在信息流上的发力，大数据的应用以及搜索词的定向等都让顾客在百度上的广告投放变得更为精准。百度用AI赋能营销，为营销全链路带来用户识别力、个性化创意力、全时覆盖力以及传统营销方式可望而不可即的效果实时追踪力，破解营销全链路中的六个关键难题。与此同时，百度推出承载着这四大能力的百度“闪投”和“聚屏”两项新品，也用实际效力论证了百度用AI让营销更智能的实践。

(2)Always Fun，Alwanys Fine

2013年5月，百度收购PPS视频业务后，将其与爱奇艺合并，从此爱奇艺被划入百度集团旗下。沿着百度的生态布局思路，爱奇艺成立了“爱奇艺大脑”和“创新实验室”作为AI技术的核心支撑。海量的内容、用户以及强大的云计算能力促进了快速迭代到AI娱乐时代的进程。爱奇艺已经有一套成熟的标签标注系统，通过视频镜头的拆分，对镜头进行进一步的分类；通过对各种属性的识别，生成一个标签的各种识别，然后进行测试，给每个标签打上置信度，以此为后期的所有工作打下坚实的基础。从2012年到2016年，百度对爱奇艺在内容上的投入分别是2.151亿元、8.304亿元、18.72亿元、37.45亿元、78.64亿元；2017年，百度对爱奇艺的投入达到了惊人的126亿元，较2016年同比增长60%，占爱奇艺收入比重从2016年的67%增长至73%，占百度整体内容成本的94%。巨额投入也获得了巨大回报，爱奇艺对百度总收入的贡献逐年增长，2017年营收173.78亿元，占百度总营收(848.09亿元)的20.49%，而2015年和2016年分别为8.01%、15.93%①。2018年3月29日，爱奇艺在美国纳斯达克上市，IPO定价为18美元/股。依托于百度在大数据和AI技术领域的支持，爱奇艺实现快速发展，并且能够更好地满足用户个性化需求。同时，爱奇艺的上市推动了百度AI生态向娱乐业布局的扩张。

(3)从一搜即得到不搜即得

2018年3月，手机百度App改名，去掉了“手机”两个字，直接以“百度”命名。这一改变意味着百度将把移动端作为主战场，而信息流将是百度布局移动端发展的关键。自2016年百度上线信息流以来，营业收入呈几何倍数增长，手机百度信息流发展尤其迅猛，占百度总收入的半壁江山。百度2017年第四季度及全年财务报告显示，2017年

---

① 数据来源于百度2016年和2017年财务报告。

第四季度百度营收达235.6亿元，其中移动营收占比76%，主要由手机百度贡献，信息流业务每日分发量环比增加20%以上，百度App用户总使用时长同比增长约30%①。百度App的语音搜索成了极其重要的搜索入口，用户逐渐适应语音搜索的交互方式；信息流收入年化已达10亿美元。在视觉上，借助百度长期积累的人工智能技术，手机百度精准深刻分析视频内容，实现长短视频自动识别，便于用户快速了解视频内容；在听觉上，手机百度实现了对用户的口语化和上下文交互理解，真正听懂用户；触觉方面，在AR+VR技术加持下，用户可以通过手机百度身临其境游览博物馆，超越现实。手机百度10.0的突出表现还在于信息流技术的应用，直接将用户最喜欢、最关心的内容推送到首页，实现信息的不搜即得。这种简单的信息获取方式正是依托于手机百度强大的知识图谱和用户画像技术。百度的知识图谱包括亿级别的节点和千亿级的属性、关系，是目前全世界规模较大的中文知识图谱之一。而基于百度与中国网民的17年陪伴，手机百度的用户画像实现了给中国的7.5亿网民做出200万维度的精细刻画。在二者加持之下，手机百度除了能帮助用户高效地找到信息，也能让信息在适合的时机找到用户。从互联网时代到新移动时代，从搜索引擎到“搜索+信息流”，手机百度引领的是新时代的新型信息消费，重构的是新型信息服务体验，“有事搜一搜，没事看一看”成为手机百度的新标语。

(4)智能想象力，金融新空间

百度自2013年开始探索互联网金融业务，经过多年业务积累，覆盖信贷、理财、支付、银行、保险等各领域金融业务。2015年12月，百度金融服务事业群组(FSG)成立，主要产品包括百度钱包、百度有钱花、百度理财、金融商城、金融云。百度金融研发的以人工智能、大数据、云计算为代表的大数据风控产品，具有身份识别、反欺诈、信息核验、信用分等多方面的能力，目前已被广泛应用于多个金融领域。例如，借助百度数十亿搜索数据、百亿级的定位数据和图像视频数据所形成的一张170亿个顶点、680亿条边的关联网，能有效识别骗贷团伙，甄别信贷领域的潜在风险；集合活体识别及OCR技术，能秒级确认用户身份是否真实有效，从而确定用户真实身份，确保资产的安全，在信贷、支付、理财、保险领域都有广泛应用。

### 用科技让复杂的世界更简单

回顾百度从成立至今的发展历程，可以将其划分为四个阶段：初创阶段(2000—2004年)、市场扩张阶段(2005—2010年)、巩固核心业务阶段(2011—2012年)、布局AI生态与国际化发展阶段(2013年至今)。从业务模式来看，百度的文化里具有崇尚简单的思维，并没有表现出快速扩张的野心，而是更加注重经营上的稳健。

李彦宏在2018极客公园创新大会上讲道：“2017年，百度升级了公司使命，由‘让人们平等便捷地获取信息，找到所求’升级为‘用科技让复杂的世界更简单’。它是一种包含关系，新的使命包含了原来的使命；它也恰好能够体现出人工智能时代技术能够给世界带来的改变，远远不是一个对信息获取方式的改变那么简单；它可以渗透到社会生活的方方面面，既改变消费观又改变供给端。随着AI领域生态布局的不断完善以及投资版图的建立，百度在未来的发展中将通过与国内外企业之间的合作更加深入地

---

① 数据来源于百度2017年财务报告。

融入 AI 技术领域的研发和推广。”①

2015 年 4 月，李彦宏应邀在中国证监会发表演讲，除了对百度业务和推动百度文化发展的价值观进行介绍外，他还表示希望能够有机会回国上市，或者以某种其他的形式让中国投资者受益。2018 年 3 月，李彦宏在两会采访中再次表示，百度时刻准备回国上市，不需要任何特殊政策支持。随着全球经济环境的变化，中国经济受益于政府宏观经济政策的引导，在全球的影响越来越大。积极借力中国资本市场完善所带来的红利，优化 AI 领域的生态布局，在实现自身发展的同时推动社会进步，是百度下一步发展的重要战略。

在中国，人工智能和物联网等新兴技术展现出巨大的变革性力量和无限可能的前景，智慧家庭、智能家居领域无疑已经成为非常重要的应用场景，百度的 ABC(AI 人工智能，Big Data 大数据，Cloud Computing 云计算)＋IoT 为智慧家庭落地开创了一个新起点。在智慧家庭领域，百度与海尔结成联盟，通过百度云、DuerOS 和海尔 U＋共同面向整个行业提供连接、理解、唤醒三个层面的服务，为整个智慧家庭产业的发展贡献百度智慧。未来，随着合作的深入，百度与海尔将给行业提供一个改进产品体验和形态、升级产业格局的良好范本，而百度云天工平台与海尔 U＋等平台的精诚合作则有望重构智慧家庭的技术架构和产品形式，奏响智慧家庭产业变革的最强音。2018 年 3 月，百度“智能生活事业群组(smart living group，SLG)”正式成立，由百度“度秘事业部”、百度“硬件生态渠道部”和“Raven Studio 工作室”共同组成：度秘事业部继续专注于 DuerOS 平台与生态的建设及运营；原百度硬件生态渠道部升级为硬件生态渠道事业部，专注于第一方硬件的量产、电商建设和渠道拓展；原百度智能硬件事业部变更为 Raven Studio 工作室，专注于前沿产品形态的探索。新成立的 SLG 有利于百度集合软硬渠道各项资源，拓展智能语音交互市场，加速 AI 技术落地。

2018 年 3 月 18 日，百度宣布成立量子计算研究所，开展量子计算软件和信息技术应用业务研究。百度计划在五年内组建世界一流的量子计算研究所，并逐步将量子计算融入业务中。目前全球量子科技突破如火如荼、中国也举国上下强势介入，而北京坐拥科技人才优势，再加上百度先进技术平台以及段润尧教授等领军人物的加入，百度此时进入量子计算赛道可谓占据了“天时、地利和人和”。百度在人工智能、大数据和云计算领域已经完成完备的技术布局，并在自动驾驶(Apollo)、操作系统(DuerOS)和智能云等领域取得较大的技术优势并建立了完备的生态体系，这些都将大大提升百度在量子计算方面的研究及其应用落地的速度。

资料来源：李东红、肖旭：《百度：从连接信息到唤醒万物》，中国工商管理案例库，2019-03-31，内容有删减。

**思考与讨论：**

1. 在不同阶段，百度围绕人工智能做出了哪些战略部署？
2. 结合百度的发展历程，讨论未来企业应如何进行商业布局。

---

① 《李彦宏极客公园演讲：之所以要努力做 AI，是希望我们下一代活得不那么累》，http://home.baidu.com/home/index/news_detail/id/17770，2018-01-22。

# 第 3 章　数字企业管理目标

【学习目标】

- 掌握企业管理目标的基本概念与成因
- 熟悉数字企业管理目标与传统企业管理目标的关系
- 了解数字企业管理目标“赚钱”和“值钱”间的关系

【关键术语】

企业性质　数字企业管理目标　人的价值

**开篇案例**

滴滴出行科技有限公司 CEO 程维说：“大家对美好出行的向往，就是滴滴的奋斗目标。未来，我们会在智慧交通、自动驾驶等领域，加大科技投入，让出行更美好，让科技更好地服务大家，为全面建成小康社会贡献我们的力量。”

**思考与讨论：**

这段话是否表明数字企业的目标与传统企业不同？由此衍生出的管理方式是否也会有所区别？

## 3.1　企业管理目标的属性

企业管理目标的属性继承自企业的本质，是企业本质延伸的产物。企业的本质是企业这一经济组织的根本特征，指的是企业作为一种经济制度区别于其他经济制度的特殊性。一般来说，事物的本质决定了事物多样的质，每一种质都表现为一定的属性，从而通过属性来反映出事物的整体现象。

在新古典经济学研究范式中，市场充分竞争，生产要素充分流动，企业需要的所有要素都可以通过市场公开获取。由此也决定了企业之间的模仿是无成本的。在长期均衡中，市场是出清和充分有效率的，企业将不可能获得超额利润。信息是充分的，如同个体的完全理性特征，企业对未来的预期是完全确定的。决定企业行为的唯一变量是价格，企业仅仅是价格的接受者。新古典经济学认为，企业是通过投入产出来追求利润最大化的专业化生产组织。由于完全竞争性市场的存在，这个生产组织可以做到：精确地计量出生产要素的投入和产出；可以在其认为是最适合于需求条件和成本条件的产量水平上运行；在市场价格的决定作用下，要以使其在边际成本等于边际收益(即市场价格)的状态下运行，从而实现利润最大化。但由于生产要素的完全竞争性，企业之间无成本的模仿行为将使超额利润在长期均衡状态下消失，即企业在长期竞争中只能获得正常利润水平。

### 3.1.1 企业管理是企业自身属性孕育的需求

企业管理是对企业生产经营活动进行计划、组织、指挥、协调和控制等一系列活动的总称，是社会化大生产的客观要求。企业管理是尽可能利用企业的人力、物力、财力、信息等资源，实现省、快、多、好的目标，取得最大的投入产出效率。新古典经济学对企业做出的两个最基本的抽象：一是对企业本质的抽象，即企业在本质上是一个专业化生产者；二是对企业行为的抽象，即企业是完全同质的最优化行为者。企业存在的理由很多，但最为重要的是：第一，导致在企业里组织生产的最强有力的因素来自大规模生产的经济性。有效率的生产需要专业化的机器、厂房、装配线和劳动分工。第二，在于管理生产过程。经理是组织生产、引入新思想或新产品或新的生产方法、为企业决策的人，同时也是对企业的成功或失败负责的人。生产毕竟不能自行组织起来。生产在企业里进行的原因在于效率通常要求大规模的生产以及对正在进行的活动实行细致的管理与监督。

企业天然地追求高效率。亚当·斯密的“市场容量限制劳动分工”论断被称为“斯密定理”，并在分工的基础上论述了企业的经济性。随着产业的扩张，报酬递增，功能的容量会逐渐大到足以使一个厂商去专门承担，从而为新企业的出现创造了条件。企业的出现则是因为企业内部分工与协作所导致的生产力的提高。正是有了分工才使得每个人不是各自为政地工作，再将制成品授予有需求的他人，而是将生产过程分割成几个小步骤，由工人在企业中分工作业从而获得比市场交易更高的效率。对此，亚当·斯密给出了他所观察到的制针业的典型案例。亚当·斯密认为，劳动分工能够大幅度提高生产效率源于三种不同情况：一是由于各个工人熟练程度的提高；二是节省了转换工种过程中损失的时间；三是大量机器的发明，便利和节约了劳动力，使一个人能做许多人的工作。只要引入劳动分工，在任何企业中劳动生产率都能相应提高。

马歇尔在亚当·斯密的基础上进一步明确强调了两个层次的分工及专业化生产与协调对企业效率提高的作用：第一，企业内部的专业化生产和协调。他认为企业的专业化生产职能可以连续分解为新的次级职能单位，不同的次级职能单位产生出一系列不同的专门技能和知识。同时这种连续的专业化分工的细化将导致新的协调问题，需要新的职能部门来对原有的和新衍生出的各种专业职能进行协调和整合。第二，生产的专业化不仅仅发生在单个企业内部，而且发生在企业之间。而这种分工需要有足够的市场空间。显然马歇尔的分工思想与“斯密定理”是非常一致的。马歇尔还是最早指出和强调企业家作用的人。他认为，企业家是进行组织管理并承担风险的人。企业的成败取决于企业家的能力，而且企业越大风险也越大，企业家就越重要。

马克思对劳动分工和企业存在与发展之间的关系做出了更加详细而准确的描述。他考察了劳动分工条件下局部劳动分工如何影响生产效率的机制，与独立的手工业比较，企业在较短的时间内能生产出较多的东西，或者说劳动生产力提高了。在局部劳动独立化为一个人的专门职能之后，局部劳动的方法也就完善起来。经常重复做同一种有限的动作，并把注意力集中在这种有限的动作上，就能够从经验中学会消耗最少的力量达到预期的效果。又因为总是有好几代工人同时在一起生活，在相同的手工工场内共同劳动，因此这样获得的技术上的诀窍就能巩固、积累并迅速地传下去。马克思在强调劳动分工的同时，更强调协作对提高组织效率的作用。他指出单个劳动者力量的机械加总和许多人协作共同完成同一不可分割的操作表现出的社会力量存在本质的差别。马克思认为，企业是以实现价值增值为目的而出现的集中生产，它的建立、生存的基础是在企业内的分工协作所产生的新的生产力，即使企业内劳动手段没有发生根本的变化，它也比单个劳动者的分散生产更有效率。生产从单个独立的生产者转移到有集中场所的企业内进行，其过程不是因为市场交易费用的存在。交易费用是指在完成一笔交易时，交易双方在买卖前后所产生的各种与此交易相关的成本。企业产生的直接原因在于其出现大大地提高了劳动生产率。首先，企业的出现使资本主义的协作成为可能，而协作则提高了劳动生产率。其次，企业把劳动者变成了局部工人，并使生产工具不断地分化和专门化，这也促进了劳动生产率的提高。作为生产组织的企业的产生及其演变的深刻根源在于劳动生产率的提高和社会生产力的发展(马克思，1975)。

对效率的追求衍生出对创新的需求。熊彼特从经济主体中摒弃了不具强烈个性的平庸者，而代之以具有非凡天才的经济主体——企业家，企业家才是企业成长、经济发展的推动者(熊彼特，2014)。在熊彼特看来，企业家的任务在于用不同以往的全新的方法把生产要素组织、综合起来进行经营。而且也只有在企业家将这些新组织以及综合起来的因素按照新的方法付诸运行的特定阶段，才是真正意义上的企业家。一旦这种方法在某一天落伍，企业经营停滞不前，企业家也就变得跟静态经济里的管理者毫无二致了。熊彼特也承认企业家的产生需要一定的外部制度条件和技术条件，他提出只有冲破静态的世界才会迎来一个可以任企业家施展才能的新天地。

创新进一步延伸出了对知识的需求。从生产角度看，企业是由投入和产出组成的生产可能性集合。这种生产可能性集合实际上是关于企业转变商品的可能性的知识状态的描述。而所谓知识状态是企业关于做某件事的办法的知识或技术知识。知识状态形成于企业成员的感知秩序之中，一旦形成就变成企业成员的技巧。演化经济学将企业的本质定义为“惯例的集合”。企业在生产、管理、营销、投资和研发等方面各有一定的惯例，整个企业的运转离不开这些惯例。惯例的实质是组织内共有的缄默性知识。惯例的主要功能是作为一种自动化的行为机制，可以加速决策并提高效率。

### 3.1.2 企业管理目标是企业管理的抽象概括

企业管理的目标是帮助企业增加获利，在不断增加利润的同时，不断减少成本的浪费。从纵向上企业管理可以分为财务管理目标、知识管理目标、生产管理目标、销售管理目标、运营管理目标，从横向上则可以分为项目管理目标、流程管理目标、人力资源管理目标等。按照计划的时间性，企业管理目标可以分为带有战略性的长期目标、中期目标、短期目标和执行目标。

以纵向分割为例：①财务管理目标又称理财目标，是指企业进行财务活动所要达到的根本目的，它决定着企业财务管理的基本方向。财务管理目标是企业经营目标在财务上的集中和概括，是企业一切财务活动的出发点和归宿，是评价企业理财活动是否合理的基本标准。制定财务管理目标是现代企业财务管理成功的前提，只有有了明确合理的财务管理目标，财务管理工作才有明确的方向。因此，企业应根据自身的实际情况和市场经济体制对企业财务管理的要求，科学合理地选择、确定财务管理目标。随着市场经济体制的逐步完善，财务管理理论在不断地丰富和发展。财务管理的目标也在不断推陈出新。到目前为止，先后出现了四种比较具有代表性的观点，分别是利润最大化原则、股东财富最大化原则、企业价值最大化原则和企业资本可持续有效增值原则。②知识管理的目标是建立企业知识库，强化企业内部知识交流，减少重复劳动，促进创新。③生产管理目标包括成本、效率、交期、品质、技术、安全管理。④销售管理目标的概念是彼得·德鲁克在其名著《管理的实践》中最先提出的，其核心在于明确每个人的责任，将销售任务分解，并将完成目标的考核结果与个人绩效相结合，最大限度地激励销售人员将产品卖出。⑤运营管理目标是对上述四个目标的统合，即在财务管理目标、知识管理目标、生产管理目标的约束下，实现销售管理目标最大化(齐若兰，2014)。

## 3.2　传统企业的企业管理目标

传统企业的管理目标是提高企业效率，获取最大利润。在政府的约束下，企业管理的终极目标是提高企业效率，让企业可持续盈利并做大做强，实现企业的社会价值。而企业管理目标是指一定时期内管理活动与其达到的成果或效果。目标既是计划工作的主要内容，也是制订计划的基本依据，科学的计划工作主要是指正确地预测未来的发展，选择好目标方向，有效地利用现有的资源，以获得更好的经济效益和社会效益。其中比较有代表性的论述见表 3-1。

**表 3-1　代表性管理学家关于管理目标的观点**

| 管理学家 | 关于管理目标的观点 |
| --- | --- |
| 弗雷德里克·泰勒 | 管理是一门怎样建立目标，然后用最好的方法经过他人的努力来达到目标的艺术。从这个定义可以看出：第一，管理是要关注目标的，没有目标，就谈不上系统的管理。第二，管理是要有方法的，为了达到目标要用最好的方法。方法是工具层面的事情，应该有规律可循，可归纳，可总结，因此管理具有科学的属性。第三，管理是需要通过他人的努力来实现目标，而不是仅仅靠自己。第四，管理具有艺术属性。影响企业目标达成的因素很多，外部环境因素、内部条件因素等都会对目标达成产生重大影响。但无论如何，目标能否达成还在于关键时刻对于机会的把握，领导的决胜勇气、审时度势、正确决策非常重要，这些都具有艺术层面的属性 |

续表

| 管理学家 | 关于管理目标的观点 |
| --- | --- |
| 史蒂芬·罗宾斯 | 管理是通过协调其他人的工作，有效率和有效果地实现组织目标的过程。从这个定义可以看出：第一，企业管理的目的是实现组织的目标；第二，管理是协调其他人的工作，因此管理涉及组织协调活动；第三，管理应关注效率和效果，效率主要指过程，效果主要指结果。管理就是“正确地做事”和“做正确的事”。正确地做事，关注的是“效率”问题，即以尽可能少的投入获取尽可能多的产出；做正确的事，关注的是“效果”问题，即所从事的工作和活动有助于达到组织的目标。当今企业管理面临的最大挑战是由外部环境不确定性带来的，解决企业管理的不确定性问题，必须改变以前只看结果说话的管理模式，在注重结果同时也要关注过程。这个定义对管理实践具有非常大的启示意义 |
| 彼得·德鲁克 | 彼得·德鲁克在《管理的实践》中曾经说过：“管理企业就是要在各种各样的需要和目标之间寻求平衡。”管理者们在管理企业的过程中的确有着许许多多不同的目标，他们必须要追求最大的利润、满足客户的需求、为股东创造价值、提高员工的满意度，甚至还要承担相应的社会责任。在资源有限的前提下，管理者们如何进行资源合理配置并达到最终目标是一个企业管理水平的体现，其中最重要的就是如何设定目标 |

## 案例 3-1

### 并购过程中因企业目标冲突造成的惨案

1998 年 12 月，张志祥租赁遵化释梦钢铁股份有限公司(建龙前身)的全部资产，随后迅速以“并购重组”的方式发展扩张，至 2006 年年底，企业总资产达到 229 万元，名列中国盈利企业 500 强第 78 位，钢铁业第 17 位，成就了建龙的“钢铁梦”。2005 年 12 月 27 日，浙江建龙以持有吉林建龙的全部股权和 8 亿元现金(总价 14.045 8 亿元)为代价，参与通化钢铁集团的重组。建龙集团是一家老牌的民营企业，其创办的最初目的是实现股东利益最大化，这就是建龙与通钢“企业价值最大化”差别最大的地方，而张志祥快速压缩成本的核心能力广为人知，“只需 3 个月，一家经过我们梳理之后的企业和原来比，在原料成本上要比以前减少三分之一。”一位建龙高管如是说。这种几近苛刻的管理方式显然是通钢这种老牌国有企业的员工无法接受的。

重组完成后，建龙集团持有通钢集团 36.19%的股权，华融资产持有 14.60%，吉林省国资委持有 46.64%。通钢 2002—2004 年的经营管理者持有 2.57%。虽然完成重组之后的董事会结构发生了巨大的变化，但是吉林省国资委仍然是其第一大股东，通钢集团形成了国有、民营、金融机构、经营管理层共同出资的多元产权结构和法人治理结构。董事会中仍然有原通钢集团 3 人，而建龙钢铁只有 2 人。建龙入主通钢后，迅速大幅裁员、减薪、严格管理。虽然这些都对通钢的发展极其有益，但是却损害了许多原通钢职工的既得利益，通钢的员工认为建龙入主后的管理就是“整人”，体现了通钢员工对建龙管理方式和企业文化的反感。

建龙入主通钢带来的不仅仅是董事会和管理层的改变，还有一系列改革措施的出台，如“减员增效、降低成本”、新的薪酬体系等，以追求股东财富的最大化。这些改制损害了员工的利益。2009 年 7 月 24 日，陈国军代表建龙集团到通钢时，被通钢员工殴打致死。这场染血的改革突出地反映了企业在由国企转变为股份制企业的过程中，企业目标冲突带来的惨重后果。

资料来源：新浪网，2009-08-14。

## 3.3　数字企业管理目标的特殊性

### 3.3.1　企业管理范围扩大

在数字经济时代，数字技术的诞生与快速发展推动了生产力发展，扩大了市场规模，为资本开辟了新的投资机会。数字技术与传统的技术不同，它具有泛用性，是发生于生产性技术之上的技术。它能够优化生产性技术，提供更加精准、快速、可靠的数据收集、传递、存储和处理手段。传统的生产技术中存在大量的经验，依赖于在干中学过程中逐渐发挥作用，提高生产效率。而数字技术能够加速这一过程，将经验转换为可以批量化复制、传播的范式，优化生产过程。数字技术也让市场变得混沌，难以预测。数字技术与其他技术相互交织，形成了无数种极其复杂的技术组合，这些技术组合可能是互补关系，也可能是替代关系，如某种业内人士几乎没有听说过的技术却给这个行业及其技术带来了根本性的变革。

在工业经济时代，以标准化、专业化、规模化、集团化为核心的机械化大生产催生了规模巨大的企业。大企业通过分散设厂、就地取材、协同生产降低生产成本。在这种情况下，生产要素存在空间上的分隔。虽然所有要素共同服务于企业目标，但在实际经济活动中，各要素是分别存在、各自作用的。在数字经济时代，由于数字技术赋予企业内部更便捷的信息联通方式，将要素的组合直观地整体呈现出来，使企业角色模糊化。同时，生产者和消费者的概念被重新定义。由于消费者能够更方便地从网络上获取信息，因此他们已经不再像从前一样，易于受到广告干扰。相反，他们具有了一定的企业才具有的特征，即对专业性知识的了解，企业和消费者之间的区别逐渐模糊。由于分工的专业性，企业未必了解产业链上游厂家所生产的产品的信息，所形成的更加倾向于是不完全信息下的交易。在此种情况下，企业和消费者在处于需求方的一刻，其地位是相等的。

在数字经济背景下，企业间存在大量松散的横向联系。原本无关的企业却相互协同或相互竞争。以平板生产企业、电视生产企业、电视台和视频网站之间的竞争与协同关系为例，在传统意义上，电视台与电视生产企业是互补关系，视频网站与平板生产企业是互补关系，视频网站与电视台是竞争关系。由于视频网站的大量流量都会出现在平板上，平板更利于在碎片时间使用，因此选择看视频网站的人会变多，侵占原本属于电视台的客户，使电视节目无人问津，那么电视的需求也会下降，因此平板与电视出现了奇妙的竞争关系，平板与视频网站形成了协同关系。在这个案例中，平板生产企业与电视生产企业成为竞争对手，这就是数字经济所带来的变化。同理，出行、住宿、饮食、游玩这些都可以成为互补品，甚至电商购物也与此互补，这种横向的联系与传统纵向的产业链相互交织，共同构成了复杂的数字经济生态圈，也可以将其视为广义上的平台，因此数字经济也被称为平台经济。

### 3.3.2 企业管理重点由物转向人

传统企业管理的着眼点在组织、在资产、在人，主要聚焦于具体的事物。在数字经济时代，单纯加大资本与人力投入所带来的边际收益大幅降低，企业管理者将实现从实物资源转向数字资源，由从企业外引入资源转为由企业内深挖潜力。这种潜力源自将企业内的无序转为有序，将隐性的经验转化为显性的条例。相较于传统企业，数字企业的管理集中于知识的分享、传播以及转化。数字技术将分散于独立个体和生产环节的经验和知识记录下来，转换为数字资源。数字企业的企业管理则是加速这个过程。

人类的知识正在快速增长。20 世纪初，每 10 年翻一番；20 世纪 70 年代，每 5 年翻一番；而最近 10 年，每 3 年翻一番。难以计数的知识点堆砌在一起，形成了一种无序的“混沌状态”。处于“混沌状态”的知识大多是隐性知识，它们存在于人的头脑中，彼此孤立，毫无联系，不易被保留、记录、量化和传播。而解决知识“混沌状态”的有效途径，就是将隐性知识转化成易于理解和存储的显性知识，并将这些显性知识体系化，形成知识管理系统。对于企业来说，建立知识管理系统的过程其实是建立“外脑”的过程。“外脑”帮助企业管理大规模信息，把零散的知识点规则化、系统化，使之变成有序的知识网络，以供随时调用来解决问题。企业搭建知识管理系统共有四个步骤：①知识共享化，打破不同知识拥有者之间的壁垒；②知识显性化，提高信息加工流畅性，有助于知识的理解；③知识体系化，梳理知识体系，节约大脑信息加工的容量；④知识再生化，知识的吸收度越高，知识创新的效果越好。企业中最主要的知识是存在于员工头脑中的隐性知识，如何将隐性知识进行传播和共享，是知识管理系统的第一步，也是最关键的一步。

隐性知识共享的本质是打破不同知识拥有者之间的壁垒，实现知识在企业内的自由流动，使组织降低获取知识的成本。但因隐性知识具有高度个人化、难以规范化的特点，总有部分隐性知识难以转化。例如，设计、编程等技能操作，具有高度垄断性，它们很难被传播与共享；个体的思考及感悟、看人的眼光、为人处世的方法等，也很难去向他人描述。要将高度个人化的知识进行传播和共享，企业必须采取一些利于员工交流沟通的方式和策略。根据组织的管理结构框架，隐性知识可以分为自上而下、自下而上两种传播方式，企业可根据这两种方式，制定不同的知识传播策略。

自上而下的隐性知识传播，一般是指上层管理人员对普通员工的一种传播方式。例如，老板对员工进行演讲，分享个人经验；首席执行官召开管理者研讨会，传达企业价值观；老员工带领新员工，给新员工传授个人技能等。自上而下的隐性知识是管理者高度专业化的知识，普通员工由于缺乏经验，一般不会提出质疑和反驳，只能单方面地听取和吸收。由于缺乏接收者的声音，这让自上而下的传播变得线性和缺少反馈。员工在对知识的理解上也会存在偏差——要么完全会错意，要么不能抓住重点。企业可以有意识地利用议程设置原理对员工进行引导，使其关注重点信息，尽量避免对信息的理解偏差。在自上而下的传播过程中，管理人员传达给下级员工的信息并不是镜子式的反映，而是一种有目的的取舍。管理人员根据企业的文化、愿景、目标、战略等，挑出他们认为重要的部分或方面进行加工整理，传达给员工，让员工关注到企业想让其关注的重点信息。这些重点信息，管理人员强调得越多，员工的重视程度就越高，理解得就越深入，在工作运用上的效果也就越好。

自下而上的隐性知识传播，是指员工向管理者分享他们在工作中积累的个人经验、客户反馈、产品使用情况等信息，这是员工对管理层决策做出反应的一种方式。这种传播方式是隐性知识传播的重要组成部分，也是让管理者听取员工经验、意见、想法和建议的路径，但这条路径并不十分通畅。面对职级比自己高的管理人员，基层员工由于害怕自己的观点被否定，所以不愿去分享自己的想法和经验，员工的声音被减弱，甚至消失，形成了沉默的螺旋。沉默的螺旋是指人们在表达自己想法的时候，如果看到自己赞同的观点受到广泛支持，就会积极参与进来；而当发觉某一观点很少有人理会或被反对，甚至被群起而攻之时，即使自己赞同该观点，也会保持沉默。一方声音的沉默造成另一方声音的增势，如此循环往复，便形成一方的声音越来越强大，另一方越来越沉默的螺旋发展过程。

知识永远是企业最为核心的竞争力。企业只有把运营过程中零碎的知识点，变成能及时拓展的和高效应用的企业知识管理体系，才能提高员工工作效率、改进工作流程，实现部门之间的协同，使企业的生产力得到大幅提升，从而快速、良性且可持续地占有市场并立于不败之地。

**案例** 3-2

## 广汽集团：用知识化大协同，迎战汽车业大变局

广州汽车集团股份有限公司（以下简称“广汽集团”）是一家大型国有控股股份制企业集团。经过多年战略布局，广汽集团坚持合资合作与自主创新共同发展，已经形成了以整车（汽车、摩托车）制造为中心，涵盖上游的汽车研发、零部件和下游的汽车商贸服务、汽车金融、汽车保险、汽车租赁、汽车物流等的全产业链条，成为国内产业链最为完整的汽车集团之一。

广汽集团运用知识管理打造企业创新引擎，通过建平台（打造统一的集团知识管理技术平台，整合集团各业务系统知识，提供一个知识共享应用平台）、搭体系（搭建可保障集团知识管理长效运作的管理体系，包含组织、制度、流程、文化等内容）、融业务（将知识与产业链业务相结合，实现基于业务场景的知识应用），有力地促进了知识资源的整合与应用，为未来的企业创新与协作奠定了坚实基础。例如，通过竞争情报、知识仓库、知识地图、知识问答、数字图书馆、在线课程等七大模块，广汽集团实现了公司内外信息的自动归集与分析，从而提高战略管控和决策分析能力；通过研发经验、项目投资经验等组织经验及与个人经验、标杆经验等的复用，促进了业务水平的提升；通过打造人才培养和交流平台，提升全集团人才共享和培养水平；通过构建研发创新交流平台，辅助技术创新；通过大数据应用实现基于知识应用的智能识别、分析、判断，进一步提升企业“连接指数”，随时随地连接员工、客户、伙伴、知识、流

程等。此外，广汽集团坚持IT转型升级的探索和实践，推进企业知识化大协同，提升了不同投资企业、不同部门、不同角色在同一平台上的协作效率，促进了全集团的资源共享以及知识与业务的融合，从而加速创新、提效运营，赋能企业更好发展。

## 3.4 数字企业管理目标的转换

### 3.4.1 数字企业“值钱”与“赚钱”的概念

伴随着数字经济的蓬勃发展，人们对企业的经营目的、存在意义、人格属性存在两种声音，简单归结到一点，就是企业究竟要赚钱还是值钱？这里的值钱并非指企业的价值最大化，而是以市值最大化为目的，以服务社会为存在意义，以互助共赢为人格属性的综合概念。市值依赖于投资者的判断，当投资者认为企业在未来可预期的时期内能够实现盈利，并且其利润的现值能够覆盖实现盈利前的亏损时，才会购入股票，推高企业市值。以市值最大化为经营目的，其本质仍是在可预见的未来实现盈利，也就是赚钱。而值钱的另外两个部分，分别是服务社会和互助共赢。抛开互联网的技术和平台组织形式，它与传统商业活动并无本质区别，仍然是通过提供服务满足消费者的需求，并获得佣金。值钱强调利用数字技术合理高效地配置资源、为社会赋能，实质是将企业的技术升级和产品服务进行自我合法化修辞。例如，滴滴强调它可以满足人们的出行需求，缓解打车难的问题。在逻辑上，滴滴通过让出租车市场外的车辆商品化，扩大了供给，而数字技术提供了更灵活的定价方式，如增加车费减少等待时间，也降低了市场交易费用，但最终起到配置作用的仍然是供求关系，滴滴在这里仅作为一个平台服务提供者。实际上，滴滴确实缓解了打车难的问题，但是消费者需要支付的价格更高了，不仅要支付打车费用，还要支付滴滴的服务费。

正如本书第2章第2.4.2节中所介绍的，“值钱”比“赚钱”更符合企业的根本目的和长期目标。在数字经济时代，数字技术与产品具有独特的规模经济、范围经济、网络外部性、经验曲线和长尾效应等特征。数字产品或信息产品一旦产生固定成本，就能以极低的可变成本广为传播。比如搜索引擎服务一旦建立并运行，就能以极低的成本服务千家万户。虽然也存在服务成本，但规模扩大时的成本上升与客户人数的上升根本不成比例，经常不同程度地存在零边际成本现象。同时数字产品或信息产品只有与数据和用户相结合时才会创造价值，其自身只是一个空的容器，只有随着数据和用户的加入，才会变得越来越有用。由于低边际成本以及数据方面的回报，这些市场通常表现出极强的规模经济与范围经济特征。而且，它们通常具有双边属性，并且具有强大的网络外部性，易于出现市场倾覆。因此，竞争过程从市场内的竞争转向争夺市场的竞争。数字市场各种特性的组合意味着，一些数字市场存在很高的市场进入门槛。这种环境下的赢家，通常从其运营规模中获得巨大的成本优势，并且还从其数据规模中获得巨大的效益优势。如果没有类似的客户基础或类似的规模经济，新的市场进入者很难克服这些困难，但客户基础与规模都难以快速且经济地获得。

**案例 3-3**

## 互联网造车领跑新能源，老牌厂商落后了?

2021 年，新能源车企股价高歌猛进。相比之下，传统车企的利润依然稳定，但是估值却远不及新能源车企。除了特斯拉外，国产新能源车蔚来、小鹏和理想都已经拥有超高估值。以蔚来为例，2020 年全年，蔚来一共才卖出整车 4.37 万辆，上汽集团则卖出 560 万辆整车，蔚来整车销售量不到上汽集团整车销售量的百分之一。但是单看股价，蔚来已远超上汽集团。蔚来等新能源车企尤其是所谓造车新势力们，凭什么成立几年卖出几万辆车就能实现如此高的估值?

这可能是因为：

(1)新能源汽车已经成为移动智能平台

如果说传统汽车是代步工具，那么新能源汽车则是一个可移动的智能生活平台。其面向投资者的宣传语完全是你会在手机、笔记本电脑或者 CPU、显卡等新品发布会中听到的术语。例如，蔚来在 ET7 发布会上强调，自主研发的 Aquila 超感系统拥有 33 个高精度传感器，包括 11 个超感镜头，总像素高达 8 800 万，以及 1 个超远距离高精度激光雷达。搭载 4 颗英伟达 NVIDIA DRIVE Orin 芯片，算力高达 1 016TOPS。ET7 采用第三代数字座舱平台和 5G 平台，拥有 12.8 英寸 AMOLED 中控屏、10.2 英寸数字仪表、后排 HDR 多功能控制屏、HUD 增强平视显示系统，支持 5G、V2X、蓝牙 5.2、Wi-Fi 6、UWB 等。

(2)新能源汽车实现盈利依赖后续软件服务

传统车企通过卖车获得一次性收入，利润率较低且逐年下降，我国车企目前平均净利率低于 5%。以行业龙头上汽集团为例，2019 年净利率仅为 4.27%。相比之下，软件服务行业的净利率则高得多，微软和甲骨文 2019 年的净利率分别为 30%和 26%。如果看毛利率的话，软件行业更是高得吓人。新能源汽车可以通过远程提供软件增值服务来实现硬件功能的“升级”，在将汽车交到消费者手中后，可以继续向用户收取服务费，这种服务方式非常像软件公司的付费升级。以特斯拉为例，其后排座椅加热功能是提前预置好的，用户付费后可解锁。新能源车企的盈利逻辑已经转变，即使目前这些企业严重亏损，但是未来实现盈利的确定性极强。而到那时，真正在盈利水平上超越传统车企可能就是一瞬间的事。

### 3.4.2 数字企业的管理目标是实现人的价值

数字企业管理的终极目标是实现人的价值，即提高全体员工的工作生活质量。在企业中工作的员工，同样应该是企业成长过程中的受益者，这种受益，不仅指其从公司领取工资，更重要的在于工作本身能够给他们带来身心的愉悦感、满足感、成就感和幸福感。这种在工作场所工作的过程中感受到的愉悦感、满足感、成就感和幸福感的程度，就是工作生活质量。这是因为：首先，人类的一切活动都是为了提升人类的生活质量，企业作为社会的一个特定的组织，也不例外。企业的产品或服务之所以有客户愿意花钱购买，是因为它能够改善购买者的生活，或者有助于改善购买者的生活。例如，参加培训本身不会给购买者带来直接的生活质量的提高，但是受训者的竞争能力会得到提高，有助于其在今后的工作和生活中取得更大的收获；其次，工作时间占据了员工生活的大部分，工作生活质量如何，直接影响到员工的人生质量。在以人为本的时代，企业当然应该关心员工的工作生活质量，管理者当然应该以提高员工的工作生活质量为己任。最后，提高了全体员工的工作生活质量，企业自身的利益才能够得到保证，企业的长期发展才成为可能。

## 本章小结

企业管理目标的属性继承自企业的本质，是企业本质延伸的产物。企业管理是对企业生产经营活动进行计划、组织、指挥、协调和控制等一系列活动的总称，是社会化大生产的客观要求。企业管理是尽可能利用企业的人力、物力、财力、信息等资源，实现省、快、多、好的目标，取得最大的投入产出效率。

数字技术与传统的技术不同，具有泛用性，是发生于生产性技术之上的技术。它能够优化生产性技术，提供更加精准、快速、可靠的数据收集、传递、存储和处理手段。传统的生产技术中存在大量的经验，依赖于在干中学过程中逐渐发挥作用，提高生产效率。而数字技术能够加速这一过程，将经验转换为可以批量化复制、传播的范式，优化生产过程。数字技术也让市场变得混沌，难以预测。企业只有把运营过程中零碎的知识点，变成联结的、能及时拓展的和高效应用的企业知识管理体系，才能提高员工工作效率、改进工作流程，实现部门之间的协同，让企业的生产力得到大幅提升，从而快速、良性且可持续地占有市场并立于不败之地。

数字企业的管理目标是实现人的价值，即提高全体员工的工作生活质量。在企业中工作的员工，同样应该是企业成长过程中的受益者，这种受益不单单指其从公司领取工资，更重要的在于工作本身能够给他们带来身心的愉悦感、满足感、成就感和幸福感，这种在工作场所工作的过程中，感受到的愉悦感、满足感、成就感、幸福感的程度，就是工作生活质量。

## 复习思考题

1. 数字经济时代企业的管理目标是什么？
2. 简述传统企业管理的主要目标。
3. 数字企业的管理目标的特殊性主要体现在哪几个方面？
4. 实现数字企业管理目标的关键是什么？
5. 思考企业的成长与管理目标间的关系。
6. 举例说明部分行业的数字企业管理目标。

## 案例分析

### 实现员工梦想，成就伟大企业

美国西雅图 Gravity Payment 网络支付服务公司 CEO 丹·普莱斯，被网友称为美国最好的老板。2015 年，这位刚 30 岁出头的年轻老板给全公司的 120 名员工大幅加薪，将员工的最低年薪涨到了 7 万美元，而在涨薪前，员工们的平均工资是 4.8 万美元。为了给公司员工加薪，普莱斯把自己的工资从之前的年薪百万美元降到了公司最低薪资，也就是 7 万美元，并且从 2015 年预期的公司利润 220 万美元中拿出 75%～80%，为员工加薪。不仅如此，普莱斯还放弃了自己的股票和存款，并以自己的两栋房产申请了贷款。

普莱斯的行为惊动了不少美国媒体。据《纽约时报》报道，普莱斯为员工加薪的决定主要是受到 2010 年一项有关幸福的调查研究影响。该研究认为，人的心情跟收入有关，那到底要赚多少钱才能让人快乐呢？答案是 7.5 万美元。当员工的年薪超过 7.5 万美元后，收入的增加对人们幸福感的影响并不显著。这项研究报告如此写道："我们认为，高收入可以带来对生活的满足感，但不会带来幸福感，而低收入将放大与不幸相关的情感痛苦，例如离婚、疾病和孤单。"普莱斯还跟年薪 4 万美元的朋友进行了一番谈心，得知对方的生活并没有想象中那么轻松，甚至过得有些艰辛，这种艰辛体现在很多方面，比如房东突然涨租 200 美元就打乱了平时的正常支出。在西雅图这种高科技企业密布的城市，年薪 4 万美元显然不足以维持较为体面的生活，这让普莱斯感到很不是滋味。经过仔细计算后，普莱斯决定为公司所有员工涨薪到 7 万美元。这种疯狂的"撒钱"行为，虽然令人赞叹和羡慕，但也有人认为，普莱斯的行为并不明智，甚至还有人认为这位财大气粗的老板是在政治作秀。当时，西雅图最低时薪为 15 美元，然而一些小企业主并不支持将最低工资涨到每小时 15 美元，他们认为这个时薪会让很多企业破产。就连普莱斯自己公司的两个员工也不支持老板的行为，认为这样做会让员工们对工作有所懈怠，让公司失去竞争力，最终可能导致破产。

幸运的是，普莱斯的加薪决定并没有让他宣告破产，反而比之前更好了。2020 年，新冠肺炎疫情在全球暴发，美国作为"重灾区"，经济陷入萧条，尽管美国政府出台了针对企业主的纾困措施，仍然有不少企业倒闭，员工面临失业困境。而普莱斯的公司却还在正常运作，并且业务额还从以前的 38 亿美元增长到 102 亿美元！在接受 BBC 采访时，普莱斯表示，虽然疫情期间公司也曾面临困难，但并没有人被解雇，反而是员工们自愿降薪誓与公司共渡难关。在大家的共同努力下，普莱斯的公司经营回归了正轨，所有之前暂时降薪的员工薪资也恢复了正常。事实证明，普莱斯的无差别加薪行为虽然受到过外界质疑，但这种疯狂加薪的行为实现了公司和员工之间的共赢。5 年间，公司规模和业务额大幅增长，员工人数翻番，员工流动率减半，更重要的是，普莱斯公司有 10% 的员工购置了房产，而加薪之前买得起房的员工只占 1%。另外，70% 的员工还清了债务。最后，普莱斯得出结论，他认为，"如果员工能够不必担心自己的生活，他们会更专注于工作；如果员工相信公司有认识到自己的价值，他们会更专注于工作；如果员工快乐，他们也会更专注于工作。”

道理其实很简单，当普莱斯公司的员工因为加薪减少了经济支出上的烦恼后，更集中精力投入工作中，使生产力整体得到提升，公司业务额也大幅增长。普莱斯公司里的一位销售主管坦言，自从员工涨薪后，大家的干劲都比以前更足了，尤其是那些原来工资级别较低的职员。普莱斯还提到，公司有位同事原本住得比较远，每天通勤时间将近2小时，涨工资后，这位员工搬到了离公司较近的地方，不仅节省了通勤的时间，还多出了很多时间投资健康，每天健身并配合健康饮食。总体而言，员工们因为没有了经济上的烦恼，生活质量更高了，对公司的信赖和付出都比之前提升了不少。所以，即使是在疫情困难期，员工们对公司也本着信任的心态，自愿降薪与公司共进退。公司也没有辜负员工的信任，在困难得到解决后继续按原来的标准给员工发放薪资。

资料来源：《老板砍掉自己百万年薪，把员工年薪全部涨到7万美元以上》，载《山西晚报》，2021-04-19。

**思考与讨论：**

1. 以满足员工合理需求为管理目标是否会导致企业无法获得足以成长的资本积累？
2. 提高员工待遇是否与企业发展相抵触？
3. 加大员工待遇与高管待遇的差异，是否能够更好地激励员工？

# 第4章 数字企业产权结构与治理结构

【学习目标】

- 掌握有限合伙制、双重股权结构的内涵
- 熟悉有限合伙制、双重股权结构成为数字企业优良选择的成因
- 了解利益相关者治理的内涵

【关键术语】

有限合伙制　双重股权结构　股东同质性　股东异质性

## 开篇案例

曾一度拒绝阿里上市的香港联合交易所于2018年4月正式宣布，将允许“同股不同权”构架的公司赴港上市。2018年7月，小米集团在港交所主板上市，成为第一家在港交所成功IPO的以不同投票权控制的有限公司。根据小米集团的招股说明书，公司采用不同投票权结构，即公司的股份分为A类普通股和B类普通股，在股东大会行使表决权时，每股A类普通股拥有10票投票权，每股B类普通股拥有1票投票权，但是在对公司章程明确规定的少量保留事项进行表决时，无论股份的类别，每股均只有1票投票权。2019年1月28日，中国证监会发布的《关于在上海证券交易所设立科创板并试点注册制的实施意见》提出，依照《中华人民共和国公司法》第一百三十一条的规定，允许科技创新企业发行具有特别表决权的类别股份。2019年4月1日，优刻得科技股份有限公司首次公开发行股票并在科创板上市的申请获上海证券交易所正式受理，成为国内首家具有特别投票权股份申报上市的企业。根据优刻得公司招股说明书的记载，每份A类股份拥有的表决权数量为每份B类股份拥有的表决权数量的5倍，每份A类股份的表决权数量相同。

**思考与讨论：**

1. 为什么小米集团、优刻得公司等互联网企业均选择以“同股不同权”构架上市？
2. 双重股权结构设计有哪些优势？

当今世界正处于百年未有之大变局，这一变局在经济上的一个重要体现就是数字化、智能化革命正在潮涌般兴起。在以ABCD为底层技术的创新驱动下，新技术、新产业、新业态和新模式企业不仅如雨后春笋般兴起，而且不断向传统经济领域“渗透”和“赋能”。传统企业也在抢抓这一机遇，纷纷进行数字化转型和智能化升级以实现华丽转身，使得新零售、新制造、新农业、新服务、新金融、新医疗、新教育等业态蔚然成风。企业数字化转型是一个复杂的系统工程，不仅包括转型前的可行性研究和转型中的过程管控，更包括转型后的管理与治理的适应性转变。事实上，数字化转型给

企业管理和治理带来了全面而深刻的挑战，就公司治理来说，企业数字化转型之后，绝不意味着万事大吉，亟须公司治理做出系统适应性变革，才能维系数字化转型后的可持续发展。在数字经济时代，相较于财务资本，智力资本的重要性突增，尤其是创始人团队的智力资本对数字企业的发展至关重要。为了保护创始人团队的智力资本，相继衍生出有限合伙制、双重股权结构等治理机制；此外，公司治理模式也从股东单边治理过渡到利益相关者共同治理。

## 4.1 智力资本

依据稀缺性原理，谁稀缺，谁重要。企业产权取决于稀缺性，稀缺一方注定要成为拥有产权的一方，历史上物力资本一直处于稀缺状态，即在传统工业社会，资本更为稀缺，因此谁出钱，谁受益，作为拥有资本的股东的地位异常突出。然而，随着数字化、网络化、智能化的发展，计算机能够从过往数据中学习形成经验，在网络上进行传播、推广，并且逐步代替人工从事重复性的简单劳动。蓝领机器人开始向生产一线渗透，企业财务资本的配置效率大幅提升。相同的要素会因为在配置上的差异而产生截然不同的生产率水平。Brynjolfsson 等(2011)以美国 330 家企业作为样本研究发现，在促进生产效率上，数据驱动的实际效果比将 ICT 技术应用于其他方面高出 5%左右，并且对企业的财务绩效、资本表现等均产生了正向影响。Bakhshi 等(2014)选择英国 500 家企业为样本进行类似研究发现，将用户数据纳入生产管理的企业的生产率要比没有这么做的企业平均高出 8%～13%。正是凭借数字化赋能带来的优势，在数字化转型方面先行一步的企业实现了降本增效，进而体现出更高的生产力。

程序性业务决策的自动化，激发企业对知识密集型劳动需求的快速增加，智力资本价值受到更多的关注。人工向非程序性业务聚集，专注于提供创造性的复杂劳动以及价值输出。由于非程序性业务的处理需要应对各种非结构化问题和新信息的使用，创造性能力是重要基础，而常规的业务流程缺乏用武之地。对新问题进行分析、解决、总结的过程，也是在探求和归纳新的知识。ABCD 等技术增强了信息存储的能力，加快了知识的生产、扩散、应用，使知识经济的规模不断扩大。同时，智力资本的重要性不断提升，其稀缺性以及资产专用性均超过财务资本(金帆和张雪，2018)。Hong 等(2007)、Nuryaman(2015)分别选择新加坡和印度尼西亚的上市公司作为样本研究发现，智力资本对于价值创造和增值的贡献度高于财务资本，对于企业未来的发展产生显著的促进作用。在产品的成本结构中，财务资本占比持续下降，智力资本的比重进一步加大，如图 4-1 所示。

数字化赋能增强了企业利用数据驱动创新的能力，企业对服务的关注程度超过了对生产的关注，“服务化”趋势日益明显。“服务化”就是以 ABCD 等技术为基础、以用户需求为导向，充分发挥智力资本的关键作用，面向用户提供创新、个性化的价值供给。这个过程不仅要求把人类的创造性意识反映在产品的服务中形成价值，而且要将计算机的数据分析有效地应用于补充人类的创造力，提供客观、实时的市场信息和反馈。

ABCD 等技术的应用打破了物理环境对产品供给的约束，企业能够在时间和空间

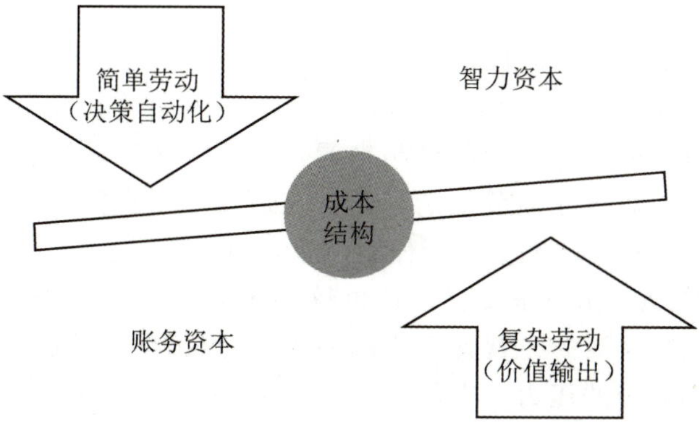


图 4-1　智力价值彰显

两个维度为用户创造更多的服务价值。企业可以通过在线调度增加附近地区的闲置产品的供给，用户对产品的使用不再以获取所有权为前提，而仅需根据使用情况进行付费。按照这个思路，用户消除了购买成本以及购买后不得不支付的维护成本，闲置产品的所有者迎来新商机。存量式调度的商业模式，缓解了由产品增量式供给所带来的市场压力，也成就了以优步、滴滴、爱彼迎为代表的众多共享经济企业。

数字化的生产技术实现了不同地区企业在互联网上的虚拟集聚，计算机基于实时数据生成最优的生产方案对生产活动提出明确、详细的指令。作为一种新的产业组织形态，虚拟集聚加快了要素配置以及生产协作(王如玉等，2018)。企业在线即可掌握生产流程以及合作伙伴的动态，并及时进行调整，企业之间在价值创造上的空间协同性得以增强。

## 4.2　有限合伙制

### 4.2.1　有限合伙制的概念

有限合伙制是指在有一个以上的合伙人承担无限责任的基础上，允许更多的投资人承担有限责任的经营组织形式。进行投资活动，尤其是风险投资需要两样东西：一是要有资金，二是要有投资管理人才，能“慧眼识英雄”，辨别有盈利潜力的项目。但是在现实社会中，能够管好投资的人不一定有钱，而有钱的人不一定会投资。在这种情况下，采用有限合伙的管理架构是最佳选择，可以将这两部分资源有效整合。有限合伙主要适用于风险投资，由具有良好投资意识的专业管理机构或个人作为普通合伙人，承担无限连带责任，负责企业的经营管理，而资金投入者作为有限合伙人享受合伙收益，对企业债务只承担有限责任。

有限合伙企业的全部收益在分配给每一个合伙人之后，再由他们按照自己适用的边际税率纳税，避免了公司制下的双重税赋。此外，有限合伙企业能够给普通合伙人提供较好的激励机制。有限合伙制创投企业可以通过向普通合伙人支付固定比例管理费的方式来限制企业费用的开支水平，这一比例通常为基金资本或者净资产值的1.5%～3%。

数字企业多为高风险企业，ABCD 等技术实现了所有权的明晰与管理，也促进了使用权的交易，“不求所有，但求所用”的原则更加契合数字企业跨界经营的实态，通过有限合伙制做大网络的连接规模能够为企业带来更为长远的价值。面对ABCD等技术应用给商业带来的各种不确定性，企业唯有时刻警惕由跨界投资带来的高风险，才能够维持有序、健康的运营。从设计机制来看，有限合伙制是最有利于高风险投资的组织形式，既能保障创业企业控股权的稳定，又通过给予投资方股权激励的方式，最大限度地发挥各方的积极性。在二元责任制度下，创业企业主(GP)承担无限责任，普通投资方(LP)以出资额承担有限责任，这也较好地契合了双方的需求，确保资本、技术与管理的高效组合。灵活的经营管理机制使得企业仅针对政府及债权人进行信息披露，减少了应对外部监管的压力，有限的信息公开提高了商事保密性，对投资方具有很强的吸引力。资本市场的不断完善为投资方转让合伙股份创造了便利，健全的退出机制促进投资方收益的及时变现，并且不会影响到创业企业的正常发展。

### 案例 4-1

## 蚂蚁金服的有限合伙制

蚂蚁金服的控股股东为杭州君瀚股权投资合伙企业(有限合伙)及杭州君澳股权投资合伙企业(有限合伙)，分别持有蚂蚁金服29.86%及20.66%的股份，合计持有蚂蚁金服50.52%的股份。杭州君瀚股权投资合伙企业及杭州君澳股权投资合伙企业均为合伙企业，其执行事务合伙人为杭州云铂投资咨询有限公司，注册资本1 010万元。马云持有杭州云铂投资咨询有限公司34%的股权，井贤栋、胡晓明及蒋芳分别持有杭州云铂投资咨询有限公司22%的股份。根据《中华人民共和国公司法》第四十三条，股东会会议作出修改公司章程、增加或者减少注册资本的决议，以及公司合并、分立、解散或者变更公司形式的决议，必须经代表三分之二以上表决权的股东通过。也就是说，超过三分之一的股份相当于享有了重大事项的一票否决权，但是对于普通事项，则不需要超过三分之二，只需要二分之一就可以。

杭州云铂投资咨询有限公司是一家有限责任公司，对于公司的表决及权利行使，可以通过公司章程进行约定。根据公司章程，股东会是杭州云铂投资咨询有限公司的最高权力机构，杭州君瀚股权投资合伙企业及杭州君澳股权投资合伙企业就其持有的蚂蚁集团股份行使表决权，向蚂蚁集团提名董事、监事等股东提案权的行使以及增持或者减持其持有的蚂蚁集团股份，均应由杭州云铂投资咨询有限公司股东会审议，并需要经过有表决权的股东所持表决权的三分之二以上批准。且根据相关章程及协议，在杭州云铂投资咨询有限公司股东会相关决议事项上，井贤栋、胡晓明及蒋芳为马云的一致行动人。因此，虽然杭州云铂投资咨询有限公司注册资金仅有1 010万元，马云仅有该公司34%的股权，但仍可以通过公司章程以及协议的方式实现对蚂蚁金服的控制。

借助有限合伙制，马云共出资3 010万元(即杭州云铂投资咨询有限公司1 010万元+杭州君瀚股权投资合伙企业2 000万元)控制了估值超过600亿美元的蚂蚁金服。虽然马云仅出资3 010万元，只占蚂蚁金服总股本的2‰，但他的收益并不会因此减少。马云作为君瀚的有限合伙人，可以分享有限合伙人的投资收益。同时他控制的杭州云铂投资咨询有限公司作为两个有限合伙企业的普通合伙人享有管理分成。《中华人民共和国合伙企业法》规定，允许普通合伙人和有限合伙人自主约定分成比例，按行业惯例普通合伙人可以分到投资收益的 20%。

资料来源：绍兴律师：《马云是如何通过一家小公司控制蚂蚁金服的》，https://baijiahao.baidu.com/s?id=1696086642198230979&wfr=spider&for=pc，2021-04-04。

## 4.2.2 有限合伙制成为数字企业优良选择的动因

有限合伙是现有的所有企业组织形式中最有利于高风险投资的组织形式。数字企业多为高风险企业，风险投资的高风险性必然要求：在法律上风险投资企业建立时应当较为简单，避免因为设立烦琐而造成的成本；技术在其中应当占有一定的比例，以满足技术人员的需要；投资者尽量规避风险，同时能够迅速退出，实现高额的回报。只有符合上述要求才能适应风险投资的发展，而有限合伙正是这样的优良选择。有限合伙能够成为高科技风险投资的有效组织形式，是由于其内在的平衡机制适应了风险投资运营的特点决定的。

### 1. 有限合伙的二元责任制度迎合了不同投资主体的需求

风险投资与一般投资的最大不同在于高风险与高收益的强烈对比，由于新技术还没成型，风险性相当大，一般的商业银行是不愿意贷款的，但是风险投资成功后，具有极高收益率，这又会对某些投资者产生极大的吸引力。而采用有限合伙方式，投资者作为有限合伙人既可以将风险控制在出资额的范围内，又可以获得高额回报，尤其对机构投资者而言，这是更好的选择。

在有限合伙中，风险投资者往往个人财产不多，无限责任对他们的影响不大。他们作为普通合伙人参加合伙，出资额一般占 1%左右，而一旦投资成功，他们可以获得利润的 20%，有时甚至是他们投资额的几十倍甚至几百倍，因此，他们的投资积极性一般较高。加之无限责任的风险，使得风险投资者必定会尽力尽责地去从事合伙企业的经营和管理。资金的拥有者作为有限合伙人参加合伙，对合伙的债务以其出资额为限承担有限责任，并且对普通合伙人又比较放心，因此，乐意采用有限合伙的组织形式。

技术人员之所以选择作为普通合伙人是因为在高新技术项目开发中，技术人员往往个人财产不多，无限责任对他们没有较大的风险，同时又可以通过技术入股的方式取得将来收益的分配权，而风险投资机构则是因为可以凭借管理优势取得将来的收益权。

可见，有限合伙满足了投资者、技术人员以及风险投资机构建立商业组织架构的基本要求，因此，将有限合伙作为首要选择就不言而喻了。

### 2. 有限合伙的管理结构适应了风险投资的需要

在有限合伙中，有限合伙人一般只出资并分享利润，而不参与管理，或者虽参与管理，但是不起决策控制作用，决策控制权仅能由承担无限责任的普通合伙人行使，因此，有限合伙的经营管理权相对集中，并且专业化程度比较高。

此外，有限合伙的管理形式也比较简单，不需要像有限责任公司和股份有限公司一样设立股东会、董事会和监事会等组织形式，使普通合伙人可以不受外界的限制而依照自身的判断力进行管理，因此合伙事务的决策程序相对简单、灵活，这对于风险投资是十分重要的。正是因为有限合伙的经营管理权相对集中、灵活、高效，适应了瞬息万变的市场和高新技术产业发展的要求，有限合伙这一企业组织形式才充满了生机与活力。由于高科技企业的专业性强，风险投资操作的难度大，一般由风险投资机构专门运作。这种机构中既有技术专家，也有熟悉市场开发、管理决策以及法律、保险、会计等各方面的专业人才，并且侧重于投资某一领域，由他们作为普通合伙人，首先对于投资项目进行选择。一家知名的风险投资机构一年接到的创业申请书往往有成百上千份，但是通常只选择1～15个项目进行操作，同时对被选中的项目进行管理，并在几年后将成功的卖掉，不成功的了结，这种商业的判断和管理对于风险投资是十分关键的。而风险资本的有限合伙人往往是独立的民间基金、金融机构、大企业等，这些投资者的投资意图在于能够收到高额的回报，并限于对于风险项目管理的知识，参与管理的愿望都比较小。

#### 3. 有限合伙可以为数字企业的风险投资提供便捷的退出通道

根据有限合伙的法律规定，有限合伙人可以将合伙权利转让，这比普通合伙中合伙权益的转让方便得多，尤其是各国的有限合伙立法都规定有限合伙不因为其中一名有限合伙人的死亡或终止而终止，以保证有限合伙的持续性。而作为风险投资的一个重要特征是不以追求产品的利润实现回报，而是以股利转让一次性退出获得高额利润。风险资本在持有创业股权的同时，就要考虑如何退出投资企业，在取得高额回报后，再进行新的投资活动。因此，无论是风险投资机构还是风险投资者都要考虑一个便捷的退出通道，使资金安全地退出。如果采用有限合伙形式，风险投资者可以根据企业的发展情况随时将合伙权益售出，这就为合伙人在认为需要时撤出其投资提供了一条方便的道路，而合伙权利的转让也可以不影响有限合伙的继续存在。

这里应当注意的是，有限合伙一般只是在风险投资项目运行初期投资者和风险投资机构以及创业者所愿意采用的法律组织形式。在技术逐渐成熟并取得一定收益之后，必然要进行其他形式的改造，有限合伙一般会转型为有限责任公司或者股份有限公司，最终寻求公司的股票在主板尤其是二板市场上市，达到取得高额利润并融资的目的。

## 4.3 双重股权结构

### 4.3.1 双重股权结构的概念

双重股权结构，也称AB类股权结构，是一种通过分离现金流和控制权而对公司实行有效控制的手段，其核心是同股不同权。双重股权结构将股票分为A、B两类，A类为一般股，B类为优级股。放大B类股的投票权，创始人和管理层通过持有B类股以确保控制权。以谷歌为例，对外部投资者发行的A类股每股有1票投票权，管理层持有的B类股则每股有10票投票权。

### 4.3.2 双重股权结构的起因：股东异质性

双重股权结构的重要体现之一是股东异质性，这区别于传统企业中“一股一票”下的股东同质性。股东同质性是一种非常严格的假定，包含了“人性同质”和“利益同质”。

“人性同质”主要包括：①资本层面的功能同质，即股东是无差异的资本载体；②股东能力同质，即相同的缔约能力、信息获得和理解能力，对代理人测评、监督和约束的能力，不谋求超过资本份额的利益等；③股东目标同质，即都追求自身利益最大化，并对股东利益最大化有着相同的理解。“利益同质”则主要指股东之间以及股东与公司之间的利益是一致的(汪青松和赵万一，2011)。

在现实中，企业的不同股东除了持股数量不同以外，其自身的资源基础、对企业的利益诉求、对企业经营的关切度以及行使权利的方式和途径等可能存在明显的差异，我们称之为股东异质性。因此，建立在以股东同质性为前提假定的“一股一票”投票权基础上的企业内部权力配置，并不如其形式上看起来那么客观、公正(李海英等，2017)。数字企业多为民营企业，多数民营企业都是由个人或家族发起成立的，这些人即创始人，他们在企业的建立和发展过程中起着重要的作用，通常对其所创立企业拥有强烈的心理所有权。企业的创立者也是企业的经营者与所有者，我们所指的创始人就是这些创立者(王春燕等，2016)。创始人本身通常兼具所有者(股东)、经营者(企业家、管理者)和控制者角色(余菁，2009)，对创始人的控制权研究理应考虑到其不同角色所代表的不同控制权来源(刘磊和万迪昉，2004)。

创始人对企业的心理所有权及其作为企业的创立者和经营管理者的身份，促使其兼具财务资本、人力资本和社会资本(张伟华等，2016)。相比之下，企业引入外部股东的主要原因是为企业发展融资，因此提供资金是企业外部股东的重要功能，相应地，获得对所投资金的投资收益是外部股东投资的主要目的。创始人不仅是企业的物质资本提供者，拥有财务资本带来的控制权外，还是企业的非财务资源提供者，拥有企业管理者的信息优势和专业决策能力等人力资本资源，以及关系资本等社会资源，这些非财务资源也是其控制权的来源，但相对于法律通过产权对财务资本所有权的保护而言，具有不稳定性(王春艳等，2016)。Rajan 和 Zingales(1998)指出，创意、人才等关键资源也是权力的来源，并且比资本所有权更能有效激励特定投资。创始人所拥有的财务性资源、关键知识性资源和关系性资源是创始人寻求权力的资源基础，其中知识性资源和关系性资源能够影响公司的融资政策和治理结构，进而影响创始人对公司的控制和维持(王春艳等，2016)。

经济学家们也逐渐认识到企业制度下股东的差异性，并开始将公司治理关注的重点转移到股东异质性以及异质性股东关系的处理方面。双重股权结构着眼于股东异质性，是股东在投资目的、资源占用以及风险承担等方面的异质性在投票权上的一种体现。石晓军和王骜然(2017)研究发现，在全球意义上，双重股权结构对企业创新有显著的促进作用。杜媛(2020)研究发现，异质性资本越高，公司越倾向于以双重股权结构上市，且上市后公司的经济绩效更优。Li 等(2018)以中概股公司为样本研究发现，创始人的声誉和影响力是影响双重股权结构选择的关键因素。

### 4.3.3　数字企业双重股权结构现状

近年来，控制权(投票权)与现金流权(剩余索取权)不对称的双重股权结构在全球范围的新经济企业中日益流行。除了谷歌(2004 年上市)、脸书(2012 年上市)等来自美国的高科技企业外，还有来自中国的基于互联网的知名企业如京东、百度、优酷、猎豹移动等，纷纷在美国以发行AB双重股权结构股票的方式上市。

在京东同时发行的两类股票中，A类股每股具有1票投票权，而B类股每股具有20票投票权。出资规模只占20%的创始人刘强东通过持有B类股票，获得83.7%的投票权，实现了对京东的绝对控制。

来自IT行业的谷歌从2004年在美国纳斯达克上市起就选择了一种与苹果公司完全不同的企业权力分配模式。谷歌发行的股票分为A、B两类。向外部投资人发行的为每股只有1票投票权的A类股票，而谷歌的两位共同创始人佩奇和布林以及CEO施密特持有的则是每股有10票投票权的B类股票。通过发行具有不平等投票权的AB双重股权结构股票，创业团队将谷歌控制权牢牢把握在手中，从而形成了以企业家为公司治理权威的企业家中心的治理范式(郑志刚，2019)。

脸书的股票也分为A类和B类两种，其中，A类股票在公开市场上交易，每股代表1票投票权；B类股票只面向内部人士提供，每股拥有10票投票权。脸书CEO马克·扎克伯格拥有大量的B类股票，因此独揽60%的投票权，同时他也是脸书的董事长。

2017年3月2日，美国Snap公司在纽交所上市。除了发行每股1票投票权的B类股票(类似于双重股权结构股票中的A类股票)和每股10票投票权的C类股票(类似于双重股权结构股票中的B类股票)，还同时发行没有投票权的A类股票。Snap由此成为全球首家发行三重股权结构股票的公司。Snap联合创始人埃文·斯皮格尔(Evan Spiegel)和鲍比·墨菲(Bobby Murphy)向资本市场传递了极为明确和强烈的对业务模式盈利前景充满信心的信号。在Snap的股权结构中，两位联合创始人不仅拥有大量的A类股票(合计43.6%)，而且分享全部C类股票，这使得两人合计拥有该公司88.6%的投票权。Snap由此被牢牢掌控在两位联合创始人手中。

2018年4月，香港联合交易所正式宣布将允许“同股不同权”构架的公司赴港上市。2018年7月9日IPO的小米集团成为以AB股在港上市的第一家内地企业。新加坡股票交易所早在2018年1月就修改了上市规则，推出了类似政策。而围绕如何使独角兽企业回归A股，我国内地监管当局出台政策允许在境外资本市场上市的“独角兽”企业同时在内地资本市场发行中国存托凭证(CDR)。在国务院于2018年9月26日发布的《国务院关于推动创新创业高质量发展打造“双创”升级版的意见》中，我国正式提出未来将允许“同股不同权”，支持尚未盈利的创新型企业在A股上市(郑志刚，2019)。

2019年，中国证券监督管理委员会(以下简称“中国证监会”)和上海证券交易所允许本土企业在科创板发行具有特别表决权的类别股份，且在《科创板股票上市规则》中对希望持有一股多权股份的股东提出明确要求，即应对上市公司发展做出重大贡献，并应充分、详细披露相关情况特别是风险、公司治理等信息。这就从原则上给出了选择双重股权结构的限制条件：一是高投票权股东的资质，二是相关信息披露，包括重大贡献的信息披露。2019年12月20日，中国证监会正式批复同意优刻得科技股份有限公司以双重股权结构首次公开发行(IPO)，监管机构对之进行的四轮问询均聚焦于双重股权结构的合理性、必要性、充分信息披露及其对投资者的影响，以期协助投资者评价是否值得投资以及表决权劣势股票的价值(杜媛，2020)。

### 4.3.4 双重股权结构的优势

为了更好地保护创业企业的智力资本，一些数字企业在有限合伙制的基础上，进一步推出了双重股权结构，即同股不同权、同股不同利。根据美国上市公司的数据，2009—2013 年大约有 16.5%的企业在 IPO 时采用了双重股权设计，特别是新兴领域的高科技企业(Howell，2017)，2014—2017 年这一比例继续保持增长(Tallarita，2018)。从实际效果来看，双重股权的设计有助于上市企业提高对智力资本的投资与激励(DeAngelo and DeAngelo，1985)，避免企业在管理者不知情的情况下被收购(Fischel，1987)；有助于释放创业企业的发展潜力(Lehn et al.，1990)，提高对投资者的长期回报(Dimitrov and Jain，2006)，使管理层关注创造企业的长期价值(Jordan et al.，2016)，因而成为发达国家创业企业进行首次公开发行的首选模式。双重股权结构为企业跨界经营提供了便利，使企业能够以较小的付出获得必要的跨界支持。

以京东为例，2014—2016 年腾讯旗下黄河投资有限公司先后三次购入京东的存托股共计 802 万股，所持的京东股份从 17.6%增加到 21.25%，成为第一大股东。通过入股京东，腾讯逐步加大对电商领域的战略性布局，并且不断强化与核心业务之间的协同。但是，腾讯持股比例的提高并没有对京东的实际控制权产生影响。在京东的股权架构下，刘强东通过 Max Smart、Fortune 共持有 18.8%的股份，多家资本机构均将所持股份的投票权委托给 Max Smart。按照公司章程的规定，Max Smart、Fortune 所持每一股均享有 20 票投票权，而其他股东所持每一股仅对应 1 票投票权。因此，刘强东共计拥有 80%以上的投票权，拥有对京东的绝对控制权。

在有限合伙制和双重股权结构的助力下，企业凭借所拥有的大量用户及数据，可以轻易地跨界进入众多不相关的领域，获得更加丰富的用户和数据资源。数据来源单一会降低企业的竞争优势，因为从这类数据中得到的灵感无法适用于不同的用户群体(Hagiu and Wright，2020)。那些无法跨界获取用户和数据的企业必将陷入竞争劣势，处于被动的市场地位(Iansiti and Lakhani，2020)。美团、饿了么等企业的出现，为用户提供了便捷的外卖服务，但是也间接地造成方便面销量的断崖式下跌。智能手机在被注入拍照功能，并且不断增加美颜、连拍、流光等技术后，越发受到用户的偏爱，对专业相机构成了替代式竞争。在数字经济时代，“跨界打劫”的现象几乎每天都在上演，正如数字经济业内人士经常表述的，“打败你的不是对手，颠覆你的不是同行”“我打败你，与你无关”“没有成功的企业，只有时代的企业”。“跨界打劫”增加了市场环境的无序、混乱，激发了企业之间的竞争熵减，对产业组织、企业内部的职能活动将产生深刻的影响。

### 4.3.5 双重股权结构的缺点及其治理

尽管双重股权结构基于股东异质性现实，但其在形式上导致股票上的“控制权”和“现金流权”发生偏离，可能带来严重的代理问题，而对创始人利用控制权掠夺的担忧也使双重股权结构备受争议，但创始人的自我约束机制和激烈的产品市场竞争可以约束和控制创始人的控制行为，促使双重股权结构发挥其治理效应。

心理所有权能够增强个体责任感(Avey et al.，2009)，促进主人翁精神产生。因此，创始人对其所创立企业的心理所有权能够加强创始人对企业的责任感，激发其内在约束动机。创始人通常将企业视为生命或家族事业的传承，对企业像生命一样珍视，创始人对企业的经营和控制往往超越了纯粹的金钱等利益诉求，因此心理所有权所激发的内在约束机制对创始人的控制行为往往发挥着异乎寻常的制约作用。创始人对其所创立企业投入的大量时间、精力以及在经营管理中所形成的管理经验，逐渐形成创始人对企业的人力资本，这种人力资本不仅稀缺，且具有高度专用性特征，风险可分散程度低(张伟华等，2016)，并使创始人成为被锁定的管理者，这种风险难以分散的专用性资产的投入，在一定程度上可以约束创始人的控制行为。同时，创始人专用性资产的投入与其对所创立企业的心理所有权具有相互加强的作用，二者的共同作用对创始人的控制行为形成一个能够自我实现的创始人自我约束机制。但是，这种创始人自我约束机制的有效性依赖于创始人对其所创立企业的心理所有权和专用性资产的投入，所以双重股权结构一般都限制 B 类股自由转让，并设定多重投票权股份的退出机制。例如，如果持有人转让股份或者死亡，多重投票权自动转为一股一票的普通投票权(李海英等，2017)。

此外，随时可能将企业淘汰出局的激烈的产品市场竞争是对创始人控制行为的外部约束机制(李海英等，2017)。Gilson(1987)指出，产品市场竞争能够替代控制权市场对新兴行业公司的管理层进行监督。

双重股权结构对创始人控制权的稳定功能，弱化了传统内部治理机制以及外部控制权市场的监督和约束，但基于心理所有权和专用性资产投入的创始人自我约束机制和激烈的产品市场竞争可以替代传统公司治理机制，约束创始人的控制行为，并通过维持和保护独特的企业文化、贯彻企业长期战略、提升管理层抗压能力、提高管理层决策效率路径提升企业价值，产生中小投资者利益保护效应(李海英等，2017)。

双重股权结构治理效率的充分发挥还需要有效的制度保障，公平博弈的市场制度设计和对控制人更严格的审查制度是其发挥治理功能的制度保障。同其他商品类似，股票的买卖基于双方自愿的前提，但买卖双方均需充分掌握商品的重要信息，以维护公平的交易。双重股权结构下，企业成为受控制的企业，不同类别的股份代表着不同的权利，而公平博弈的市场制度建立，可以保证各类股东对企业的股份类别、权利和义务均掌握充分的信息，并促使投资者和发行人通过市场的博弈机制，相互之间达成对自己有利的契约，防止出现对低投票权股东的“胁迫”等不公平问题。例如，美国的上市政策中明确规定：公司在 IPO 中可以发行投票权不同的股票；公司在 IPO 之后可以发行低投票权的股份，但禁止发行投票权高于已发行在外股票的股票类别；此外，要求发行人在招股说明书中突出披露公司的双重股权结构设置可能带来的风险以及危害(如脸书的招股说明书多次提到其是受控制的公司，并用很大的篇幅披露这些内容)。同时，在认可双重股权结构的国家，通常对双重股权结构下的控制人施加更加严苛的信托责任，并对其行为进行严格的司法审查，以降低其攫取控制权私利的能力防范。

## 4.4 利益相关者治理

### 4.4.1 公司治理的两种基本模式

公司治理主要有两种模式：股东单边治理模式和利益相关者共同治理模式。大体说来，在英国和美国，由于股市比较发达，企业资本结构中股市的地位举足轻重，采取的是“股东至上”的单边治理模式；而在德国和日本，企业资本则主要来自并受控于银行和财团，采取的是利益相关者共同治理模式。两种治理模式的本质差别是不同利益集团在企业目标结构中所占地位不同。

#### 1. 股东单边治理模式

股东单边治理模式以股东利益为核心。在这种模式下，经济活动的一切运转都是以资本为核心，股东作为资本所有者，其地位是至高无上的。在机构设置上，一般是由股东会选举产生董事会，由董事会任命总经理，总经理管理若干高级经理，高级经理管理雇员并制定企业战略，实现企业的运营。有的国家还专设监事会作为公司的监督机构，监事会与董事会处于一种平行关系，负责对管理层进行监督。在单边治理模式下，获得授权的经营者只有围绕股东的利益行使控制权才是企业有效率的保证。因而这种治理结构的出发点是作为委托人的股东，如何设置一个最优的可以对经营者行为进行激励和约束的机制，使其为实现股东财富最大化而努力工作。

#### 2. 利益相关者共同治理模式

共同治理模式属于多边治理模式，目前已有的共同治理模式主要有两种：一是以德国为代表的欧洲共同决定模式；二是以日本为代表的经理协调模式。

在德国的企业里，董事会(监事会)的成员分为两类人：一类是出资者或股东；另一类是劳动者或雇员，股东代表和雇员代表共同组成董事会(监事会)。德国的有关企业法规规定，企业董事会或监事会中至少有 1/3 的人员是企业雇员代表。这种模式不再是传统意义上的股东单边治理，而是一种双边治理模式。因为在董事会里起重要作用的既有出资者，又有劳动者，企业由这两方共同治理。

日本的公司治理结构被称为经理协调模式。在这种模式下，董事会成员由企业法人股东、个人股东和银行三方共同选举产生。主银行是日本的一个特殊现象，在日本，每一家企业背后都有一家大银行支持它，这一银行被称为主银行。主银行会在很大程度上参与企业的财务决策和经营决策，会派驻代表进入企业的董事会，监督企业的经营行为。此外，员工也在一定程度上参与企业的治理，在企业高级经理任命方面，雇员有一定的发言权。这也表明日本的经理协调模式也是一种多边治理模式。但日本的这种多边治理模式不同于德国的共同决定模式，日本法律没有规定雇员要进入董事会，不像德国法规明文规定雇员要进入董事会。

### 4.4.2 数字企业的利益相关者治理

在数字经济时代，公司治理早已从股东单边治理模式走向了利益相关者共同治理模式。即便在利益相关者普遍参与的公司治理结构中，在数字化、智能化趋势下，各个利益相关者参与公司治理的具体角色和实现机制发生了巨大变化。

1989年，美国宾夕法尼亚州修改公司法，指出长期以来，私有制在公司法中体现为如下公司治理结构：股东是“所有者”，经理必须并且仅仅为股东的利润最大化服务。但是，从20世纪80年代末至今，美国已有29个州(即超过半数的州)修改了公司法。新的公司法要求公司经理为公司的“利益相关者”服务，而不是仅为股东服务。换言之，股东只是“利益相关者”中的一部分，而劳动者、债权人和共同体则为另一部分“利益相关者”。公司法的这一重大变革，突破了似乎是天经地义的私有制逻辑(即股东是“所有者”，经理只为所有者服务)，成为美国近年来政治、经济舞台上最有意义的事件之一。

ABCD等技术的发展加快了数据的传递，提高了信息交互频率，也为创新思想的凝聚创造了有利条件。在数字化空间里，数据汇集之处往往也是新思想、新创意生发和涌现的源头。只有那些能够源源不断地获取大量数据流入且对算法加以持续优化的企业，才有机会提炼出新的产品价值。建立流量思维，固化、促活并日益扩大用户群体，集聚更多的发展能量，对于企业创新服务方式、改善服务质量具有重要作用。例如，拼多多作为新兴的平民购物平台，采用拼团折扣的消费模式，利用微信朋友圈的力量实现“野蛮生长”，按照“拉新、留存、促活”的步骤，逐步将新加入者转化为活跃用户，最大限度地降低了流量成本。

服务升级必不可少，关键还是要能带来新的价值。就某个产品所蕴含的价值总量而言，单个个体显然无法给予全部供给，必须与其他个体共同完成。2019年8月，美国188位顶尖企业CEO联合签署《企业的目的》宣言，该宣言强调企业将不再独尊股东利益，应该更加重视致力于为所有利益相关者创造价值，包括为客户提供价值、提高员工薪酬福利与加强培训教育、与供应商公平合理交易、支持社区、保护环境、为股东创造长期价值等。钱德勒将工业经济时代企业绩效的驱动力归纳为规模经济和范围经济，但二者对价值的贡献呈边际递减。而在人工智能驱动的模型中，学习效应和网络效应使得二者对价值的贡献呈边际递增(Iansiti and Lakhani，2020)。在交叉网络外部效应的作用下，利用数字化空间中的集群力量，形成规模经济和范围经济，无疑对推进价值创造具有更为积极的作用。在数字化初期，网络效应和算法应用都会面临一定困境，当连接规模和数据达到临界值后，就会爆发出惊人的能量(郭家堂和骆品亮，2016)。根据梅特卡夫定律，网络的价值为网络节点数的平方，即网络价值会随着连接用户数量的增多而呈现指数级增长状态。新的节点，也预示着新的机会。在网络里，企业在不断把握新机会的同时，也是为之后捕捉更多的机遇奠定基础，进而形成一种良性的正向循环。为了赢得、巩固竞争优势，企业必须不断扩大对个体的连接规模，致力于整合网络中的碎片化价值，如图4-2所示。

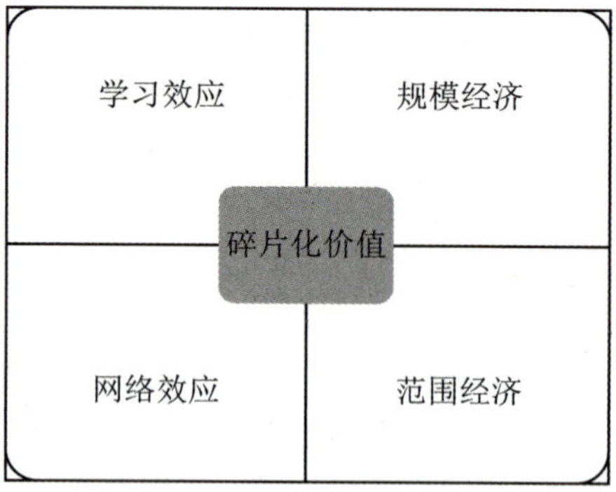

图4-2　碎片化价值体现

除了要最大限度地发挥用户的作用，企业内部的员工同样具备贡献智力资本和碎片化价值的能力。因为长期从事一线工作，员工对于用户需求的变化有着更为直观的感受，也更加明确创新的必要性和方向。在价值创造方面，企业有必要发动全员的力量，形成合力共同推动企业价值最大化目标的实现。一个行之有效的办法就是让用户和员工变成动态合伙人，赋予他们相应的权力，在创造价值的同时也能够分享由此所产生的回报，强化激励相容，切实激发他们的热情和积极性。概括起来就是“高管股东化、员工创客化、用户员工化”，高管、员工、用户之间的角色定位日益模糊，而这显然有别于传统的公司治理机制。例如，海尔于2005 年推出以用户为中心的“人单合一”模式，将员工的角色从雇佣者转变为创业者，企业提供基础设施和生产服务帮助员工实现个人理想。通过将员工、订单、用户合在一起，让员工直接负责为用户创造价值，薪酬由用户决定，根据员工创造的价值进行支付。让用户倒逼员工转变观念，主动提高专业素养。所谓的“用户员工化”就是指企业在向用户提供服务的同时，将用户付出的劳动折算为股份，使用户与企业共同发展、共担风险、共享收益。企业为用户提供生活化的创业空间，让用户参与产品的开发、推广，借助用户的圈子力量来扩大网络的连接规模。例如，滴滴出行把一些好的司机发展为公司的“司机服务经理”，小米手机将一些“米粉”发展为公司的员工。

随着用户在市场中的地位不断提高，用户之间的连接更加频繁。具有相同或相似爱好的用户在互联网上聚合为虚拟社群，围绕共同的需求形成在线分工，分享新知识和价值，推进产品的更新换代。虚拟社群作为一个自我运作的组织平台，包括用户、企业等多个主体，知识的交流与增值是维持其运行的根本动力。在这里，个性化将得到前所未有的体现。每个主体通过与其他主体进行价值交互以及贡献智力资本，在参与知识创新的同时，也从最终产品中直接获益。为了获得发展，企业必须在努力满足长尾需求的过程中，建立自身的粉丝社群。由于每一个虚拟社群都反映了一类用户的共同爱好，社群之间形成不同的圈子与层次，这种现象也被描述为“社群圈层化”。例如，“罗辑思维”选择“85 后”的读书爱好者作为目标群体，通过培养用户形成共同的阅读习惯、分享经典阅读体会、加强线上阅读与线下交流等互动方式，吸引了大量在线用户，逐步构建起知识服务的社群。

虚拟社群的崛起，推动了平台型互联网市场的出现。价值供给的多样化加快了用户的个性化升级，促使企业进行跨界连接。企业加强碎片化价值的整合能力，丰富了价值供给的形式，有助于更好地迎合用户的多样化需求，加快用户的个性化升级。然而，需求具有无限膨胀的特性，用户总是希望在对产品支付一定的固定成本后，能够以较低甚至零边际成本获得更多的使用体验。当产业内部的价值整合接近天花板时，企业之间的竞争陷入白热化。在这种情况下，企业选择打破组织边界，寻求跨界连接，能够为开拓蓝海以及进一步扩大价值供给创造新的可能。

## 本章小结

企业产权取决于稀缺性，稀缺一方注定要成为拥有产权的一方，历史上物力资本一直处于稀缺状态，作为拥有资本的股东的地位异常突出。然而，随着数字化、网络化、智能化的发展，物力资本的稀缺性下降，智力资本的重要性日益突出，创始人团队的智力资本更是成为数字企业赖以生存和发展的关键。为了更好地保护创业企业的智力资本，一些数字企业在有限合伙制的基础上，进一步推出了双重股权结构，即同股不同权、同股不同利。在二元责任制度下，创业企业主(GP)承担无限责任，普通投资方(LP)以出资额承担有限责任，这也较好地契合了双方的市场需求，确保资本、技术与管理的高效组合。从实际效果来看，双重股权的设计有助于上市企业提高对智力资本的投资与激励，避免企业在管理者不知情的情况下被收购；有助于释放创业企业的发展潜力，提高对投资者的长期回报，使管理层关注创造企业的长期价值，因而成为发达国家创业企业进行首次公开发行的首选模式。双重股权结构为企业跨界经营提供了便利，使企业能够以较小的付出获得必要的跨界支持。

## 复习思考题

1. 为什么数字企业会更加重视保护智力资本？
2. 有限合伙制成为数字企业优良选择的原因有哪些？
3. 双重股权结构有哪些优点和缺点？
4. 为什么数字企业纷纷推行双重股权结构？
5. 公司治理主要有哪两种模式？

## 案例分析

### “有限合伙制”，如何与上市公司擦出更亮“火花”

从欧洲中世纪的康孟达契约(Commenda)演变而来的有限合伙制度，至今仍焕发着勃勃生机。

在美国，风险投资中有限合伙关系的组织形式已控制了80%的风险投资额；从1998年11月开始，日本也在立法上正式承认了企业投资有限合伙制，从而为风险投资的发展提供了法律的基础；在以色列，鉴于自由市场机制在发展风险投资方面已经失败，以色列政府在1992年拨款1亿美元作为风险投资业的启动基金，设立了10支风险投资基金，这些基金全部采用合伙人的模式组建和运作，由私人投资者进行运作，政府不干预基金的具体事务。

2007年6月1日，修订后的《中华人民共和国合伙企业法》正式施行后，早就跃跃欲试的中国LP(有限合伙人)和GP(一般合伙人)们也如愿以偿，并以尽可能快的速度搭上“有限合伙”的列车，组建有限合伙制人民币私募股权投资基金。例如，深圳的南海成长、温州的东海创投、深圳的东方富海、北京的红石国际、浙江的浙商海鹏、深圳的达晨财富等先后宣告成立。

作为现代企业制度中最具代表性的制度之一，有限合伙制在2007年6月1日首次被引入《中华人民共和国合伙企业法》，后广泛运用于公司生产经营、公司治理、控制权收购等实践中。其不仅确认了基于协议的控制权实现方式，而且解决了控制权与收益权分离等问题，为股权投资翻开了新的篇章。

资料来源：《“有限合伙制”，如何与上市公司擦出更亮“火花”》，南方网，2021-10-05。

**思考与讨论：**

1. 结合有限合伙制的优势，探讨其未来发展趋势。
2. 有限合伙制存在哪些不足？

# 第 5 章　数字企业商业模式

【学习目标】

➢掌握时基竞争、蜂群思维、碎片化价值、数字化生态的内涵

➢熟悉即时消费模式、组合式创新

➢了解模块化、价值供给网络

【关键术语】

时基竞争　蜂群思维　组合式创新　数字化生态

## 开篇案例

2020 年 10 月 23 日 8 时，苹果公司年度旗舰新机 iPhone 12、iPhone 12 Pro 正式发售。1 分钟后，家住北京回龙观的胡女士就在京东到家上选择附近的 Apple 授权经销商门店下单购买了一台 iPhone 12 Pro，14 分钟后达达快送信用骑士就将新机送到了她手中。像胡女士这样在即时零售平台选择购机 1 小时达服务的顾客越来越多。2021 年 1 月 13 日，京东到家数据研究院发布的首份 O2O 行业手机品类报告《2020 京东到家手机即时消费白皮书》显示，在即时零售领域，手机正成为超市生鲜外最有潜力的机会点之一。数字化转型将为手机门店开辟新的增长点，也将带来传统业务的一系列变革。

资料来源：《手机成即时零售最有潜力机会点之一》，载《国际商报》，2021-01-18。

**思考与讨论：**

数字经济下，企业的商业模式发生了哪些改变？

信息在部门之间的流通逐渐加快，企业内部逐步发展起面向服务的纯技术架构。按照新的商业逻辑，顾客价值供给决定了产业组织的演变。随着数字化进程不断深入，数据在生产活动中的地位日益凸显，成为核心生产要素，并且逐步实现数字产业化，数字企业应运而生。当前，越来越多的企业在集中精力提高对数据的使用效率之余，也开始加大投资数据的战略性部署，涉及管理、挖掘、共享和保护等方面。数字技术的应用打破了组织壁垒，实现组织之间的互联互通、跨界融合，为企业扩大价值供给创造了技术条件。以“BATJX”为代表的互联网企业，围绕顾客价值的供给，在对数据进行汇聚与挖掘的基础上，通过加强与其他企业的业务合作，不断拓展服务范围，扩大生态圈规模。数据的价值不仅体现在直接改进服务质量，而且通过减少资源错配以优化服务效率。对实时数据的高效分析，有助于提高服务的精准化水平，也为企业减少了一笔可观的成本支出。新冠肺炎疫情期间，线下交易活动受到较大冲击。在这种情况下，以远程办公、在线课堂、智慧医疗、线上购物等为代表的“宅经济”“指尖消费”呈现出巨大活力，有力地提振了消费，并且成为日常生活的必要组成部分，社会日

常生活消费正在从线下逐步转到线上。

随着5G、物联网、人工智能等技术的快速发展，餐饮、零售、服务等行业的商家运用智能技术提升顾客消费体验，助力商业模式创新，赢得了顾客青睐。智能技术的快速发展正在深刻改变人们的生活、工作和娱乐方式，新一代消费群体对新技术有着很强的接受能力，对生活、社交以及购物有了更高的要求。传统零售场景正在发生新的变化，部分购物商场通过数字化智能改造，把科技和智能化服务融入商业综合体的运营，打造新型社交零售空间，以智能化消费体验为基础提升顾客满意度，力求为顾客提供一种全新的消费方式：去商场前，顾客可以通过移动端应用程序预订停车位；扫描二维码，可以直接浏览商场中每件商品的信息；超市内除了传统的收银通道，还设置了自助扫码结账机，顾客可以通过自助终端完成支付；等等。实体店已经不是单纯的购物空间，利用增强现实技术、无人售卖等先进理念为顾客提供服务的智能卖场是一种创新探索。将实体经营和数字技术融合，简化购物流程，节省成本支出，也让商场更具吸引力。一些商家还通过沉浸式传播或数字屏幕来展示产品，通过技术手段给顾客提供新的品牌互动方式，重塑品牌形象，不仅让购物更便捷，同时，情境化、个性化的购物体验能让顾客感到耳目一新。如今，网络购物的快速发展对实体零售商造成了一定程度的冲击，尤其是在疫情影响下，零售业格局发生了颠覆性变化，一家成功的商场必须持续更新运营模式。为适应快速变化的数字化、智能化新型消费趋势，在扩大线上业务的同时，推出线下智能服务这样的个性化、差异化方式，提升顾客体验，可以有效提高线下流通渠道的吸引力，将线上线下推广的协同作用最大化。

新业态的崛起，对商业模式提出了新的要求。新模式为企业开辟了新赛道，企业内外部资源必然要重新进行整合与重组。商业模式是一种包含了一系列要素及其关系的概念性工具，用以阐明某个特定实体的商业逻辑。商业模式描述了公司所能为顾客提供的价值以及公司的内部结构、合作伙伴网络和关系资本等用以实现(包括创造、推销和交付)这一价值并产生可持续收入的要素，旨在说明企业如何对企业战略、运营结构和经济逻辑等方面一系列具有内部关联性的变量进行定位和整合，以便在特定的市场上建立可持续的竞争优势。

商业模式的构成要素包括战略定位、业务系统、关键资源能力、盈利模式、企业价值，五个要素之间彼此影响形成一定的机制。战略定位是企业战略选择的结果，也是商业模式体系中其他几个部分的起点。战略定位需要考虑三个方面，即长期发展、利润增长、独特价值。商业模式中的“定位”更多的是作为整个商业模式的支撑点，同样的定位可以有不一样的商业模式，同样的商业模式也可以实现不一样的定位。

业务系统是指企业达到战略定位所需要的业务环节、各合作方扮演的角色以及利益相关者合作方式。企业围绕战略定位建立起来的业务系统将形成一个价值网络，明确客户、供应商/其他合作方在通过商业模式获得价值的过程中扮演的角色。

关键资源能力是指业务系统运转所需要的重要资源和能力，任何商业模式构建的重点工作之一就是了解业务系统所需要的重要资源和能力有哪些，如何分布，以及如何获取和建立。不是所有的资源和能力都同等珍贵，也不是每一种资源和能力都是企业所需要的，只有和战略定位、业务系统、盈利模式、现金流量结构相契合，并能互相强化的资源和能力，才是企业真正需要的。

盈利模式是指企业获得收入、分配成本、赚取利润的方式，是在给定业务系统价值链所有权和价值链结构的前提下，相关方之间利益的分配方式。良好的盈利模式不仅能够为企业带来利润，还能为企业编织一张稳定、共赢的价值网。传统盈利模式的成本结构往往和收入结构一一对应，而现代盈利模式中的成本结构和收入结构则不一定完全对应。同样是制造、销售手机，那些通过专卖店、零售终端销售手机的企业，其销售成本结构主要是销售部门的管理费用、销售人员的人工成本等，而通过与运营商提供的服务捆绑、直接给用户赠送手机的制造商的销售成本结构则完全不一样，尤其是在当今的移动互联网时代，“羊毛出在狗身上、猪来买单”的例子屡见不鲜。

企业价值是指企业的投资价值，是企业预期未来可以产生的现金流量的贴现值。企业的投资价值由其成长空间、成长能力、成长效率和成长速度等因素共同决定。在数字经济时代，企业价值不仅取决于自身的综合能力，而且受到其他合作企业在价值供给和价值传递等方面的影响。

本章将从时基竞争、蜂群思维、碎片化价值、数字化生态四个方面，介绍数字经济时代企业如何通过改进和优化企业与企业之间、企业各部门之间、企业与顾客之间、企业与渠道之间存在的各种各样的交易关系，来为顾客提供更多价值。

## 5.1　时基竞争

线上市场蓬勃发展，顾客在家即可享受到便捷的服务。互联网大大拓宽了可供选择的范围，顾客总是能够在线找到满意的商户，消费趋势从单纯地注重功能性消费转变为功能性消费与精神消费并重。在线平台吸纳了餐饮、购票、保险、出行、酒店等诸多商户，降低了顾客的搜索成本，在时间维度上带来了更好的服务体验，企业之间不得不围绕时间维度展开竞争。企业利用消费大数据提炼需求趋势，有助于进一步提高供求双方匹配的效率。顾客之间针对某一件商品的评价与互动，能够为他人购买提供理性且有价值的信息，这也对企业主动改进产品质量形成倒逼压力。时基竞争是指将产品或服务提供给顾客的速度上的竞争，尝试在时间维度为顾客创造价值。提高企业时基竞争力必须加强组织信息流，提高如仓储、运送等物流活动的速度，减少交货、发送时间和响应时间，可见，物流成为获得时基竞争优势的关键。

### 5.1.1　即时消费模式

随着互联网的推广与普及，消费群体变得更加成熟、独立和自我。近年来，宅经济、懒人经济日益兴起、物流体系持续完善和发展，并在新冠肺炎疫情的刺激下逐步走向成熟。根据艾瑞数据中心发布的《2020—2021 年中国快递物流行业发展背景及核心数据分析》，2016—2020 年，本地生活 O2O 市场规模不断保持平稳增长，生鲜电商、外卖行业的市场规模在 2020 年分别达到 2 638 亿元及 6 646 亿元。宅经济离不开物流体系，同时也在反哺物流发展，懒人经济的需求加上其商业模式的成熟，必将带动快递物流行业加速发展。随着支撑经济稳定恢复的因素增多，物流业运行开局良好，物流需求恢复态势明显。

科学技术高速发展，带来了社会生活的诸多便利，也加快了城市生活节奏。从顾客角度看，快节奏生活带来的大量即时需求，多元化生活场景带来的即兴需求，都会让顾客对商品和服务的供给速度与品质提出更高要求。新冠肺炎疫情大大缩短了商家与顾客对即时消费的认知与使用教育过程，部分商家用丰富的品类和优惠的价格为顾客带来了一场即时消费狂欢。顾客足不出户，即可买到所需产品，开启“坐享型”购物模式。即时消费中“即时”的内涵，既是追求速度，也是保障品质。即时消费模式的成熟，跟许多人的消费需求高度贴合，在生鲜、日配等高频生活消费品上，即时消费已成为一线及新一线城市的主流消费方式，对服务质量提出了更高的要求。线下消费模式、线上商城式消费模式与O2O即时消费模式形成的场景互补，为顾客构建了更便捷的全渠道消费选择。顾客的即时消费需求得到满足后，社会整体的消费效率能得到再次提升，线下商场和小店作为“一小时生活圈”内便民生活服务的供给者，能得到重新盘活。

即时消费模式是指企业通过构建线上、线下、物流三位一体的业务模式，打通线上线下的供应链体系，形成“一盘货”，再用既快又好的高效物流去打通线上交易与线下零售的壁垒，提高产品和服务的供给效率，以节省顾客等待时间的一种商业模式。在线平台的信息均来自物理世界的映射，其根基被深深地锚定在物理世界中。线上业务的有序开展，需要线下活动的全力支持，二者相辅相成。企业不仅要在平台合理开展线上活动，也要配合做好线下业务的数字化，真正实现线上与线下的“正式会师”，切实打通价值链条的增值路径。线上线下的统筹联动已成趋势，在效率上做加法，在价值创造上做乘法，成为企业数字化管理的基本理念。线下商场和小店在接入平台变成商品供应方后，可以跟平台协同为顾客提供商品服务，并从中展开自己的数智化升级。即时消费模式不仅能用即需即买即到的服务，让亿万网购顾客获得更便捷的消费生活体验，还能在持续开拓商品品类丰富度与趣味性的过程中，给线下实体商家带来商机，让其迎来真正的全渠道增长契机。随着天猫、京东、苏宁等线上平台快速布局物流服务，O2O即时消费从以餐饮为主的1.0时代，经过了快消品O2O平台的2.0时代，已经逐步迈入向全品类扩展的3.0时代。

**案例** 5-1

## 阿里巴巴打造三公里理想生活圈

2018年10月，阿里巴巴宣布把打造“三公里理想生活圈”作为重要的战略部署，围绕天猫超市，在北京、上海、成都、武汉、杭州五个城市开通一小时送达服务。随着盒马鲜生门店数量的不断增多，其“三公里内，30分钟送达”的盒区房概念正在逐渐被人们认可。“盒区房”深入人心的背后，是阿里新零售对线下“三公里理想生活圈”的思考和布局。新零售就是线上、线下和现代物流充分融合，对“人、货、场”进行重构。在线下门店数字化升级和新零售物流接入更多零售业态后，“三公里理想生活圈”将不断拓宽边界。除盒马鲜生外，经过淘鲜达的改造，已有多家传统超市卖场完成升级，可以通过手机淘宝实现周边三公里内最快30分钟的配送服务。“三公里理想生活圈”基于盒马鲜生、淘鲜达、饿了么、口碑、天猫智慧门店等新零售业态，提升城市居民社区周边配套设施的便利性和舒适度，最终实现“三公里内，一部手机要啥有啥”。

资料来源：《张勇股东信首提“盒区房”：三公里理想生活圈理念深入人心》，全景网，2018-10-31。

### 5.1.2　即时响应机制

在网络化的组织结构下，部门之间建立数字化连接，增强业务流程不同环节的衔接。现代科技的发展提高了技术结构的复杂性，与之相应的是专业化分工不断细化。随之而来的结果就是，当系统内部发生故障时，对其起源和原因的查证往往面临较大难度。数字技术的应用大大提高了企业的综合管控能力，管理者在线即可监督整个价值链条，对各类潜在隐患进行实时识别和预警，及时排除故障。在与其他企业的合作上，企业基于所获得上下游业务的进度反馈，调整内部组织安排及要素配置，提高协同响应速度。综合管控能力的提升促进企业不断拓展生态圈，丰富价值供给种类，并且把握更多的新机会，撬动创新杠杆。

扁平化的组织结构有效地避免了多重管理、决策滞后等问题，通过减少中间管理层简化管理流程，赋予一线团队更多的自主决策权和资源配置权。一线团队的任务侧重于价值整合、价值供给以及顾客体验优化，管理者的工作重心逐步转向保障资源的稳定供应以及其他辅助性支持。海尔于 2014 年裁掉 1 万多名中层人员后，转变为只有平台主、小微主和创客三类主体的组织结构，以顾客为绝对中心点，打造自创业、自组织、自驱动的“三自循环体系”，持续地完善即时响应机制。

### 5.1.3　即时配送体系

近年来，本地即时零售行业快速发展，越来越多的线下商家开启线上业务，商家品牌、商品品类、消费场景均呈现几何式增长，线上、线下融合互通的全渠道零售模式已经成为本地即时零售商们的标配。中国的快递行业与电子商务行业并驾齐驱，既是电子商务蓬勃发展的推动者，也是其直接受益者。随着线下消费向线上转移，网上零售额占社会零售总额的比重持续提升，在线零售的渗透率因此进一步提升，电子商务行业的加速发展推动了快递行业的发展。在以顾客体验为中心的本地生活模式下，履约需求多样化、个性化的诉求越发突出。尤其对于在履约时效、服务质量、成本控制等方面有较高要求的连锁品牌商家来说，不同场景下更加精细化的即时配送服务已经成为行业的必然选择。除了美团与蜂鸟两大传统餐饮配送劲旅不断主动寻求“破圈”外，达达、闪送等新的即时配送军团也在外围“助攻”，开辟城市配送的新赛道。因此，除了餐饮之外，社区生鲜、蛋糕、鲜花、药品以及公司文件等品类都纳入即时配送的多元化场景中，从更多维度切入与渗透到本地与社区生活地带，并探索出更宽领域，成为即时配送商家发力的主要方向。

即时配送大多是同城快递，能够给顾客带去便利、快捷的别样体验，并且“懒宅经济”是即时配送业态的最主要经济基础，那些年龄在 35 岁以下的年轻人对时间敏感度高而对价格敏感度低，愿意为服务和效率支付溢价，而 20～35 岁人群占中国总人口的 1/4，他们才是即时配送的最直接拥趸群体，而且公共卫生事件倒逼更多中年人与不少老年人加入线上购物的阵营，针对即时配送的需求侧拉力显著见长。在供给侧，相比远距电商（配送时长为几天以及库存距离顾客数百和数千公里）和近距电商（配送时长当日达或次日达以及库存距离顾客数百公里）而言，配送时长在 45 分钟内以及库存距离顾客 3 公里以内的微距电商更受创业者与商业资本的青睐，由此推动电商加速进入近场化、本土化与即时化轨道。为了把最后一公里到家配送的速度做到极致，品牌商与电商联手将仓库搬到了顾客的家门口。

**案例** 5-2

### 苏宁小店：场景零售的数字化近场基础设施

2016 年 4 月，第一家苏宁小店开业，揭开了苏宁易购“场景零售”战略的序幕。2019 年 10 月，苏宁易购发布场景零售战略，作为场景零售的解决方案——“一小时场景生活圈”，也第一次完整呈现在公众面前。“一小时场景生活圈”立足于在一小时内系统性解决顾客生活中所有的场景痛点，让顾客“省时、省力、省钱”。苏宁小店以其近场网络触点、全场景终端服务能力以及数字化体验效率形成场景零售的数字化近场基础设施，成为“一小时场景生活圈”中不可或缺的一环。

从城市到农村，从个人到企业级顾客，苏宁易购依托涵盖家电、商超、百货、娱乐休闲、内容服务、生活服务的多业态部署和多层次渠道网络布局，支撑“随时到你”的触点能力。作为距离顾客最近的场景触点，苏宁小店目前在全国已布局大量门店，成为“一小时场景生活圈”的“毛细管”链路。苏宁小店以社区场景为主，同时覆盖地铁、学校、医院、CBD 等场景，独特的小业态属性，使其能够以快速的规模化和门店的高密度化深入社区，更贴近顾客的生活场景，构筑起一小时场景生活圈的终端触点网络。在这个网络体系中，苏宁小店既是线下流量的触点，也成为苏宁顾客服务的履约点位，成为“随时到你”产品重要的战略能力支撑。苏宁小店以面向顾客的全场景服务为出发点，为顾客搭建多样化的便利性服务通道，除了供应日用商品、一日三餐之外，同时也是苏宁服务品牌“生活帮”的重要载体，可实现一小时生活服务的全触达。通过苏宁小店，社区居民在家门口就可以享受到家电、家政生活、包裹、无忧退换货等一系列生活刚需服务。

资料来源：《苏宁小店：场景零售的数字化近场基础设施》，搜狐网，2019-10-25。

### 5.1.4 “同城购”服务

与过去商品都从电商仓库发货不同，很多平台纷纷推出了“同城购”商品，从顾客周边的商超、卖场就近发货，而且有了“拣货助手”App，每单拣货时间最快 3 分钟。从 2020 年开始，天猫就在上海试点“同城购”。“同城购”的商品，都是从顾客周边的商超、卖场就近发货，确保顾客下单当日甚至半天内就能送达。顾客打开手机天猫，在主页找到“同城”，进入后便可发现女装、男装、鞋靴、美妆个护、医药健康、数码家电等 10 个类别。当顾客设置不同的收货地址时，所显示的品牌、可购货物会有所差异，这取决于顾客所在位置数公里范围内的商超、零售门店的库存。

作为中国即时零售第一股的上海在线新经济企业达达集团，据其财报显示，2020 年达达快送“即时配”服务的履约时效为 30 分钟，即顾客从下单到收货，用时仅需

30 分钟。达达快送推出即刻达、全速达、全城送三种标准化配送解决方案，以及全心达定制化服务，助力商家实现成本与效率、体验的最优化。其中，“即刻达”指的是以优质专属驻店运力为主，提供 2 公里内 30 分钟达的服务模式，适合连锁餐饮、高端茶饮等高品质需求顾客；“全速达”可提供 5 公里内 1 小时达的“驻店＋众包”混合运力配送服务，适合商超、普通餐饮、便利、生鲜等高品质需求顾客；“全城送”是针对高客单价、门店较为分散的顾客，匹配手机数码、鲜花蛋糕等需要远距离配送的商户；此外，即时配送是一个定制化属性非常强的行业，达达快送还可以根据品牌特性、业务形态、配送场景，提供全心达定制化服务。这四种连锁品牌服务产品目前已在商超、餐饮、医药健康、生鲜水果、鲜花蛋糕、汽车配件、母婴用品等多个行业得到应用，并面向全行业、全品类、全时段、全距离提供配送服务，根据不同行业的特性提出更有针对性的解决方案。比如，商超行业往往面临大促期间运力弹性要求高、拣货时效低等难点，达达快送会依托达达集团双平台能力，为大型连锁商超提供仓、拣、配全链路数字化解决方案。再比如，生鲜行业对配送质量和时效的要求非常高，达达快送的保温箱冷热分离，并能够依托智慧物流技术提前规划最优配送路线，最大限度满足顾客需求。

目前，同城即时零售战场有阿里、美团、京东、达达等多股力量在较量，京东主要发展京东到家，天猫主打“同城购”，美团与饿了么外卖平台也在撬动线下商超，推出闪购业务。这些互联网巨头比拼的核心，在于即时配送的基础能力、选品能力、数字化能力和顾客规模。其中，数字化能力包括通过技术赋能，对物流配送网络和门店拣货等履约关键环节进行技术创新和流程改造，比如货物虽从顾客附近的零售商超门店发货，但过去，当线上订单来临时，拣货员通常需要满场飞奔，一单品类较多的单子，通常需要 30 分钟甚至更久。如今，已入驻京东到家平台的沃尔玛、永辉超市等，店内设置专属拣货仓，用于网上销售的商品提前入仓并实现数字化，所有拣货均在“拣货助手”App 指引下高效完成，每单拣货时间最快可被压缩至 3 分钟。2021 年 10 月，达达集团与京东集团共同宣布京东 App 首页正式推出“附近”频道，由双方联手打造，位于京东 App 首页右上方，基于顾客所在地理位置，为其提供附近 3～5 公里全品类门店优质商品小时级、分钟级送达的“小时购”服务。新频道将 5.3 亿京东顾客与超 10 万家全品类线下门店连接起来，提供更有趣、更无界、更便捷的即时购物体验。

另外，各大电商都已开始布局 3C(计算机 computer、通信 communication 和消费类电子产品 consumer electronics)商品维修、家政保洁、家装服务的“小时达”业务，甚至在未来，慢病服务、中医养生、体检、医美等也能实现迅速上门。天猫同城购运营专家楼凌艳透露，未来即时零售有望支持“在家试衣”，即顾客只买一件衣服但商家一次性送上多个尺码供试选，或“到家换货”，即由配送小哥将顾客所需更换的各尺寸服装送上门，且一并完成退货流程等，这些业务已在酝酿中。即时消费呈现全客群、全品类、全诉求、全场景等特征，在送达时效上以小时计的即时零售有望向分钟级进阶。基于顾客位置的即时零售的配送范围，尚划定在 3～5 公里范围内，但随着未来商超乃至便利店、前置仓等更多入驻，规模效应显现，电商算法有能力规划出比 3 公里更近的配送路线，甚至顾客楼下的便利店、社区超市都可能成为发货门店，继而产生“楼上下单、楼下发货”。

即时配送的快速发展，使得网约配送员成为现代城市生活的“新基础设施”和新业态吸纳就业的典型代表。网约配送员是指通过移动互联网平台等接收、验视顾客订单，根据订单需求，按照平台智能规划路线，在一定时间内将订单物品递送至指定地点的服务人员。根据《2019 年及 2020 年疫情期间美团骑手就业报告》调查结果，2019 年通过美团平台获得收入的网约配送员总数达到 398.7 万人，同比 2018 年增长了 23.3%，近六成网约配送员每天配送时间低于 4 小时。其中，20～40 岁年龄段的占比超过 83.7%。新冠肺炎疫情期间新增的网约配送员中，20～30 岁年龄段的占比为 45.3%，30～40 岁年龄段的占比为 39.0%。就业时间灵活是网约配送员工作吸引从业者的最重要原因，也符合当代零工经济的特点：更多的从业者不再愿意受到空间、时间的限制，而是倾向于选择一种更为灵活的就业模式，在生活和工作之间寻找平衡。网购配送员群体的扩大，得益于移动互联网技术的革新。即时配送平台通过运用机器学习、运筹优化、调度仿真等技术，研发智能调度系统，可实时跟踪网约配送员行进的方向和当前位置，并结合实时运单情况，按照系统计算出的效率最高的方式分派和优化订单。在高峰期，智能平台能够时刻支持配送路径的最佳规划，避开拥堵路段。近年来，互联网公司不断研发智能电动车、智能配送餐箱、智能语音助手等技术，较好地促进了配送效率的提高。未来，即时配送订单规模将快速增长，配送劳动力缺口仍长期存在，网约配送员市场价值将更加凸显。

## 5.2 蜂群思维

蜂群思维是一种集体思维，是指由许多独立的单元高度连接而成的一个活系统，具有典型的自适应性特征。群体曾被看作生命体的决定性象征，某些壮观的队列只有生命体才能实现。群体也被看作组织的自适应技巧，适用于任何分布式的活系统，无论是有机的还是人造的。在自然界中，蜂群思维超越了它们的个体小蜜蜂思维。它的神奇在于，没有一只蜜蜂能够控制它，但是有一只看不见的手，一只从大量普通的成员中涌现出来的手，控制着整个群体。它的神奇还在于，量变引起质变。要想从单只蜜蜂的机体过渡到集群机体，只要增加蜜蜂的数量，使大量蜜蜂聚集在一起，使它们能够相互交流。等到某一阶段，当复杂度达到某一程度时，“集群”就会从蜜蜂中涌现出来。蜜蜂的固有属性就蕴含了集群，蕴含了这种神奇。群聚的个体孕育出必要的复杂性，足以产生新的事物。随着成员数目的增加，两个或更多成员之间可能的相互作用呈指数级增长。当连接度高且成员数目大时，就产生了质变的动态特性。蜂群思维有四个突出的特征：第一，没有强制的中心控制；第二，次级单位具有自治的特质；第三，次级单位之间彼此高度连接；第四，点对点间的影响通过网络形成非线性因果关系。

### 5.2.1 模块化设计

正是因为拥有“集群”产生的巨大力量，蜂群思维被广泛应用于计算机网络开发和现代企业管理中。未来的公司形态会不断地演化，去中心化、分布式、强化合作、适应变化，直到彻底地被网络化。公司形式将会变得与生物体相同，无缝地集成到生态圈中，成为其中的一个环节。按照蜂群思维，每个个体都认同组织中个体或模块的存在：相互之间既保持高度独立又有着紧密联系，其中高度独立指的是各模块有着自己的分工，紧密联系指的是相互之间有着便捷的沟通方式。各模块内部有着强有力的自我调节能力：在无高度统一领导下，通过各模块内部调节能力使得系统保持动态平衡；为了保证上述效果的实现，组织中还需要有一定基础支撑，一方面各模块有着统一并且认同的目标，另一方面各模块内部必须具备一定能力。

顾客价值的供给通常需要多项技术之间耦合以共同完成，这也增强了技术之间在价值创造上的依赖性，形成以满足特定需求为目标的技术模块集合。模块化是指解决一个复杂问题时自顶向下逐层把系统划分成若干模块的过程，有多种属性，分别反映其内部特性。模块化用来分割、组织和打包软件。每个模块完成一个特定的子功能，所有的模块按某种方法组装起来，成为一个整体，完成整个系统所要求的功能。在系统的结构中，模块是可组合、分解和更换的单元。模块化是一种将复杂系统分解成更好的可管理模块的方式。它可以通过在不同组件设定不同的功能，把一个问题分解成多个小的独立的、互相作用的组件，来处理复杂、大型的软件开发。各个模块可独立工作，即便单组模块出现故障也不影响整个系统工作。当每组模块达到满负荷时，系统会自动启动另一组模块，从而保证系统的输出始终与实际需求匹配，确保每个模块高效运行，又能节约资源，提高效率。除了受到来自现实驱动的牵引力外，技术创新仍然要遵循一定内在逻辑。在技术模块集合中，每项技术的创新最终能否转化为顾客价值，还取决于集合内其他技术的兼容性。因此，对其他技术进行相应的升级与优化，不断加强技术之间的协同，深化技术结构，成为创造新价值以及增加价值供给的必要之举。

模块化设计是指在对一定范围内的不同功能或相同功能、不同性能、不同规格的产品进行功能分析的基础上，划分并设计出一系列功能模块，通过模块的选择和组合可以构成不同的产品，以满足市场的不同需求的设计方法。模块化设计的原则在于以少量的模块组成尽可能多的产品，并在满足需求的基础上使产品精度高、性能稳定、结构简单、成本低廉，模块之间的联系也要尽可能简单，使得总体运行成本可以保持在较低的水平上。模块化设计的关键首先是保证模块标准化，即模块接口、结构标准化。模块化设计所依赖的是模块的组合，为了保证不同功能模块的组合和相同功能模块的互换，模块应具有可组合性和可互换性两个特征，标准化、通用化、规格化的程度对于以上两个特征具有重要影响。在计算机行业，厂家采用模块化设计制造产品，利用计算机协调业务上的各项工作，并通过软件程序不断改进和研究新的技术思路，这也为当前数字技术以及数字化转型奠定了基础条件。

**案例** 5-3

## 大众横置发动机模块平台

平台化开发已经是各大整车企业降低研发成本，缩短开发周期的重要手段之一。汽车平台是指在开发过程中使用相似的底盘和下车体的一组公共架构，该架构可以承载不同车型的开发及生产制造，在此基础上可以生产出外形和功能都不尽相同的产品。

组成汽车产品平台公共架构的识别要素主要包括发动机舱、地板、悬架、制动、传动、发动机和电气系统等。不过，在提高生产效率方面，模块化开发要比平台化开发更进一步。汽车企业可以在全球范围内进行汽车模块的选择和匹配优化，进一步减少新开发零部件的种类和数量，让零部件通用化程度更高，使企业更加灵活快速地推出新产品。

世界汽车平台战略经历了单车型开发、平台开发、平台精益化和模块化的发展进程。汽车制造商通过扩张和兼并，拥有了更多的汽车平台，通过梳理现有汽车产品，对平台进行整合以及精益化，并在精益化的基础上对平台进行模块化构建。全新的模块化平台，将进一步降低研发周期和风险，成为未来汽车行业的发展方向。

大众是平台模块化的领跑者，着力发展核心生产平台，未来大众主要车型都将来自核心平台，以实现不同旗下品牌的车型平台共享。对于平台内模块的共享，其实质也就是平台产品开发的产品群一次规划，而车型分步开发的模式，可以实现零部件共用化与产品个性化的最佳平衡。

大众的“模块化平台”，核心是实现跨车型、跨产品区隔。模块化平台在最初开发时就把变化作为设计的前提，尽可能减少零部件种类。同一模块平台的车型，一方面能够共享相同规格的发动机、变速器及空调等总成，零部件通用化比例可达60%；另一方面能够适应未来动力传动系统的多样化。车身的设计考虑了支持多种动力传动系统，使同一车身构造可以搭载多种动力传动系统。此外，模块化平台还导入了众多轻量化技术和电子新技术。该平台的基础(核心要素)就是相对不变的发动机模块位置，即油门踏板到前轮中心的距离是相同的，发动机安装倾角也相同，在此基础上，前悬(车头到前轴的长度)、前轮距、后轮距、轴距、后悬等都是可以调整的。而通过发动机的模块化，发动机缸芯至轮心点的间距从原来的36种减少到2种，即分别对应普通发动机和高性能发动机。与此同时，后轴的支撑位置也实现了标准化，无论是多连杆还是拖曳臂，支撑位置都是相同的。

从经济性上来看，模块化平台通过模块化的应用，降低了开发设计和制造成本，但通过采用高配置，实现了新车的溢价。新的平台共享开发模式，有助于减少部件开发工时，以便将资源集中于达成严格的排放法规和安全标准并削减成本。其意义不仅限于车型开发平台，还是一种新的生产方式，通过建立一个标准化的、可互换的模块化平台，集团可以在其生产线上制造不同品牌的车型，在降低单位成本的同时，还可以缩短新产品上市周期，发挥旗下众多品牌的协同效应，以便快速应对世界各地不同区域市场的需求变化。日后有望达到以下目标：单车成本降低20%、固定资本开支降低20%、每款车型开发周期缩短30%、显著减轻车身重量、减少排放。

资料来源：刘华、吴珩晓、张亚萍等：《浅析汽车平台演进与模块化战略》，载《上海汽车》，2014(12)，内容有删减。

### 5.2.2 组合式创新

创新对于企业的发展至关重要。早在内燃机出现的时候，汽车就被发明出来。在谷歌给汽车配置了一台快速运转的计算机和一系列传感器之后，又推出了无人驾驶汽车。汽车上传统的 GPS，在搭载上位置传感器之后，能根据路况自动调整线路，为驾驶者提供智能导航服务。每出现一个新创新，其所能带来的创新组合是无限增长的。多增加一个创新，就有可能带来未来重组创新的无限机会。数字化创新就是一种纯粹的组合式创新，每一步的发展都会成为未来创新的一块"积木"。进步从来都不会用尽，它会不断地积累。也正因此，数字世界从来不受任何界限的制约。在摩尔定律和数字化的共同推动下，具有潜在价值的电子"积木"在全世界呈现出了爆发式增长态势，各种组合、各种可能都在以前所未有的速度成倍增长。

创新不一定是颠覆式的发明，"旧要素"的"新组合"也是一种创新。约瑟夫·熊彼特在其名著《经济发展理论》中对"创新"有过这样的解释：创新即"生产要素的重新组合"，企业实现创新，就是把"旧要素"重新拆解，并匹配形成"新组合"，即组合式创新。他提出企业创新有五个有形要素，分别是产品、技术、市场、资源配置和组织。组合式创新是一种常见的创新模式，它依赖的不是技术进步，而是对于新需求的敏锐洞察。乔布斯并不是凭空创造出智能手机，而是把原有的要素，包括电话、iPod、互联网通信等关联起来，合成了我们看到的 iPhone，这就是运用了组合式创新的思维。马斯克早期研制电动汽车的时候，遇到了电池高成本的难题，他没有去买现成的电池来改，而是分析它的组成，采用新的电池排列技术，经过很多次的实验，将成本大幅降低，所以才成就了今天的特斯拉。

组合式创新来源于"还原论"，这既是一个物理学概念，也是一个哲学概念，是指拆解基本要素，并把基本要素重新组合的一种创新思路。这个理论可以简单概括为，"旧要素 & 新组合"。例如，乐高积木的最小要素是零件颗粒，把各个最小元素重新组合，就变成一件新的作品；人类遗传物质的基本单位是基因，人类基因的重新组合就是现代文明的不断延续。由此可见，"简一化"反而是最高级的思维模型。当要解决一个问题时，拆解基本要素的能力至关重要，学会用第一性原理的思考方式，找到最关键的"一"。所谓"第一性原理"，就是用物理学的角度认识世界，通过一层一层深入地剥开事物的表象，不断挖掘其中的本质，然后再从本质出发，深入浅出地寻找解决问题的办法。在尝试组合式创新时，可以分为两个环节：第一，将产品/服务拆解到基本要素。拆解基本要素的能力是创新基本功，而且要根据实际情况进行拆解。比如连接端，先拆解为线上、线下，然后再按照其他标注继续往下拆解，直到拆解到可以按照技术逻辑对要素进行重新排列组合；第二，用新的标准对基本要素重新排列组合。比如，在定义顾客特征的时候，一些企业瞄准了"80 后""90 后"群体，也有一些企业的产品是专门为"00 后""05 后"设计的。

以电子商务为例，涉及供给（企业）、需求（顾客）、中介（平台）三个交易角色。过去，淘宝的出现让顾客足不出户就可以在网上购买到所需要的产品和服务，极大地促进了时间成本和出行成本的节约。这种商业模式不仅释放了长期被地理空间所压抑的顾客需求，而且刺激了中国电子商务市场的高速发展。不过，顾客下单后，企业还是需要安排专人到货架上去取拿，寻找成本还是很高的，面临商户获客成本过高、消费场景体验等问题。如今，拼多多借助技术创新和模式创新打造了"新电商"模式，即借助人工智能和社交分享手段，通过分享让货找到合适的人，而不是传统零售中的"人找货"模式。通过打造爆款、取消中间商缩短供应链、利用一个生产模具生产更多的货品等方式来降低成本，同时通过人以群分的模式降低获客成本，以实现最低定价。从效果上来看，拼多多采用“货找人”的去中心化打法，是基于“社交裂变＋分布式推荐算法”模式，帮助传统制造企业转型创新，具体而言，“拼品牌”的模式既降低了企业的品牌打造成本，也降低了品牌自主化失败的风险。品牌由专门团队运营能够通过专业化运营降低品牌自主化失败概率；专业团队在打造品牌过程中“边做边学”，使边际成本不断降低，能进一步降低整个产业的品牌打造成本。

### 案例 5-4

## 华视传媒：“组合式创新”闯出发展传奇

在当今很多城市的地铁或公交车上，不少乘客靠欣赏车载电视打发乘车时间；而此前，乘车可是一段疲惫而枯燥的行程。改变这一切的人叫李利民。他所创建的华视传媒集团不仅把电视搬到了地铁和公交车上，将无聊的乘车时间变成了创造效益的“黄金生意”，还缔造了一个中国民营文化企业的发展传奇。

### 独辟蹊径，“内容＋广告”创业途中峰回路转

走进位于深圳的华视传媒的总部大楼，首先映入眼帘的是一面巨大的电视墙。“这是华视在全国 42 个城市的客户端，全天候同步直播，现在已经达到 65 个城市，这面墙已经装不下了。”华视传媒集团董事长李利民笑着告诉记者。

华视传媒于 2005 年 4 月成立，年均增速 200%。回顾华视传媒的成长，李利民坦言：“最大的特点是‘创新’。”

2005 年，华视传媒创立之初，市场环境并不好。“当时，以楼宇视频广告为主要业务的分众传媒已经在美国上市，而户外新媒体领域也已被投资过度。这对于想进入户外新媒体行业的华视传媒来说无疑是巨大挑战。”

如何开辟出自己的一片蓝海？李利民将目光投向有更大空间的公交和地铁。“有数据显示，在京沪广深等一线城市，一年中有 300 天人们都会行走在路上，路程平均 33～91 分钟，以北京为例，每天坐地铁的有 770 万人次，坐公交的有 2 000 万人次，坐公交的 7 成是上班族，7 成拥有大专以上学历。”李利民感叹道，“如果给他们提供实时的咨询或有趣的节目，一定会大受欢迎，同时也可产生巨大的社会价值和商业价值。”考虑再三，李利民决定独辟蹊径——一种移动的“内容＋广告”的新广告商业模式诞生了。

如今，华视传媒建立起全球最大的公交地铁全覆盖的户外数字移动电视媒体运营联播网，每天有 750 套鲜活的内容吸引人们的眼球，在给乘客带来一路欢笑和信息的同时，也让客户的商业资讯及价值能够直接触达受众。

### “文化＋科技＋资本”，向“组合式创新”要动力

“华视传媒发展的核心是创新，在创新理论的驱动下我们打出了一记组合拳：文化＋科技＋资本。”谈到华视传媒的“组合式创新”，李利民来了劲儿。

“华视传媒现在在户外数字移动电视产业拥有多项知识产权。”李利民解释称，华视传媒是中国唯一采用数字电视地面广播标准的无线接收户外数字电视广告联播网，通过无线数字信号发射，在城市区域内所有终端同步接收并实时播放新闻。通过上述技

术，华视传媒建立了移动电视统一编辑、配送、分发体系，结合各地收视喜好制作不同的节目，同时对节目进行精心设计，确保每个受众都能有一个相对完整的收视段。

文化与科技的融合让华视传媒有了坚强的后盾，但只有面向市场，插上资本的翅膀才能使企业异军突起。

李利民告诉记者，从创立公司的第一天起，华视传媒就非常注意让自己成为一个符合资本市场“胃口”的公司。他们每年花 160 万美元请全球四大会计师事务所之一的德勤进行审计，同时每年花 75 万美元聘请美国的律师事务所，以上市公司的规范严格管理。

2007 年 12 月 6 日，华视传媒在成立两年半之际，成功登陆纳斯达克，融资 1.24 亿美元，创造了纳斯达克企业从零开始的最快上市纪录，成为深圳首个在纳斯达克上市的文化企业，也是中国第一家在纳斯达克上市的户外数字电视领域企业，被纳斯达克誉为“来自中国文化概念的一面旗帜”！

资料来源：《华视传媒：“组合式创新”闯出发展传奇》，载《光明日报》，2012-07-05，内容有删减。

## 5.3 碎片化价值

在互联网中，不存在中心，不存在既定轨道，没有什么是一成不变的。一个去中心化的网络机制往往可以为企业提供足够的智力支持，利用集群力量是为了在日益嘈杂的环境中做出优异的表现。由无数小东西连接而成的网络能够产生巨大的能量。碎片化价值是指那些散布在网络空间中能够产生价值，但是由于规模较小而呈现碎片化状态的价值。对于每个企业而言，在数字经济时代企业生存的一个较为有效的办法便是，去发现那些曾经以为太小而被忽视的事物，让它们用最合适的方式去拥抱组织的集群网络。网络只有在达到了一定的规模之后才能真正发挥它的价值。随着网络顾客的增多，网络的价值在迅速膨胀，而这种价值的急速膨胀又会吸引来更多的顾客，产生复合性的效果。互联网的价值恰恰在于实现价值的指数级增长，小投入与小投入之间互相增强，其中的回报递增是整个网络一起创造并共同分享的。在网络经济中，最不能容忍的是“单一创新”，即创新只有单一的来源。封闭的系统会屏蔽给他人的机会，也会使杠杆作用的支点变得稀少。即使是在某个领域已经建立明显优势的互联网巨头，也在不断鼓励“多元创新”，通过建立开放的系统，把关键知识产群转移到公共领域，民主地开放源代码。每当一个封闭系统开放，它就开始更直接地与其他系统交流，于是也得到了这些系统所带来的价值。开放的系统所能够带来的益处会比专利的封闭系统的收益更多。在网络经济里，只有抓住已经存在的机遇才能出现新的机遇。一个成功占据商机的企业，会立即为其他企业创造出至少两个新的拓展领域。把握的机会越多，新的机会就能越快地出现。

### 5.3.1 网络社群

互联网的快速发展，使信息的渗透性和协同性都得到了增强，从而促进了信息对称，降低了交易成本。互联网已从简单的信息传播渠道，演变成商品创新和传递平台，以及知识创造与交流、文化诞生与扩散的社群商业模式。互联网商业也从运营商品走向运营内容，再以内容为纽带触达人群，获得顾客，最后转化为会员或社群。内容生产者不是生产商品，而是生产生活方式，传播生活方式。内容生产者打造从内容生产到内容传播、内容消费的生态体系，颠覆了传统的以产品为导向的产业思维。近年来，很多企业为了推广产品和服务，纷纷尝试利用互联网平台，搭建属于企业自身的网络社群，一方面吸引顾客参与到网络社群中获得相关的信息，另一方面也希望产品爱好者能够参与到社群讨论中提出问题和建议。借助移动互联网的优势，社群成为企业与顾客连接的最短路径和最经济的手段。社群首先是一群志同道合的人的聚集，同时也是连接信息、服务、内容和商品的载体。一个社群里的人必须有相同的爱好或者身份，比如喜欢同一类产品、都是同一类产品的购买者等。一个社群需要有规范的成员管理规则，每个成员都是自愿加入。社群的基础有三个，即共同的目标、高效率的协同工具、一致行动。有了共同的目标和高效率的协同工具，成员间开展一致行动就变得相对容易，从而也能促进社群的稳定性，增强社群成员间的团结协作。

从商业的角度看，社群的意义有三个：其一，社群能够让顾客形成真实的闭环互动关系，重新夺取信息和利益分配的能力；其二，社群互动和交易成本大幅度降低，从而令优质内容溢价得以实现；其三，社群内能够生产出独特的共享内容，改变内容者与顾客之间的单项关系。如今互联网正在孕育新的商业模式，即“工具＋社群＋电商/微商”。比如微信，最开始是一个社交工具，通过工具属性、社交属性、价值内容的核心能过滤海量顾客，并加入了朋友圈点赞与评论的社区功能，继而添加了微信支付、精选商品、充值等商业功能。工具能够满足顾客的痛点需求，用来做流量入口；社群是关系属性，用来沉淀流量；商业是交易属性，用来变现流量价值。“互联网＋社群”是商业社会进化的一个阶段，是新的经济社会形态下和客户需求下，企业所需的商业思维模式，是企业需要在产品、技术、顾客体验、渠道、市场营销等方面自我提高和自我优化的根本所在。

构建社群的目的可以有很多种，但最根本的一定是通过一群人的努力解决一类人的问题。因此，社群必须要有一个载体，可以是产品，也可以是服务。企业要有过硬的产品品质及令顾客尖叫的产品体验，产品必须是刚需高频，要么是购买高频，要么是使用高频，这是一切的基础。如果没有优质的产品或服务，企业很难建立有效的社群。产品是凝结群成员关系的媒介和群成员需求的解决方案，社群的标签固然可以把群成员快速圈出来，但如果没有产品能完美解决群成员的需求，标签就会陷入无效的窘境。

当然仅仅有产品还是不够的，社群还要有能让粉丝产生情怀的资本，比如在使命、纲领、行为中能否体现人格魅力等。文化是社群的灵魂，它可以产生比发起人更聪明的群体智慧。个人认为移动互联网时代构建社群必须要遵循互联网的精神“平等、开放、协作、分享”，除此之外还需要有利他文化。对文化的认同是一切关系的开始，创造共同的语言跟价值后，追随只是必然的行为。社群只有源源不断地带给群成员温度感、存在感、优越感，才能让其成员长期留下来，并传播社群文化，成为社群的代言人。

对于社群发起组织而言，首先要明确构建社群的目的：要建立一个什么样的群？

实现什么目标？是为了让更多人更好地了解某个产品，提供某种爱好的交流机会，还是为帮助大家学习成长，或是为提升品牌影响力？是纯粹的公益组织或兴趣团体，还是聚集某个圈子的精英，以影响更多人，或是让某区域的人更好地交流，做某个群体的情感聚集地？这些都会影响社群的受众目标以及后期的运营策略。社群的目标人群，是行业大咖、精英团体，还是大学生？是互联网知识型人群，还是产品的发烧友？

每一个社群中都会自发地涌现出一个群体领袖。人的社交本性是希望和比自己更有能量的人或群体进行交往。只有这样，大家才会觉得在社交上花费时间是有价值的。所以，社群构建是需要领袖的。构建产品型社群不一定需要找明星代言人，而是需要找到喜欢该产品、能把产品玩到极致且有个性的极客。企业可以结合自己的产品找到发烧友级玩家，让这样的达人成为社群里的意见领袖。一个社群能否发展起第一批成员至关重要，而社群早期的成员需要由社群领袖出面吸引或是拉动。找准组织想构建社群的方向，然后找到这类人中极致且有趣的人，定位越精准，成员之间越能形成凝聚力。社群领袖的禀赋、魅力人格体和初心决定了社群的原始基因。社群需要灵魂人物示范引导，企业创始人是最好的灵魂人物，要当仁不让地出面站台。仅仅有好产品还不够，还必须让顾客知道产品是谁做的，这个人怎么样？他推崇什么？他身上有哪些鲜明的个性？如乔布斯的标签就是叛逆、与众不同，大家基于对社群领袖的信任和崇拜，才有对企业和产品的信任。

数字技术打破了时空界限，任何人都可以透过价值和价值观输出，寻找志趣相投的伙伴，基于共同利益建立自己的社群阵地。社群要有自己的价值观，也就是所谓的格调，并不时地对外传播自己的理念、态度和价值主张，才能吸引更多的新人加入社群中。社群最重要的是起步时的内核，也就是这个社群倡导什么、反对什么。第一批进入者的社群观必须保持高度一致，他们必须高度认可社群发起人，高度认可社群文化。只有“对”的人聚在一起，才能获得“对”的信息。什么顾客都要，恰恰降低社群成员的顾客体验。所以，每个社群都需要设置一个门槛，用于鉴别出新进入者是否真正认可社群的价值观。社群运营的关键是通过价值吸引、价值观的筛选达到关系连接，关系的质量决定社群的质量高低。价值与价值观是决定社群能否持久的核心，兴趣爱好是社群是否活跃的核心。一个社群的价值在于社群里面所有的社员，在于社群成员的自治。自治的前提是基于一个共同价值观的相互连接，然后才可能统一行动。

**案例** 5-5

## 小米虚拟社区

小米社区是小米手机顾客交流的平台，也是小米公司发布官方动态的媒介。小米社区的口号是“因为米粉，所以小米”，米粉因为对小米的共同爱好而聚集，这是一个典型的友谊型、非正式群体。

小米社区的形成与雷军对当时手机硬件大环境的把握是分不开的。2010年与2011年之交，智能手机的硬件性能远远不如现在，集中表现为手机运行速度慢。所以在硬件普遍性能偏差的大环境下，提高软件的速度成为唯一的选择，当时各类ROM(机身存储)层出不穷，形成了很多专门的论坛，比如当时的机锋、安智等论坛。MIUI就从这些论坛开始入手，宣传自己的MIUI ROM，经过一番努力，最终联系到了100位网友，也就是所谓“100个梦想赞助商”，成为首批MIUI ROM的体验者。由于产品体验不错，小米服务到位，MIUI在发烧友中积累了良好的口碑，并不断扩散，顾客越来越多。到小米手机发布时，MIUI社区已经积累了30万顾客。所以，小米社区的形成可以说是一个从点到面的过程，利用优质产品与高质量的内容吸引优质顾客，并逐渐向普通顾客扩散。

接下来小米社区的发展并没有遇到太多波折，社区开始进入“规范-执行期”，顾客在不经意间发挥着社区的功能。这种功能体现在以下两点：第一，社区内部的多向信息交流。这种交流是多向多级的，不仅是顾客之间互相传播资源，还有小米公司本身与社区顾客的交流，小米会在社区顾客中采集体验数据，顾客也可以向小米公司提供产品反馈意见。这种多向多级的交流不仅维持了社区的热度，还减少了小米公司的信息收集成本。第二，小米公司依赖社区米粉进行网络营销。雷军说过，“小米社群解决的是传播问题，放大了势能”，这里所谓的势能和米粉的狂热是分不开的。新闻联播曾称小米是“全球速度最快的智能手机”，这一说法在网络上被吐槽，米粉自发地进行回击。在面对类似的对小米的攻击时，社区中的狂热粉丝多会捍卫小米的形象。

从知识创造方面讲，小米通过虚拟社区的讨论板块，由顾客提出在使用过程中遇到的问题，小米收集这些信息并对下一代产品进行改进。另外，在小米社区的讨论板块中，顾客可以提出希望小米产品拥有的新功能。小米收集这些信息，并尝试在下一代产品中增加这些功能。在这一虚拟社区中，多向多级的交流方式使得小米不仅可以获得米粉们的反馈和建议，而且可以和米粉进行实时沟通，互动方式的及时性和多向性会增强小米企业和米粉的互动质量。虚拟社区在一定程度上是“人以群分”的反映，社区顾客之间往往具备较高的文化认同或情感认同，但相对Lenovo 3000跨文化团队成员的联系强度，米粉与小米之间的联系强度相对较弱。小米的虚拟社区发挥了“整合场”的作用，为小米产品的持续改进或升级换代提供源源不断的信息和创意。

资料来源：徐笑君、周瑛：《“场”的力量：让新型组织的知识创造卓有成效》，载《清华管理评论》，2017(Z1)：74-81，内容有删减。

### 5.3.2 碎片化价值整合

社群是一群不同的人聚在一起，为了一个共同目标而统一行动，这就需要把互相之间最优势的能力整合在一起，但整合的前提条件是，必须有组织有纪律。成员彼此之间的互动越多，他们就越容易达成一致的行动，而管理他们之间关系的规则就越复杂。任何社群要稳定下来，它的形态要专一、持续下去，必须要有规则，需要管理者把控入口的共性，不会随着新人的加入而随意变化形态。社群成员大多是基于某种兴趣爱好、精神追求聚在一起，所以成员来自五湖四海，背景参差不齐，诉求千差万别。因此，社群管理通常相对比较松散。但是这极易由于利益诉求的差异化让社群四分五裂。可是如果社群管理太严，又容易让部分成员离群出走或者望而却步，毕竟社群管理不同于员工管理。对社群规则而言，最重要的是共识，只有能够达成共识的规则才有可能被遵守和执行。社群是一个被设计好的组织形态，社群发起人不一定把所有规章制度列出来，但一定做好了“宪法”的框架，然后有一定的留白，让参与者有自己的发挥空间。

社群的价值需要运营，需要引导社群成员自运营、自传播、自组织，而这一切都需要专业的运营策划以及对基本规则的制定与引导。社群要健康地持续运行，要求社群里的角色必须有多个分工。成员之间相互了解、深度连接，最终实现人尽其才、合理分工。一般来说社群内有三个角色，分别是：主导者(发起/创建者)、运营者和社群成员。社群成员可以分为：代言人、参与者和关注者。利益是社群是否快速聚集的核心。大部分社群成员，皆为利而来，为情而留。利，来自顾客与顾客的能量；情，来自社交。社群作为一种自组织，也是如此。在社群内，这种利更加明确，有的是金钱，有的是资源，有的是名声，有的是技能，不一而足。新人加入社群后，会通过观察、体验、参与等行为来感知社群。

一个群体是变得更聪明，还是更愚蠢，取决于互动的时空环境与机制等，而不是互动这个动作本身。要想让连接与汇聚产生群体智慧，更重要的是改善连接与汇聚的机制。社群的每个成员都有一定能量，当成员在群体内展示自己的智慧、能力时，其个人魅力才会得以体现，才能吸引到有价值的人进行交往，吸引到崇拜他的人去关注他。为了激发大家积极地展示自我，社群内部需要制定出贡献智慧的评价标准和激励机制。具体的激发群体智慧的形式包括：悬赏式的解决方案征集和奖励式的主动价值奉献，群体智慧也包括成员之间的能量共享。

社群激励包括两个关键因素：第一，给出简单而清晰的目标，逐级实现。社群发展到一定阶段后，一定要将社群的成员按照贡献度与影响力划分会员层级，像打游戏升级一样设置任务、点数、关卡、徽章等激励体系；第二，每个人都清晰地知道自己的任务，并去完成它。大家清晰地知道完成目标可以获得什么奖励，当下应该去完成什么任务。这条原则侧重在协助每一位社群成员设定合理的目标与角色。成员可以实时了解在完成过程中所做出的贡献，在社群中的排名、贡献值等，这样很容易将个人贡献与社群成长和竞争联系在一起。实时全员告知，将最优秀结果通过激励明确下来，并实时告知所有参与者，这就是榜样的力量。

社群的本质是人性的连接。而人与人之间的连接，需要社群成员的积极参与。只有这样社群才有真正的生命力，社群组织才会实质化，社群文化才会形成。参与最直接的方式是参与活动，参与重复的合作性互动能够建立信任并增加关系的价值，参与的力量(人们之间直接的、强烈的、积极的互动)对于促进可信赖的合作行为至关重要。一个社群是否还活着，就看他是否还能产生活动和内容。粉丝与粉丝之间连接的强度与频度决定了一个社群的生命力，而社群活动的频率与质量决定了社群能走多远。对于活动而言，仅仅有参与感，还是不够的，娱乐化、游戏化、场景化是众多成功社群的惯用招数。很多社群不重视顾客之间的交流，而更在意活动，比如活动的规模。活动的目的是促进顾客之间的交流，而非活动本身，更不是形式上在一起。

大多数社群需要通过商业模式源源不断地为社群输入价值和能量，否则很难坚持下去。在社群具有一定规模之后，社群发起人需要思考如何给社群成员带来更好的体验，如身份感、认同感、更优质的内容和活动等，进一步强化社群成员的凝聚力和参与度，反哺社群品牌。PC互联网的商业模式是通过入口级产品获取顾客，把控网络流量，最后通过流量变现来实现盈利，例如QQ。在移动互联网时代，顾客因为企业某个因素，比如极致的产品、内容或服务而聚合，媒体属性的内容以引流为主，找到对的人进入社群，形成各种各样的群组，因为共同价值观和兴趣形成社群而留下来，通过参与式互动，把顾客变成“粉丝”，弱关系升为强关系，形成有黏性的顾客平台后再寻找盈利模式，跨界整合资源来为顾客提供其他产品，最终提高顾客的客单价。

从层次上分，社群具有三层价值：第一层价值是做渠道，即社群1.0，垂直型社群，这个渠道包含了三种，沟通渠道、传播渠道和销售渠道；第二层价值是做平台，即社群2.0，平台型社群，即把社群作为整合内外资源的平台，对内是创业平台，对外是联盟平台，通过社群可以实现产品优化；第三层价值是做生态，即社群3.0，生态型社群，通过跨界重构商业模式。一个有生命力的社群应该是企业为顾客提供足够多的附加价值(跟产品无关)，获取顾客的无限信任，然后围绕顾客吃、穿、住、运、行全方位地打造生态圈的产品。社群商业本质是“对人的需求满足”，对于相同兴趣爱好，相同认知的人深度挖掘其需求及体验感，为下一步嫁接商业模式提供顾客基础，颠覆了传统的以产品为导向的产业思维。

## 5.4 数字化生态

每隔一定时期出现的新技术集群是社会演化和经济增长的根本动力。科技进步带来的技术机会能否转化为现实生产力，取决于一国的工业化水平以及战略倾向。技术总是通过工业活动而取得其存在形态，技术进步也表现为企业发展，企业的生产技术和组织形态都会随着科技进步不断演化。技术为产业化奠定了基础，技术本身的创新则会推动企业业务升级。重大基础性技术的出现将为经济社会带来颠覆性影响，从根本上改变企业运行的规则与逻辑。顾客是获取技术价值的主要群体，通过生产经营从多个维度高效地向顾客传递技术价值是企业业务升级的根本要求。

数字技术的应用增强了顾客在市场中的地位，更好地完成价值供给的要求，并且通过组合式创新不断创造新的价值。在需求端，数字技术有效地降低了信息不对称，更好地满足顾客偏好。例如，共享制造增强了顾客对生产过程的参与，5G加快了信息流通与传递，边缘计算降低了响应时间和服务成本，等等。在供给端，数字技术在一定程度上克服了传统商业中制约交易活动的时空因素，例如，数字孪生技术实现了物理世界在虚拟化的数字空间中的完整映射，物联网增强了个体之间一对一的精准匹配，智能合约降低了契约执行过程中的不确定性，等等。数字技术应用带来供给端和需求端的变化，倒逼企业从两个方面进行升级，分别是构建价值供给网络、培育数字化生态(戚聿东等，2020)。

### 5.4.1 价值供给网络

赢得顾客对产品的持续认可是企业发展的重要目标之一。随着数字技术的发展，顾客对企业的影响得以不断增强，顾客的使用价值成为数字化产业体系的核心。围绕使用价值的供给，企业之间互为外部支持，彼此提供互补性资产。区别于纯粹的市场交易关系，数字化产业体系中企业之间所体现的关系更加趋向于介于企业和市场之间的网络组织模式。企业通过与顾客直接互动，共同创造价值，有利于更好地填补顾客的需求漏洞，走出商品化陷阱。由于新价值的推出往往会改变顾客的使用习惯，直接互动的过程也是在帮助顾客以较低的成本适应新的使用方式。价值供给网络是指企业利用数字技术，加强企业与顾客的直接互动，构建以使用价值为核心、遵循顾客主导逻辑的合作网络关系。

#### 1. 数字化契约

为了获得必要的生产要素，企业之间以契约方式建立合作。契约构成产业组织内部的基本关系，其执行需要企业付出一定的信息成本与监督成本。企业是一系列契约的集合，企业通过一体化实现外部契约的内部化之后，能够降低交易成本，但是却提高了管理成本，造成规模不经济。面对这一现实困境，企业如何在契约与内部化之间进行平衡，直接影响价值供给的整体效率。当物理世界被完整地映射到数字化空间后，企业之间基于数据主线可进行实时的在线监督。以使用价值为核心，数据主线连接了产业体系中的所有企业，进而构建价值供给网络。在该网络中，企业能够在较短时间内快速地检索到最佳的合作伙伴，通过实时沟通建立以数据形式被记录的契约关系。由于计算机程序可以对数据化信息进行精确解读，企业监督契约执行同样能够实现自动化、智能化。当执行方达成阶段性目标后，计算机将自动解锁下一任务权限，并配置相应资源；如果出现异常，企业也能够及时获知问题所在，并与执行方进行沟通，控制损失。与传统契约相比，数字化契约进一步降低了信息不对称，企业之间实现流程的公开、透明。同时，数字化契约促进企业之间合作的深入。企业不仅能够掌握自身契约的执行情况，而且可以了解价值流上其他契约的完成进度，提高对价值供给风险评估的准确性。

契约具有不完备性，明晰资产的所有权和使用权成为建立合作的必要之举。在数字化空间中，对实体资产的所有权或者使用权的每一笔交易都会留下数据痕迹，为权、责、利的分配提供可靠依据，并且有效地抑制机会主义行为。针对知识产权等缺乏实体形态的智力成果，大型企业可以通过直接交易获得所有权，在资本实力上不具有优势的中小企业也能够在不获得所有权的前提下根据使用情况进行付费，例如，企业在销售一件商品后，所有者有权按照既定比例从收益中提成。当发生重大变化而需要对契约进行重新修订时，企业之间仍然可以对已完成进度进行数字化评估，然后再根据变化后的约束条件设计新的契约方案，或者按照评估结果进行清算并终止契约。契约执行的信息能够被全网获知，由此所建立的市场化声誉机制有助于增强企业的责任意识，进一步强化价值供应网络的隐性激励效应。

### 2. 数字化分工

对于企业而言，数字化契约的出现削弱了其实施一体化战略的内在动机。专注于强化自身比较优势，致力于不断提升市场竞争力，成为企业持续稳定发展的核心战略。长期以来，工业化的高速发展加剧了要素集聚，对关键资源的垄断成为大型企业竞争力的主要来源。中心化的组织结构进一步巩固大型企业的市场垄断地位，但是也导致要素利用率及边际生产率的下降。在数据化空间中，对要素的垄断将使得企业错过更多机遇。数字技术的应用推动生产要素的存量调整，抑制中心化组织对关键资源的垄断，加快企业之间要素流通。在数据信息的引导下，要素将向生产率更高的企业集聚。提高全要素生产率不仅有助于企业获取所需的外部资源，而且是企业在数字化转型进程中建立比较优势、提升竞争力的有效途径。由于产业组织内部形成价值供给的生产性分工以技术能力作为必要条件，企业之间合作的重点不再仅仅局限于交易关系，而更多地体现为彼此之间相互赋能，即每个企业都作为独立主体，基于自身核心能力进行对外的价值输出，同时也会输入其他企业所供给的价值。通过企业之间相互赋能，产业组织内部逐渐构建遵循顾客主导逻辑的价值供给网络。

价值供给网络中的角色大致可以分为承担商品集成的核心企业以及进行技术开发的辅助企业两类，二者之间通过数据主线实现价值供给的协同。按照顾客提出的价值主张，核心企业对各项技术性能集成之后，将商品及其所蕴含的价值直接传递给顾客。同时，核心企业通过向辅助企业提供必要的技术支持、创建通用的技术标准等方式提高对顾客响应的敏捷性，满足顾客对偏好、时间、空间的价值主张。顾客的价值主张也能够实时反馈至辅助企业，实现技术性能的个性化定制。由于技术性能只有在集成为商品后才能够被顾客使用，辅助企业向顾客供给价值必须借助核心企业的力量。作为顾客与辅助企业的价值传递中介，核心企业还将扮演数据枢纽的角色，利用数据提高自身的管理效率，在服务改善升级、顾客体验、需求预测、价值管理等方面给予辅助企业更多的数据支持。

## 5.4.2 价值供给逻辑

商业生态是指在价值供给网络中，顾客、核心企业以及辅助企业之间建立数字化连接，逐步形成以使用价值为核心，以数据为关键生产要素，基于数字化分工，实现知识共享、技术协同、要素协同的商业模式。对于企业而言，数据蕴含着丰富的价值。当信息被数字化处理后，其传播速度及效率均得到大幅提升。企业之间通过数据主线建立跨行业合作，不断增加产品的使用价值，实现价值供给的深度协同。除了实时把握市场趋势，企业通过对数据流的监测，还可以精确地了解土地、劳动、资本、技术等传统要素的使用情况，借助数据模型引导要素向效率更高的生产环节集聚。数字技术的应用为数据的收集、传递、分析、利用创造了条件，数字技术创新则进一步加强价值供给。以数据主线为连接而形成数字化生态的价值闭环，实现顾客与企业之间的价值共创。

### 1. 数字技术创新驱动价值供给的优化

技术反映了人类在不同情境下以智取胜的能力，其创造的实用性为人类社会的发展提供了可能性。产品开发是工业组织将市场需求和技术可能性结合起来并转化为生产力的核心环节，是技术创新的中心过程。数字技术的进步性产生对传统工业技术的局部替代效应，促进生产力水平的提高。数字技术仅仅是提高生产力的“催化剂”，即通过数字化空间克服物理世界对生产活动的时空限制，并不能完全替代工业活动的生产属性，工业仍然是将要素转化为产品的实体根本。数字技术创新扩大了企业的生产可能性边界，技术溢出带来显著的正外部性，降低商品的交换成本。由此产生的收入效应，使得顾客在既定的无差异曲线下，能够获得更多的使用价值。所以，数字技术创新驱动价值供给的总效应为正，如图 5-1 所示。

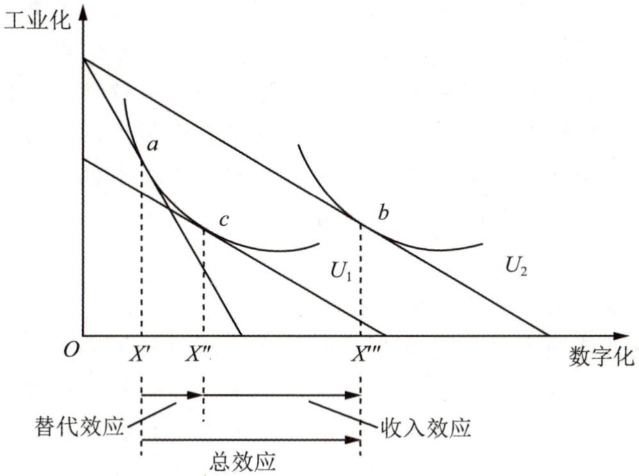


图 5-1 数字技术创新驱动价值供给的总效应

企业只有为顾客持续创造新的价值，才能够赢得市场认可。数字技术的应用降低了行业进入壁垒，企业跨界发展的能力得以增强。随之而来的“跨界颠覆”，营造了更为激烈的市场竞争环境，对企业的核心竞争力提出了更高的挑战。在数据引导要素流通的价值供给网络中，数字化连接促进企业之间的知识共享，竞争焦点转向于通过创新不断提高技术能力。创新与技术进步是市场竞争机制的内生结果。与产品相比，企业开发产品的资源/能力具有更为深层的影响，基于资源/能力建立的核心竞争力更加难以模仿或替代。企业只有掌握技术创新能力，才能够立足于市场。在海量数据的基础上，企业通过不断完善深度学习模型，实时挖掘数据中抽象的分布式特征，对连接市场需求和技术创新、提高技术创新能力具有更为重要的意义。

在竞争中，技术本身的优劣并非决定企业经营成败的唯一因素，支持技术实现商业化的数字化生态同样对企业经营状况产生重要的影响。数字技术创新不仅包括对技术本身的深层建构，而且涉及对商业模式的重构。前者通过技术域之间的组合式创新直接改进生产活动，提高产品的技术性能，后者则在深层次上改变了商业逻辑，取而代之以共享协同的数字化生态。由于每一个生态参与者都对价值供给产生影响，各参与者具有相对平等的地位，任何一方都没有决定全部价值的能力，数字技术创新也意味着生态参与者之间价值供给协同性的增强。数字化转型增强了用户与企业之间的连接，促进了共创体验。共创体验是用户与企业之间以多种渠道、选择、交易和价格-体验关系为基础共创价值的过程，克服了传统商业模式下用户在交换活动中的被动性。用户参与度的提升，不仅使企业从烦琐的规章中摆脱出来，而且为企业的创新活动提供了指引，促进了共创体验的个性化（肖旭和戚聿东，2019）。

### 2. 数字化生态的价值网络闭环

数字经济下，产业组织的基本单位不再是企业，而是企业之间针对顾客使用价值的供给建立合作关系而形成的数字化生态。"生态"一词源自生物学领域，指生物及其生存环境之间的相互关系。在管理学中，"数字化生态"被定义为"在业务上相互关联的企业之间形成的分布式集合"，其目标在于企业之间通过互动以及创新将单独的供给整合为有机的、具有一定使用价值的产品。处于生态中的企业之间相互依赖，共同进化，共同拓展生态边界。企业获得发展的条件是通过赋能合作伙伴，共同实现生态网络价值最大化。数字技术能够详细地记录每个企业在生态中做出的贡献，确保企业最终能够获得与付出相匹配的价值分配。企业与顾客之间建立多重的、复杂的非线性关系渗透至生产活动的各个领域，突破以往单纯以企业一方为主导的"单核"网络。顾客角色发生转变，其对生产活动的深度参与可以促进创新能力提升，进而提高新产品开发绩效，并且为价值供给网络中的所有企业提供实时反馈。

然而，生态的维持绝不是保持静止，而是要不断打破平衡，再建立新平衡的动态过程。一切都在以不可预知的速度发生变化，也正是在这种失衡状态中孕育出了大量的创新。数字技术的组合式创新促进了价值供给的多样性，在技术域之间建立连接是组合式创新的基本前提。企业只有不断地建立新的连接，才能够发现更多的机会。在数字化空间中，数据的实时传递降低了企业之间合作的交易成本。企业在把握新机遇的同时，应通过引入新的参与者或者拓展产品的使用价值等方式，以较低的成本对已形成的价值网络进行不同程度的改变，逐步建立新生态。

数据主线全面贯穿生产、流通、分配、消费各个环节，建立起价值网络闭环，培育共生、再生、互生的数字化生态。在数据信息引导下，生产要素向全要素生产率更高的企业集聚，加快产业组织内部的优胜劣汰，跨行业、跨地域的合作成为常态，使用价值的供给大幅提升。数字技术应用使得企业之间的生产合作较少涉及所有权的变更，而更多地在于经营权的"联合"，即使用权的共享。这也促进了所有权与使用权的分离，削弱了所有权对交易行为的约束，所有权与使用权都将成为价值分配的有力依据。根据数字化分工，核心企业要承担产品集成与价值传递的职能，必须具备丰富的知识和经验，并且致力于提供培育生态所需要的管理、数据、物流等"公共品"。基于对"公共品"所有权以及使用权的数据记录，明晰了主体权利，有助于避免"公地悲剧"，强化对核心企业的激励。"公地悲剧"是指个体为了自身利益，过度使用公共品，最终导致公共品彻底退化或废弃。顾客向价值供给的企业支付相应的费用，辅助企业则在收获价值供给回报的同时，按照"公共品"使用的记录向核心企业进行付费。在这个过程中，顾客对使用价值的诉求决定着生态演化的方向，每一个生态参与者都能够共享发展机遇，共享创新成果，在赋能其他参与者的同时实现自身的发展，如图 5-2 所示。

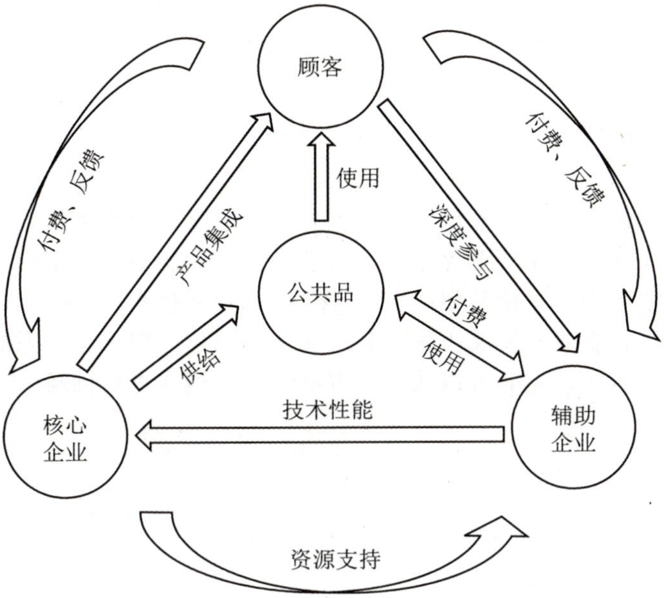


图 5-2 数字化生态中顾客、核心企业、辅助企业之间的价值共创模式

## 本章小结

智能技术的快速发展正在深刻改变着人们的生活、工作和娱乐方式，新一代消费群体对新技术有着很强的接受能力，对生活、社交以及购物有了更高的要求。互联网大大拓宽了可供选择的范围，顾客总是能够在线找到满意的商户，消费趋势从单纯地注重功能性消费转变为功能性消费与精神消费并重。在线平台吸纳了餐饮、购票、保险、出行、酒店等诸多商户，降低了顾客的搜索成本，在时间维度上带来了更好的服务体验，企业之间不得不围绕时间维度展开竞争。顾客价值的供给通常需要多项技术之间耦合以共同完成，这也增强了技术之间在价值创造上的依赖性，形成以满足特定需求为目标的技术集合。

对于企业而言，在数字经济时代生存的一个较为有效的办法便是，去发现那些曾经以为太小而被忽视的事物，让它们用最合适的方式去拥抱组织的集群网络。随着网络顾客的增多，网络的价值在迅速膨胀，而这种价值的急速膨胀又会吸引来更多的顾客，产生复合性的效果。互联网的价值恰恰在于实现价值的指数级增长，小投入与小投入之间互相增强，其中的回报递增是整个网络一起创造并共同分享的。在网络经济里，只有抓住已经存在的机遇才能出现新的机遇。

互联网商业也从运营商品走向运营内容，再以内容为纽带触达人群，获得顾客，最后转化为会员或社群。内容生产者不是生产商品，而是生产生活方式，传播生活方式。内容生产者打造从内容生产到内容传播、内容消费的生态体系，颠覆了传统的以产品为导向的产业思维。

顾客是获取技术价值的主要群体，通过生产经营从多个维度高效地向顾客传递技术价值是企业业务升级的根本要求。数字技术的应用增强了顾客在市场中的地位，更好地完成了价值供给的要求，并且通过组合式创新不断创造新的价值。数字技术应用带来供给端和需求端的变化，倒逼企业从两个方面进行升级，分别是构建价值供给网络、培育数字化生态。

## 复习思考题

1. 在即时消费模式下，企业可以从哪些方面创造新的价值供给？
2. 以某个企业的数字化转型为例，介绍它是如何利用蜂群思维的。
3. 以某个企业为例，讨论其如何借助互联网和数字技术整合碎片化价值。
4. 结合某个平台企业的发展历程，分析它是如何建立数字化生态的。
5. 在数字经济时代，企业可以从哪些方面对商业模式进行创新？

## 案例分析

### 传化智联——平台模式服务制造业物流数字化转型

传化智联股份有限公司(以下简称“传化智联”)通过数字化技术，以智能平台模式将一个个公路港连接成网，同步打造衔接货主企业、物流企业的信息系统，为企业提供从线下到线上定制化的“端到端”供应链解决方案和服务，助力制造企业降本增效。

#### 做法与经验

(1)布局全国智能公路港，形成全方位地面物流服务网

通过平台化运营，形成为各类企业提供集、分、储、运、配等物流供应链服务的“地网”，并补足城市物流基础设施枢纽功能，促进产城融合高质量发展。同时，通过数字园区系统，实现港内人、车、货、场、企等各种资源的数字化管理，以及物业、物流、安防、无感停车、无人巡检等统一管理、统一调度。

(2)打造智能物流货运平台，形成立体式线上物流服务网

通过数字化技术，将单个公路港连接成全国一张网，打造衔接上下游用户的高效信息系统，贯通物流供应链全流程。平台为企业提供运力派单、可视化运输管理、支付结算等全链条物流服务，以及汽车后市场增值、金融保险等产品服务，实现企业物流业务在线化、数字化、标准化、智能化。

(3)健全仓配运物流服务，提供端到端供应链物流解决方案

线下以“智能公路港全国网”为基础，建成覆盖 33 个城市的仓储网络，整合连接了自有车辆、物流公司与社会车辆等 400 多万运力资源。线上以数字化手段连接各类企业上下游及内外部的信息系统，实现一键发货、自动派单、运力调度、全程跟踪等智能化管理。

(4)提供支付金融服务，构筑产业端信用体系

传化智联支付持有支付业务许可证，依托“智能物流服务平台”形成的端到端供应链体系，将消费端互联网支付手段应用到物流场景，实现了物流行业从发货到收货的全程支付在线化。目前已形成能够承载万亿级交易规模的支付平台，通过全链路的生产交易轨迹产生大量用户画像，分析运算形成产业端的信用评价体系。

#### 实施效果

据估算，传化智联已为快消、钢铁、家电、化工、能源等 40 多个行业的上百万家

企业提供服务，为其提升 20%～30%的综合物流效能。以轮胎企业为例，可有效降低轮胎制造的仓储及运输成本，提高运营效率，加速制造企业供应链的规范化、透明化、安全化，预计供应链综合成本降低约 25%，库存周转率提高约 20%，装卸货工时效率提高 60%以上，订单及时交付率提高 80%以上。

资料来源：《典型案例：传化智联——平台模式服务制造业物流数字化转型》，国家发展改革委微信公众号，2021-12-04。

**思考与讨论：**

1. 传化智联从哪几个方面着手构建平台？
2. 在传化智联平台上，不同企业之间如何进行数字化合作以及业务协同？

# 第6章　数字企业战略管理

【学习目标】

- 掌握数字经济时代的主导战略
- 熟悉数字化转型的概念及其在技术、生产、跨界经营等方面的具体体现
- 了解部分行业的数字化转型现状及未来的发展方向

【关键术语】

数字化转型　跨界经营　开放式创新　“ABCD”数字技术

## 开篇案例

### 柯达的转型悲剧

曾经，提起“Kodak Moment(柯达时刻)”，人们想到的是值得留存与回味的记忆。如今，这一词却成了企业高管的警钟：在颠覆性技术侵入市场的时候，必须要及时回应。然而，事情远非这么简单。

随着时间推移，伊士曼柯达公司被颠覆的过程、没落的原因，正在被人们淡忘甚至误读。过去，柯达的核心业务是售卖胶片，因此不难理解为何近几十年它活得如此艰难。昔日的胶片相机演变成数码相机，然后又转向了手机。人们不再冲洗照片，而是选择在社交媒体上直接分享。没错，虽然人们偶尔还是会印刷书籍和节日贺卡，但是柯达的业绩早已今非昔比。2012年，柯达申请破产保护，退出了传统业务，同时也出售了专利。2013年，当柯达重新归来时，规模与过去远不可同日而语。这个曾经世界上最强大的公司，如今的市值只有不到十亿美元。为什么会这样？一个简单的解释是，公司缺乏远见：柯达被自己的成功所蒙蔽，使得它完全错过了数字技术的兴起。事实上，这个说法跟实际情况完全不符。1975年，数码相机的第一架原型机由史蒂夫·萨松发明，而这位工程师的雇主正是柯达。那架相机跟烤面包机差不多大，拍一张照片要花20秒，画质还很差，若要在电视上看照片，需要进行复杂的连接。但是，它明显具有极大的颠覆性潜力。

不过，有所发现与采取行动，完全是两回事。于是，另一种解释就出现了：柯达发明了相关技术，却没有对它进行投资。萨松自己就曾告诉《纽约时报》，管理层对他的数码相机的反应是：“这很可爱，但千万别告诉任何人。”事实上，柯达为了开发一系列数码相机，曾经投资数十亿美元。采取行动和采取正确行动，又是不同的事。于是，出现了另一种解释：柯达对数码相机的投资管理不当——他们没有抓住数字技术的简单特性以扩大市场，反而一味试图让数码相机拥有与传统胶片相机一样的功能。这些批评用在柯达最早版本的数码相机上(例如，价值两万美元的DCS-100)也许成立，但

是后来柯达完全拥抱了数字技术的简单性。他们开发了一些新技术，让人们能够轻易地将照片从相机转移到计算机，从而强有力地奠定了其市场地位。于是，解释又出现了：以上所有事实都毫无意义，因为真正的颠覆，发生在相机、手机合二为一的时候——人们不再冲洗照片，而是直接将照片上传到社交媒体平台以及手机应用程序上，柯达完全错过了这个机会。然而，事实也不尽如此。

早在马克·扎克伯格还没开始编写脸书的代码之前，柯达就有了先见之明：它在 2001 年收购了一个名叫 Ofoto 的照片共享网站。想象一下，假如柯达真的具有其历史口号“share memories，share life(分享回忆，分享生活)”精神，那么它就会将 Ofoto 重新命名为 Kodak Moments(而不是 Easy Share Gallery)，将其打造成一个全新的社交分享平台，在那里人们可以分享照片和新闻，以及更新个人信息等。也许到了 2010 年，柯达还会吸引一个来自谷歌、名叫凯文·斯特罗姆的年轻工程师，让他为这个网站开发出移动版本。遗憾的是，现实中柯达却利用 Ofoto 来吸引更多人冲洗数码照片。2012 年 4 月，柯达以不到 2 500 万美元的价格将 Ofoto 出售给 Shutterfly，作为其破产保护计划的一部分。同年同月，脸书以 10 亿美元收购 Instagram，而这就是斯特罗姆 18 个月前创立的公司，当时这家公司只有 13 个人。

其实，我们从柯达身上学到的教训是很微妙的。公司领导者通常会觉察到影响其所在行业的颠覆性力量，大多时候也会调动充足的资源来进军新市场。那么，为什么还会失败呢？这是因为他们没有真正接受这一颠覆性变化所开辟的新商业模式。柯达发明了数码相机，也对相关技术进行了投资，还意识到在互联网上分享照片将成为趋势……他们最大的错误，就是没有真正意识到在线照片分享是一项新业务，而不是扩大印刷业务的一种方式。

如果你的公司正在进行数字化转型，那么你一定要回答以下三个问题：

我们正从事什么业务？不要从技术、产品、类别的角度回答这个问题，而是要思考你们在为客户解决什么问题，或者所谓“你们正在替客户执行的工作”。如果让柯达回答这个问题，可以回答说“胶片业务”“图像业务”，也可以说“时刻共享业务”，而不同的选择会导致不一样的结果。

这项颠覆性技术带来了哪些新机会？人们总是将颠覆视为一种威胁，其实它才是帮助企业实现成长的最佳机遇。颠覆总是会扩大市场，同时推动商业模式发生转变。我的同事克拉克·吉尔伯特的一项研究表明，那些将颠覆视为威胁的领导者，通常会以墨守成规的方式应对改变；而将颠覆视为机遇的领导者，则会以扩张方式应对改变。

我们需要达到什么样的能力才能把握住机遇？面对颠覆性技术带来的新机会，其实在位企业往往处于有利位置。毕竟，他们拥有许多市场新进入者不具备的优势，比如在市场准入、技术、财务等方面。当然，这些能力对在位企业来说也存在限制，毕竟这些比较优势还不足以让其以新的方式在新的市场中竞争。所以，在位企业一定要以谦虚的心态面对新增长机会。

柯达的故事，是一个潜力丧失的悲剧。这家美国标志性公司拥有人才、金钱甚至先见之明，本可以进行漂亮转型，然而却最终沦为颠覆性变化中的牺牲者。要知道，只有从柯达身上吸取正确的教训，你的公司才能够免于同样的命运。

资料来源：斯科特·安东尼：《战略简法》，载《哈佛商业评论》，2012(2)。

**思考与讨论：**

1. 面对新技术冲击，柯达公司在转型过程中面临哪些困难？犯了哪些错误？
2. 企业在数字化转型过程中面临哪些问题？

## 6.1 数字经济时代的主导战略：数字化转型

### 6.1.1 数字经济时代："做正确的事"远比"正确地做事"重要

彼得·德鲁克在《管理：使命、责任、实务》一书中指出，战略设计是一个持续过程，包括系统地进行当前企业家承担风险的决策，并尽可能了解这些决策的未来性；系统地组织实施这些决策所需要的努力；通过有组织、有系统的反馈，对照着期望来衡量这些决策的结果。在数字经济时代，随着数字化转型、智能化升级，必将带来企业战略决策的变革。企业在传统战略设计中，过多地关注于生产端的技术改进，也导致企业在服务端的工作不够到位，用户体验得不到足够重视。因此，在以企业生产活动为主导的商业逻辑下，产业的创新能力无法得到完全释放，用户仅仅作为产品的被动接受者，其权益也无法得到充分保障。数字技术的出现改变了上述状况，企业之间建立起互联互通的商业网络，数字化连接打破了组织的内外边界，企业在数字经济时代亟须数字化转型。企业数字化能力的加强，有利于降低失误、犯错的概率，提高经营效率。为了巩固竞争优势，企业还必须将核心能力做到极致，不断推出超越市场预期的产品、服务，以此加强品牌声誉。基于自身的核心能力来开展适应市场变化的业务，对于企业未来的发展具有非常重要的意义。

企业在制定战略方向时，选择"做正确的事"显然要比"正确地做事"更符合数字经济的发展趋势。柯达、诺基亚、西尔斯等老牌名企都是因为过度地专注于巩固传统的优势业务，没有及时切换战略"赛道"而遗憾落败，将行业领先地位拱手让给竞争对手。企业数字化转型是一项复杂的系统工程，不仅包括转型前的可行性研究和转型中的过程管控，更包括转型后的管理适应性转变。对此，已有国内外相关文献大都局限于对前两者的研究，而对管理适应性转变多有忽略，即便一些研究涉及某一方面的管理转型，但很难看到管理转型的全景或概貌，现实中绝大多数转型企业亦受困于此。事实上，数字化转型给企业管理带来了全面而深刻的挑战，企业数字化转型之后，亟须企业做出系统适应性变革，才能维系数字化转型后的可持续发展。

### 6.1.2 数字化转型的概念

以大数据、物联网、云计算、人工智能为代表的数字信息技术深度影响着产业发展，数字化转型成为潮流。所谓数字化转型，就是企业通过使用新的数字技术来改进企业的核心业务，以增强客户体验、简化运营流程或创建新的商业模式的变革过程。数字化转型的规划与实施要结合企业自身的实际情况务实开展，做好自上而下的业务变革管理，选择适合企业自身的数字化平台，主要关注业务运行、工作流程和组织协调以及商业模式变革，改进生产流程、变革管理模式、优化营销方法，以释放数字对经济发展的放大、叠加和倍增作用。数字化转型表明，只有企业对其业务进行重大的、完全的重新定义——并不仅仅是采用 IT 技术，而是对组织活动、流程、业务模式和员工能力的方方面面进行重新定义的时候，才能获得成功。

对传统企业来说，数字化转型往往是一个复杂过程，面临着技术、资源、能力、组织、文化和管理等方面的挑战。字化转型带来的不仅是利用数字技术进行全方位、多角度、全生态链条的生产流程优化，更重要的是如何运用数字化转型优化市场资源配置，提高创新驱动效果，实现产业高质量发展。现有的企业数字化转型研究主要集中在数字技术在商业领域的创新与应用方面，具体体现在数字技术催生新的商业模式、引发新的企业管理战略变革、增强企业的获利能力并推动企业转变客户服务意识、推动企业产品服务化转型、组织结构变革和生产运营模式调整等方面。

### 6.1.3 数字化转型的类型

从数字化资源投入和组织适应性两个关键维度，企业的数字化转型战略可以划分为变革依赖型、生态导向型、业务主导型和技术主导型四种转型战略。

#### 1. 变革依赖型战略

当企业组织适应性较高而数字化资源投入较低时，将其称为变革依赖型数字化转型战略。采取这种转型战略常见于小企业，由于小企业自身的资源和能力不足，没法支撑企业在数字化资源上的大量投入。同时，小企业规模小，组织结构灵活、简单，能够基于企业战略、业务发展、市场需求等做出快速响应和调整。这种战略类型的传统企业一般采用 B2C 的商业模式，依赖外界的力量进行数字化转型。如阿里巴巴、京东电商平台上的大部分第三方店铺企业，都属于这种类型。它们在制定和实施数字化转型战略时，往往通过第三方企业搭建的数字化平台，给客户提供数字化体验。

#### 2. 生态导向型战略

当企业的组织适应性和数字化资源投入都比较高时，将其称为生态导向型数字化转型战略。采取这种转型战略常见于行业中的领头羊企业，这类企业在行业中属于数字化转型的引领者，具备丰富的数字化资源和较强的数字化能力。它们属于数字化转型中的领军企业，数字化转型成效显著。企业已经探索出适合自身的商业模式，所以企业会针对外界的变化，对现有的商业模式进行优化，在保持现有的竞争优势下实现企业业务的增长。这类企业在引领数字化转型的同时，更加注重数字化生态的建设以实现企业和客户的全面可持续发展。如施耐德电气——能源管理与自动化领域的数字化转型的专家，在自身实现从传统制造企业向数字化企业成功转型同时，制定数字化朋友圈的生态建设战略，携手朋友圈合作伙伴和客户企业，共建数字化生态圈。

#### 3. 业务主导型战略

当企业的数字化资源投入和组织适应性都比较低时，将其称为业务主导型战略。采取这种转型战略常见于组织惯性较大、传统业务比重大的大中型企业。这类企业业务庞大，种类复杂，业务是企业长时间积累的传统优势，它们在准备实施数字化转型时，传统业务转型是其切入点和重点。通过对业务的数字化赋能与重塑，以期实现业务的增长。这种类型的战略常见于技术比较薄弱或者对技术依赖性不强的行业，如传统服务行业，企业通常没有太多的资源和精力能投入到技术的研发与应用上，而是把战略重点放在传统业务数字化转型和新数字化业务开发上。如海底捞餐饮与阿里云合作，开发海底捞 App，通过数字化私人定制的服务实现业务的快速增长。

#### 4. 技术主导型战略

当企业的数字化资源投入比较高而组织适应性比较低时，将其称为技术主导型数字化转型战略。采取这种转型战略的企业常见于重视技术研发以改进工艺生产流程、提高生产效率的传统工业制造企业，这类企业在行业中属于数字技术的探索者，企业在数字技术的应用上投入较多的资源和精力，通过数字技术提升企业运营效率。如三一重工集团依靠科技创新——人工智能＋传统制造，打造“18 号厂房”的智能工厂，以数字技术开发为主导，描绘了传统工业的数字化图景。

### 6.1.4 数字化转型的主要战略目标

#### 1.“降本增效提质”，实现转型核心目标

企业转型升级核心目标是“降本增效提质”，数字化则是达成一愿景的必由之路。企业利用新一代数字化、网络化、智能化技术打造工业化、自动化、数字化与智能化融合一体的综合性智能管理平台，对企业进行精细化管理，企业的“降本增效”也能取得显著成效。根据世界经济论坛发布的《第四次工业革命对供应链的影响》，数字化转型使制造企业成本降低 17.6%、营收增加 22.6%，使物流服务业成本降低 34.2%、营收增加 33.6%，对于零售业，这两个数据则分别是 7.8%和 33.3%。在数字化的企业里，端到端的流程极大地降低了工作冗余，减少了整体的工作时间。同时，数字化工具还可以进一步打造数据可视化，使用者可以通过仪表盘实时监控和分析自己正在进行和未来规划的任务，有助于更好地掌控工作节奏，提高工作效率。

#### 2. 提高生产运营效率，重构组织管理方式

数字化技术大幅提高生产过程各环节效率的同时，带来新的管理工作方式，帮助企业实现持久性的改进。数字化转型并非仅强调削减成本，或要求团队使用更少的人力来执行现有流程，它使企业可以重新设计流程，实现流程自动化，在适当的节点捕获数据，向管理者传递相关信息。在企业的内部管理层面，通过数字化技术提升内部的运营管理效率，以及经营和管理的精准性，带来全新的组织管理方式，甚至是新的生产运营方式，可以大幅度提高企业的生产运营效率。根据工信部近年来开展遴选的智能制造试点示范项目数据显示，相关制造企业在数字化、智能化转型后，其生产效率平均提升 37.6%，最高达 3 倍以上；能源利用率平均提升 16.1%，最高达到 1.25 倍；运营成本平均降低 21.2%，产品研制周期平均缩短 30.8%，产品不良率平均降低 25.6%，数字化转型正向赋能作用显著。

#### 3. 有效应对市场波动，提升企业韧性

依靠数字化转型应对市场波动，提升韧性是企业在疫情防控常态化背景下生存和发展的共识。受环境、资源、交通、技术等多重因素的影响，市场波动呈非周期性和不可预测性的趋势，这给企业发展和市场决策带来巨大的生存压力。面对当今的市场波动，传统企业如制造、石油、电力等，可以进行数字化转型来应对。企业可建立一体化数字化平台底座，建设数据运营体系，强化内外数据的采集、融合、分析、应用、治理能力建设，实现数据在应用系统、软硬件设备、生产设备以及人之间的实时、自由有序流动，达成“数据-信息-知识智慧”的价值跃迁，通过数据资源为企业全面赋

能，为企业产品研发、市场销售、经营管理等提供科学决策和精准执行，现运营智能化、设备远程控制、工厂全面可视化、产品趋势分析等功能，使领导和员工根据客户、工厂、市场的数据分析情况随时调整企业发展规划，了解企业运行现状以及未来发展宏图，从而提高产能，有效地应对市场波动。

#### 4. 驱动企业提升创新能力，保障市场竞争优势

对于企业来说科技创新能力是企业快速发展和提高核心竞争力的关键。近几年来，我国以企业为主体的技术创新体系正逐步完善，企业在创新资源配置中的主导地位日益凸显。在数字化的大浪潮中，新一代信息技术加速与经济社会各领域深度融合，对企业的边界、内部组织、竞争优势等产生了深刻影响，也将推动创新模式发生重大变革。为适应数字经济时代的发展，传统企业应将技术创新作为其发展战略的基石，调整其运营策略和商业模式，实现自身创新变革，以保障自身在新时代下的市场竞争力。

## 6.2　数字化转型的具体体现

### 6.2.1　生产领域加快构建工业互联网

智能制造成为生产领域数字化转型的重要方向。美国学者怀特和布恩最早在著作《智能制造》中提出了“智能制造”的概念，指出智能制造是“利用集成知识工程、制造软件系统及机器人视觉等技术，在没有人工干预的条件下，智能机器人独自完成小批量生产的过程”，但其技术体系仍多局限于自动化范畴。在新一轮技术革命快速推动下，智能制造开始受到世界各国的重视，美国通用电气公司(GE)在 2012 年最早提出建设工业互联网的构想，成为实现智能制造的主要基础设施。2013 年，德国在汉诺威工业博览会正式推出工业 4.0 战略，为智能制造落地提供了切实可行的战略体系。工业互联网为生产领域智能化转型提供重要基石。

由于工业互联网最初来自美国对自身制造业技术和信息技术优势的整合，因此它自身就是一个由软件、互联网和监控探测设备叠加在制造业上构成的系统，在生产端发挥作用。工业互联网建立了设备、生产线、工厂、供应商、产品和客户的虚拟数字映像，并将其紧密地连接融合为一体。工业互联网可以帮助制造业放松对产业链上企业集群的空间约束，形成跨设备、跨系统、跨厂区、跨地区的互联互通，使工业经济各种要素资源能够高效共享，从而提高效率并推动整个制造服务体系智能化；还有利于推动制造业和服务业之间融合，实现制造业产品附加值的提升，增强制造业的竞争力和盈利能力。德国提出的“工业 4.0”与工业互联网类似，都是将信息技术和制造业相结合，实现智能制造。但是由于德国的制造业发达，而在信息技术方面并无优势，因此相对于美国提出的“工业互联网”侧重于企业间的信息互通，让数据生产新的价值，“工业 4.0”更强调企业内部嵌入式系统与机器的融合，利用工厂内生产数据优化生产，实现工业迭代创新。工业互联网作为一个系统，可以从构成它的核心技术部件和概念划分为多个层次。例如美国工业互联网联盟(IIC)提出了包含企业层、边缘层、平台层三层架构的工业互联网架构。

工业互联网利用数字技术推动制造业发展的模式非常适合我国的制造业升级。工业互联网是满足工业智能化发展需求，具有低时延、高可靠、广覆盖特点的关键网络

基础设施，是新一代信息通信技术与先进制造业深度融合所形成的新兴业态与应用模式。在引入工业互联网后，首先可以通过工业互联网推动企业生产数字化转型，具体是通过对生产流程数据化实现企业内的生产技术创新，将生产经验数据化，实现知识传播规范化，促进技术创新，提高企业生产效率。从优化资源配置和技术创新的角度解决中国制造业面临的劳动力、土地、能源等生产资料价格上升导致企业竞争力下降的问题。其次在产业链层面通过推动产业链平台化实现产业内的生产方式创新。具体是通过构建可以相互替代的复数连接减少供应链对企业的锁定，通过将企业模块化促进产业内的生产方式创新，提高整个产业的生产效率，通过灵活生产化解“制裁”带来的不确定性风险。最后是通过推动产品服务化转型提高产品的附加值。具体是在企业生产数字化、产业链平台化的基础上，实现智能制造，取得个性化定制和规模化生产之间的均衡，同时也通过服务产品化提高产品的附加值。最终通过工业互联网对制造业的赋能，实现制造业的升级。国务院发布工业互联网发展指导意见，提出 2025 年，培育 3～5 家具有国际竞争力的工业互联网平台，实现百万工业 App，百万企业上云。有实力的制造企业积极发展工业互联网平台，实现对底层生产设备的直接连通，从而优化资源配置、提升资产能效，互联网企业将云计算、大数据、物联网、互联网平台深度应用于工业领域，成为提供通用使能技术支撑的工业互联网平台，提升工业生产效能。

### 6.2.2 战略布局转向跨界经营

基于 ABCD 等技术而建立的数字化连接打破了组织内部和外部的边界，为跨界经营创造了机遇。所谓跨界经营，指企业跳出自己的原有经营领域，进入其他相关领域开展经营活动，并尝试通过新领域与原所在领域的互动融合构建全新的商业模式。在数字经济时代，智能制造推动生产关系所涉及的生产、分配、交换、消费等环节愈发地融为一体，基于数字技术而建立的数字化连接打破了组织内部和外部的边界，囿于历史的局限性，传统企业边界理论或将失灵。

与传统生产要素相比，数据穿透突破了时间和空间的限制，企业内部管理成本和市场交易成本均得以大幅降低。在企业组织内部，嵌入式软件实时采集、分析企业运营各环节的动态数据，智能化数据深度理解机制支撑业务活动秒级处理，组织内部协调成本趋近于零。在外部市场，数据赋能实现了交易各方的实时联通交互，通过数据自流动来消除复杂系统的不确定性，极大缓解了信息不对称，降低了市场的交易成本。随着企业内外部成本降低，企业边界变得模糊，由单个企业的竞争转向对外部信息、资源开放利用以及企业间的协同共赢，企业开始打破组织边界，寻求跨界连接。一方面，企业组织结构突破了传统的科层制，开始趋于扁平化、网络化，企业形态向网络型、平台型组织等跨边界的柔性组织转变，甚至构建生态圈式的共生发展格局。例如，小米确定生态链布局计划，依托小米生态链孵化出 100 多个围绕小米产业链的智能硬件公司；海尔“人单合一”构建开放并联的小微生态圈，企业成为小微联合体，与利益各方价值共创共享。另一方面，在交易效率改进的推动下，随着智能化产品对性能的要求提高，企业开始分离和外包非核心业务。若一家企业必须要用性能最好的产品参加市场竞争，那么就不能只用组装标准化的组件，而是应通过引入模块化制造，外包或承包某一组件的生产任务，与具有特定知识和技能的合作伙伴优势互补，保证每一组件都由最佳供应商完成，从而更好地满足客户的个性化需求。因此，企业之间的竞争日益激烈，单一的企业间竞争演变为群体、生态的竞争，跨界发展成为企业获取竞争优势，实现可持续发展的主流趋势。同时，互联网模糊了产业之间的边界，提供了无边界存在的可能性，加快了企业跨界步伐。可以说跨界满足了互联网模糊产业原有边界创造新价值的需求，不仅有利于创造新的市场领域，还会打破原来的产业界限，改变商业竞争环境。

### 6.2.3　开放式创新兴起

数字技术增强市场主体之间的连接，市场主体可以通过网络连接到任何组织及个人。网络是一个“去中心化”的领域，网络也必将引发人类社会的“去中心化”倾向。“去中心化”网络能够提供足够的智力支持，加快数字技术的发展。虽然在短期内提高主体之间连接频率会引发新的社会问题，增加网络治理的难度，但是从长远看这种新模式激发网络主体的积极性，产生巨大的力量。数字化空间中的所有主体都拥有对数字技术进行开发与优化的权限，并且能够以较低的成本完成技术性能测试，不断深化技术结构。利用网络空间中的集群力量，进行开放式创新，形成规模经济，无疑对推进数字技术升级具有更为积极的作用。开放式创新是将企业传统封闭式的创新模式开放，促进各种创新要素互动、整合、协同的动态过程，实现创新要素在不同企业、个体之间的共享，构建创新要素整合、共享和创新的网络体系，以更快的速度、更低的成本，获得更多的收益与更强的竞争力。

开放化创新模式可以分为外部知识在组织内部的利用和内部知识向组织外部的转移。在内向开放化创新与外向开放化创新协同作用下，知识的跨界传播与交互促进不同主体在数字化空间中密集地虚拟集聚，催生出开放化创新网络。替代式竞争促使企业对新知识的探索，不断寻找竞争优势的新基础。借助互联网的力量，企业能够在创新网络中实时获取互补性资产，尤其是隐性知识的积累。与显性知识相比，隐性知识往往是特定情境下的产物，具有较强的情境依赖性。数字化、密集化的创新网络降低了隐性知识在不同情境下应用的试错成本，加快隐性知识的创造、传播、共享，促进产品迭代、技术升级以及创新扩散。只有接受者表现出更为积极的姿态，知识才能够在不同主体之间实现有效“转移”。这也要求企业与创新网络中的其他主体建立更为密切的连接，在汲取新思想、新知识的同时，充分发掘并整合生态中的碎片化价值。Linux 系统向全球开放源代码，允许程序员在原始系统的基础上进行修改、创新与测试，提高产品质量和性能。正是凭借汇聚全球爱好者的共同努力，Linux 系统被广泛地应用于各类计算机硬件设备中。根据中国信息通信研究院发布的《中国云计算开源发展调查报告(2018)》，有 80%以上的企业在使用私有云的过程中应用了开源技术。开放创新深入发展，创新生态的重要性日益凸显。数字技术进步推动了世界更大范围、更深程度的“连接”，提升了创新资源的流动性和可用性，使得创新要素和资源更易于被获取，创新创业门槛降低，产业组织和社会分工持续深化。以用户为中心、多元主体参与、在更大范围合作的开放式创新蓬勃发展，众包众创、协同创新、参与式创新等新模式不断涌现。自下而上的创新机制逐步凸显，创新活动的合作也将不断加强。同时，能否构建良好的创新生态，成为集聚整合创新资源、提高创新效率的关键。

### 6.2.4 更加注重知识产权与技术标准协同发展

数字化转型具有知识产权密集、开源渗透性强的特点，例如，智能制造不仅是单一企业技术的突破和应用，并且与其他企业和产业生态连接密切。在这一过程中，大量智能制造装备及产品信息需要交换和共享，智能制造的互联互通是制约智能制造发展的关键问题，亟须建设兼容性好、开放性强的跨行业标准体系。但对知识产权的过渡保护不利于技术扩散，需要在充分发挥知识产权保护的动力机制的同时，注重技术标准化的扩散效应。2019 年，中国在专利合作条约框架下申请专利的数量首次超越美国，位居世界第一，这表明中国对知识产权的重视程度不断提高。随着智能制造体系的逐步发展，部分具有自主知识产权的智能制造企业实现了很大突破。2016 年海尔推出中国首个自主知识产权的智能制造 COSMO 平台，并连接用户与企业，率先提出七大行业的智能制造标准，为企业数字化转型做出了良好的示范。然而目前，我国大部分智能制造领域仍存在知识产权保护和技术标准化“两张皮”现象，应在二者知识产权保护和技术标准化之间寻求平衡，协同推进智能制造发展。

技术标准和知识产权构成了数字化转型的两个支点，相互依赖、相互制约，应注重知识产权保护与技术标准化协同发展。为此要鼓励操作系统和其他软件的开源化、互操作，企业间建立专利池以相互授权、共享知识产权。很多场景下，技术标准化的市场路径过于漫长，可由相关行业组织谈判协商，必要时政府直接强制推出数字技术标准化的举措，既有助于保护企业创新的动力，又可促进创新的扩散和普及。在未来数字化转型的制度设计上，将会更加注重技术标准与知识产权保护之间的协同演化，运用知识产权和技术标准战略来制定规则，通过建立兼容性更好的技术标准、完善知识产权保护强化创新激励，实现底层核心智能化技术的自主可控，进而争夺在国际上知识产权和国际技术标准制定的话语权，抢占未来全球智能制造的制高点。

## 6.3 数字化转型实践

### 6.3.1 离散制造行业数字化转型现状

当前，全球经济普遍面临转型压力。制造业作为经济体系的稳定器，迎来了前所未有的发展机遇，同时也面临着多重挑战。在市场层面，越来越多的行业面临全球产能过剩，市场竞争激烈，需求从过去的大规模、规模化，逐渐向小规模、个性化定制的新模式发展；在社会层面，随着就业人口的下降和劳动力成本的急剧上升，现有的环境资源负担沉重，整个社会生产组织面临转型升级的压力；在技术层面，以通用自动化为基础，云计算、大数据、人工智能、物联网、边缘计算等新一代数字技术的发展，为制造业进一步升级提供了强有力的技术支撑，同时也提出了更高的管理要求。数字化转型已成为各国企业和制造业新一轮竞争的主战场。制造业可分为两类：流程制造和离散制造。其中，流程制造的核心是技术，其生产过程相对高效，但产品和交付方式单一，自然具有“人、机、料、法、环境”紧密耦合的特点；离散制造的核心是满足需求，其工艺相对灵活，却不可避免地牺牲了生产效率。通过整合数字技术，将

“秩序”引入松散无序的离散制造业，实现生产要素与生产环节的紧密合作，并完成离散制造业的“流程改造”，是离散制造业数字化转型的重点。

第一，研发设计的协调与优化。在研发设计过程中，以汽车制造业为例，汽车的研发设计通常包括车型外观、结构强度、内部布局等多个维度，涵盖多个专业领域。在传统的研发设计模式中，各环节的设计部门独立工作，难以实现各环节之间的协调，容易造成设计工作的反复修改。基于几何形状、工艺流程、产品功能、质量、运行参数等环境，构建基于数字孪生的协同设计和虚拟仿真平台，为设计部门提供基于虚拟模型的设计研发工作环境，通过在虚拟环境中的“零成本”试错可以完成传统模式下的产品特性、技术、性能、结构强度的验证，有效提高研发设计协作水平，缩短产品发布周期。

第二，设备管理智能化升级。以电子制造业为例，随着 ICT 技术和工业的快速发展，电子产品正朝着精细化、集成化、微型化的方向发展，这对电子制造工艺的精度、质量和速度提出了更高的要求。首先，通过物联网、传感器芯片等实时采集和监测生产设备的温度、电压、电流等状态数据，实现对设备状态的全面实时、准确感知是关键；其次，通过大数据、人工智能等技术对生产设备产生的海量数据进行挖掘和分析，建立故障诊断模型，可以有效、准确地定位设备故障，提供实时的态势感知；覆盖生产设备全生命周期的远程故障诊断和预测性维护。有效延长生产设备寿命，降低设备运行维护成本，预测潜在风险，从而提高产品质量。

第三，供应链生态协调。以电子制造为例，电子制造企业需要与众多的零部件供应商、工厂、分销商和仓库进行沟通协调，以确保电子产品从原材料采购、生产、运输到销售的顺畅流动。传统的电子制造企业在上下游供应链各环节都面临严重的信息隔离，难以支持汽车企业数字化转型过程中跨部门、跨企业的产供销一体化需求。通过建立贯穿全产业链到供应链端的流程和数据平台，通过数字化技术平台实时监控上游原材料/备品备件供应情况和下游产品需求信息，灵活动态调整库存、生产线、实现柔性生产、供应、协同是电子制造业数字化转型的重点。

从整体上看，我国离散制造业数字化转型进程不均衡，转型水平与企业规模呈正相关。对于龙头企业而言，其资金、技术、人才优势明显，总体上已建立起涵盖“科研-生产-供销-服务”等环节的完整数字化体系，转型效果明显。根据最新的列表“灯塔工厂”在全球世界经济论坛公布的制造业领域，全世界总共有 90 家“灯塔工厂”，其中 31 家在中国，占世界的 1/3 以上，其中包括大量的离散制造企业如三一重工、海尔、美的。对于中型企业来说，一般还没有建立起完整的 ERP 系统，更多的是集中在人力资源、物业领域狭窄的内部管理数字化建设层面。在车间中，站点级的信息系统和数字化应用建设处于起步阶段，系统之间的集成和数据共享能力较弱，隔墙明显。对于小微企业而言，由于其业务相对不成熟和不稳定，最直接采用 SaaS 服务来支持企业采购、营销、客户管理、在线办公等方面的内部管理信息需求，直接实现生产业务数字化转型收效甚微。然而，在新基础设施、双周期的政策环境以及数字技术的快速发展的推动下，中国制造业数字化转型正在稳步推进。

### 6.3.2　零售行业数字化转型

零售业作为最活跃的创新领域，在新一轮科技革命的推动下、消费者主权意识的逐步提升、零售市场竞争的日益激烈等因素的推动下，正在发生前所未有的根本性变化。在数字经济时代，数字化转型是零售业发展的必然选择，零售业数字化转型本质是数字化技术驱动的以消费需求为核心的生产供给体系和流通供给体系的变革。这种变革通过零售企业推动战略思维、数字化能力、业务流程、组织架构、商业模式、合作伙伴关系等全方位变革，构建整合内外部相关资源的数字化商业生态网络，解决商品生产和消费之间的空间与时间矛盾，提高生产和流通效率。数字化转型已成为零售业可持续发展的必然趋势。根据阿里巴巴发布的《2019 年数字化趋势报告》，数字化应用正从互联网行业向政府、金融、零售等行业推进，预计未来 3～5 年零售行业的数字化程度将达到 70%～80%。近年来，我国大部分零售企业都进行了数字化转型，主要受到以下几个方面的影响。

第一，生产商品的方式发生了变化。一是所谓的分布式生产。过去，从原材料到中间产品再到成品，都是在同一地区的产业集群完成的。现在有了分布式生产，出现了“都市型工业”，又出现了所谓的“前店后厂”，可以更好地满足用户的个性化需求。二是柔性生产能力得到提升。大规模制造时代的商品是标准化的，用户和厂商不直接发生关系，而现在因为个性化需求的增加，用户需要直接与厂家沟通，实现了“产销合一”，这就需要零售商和厂家合作，为用户提供一种可以体验的产品、可参与界面或场景，零售渠道转化为体验。三是寻源式生产。过去用户对某些特定偏好的大宗商品的需求可能会分散，零售商可能无法满足，或者满足成本非常高，但现在这类用户群体可以在电商平台上聚合，形成规模化的市场需求，从而倒逼零售商往上游迈出一步，直接参与生产。苏宁近年来在这方面做了一些尝试，推出了寻源品牌“五个农民”“酥田”等。以“五个农民”为例，旗下涵盖了河南土鸡蛋、高淳咸鸭蛋、食用油和干果等产品，销售端已经取得了非常不错的效果，未来还将继续进行这方面的探索。

第二，人口和社会结构的变化。随着城市化进程的深化，人口进一步集聚，有效消费市场继续扩大，同时，人口老龄化进一步加速，这些对零售业将产生非常重要的影响。未来，零售业在结构上也会发生变化，一是出现以品类为维度的垂直型零售，二是出现以人群为维度的集合店，关注的是某一类人群长周期、多方面的需求和终身价值。此外，消费方式和零售组织本身也在影响着零售业态的变化。

第三，技术因素。对零售业的最大影响仍然主要来自科技，尤其是数字技术。数字技术就像一条无形的生产线，就像带来工业革命的工业生产线，已经重建了整个通道的空间。零售革命也将受到这条无形的、信息化的生产线的影响。

第四，社会文化。社会文化涉及政治、文化、法律、宗教等，这些因素将对零售业产生非常深远的影响。社会文化还包括两个层次：社会精神文明水平和个人价值水平。前者涉及环境、绿色和生态问题，以及公平正义问题。后者作为个体价值观的体现，包括从盲目消费到叛逆消费的转变，到具有社会角色的社会化消费的转变，到满足个体需求的个性化消费的转变，以及满足更高精神层面的文化消费的转变。

**案例** 6-1

## 永辉超市的数字化转型之路

零售市场业态演进的终局是数字化的全渠道业态，商超的科技转型速度决定了其在未来竞争中的地位。随着互联网的兴起，电商对传统大卖场形成了摧枯拉朽般的冲击。作为国内商超龙头，永辉超市很早就开始进行数字化布局，推动“科技永辉、数字赋能”的数字化转型战略的实施。为了不输给时代，永辉进行了种种转型创新，随着盒马鲜生、互联网生鲜超市等新零售业态相继涌现，“热爱学习”的永辉，也曾屡屡试水新模式。永辉创始人两兄弟为了保证上市公司稳定增长，甚至不惜“分家”以继续寻找公司第二增长曲线。从2016年推出主打“超市＋餐饮”业态的“超级物种”，再到后来定位社区生鲜超市的“永辉mini”以及永辉生活、永辉会员店等，永辉曾做过多种尝试，但却都没能成功带动永辉的增长。从2021年年中开始试水的“仓储式零售”，是永辉超市在2021年提出的转型重点。永辉超市2021年半年财报显示，自5月1日首家仓储店落地后，报告期内仓储店销售额达1.5亿元，同比增长了139%。但作为永辉超市实施该模式后的第一个财报年，永辉超市公布的2021年度业绩报告显示，公司却出现了上市以来首次营收下滑。

2021年成为各零售大卖场向仓储模式转型的“元年”，老牌付费会员制零售品牌山姆、传统大卖场品牌麦德龙，以及新兴选手盒马鲜生、Fudi等都纷纷发力。永辉也将集团发展重心明确为“转型仓储式零售”。但比起之前积极布局“超级物种”来，这次永辉的步调显得谨慎了许多。但眼下，仓储店硝烟四起，用户也发出对各终端门店产品日趋同质化的质疑，产业上下游供应商也曾传出面临各品牌“二选一”的情况。凭借旧店改造、不收取会员费、高举“平价”大旗却缺少定制化特色产品，永辉仓储店还是显得有些“不伦不类”了。

有业内人士认为，生鲜业务正是让永辉超市保住国内大卖场巨头位置的关键因素。永辉超市在生鲜领域为自己构筑起了竞争壁垒。公司开发了一套生鲜业务专属的ERP；入股上游企业，以进一步掌握供应链；并且自建了物流。生鲜业务毛利率不高，但永辉超市却依靠主打生鲜的差异化战略，在其他大卖场业绩下滑的情况下仍旧实现了扩张，抵御住了来自电商渠道的冲击。但社区团购的出现给了永辉超市一记重击。永辉多年来“追风口”式的新业态转型，也并没有获得想象中的成功，将其业绩拉出泥沼。

2021年8月5日，永辉超市CEO李国辞职，公司任职仅半年的CTO李松峰接任CEO一职。伴随着新领导上任的，是永辉大刀阔斧的调整。一方面永辉决定转型仓储式零售；另一方面李松峰提出了“科技永辉”的口号。这轮调整中，永辉撤销了原有的“战区制”，改为总部平台直管、由各省区总经理直接负责的新型组织架构。同时永辉推进扁平化管理，建立起和“科技永辉”战略匹配的大科技中心组织架构，明确分为前台、中台、后台三大板块。前台即省区所代表的前台运营部门，主要负责门店运营能力和顾客服务度；中台即采购、供应链、营销、科技等板块为支持的中台服务；后台则主要包括法务、财务、人力等职能部门。在业内人士看来，这是典型的互联网公司管理模式，与李松峰过去十年中曾在京东移动技术部、平台交易研发部和中台共享技术部任职的经历相符。

新的“科技永辉”能带动公司再登峰顶吗？在线上电商冲击下，零售企业的科技化转型已是必然趋势。在外界看来，永辉此时入局已经并不早了。截至2021年上半年，永辉线上销售额占主营收入的比重尚不足15%。2020年，永辉生活App的MAU(月活跃用户)大概在百万级别，而盒马鲜生的MAU已达千万级。能够打通全渠道零售，与到家业务协同发展，对永辉的业绩改善也将有所助益。永辉正努力通过数字化运营、数字化供应链建设提升公司运营效率。据了解，永辉大科技中心已完成千人团队的组建，永辉自主研发的全链路零售数字化系统“YHDOS”也已在福州等地进行了规模性的投入使用。

但永辉此番转型科技的变革决心，仍不容小觑。“2021 年，公司在科技上的投入已超 6 亿元，往年可能也就是 2 亿～3 亿元的规模。”前述接近永辉的人士向《财经天下》周刊表示，2022 年公司还会继续投入，“不会少于 2021 年的投入体量。”从“农改超”到“中国连锁超市之王”，过去永辉超市一直是以生鲜为特色的行业领跑者。前进路上，永辉坚定着开出千店规模的终极目标，却忽略了时代在不断进步。新零售行业大浪淘沙之下，永辉如今早已沦为时代的陪跑人，奋力追赶的永辉能否真的“逆势反弹”，还需要时间验证。

资料来源：《永辉转型，还在谷底》，财经天下周刊微信公众号，2022-03-20。

### 6.3.3 商业银行数据战略

商业银行数据战略是指在商业银行行业范围内及单个商业银行中，通过新建、梳理、优化新旧数据、数据载体、数据生产者(业务流程、交易行为等)、数据使用者(数据分析团队、业务人员等)、支撑体系之间的关系，建立商业银行数据全景；继而通过全局统筹，协调商业银行数据工作，利用数据达成助力经营业绩，提高客服质量等经营目标，在行业内获得战略优势。相似地，在商业银行数据战略制定的初期，一个满足多方高阶诉求的愿景极为重要，战略愿景下要有明确的战略目标及战略原则承接，为了实现战略目标，制定相应的战略举措和实施策略。商业银行数据战略的框架，自上而下分别为数据发展愿景、数据战略目标、数据战略建设总体原则、数据能力建设的关键举措、数据战略实施策略，以及数据战略的评估体系。数据战略愿景位于整个数据战略规划的最高层，是整个数据战略的最高指引，是商业银行所有利益相关者本质诉求的有机结合，是商业银行发展的“诗和远方”。数据战略愿景可以是完全围绕数据的，对数据本身的管理、发展做出展望，也可以是以数据作为重要战略手段，实现更高层次、全局性的业务愿景。数据战略目标在整个数据战略规划中位于承上启下的位置，是战略愿景的承接和拆解，是战略举措的指引纲领。为了呼应战略愿景，商业银行可能需要制定若干个、分阶段的战略目标，分别对应商业银行不同阶段自身的政策能力及外部的形势环境。数据战略总体原则对上承接数据战略目标，对下指引数据战略举措，在数据战略举措的制定和具体的实施中，具有非常重要的作用，是后续战略推进中做出决策的统领原则。数据战略举措位于整个数据战略规划的主体位置，是数据战略的关键组成部分，是实现战略目标的途径，其涉及的范围可宽可窄，可深可浅，需要商业银行根据自身情况及战略目标进行调整。

为了有效达成战略目标，避免目标与结果脱节，商业银行应根据自身数据能力现状，制定数据能力建设的关键举措，分步骤、有计划地健全自身数据能力。商业银行在确定战略举措时可以考虑如下因素。第一，商业银行内部基础条件，同战略目标制定时一样，战略举措制定时的核心考虑因素也是商业银行自身的基础条件。战略举措回答了商业银行通过数据战略究竟要做什么的问题，举措的选择和范围的框定应以实现战略目标为出发点，结合商业银行自身数据治理、数据架构、数据应用等的基础条件进行制定。第二，商业银行对应资源投入，举措是否有效离不开资源的支持。商业银行在制定战略举措时，首先要确定自身可投入的资源，以及与资源对应的预期投资回报率。资源投入直接决定了举措在实施落地时能否顺利执行，以及能承受的试错成本，继而决定了举措能否真正落地。

## 本章小结

数字经济时代，ABCD 等技术使企业之间建立起互联互通的商业网络。企业在制定战略方向时，选择“做正确的事”显然要比“正确地做事”更符合数字经济的发展趋势，企业在数字经济时代亟须数字化转型。智能制造成为生产领域数字化转型的重要方向，工业互联网利用数字技术推动制造业发展的模式非常适合我国的制造业升级。

基于 ABCD 等技术而建立的数字化连接打破了组织内部和外部的边界，为跨界经营创造了机遇，跨界满足了互联网模糊产业原有边界创造新价值的需求，不仅有利于创造新的市场领域，还会打破原来的产业界限，改变商业竞争环境，传统企业边界理论或将失灵。以用户为中心、多元主体参与、在更大范围合作的开放式创新蓬勃发展，众包众创、协同创新、参与式创新等新模式不断涌现。

自下而上的创新机制逐步凸显，创新活动的合作也将不断加强。在企业数字化转型进程中，智力资本在参与生产过程中的地位不断上升，这改变了以往仅依赖物质要素参与的分配格局，丰富和发展了生产资料所有制的形式和内容。此外，数字化转型具有知识产权密集、开源渗透性强的特点，未来将更加注重知识产权与技术标准协同发展。

## 复习思考题

1. 在数字经济时代，企业的战略设计主导方向是什么？
2. 简述数字化转型的概念、类型和主要目标。
3. 数字化转型主要体现在哪几个方面？
4. 在生产领域数字化转型的关键是什么？
5. 什么是跨界经营？分析原因并举例说明。
6. 举例说明部分行业的数字化转型现状以及未来的发展方向。

## 案例分析

### 诺基亚到底怎么了

回顾这几年，可以说就是诺基亚的一部衰退史。从昔日的手机霸主沦落到被微软收购的悲惨境地，诺基亚似乎已经无力回天了。在 2014 年诺基亚正式退出历史舞台时，诺基亚前 CEO 约玛·奥利拉无奈地说：“我们并没有做错什么，但不知为什么，我们输了。”说完之后连同他在内的十几位高管纷纷落泪。这样的场景不禁让人为诺基亚今日的衰败扼腕痛惜，然而正如“成功的企业总是相似的，而不成功的企业各有各的不幸”所说的那样，诺基亚今日的败北也的确“冰冻三尺非一日之寒”。

在当今这个“唯一不变的就是变”的时代里，企业生存的头等大事就是以用户的需求为导向开展经营活动，而“忽视用户体验，就失去市场”则早已成为关乎企业生死的金科玉律。诺基亚这个曾经在2G功能机时代以满足用户需求而荣登宝座的手机霸主，在当今智能机时代却落后了。2008年，当后起之秀苹果、谷歌针对用户日益变化的需求研制智能机的时候，诺基亚却执意收购塞班公司的所有股权，将日益老旧的塞班系统作为自己的独占系统，错过了利用安卓系统巩固自身地位的战略先机，结果曾经的忠实粉丝离他而去，导致了诺基亚的全球手机市场占有率骤然下降，最终酿成悲剧。其实在很多人眼中，诺基亚本来具有领先于竞争对手的先天优势和机会，但它就是因为过久地留恋不合时宜的塞班系统，未能及时推出换代产品而延误了战机，从而给竞争对手创造了赶超自己的机会，为自身发展留下了后患。对诺基亚来说，“科技以人为本”这句口号原本强调以用户的需求为导向进行科技创新，然而诺基亚却在时代的更迭中迷失了方向，反而离这句口号越来越远了。在这样一个高科技纵横的社会里，企业需要做的除了跟住用户需求，跟住用户的脚步和跟住对手的脚步外，更为重要的还是应站在用户的前方替他们发现未知的需求，成为用户需求的先锋。而这一点，苹果做到了，谷歌也做到了，而诺基亚这位曾经的手机霸主却偏偏没有做到。

早在2006年，诺基亚就决定要做一家互联网公司，并且还推出了相应的OVI商店(类似于现在的App Store)。但当其真正开始落实的时候，却推进得非常慢，最后因为开发资金不到位，OVI商店最终并没有真正的运作起来，所以之前的投资也就相应地打了水漂。之后不甘示弱的诺基亚又展开了一系列收购，2006—2008年一共收购了5家软件开发公司和互联网公司。然而诺基亚却犯了“瞻前不顾后”的错误，百亿美元的资金大部分都用作软件开发，却忽视了市场营销、渠道建设等问题，而OVI地图的“收费模式”最终也让诺基亚在与谷歌免费地图的PK中惨败。随后，诺基亚走进了“什么都想要，最后却什么都得不到”的怪圈。2010年年初，诺基亚与英特尔联手，打造了全新移动终端操作系统MeeGo，目的在于让塞班手机逐渐向中低端市场倾斜，而高端市场则逐渐向MeeGo过渡，以MeeGo定位来驱赶苹果iPhone和安卓手机，从而收复失地。但市场和开发者却没有买账，MeeGo的表现差强人意，面对市场对苹果的痴迷，开发者对于安卓的依赖，诺基亚心生退意，相应的人力物力投入也随之付诸东流。满身非议之后，诺基亚又“移情”微软。在2011年2月宣布与微软进行广泛的战略合作，开始使用微软的WindowsPhone作为其智能手机的软件平台，但是由于WindowsPhone缺乏市场基础，在参与市场竞争再次遭遇寒流。在战略制定上摇摆不定的风格已经让诺基亚筋疲力尽了，殊不知其转型战略的踟蹰不前，竟为“可怕”竞争对手的赶超创造了机会。2007年6月乔布斯带着苹果公司第一款全触屏智能手机iPhone杀入手机市场。该手机凭借炫丽的外观设计、创新的操作平台以及强大的品牌力度在智能手机领域异军突起，改变了手机市场的竞争规则，逐渐占据了高端市场，并于2011年第二季度一举成为手机行业的新霸主；没过多久，谷歌的安卓系统也崭露头角。由于实现了移动互联网的搭建，便利了各种手机功能的灵活使用，仅仅18个月就成为智能手机里增长最快的平台，逐渐占据了中端市场。而往以质量和品质取胜的诺基亚，由于塞班系统在触摸屏体验、兼容性和移动应用等方面明显缺乏竞争力，所以逐渐退缩到低端市场沦为了二流手机。苹果以及诸多厂商组成的安卓大军，在智能手机行业的异军突起使诺基亚进入了“群狼环伺”的危险境地，最终上演了“灵猴斗大象”的手机霸主争夺赛，而诺基亚则在这场争夺赛中步步沦陷。

所以说诺基亚今天的沉沦，在很大程度上是因为高层决策者在智能手机浪潮跃进的过程中做出了一系列或迟或错误的判断，当其竞争对手在做正确决定的时候，错过先机的诺基亚不仅没有实现“弯道超车”，反而是一直在摇摆，一直在犯错，最终自食其果。

资料来源：刘露、郭省钰：《诺基亚到底怎么了?》，载《企业管理》，2014(11)：26-28。

**思考与讨论：**

诺基亚前 CEO 说：“我们并没有做错什么，但不知为什么，我们输了。”请思考为什么会出现这种情况，诺基亚的战略设计有什么错误?

# 第 7 章　数字企业组织结构

【学习目标】

➢掌握工业经济时代的典型组织结构，数字经济时代企业组织结构变革的方向

➢熟悉金字塔形组织结构的特点和弊端，多边平台的概念和兴起的原因，企业构建跨界生态圈的原因和相关案例

➢了解企业在组织结构变革过程中面临的问题或困难

【关键术语】

企业组织结构　金字塔形组织结构　多边平台　企业生态圈

## 开篇案例

### 为什么“人单合一”是未来组织的大势所趋？

诺贝尔经济学奖得主丹尼尔·卡尼曼在其新著作《噪声》中指出：“其他人对世界的看法与我差不多。”这样的信念也被称为天真的现实主义，噪声就像地下室漏水，在组织看似和谐统一的表象下，也可能是员工尚未宣之于口的内心分歧。为此，张瑞敏提出了自己的思考：“一致性不等于正确性”。在他看来，物联网时代，公司通过加强纪律所保证的内部决策一致，并不一定是正确的最优选择，决策与用户需求之间是动态一致的关系。也正是因此，“人单合一”是张瑞敏致力于打造的新组织生态，他对此解释道：“人”代表员工，“单”则代表用户价值，“合一”，指员工的价值实现与所创造的用户价值合一。他拆掉了海尔的“墙”，将海尔变成了一个生态圈，跳脱于岗位的从属关系，从自然人升华为自主人，使人人都拥有成为企业家的可能。

2021 年 9 月 17 日，由海尔集团和加里·哈默管理实验室联合主办的第五届“人单合一模式引领论坛”在青岛举办，在这场以“体验迭代价值循环”为主题的论坛中，各位大咖激烈的思想碰撞，随着张瑞敏所提出的人单合一理念的推广，这份物联网时代企业对于管理哲学的践行，将彼得·德鲁克口中“管理是一门真正的博雅艺术”化为了现实。海尔“人单合一”的理念所创造的是一个能让个体充分发挥创造力，为员工提供“巨大想象空间”的理想组织模式。张瑞敏提到：“人单合一的核心就是人的价值最大化，给人以尊严。如果要让每个人有尊严，就要给他们一个独立创造的领域，而人单合一就是让每个人都可以独立创造。在人单合一模式下，对外与用户零距离，对内实现人的价值最大化。”

30 岁丁忠宝从家电维修员到“小老板”的逆袭，正是海尔对人单合一组织模式落实的例证之一。2014 年，安徽小伙丁忠宝加入海尔，成了一名家电服务员，这是一份相

对枯燥的工作，日常任务就是派发工单、上门安装或维修家电，不仅收入有限，前景更有限。海尔对人单合一的实践，彻底改变了丁忠宝原有的生活轨迹。海尔会支持有创业意愿的服务员开设服务小店，在此过程中，海尔不仅提供专业技能培训，还会承担服务小店的大部分房租、场景搭建(需要各种家电样品)等费用。丁忠宝算了一笔账，开店总投入大约 10 万元，自己只需投入 5 万元左右，还可使用“海尔”品牌，远比市面上的加盟店划算太多。2019 年 12 月，丁忠宝的服务小店正式开张了。他并不担心客户资源的问题，毕竟作为服务员期间，丁忠宝手头积累了大量的客户资源，小店的开张恰好能实现资源变现。截至 2020 年，这家成立一年的小店营业额已达 50 万元(包括销售家电、维修、清洗等收入)，丁忠宝的个人年收入与做服务员时相比翻了近两番。

人单合一的组织模式充分激发了每位员工的自主性，将用户作为最基础的“底色”，再彼此交相辉映，形成合作各方无穷交互共同进化的价值循环生态。不少企业都在通往生态品牌的道路上探索转型，目前而言，只有海尔被 BrandZ 认证为唯一的生态品牌，主要原因在于，物联网时代对传统组织模式从宗旨到企业、员工，再到管理的多维度颠覆。

在宗旨方面，杰克·韦尔奇曾批评道：“股东价值是世界上最蠢的理论，股东价值是一种结果，而不是一种战略”，人单合一的存在彻底颠覆了传统企业股东第一，将人的价值最大化视作企业的宗旨。

从企业维度而言，人单合一从因果律的角度颠覆了科层制下，对基层员工固有的桎梏。物理学家惠勒的“延迟实验”打破了人们固守的因果律，当“王侯将相”的宿命论不再存在，那么基础员工为何只能局限于能力有限的执行层？在海尔，每名员工都可以构建自组织，独立带领团队，为自己的组织负责，张瑞敏提倡“在创造性的破坏之后，又进行创造性的重组。这个重组就是链群合约，链群合约在没有各级领导和职能部门前提下链群合约自主做决策”，从而打造“人人都是企业”的生态链小微群。

这也导致了员工从理性经济人到自主人创客的颠覆。理性人的假设最早可溯源自亚当·斯密的《国富论》，也成为爱德加·薛恩著作《组织心理学》的理论基石，其认为员工工作是为了报酬，因此需要金钱权力的操纵与控制。但在张瑞敏“自组织、自驱动、自增值、自进化”理念的驱动下，每一名海尔员工都是独立创客，他们不仅是为了物质层面的养家糊口，更是为了精神层对愿景蓝图的自我成就。

以上三个维度的颠覆，最终铸就了对管理模式的全面颠覆。传统组织模式强调以效率为目的，但这终究只是凯文·凯利在《失控》中所提到的“钟表般的精确逻辑”，却不能实现彼得·德鲁克对于管理本质的领悟——激发善意和潜能。

在海尔，员工被寄予了充分的自由，每一名创客犹如整个生态系统中充斥着活性的细胞，他们不断成长、分裂、再成长，最终为培养自组织的平台提供反哺。这也实现了彼得·德鲁克对目标管理的期待：采用自下而上的目标管理法，释放员工的主观能动性，通过做擅于做的事承担对企业的责任。通过人人皆为创客的自组织模式，海尔内部的众多小微自组织溯游而上，逐渐发展壮大，这份有单则聚，无单则散的共享创业平台，构筑了“三千不思议境”的新场景革命。

但正如《道德经》所提的“明道若昧，进道若退，夷道若类”，明道者证道的过程总是充满荆棘，这份管理哲学彼时并未得到广泛的接受，海尔在质疑中不断前行。提及张瑞敏时，人们往往会联想到成功企业家，但张瑞敏却执着于光环祛魅，提倡自以为非，他反复强调“没有成功的企业，只有时代的企业。”张瑞敏喜欢引用黑格尔在《小逻辑》中的一句话：“凡是经反思作用而产生出来的就是思维的产物。”在他看来，真正的思维并非人云亦云，也不是经典模式就跟着做，而是要反思自己，哪怕过去曾经成功，今天也不能路径依赖，所以一定要做到与时俱进，“只能是抓住时代的脉搏，适应时代。”

资料来源：曹新蓓：《为什么“人单合一”是未来组织的大势所趋》，中欧商业评论新浪微博，2021-09-19。

**思考与讨论：**

1. 为什么海尔要进行“人单合一”的创新？
2. 通过最后一段张瑞敏的话，你有什么启示？

## 7.1 工业经济时代的企业组织结构

### 7.1.1 工业经济时代的典型组织结构

组织结构是指为了实现组织的目标，在组织内部形成的各个部门、各个层次之间固定的排列方式，是表明组织各部分排列顺序、空间位置、聚散状态、联系方式以及各要素之间相互关系的一种模式，是整个组织管理系统的“框架”。1962 年，钱德勒在《战略与结构：美国工商企业成长的若干篇章》一书中研究 19 世纪 80 年代到 20 世纪 30 年代美国企业组织结构和经营战略的演变过程时发现，企业组织结构不仅具有多样性特征，还具有动态适应性特征。企业的经营战略决定着企业组织结构模式的设计与选择，反过来，企业经营战略的实施过程及效果又受到所采取的组织结构模式的制约。组织结构的功能在于分工和协调，是保证战略实施的必要手段。

#### 1. 创业型组织结构

创业型组织结构又称直线制组织结构，是多数小型企业的标准组织结构模式，如图 7-1 所示。企业的所有者或管理者对若干下属实施直接控制，并由其下属执行一系列工作任务。不另设职能机构(可设职能人员协助行政主管工作)，一切管理职能基本上都由行政主管自己执行。企业的战略计划(若有)由中心人员完成，该中心人员还负责所有重要的经营决策。

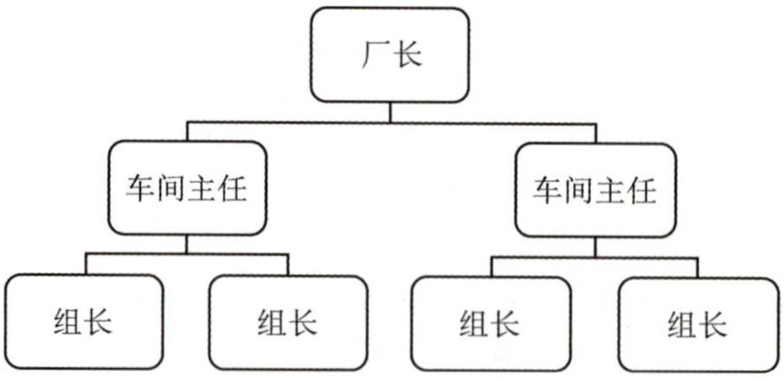


图 7-1 创业型组织结构示例

创业型组织结构的优点是结构比较简单，责任分明，命令统一。缺点是缺少正式意义上的组织结构，弹性较小并缺乏专业分工。几乎没有工作描述，每个人都参与正在进行的任务，组织的成功主要依赖于该中心人员的个人能力。但随着企业的发展，所有管理职能都由一个人承担变得相当困难。创业型组织结构通常应用于小型企业，在业务比较复杂、企业规模比较大的情况下，把所有管理职能都集中到最高主管一人身上，显然是难以胜任的。

### 2. 直线职能制组织结构

直线智能制组织结构又称直线职能型组织结构，指在组织内部，既设置纵向的直线指挥系统，又设置横向的职能管理系统，以直线指挥系统为主体的一种管理组织，如图 7-2 所示。直线指挥系统是按命令同意原则设置的，一个机构只听一个领导的命令。职能管理系统则是按专业化原则来设置，比如在企业中，根据专业的不同分为人事部、行政部、信息部等。应用直线职能制将企业人员分为两大类，一类是直线人员，另一类是职能人员。在直线指挥系统工作的人员就是直线人员，他们在自己的职权范围内有决策权，对下属有指挥命令的权力；职能人员通常只是直线指挥人员的参谋，上级的职能部门没有权力指挥下级的直线部门。职能人员可以在自己的职能范围内对下级直线人员进行业务指导，而不能直接指挥命令直线人员。

职能制组织结构的优点有：能够通过集中单一部门内所有某一类型的活动来实现规模经济；有利于培养职能专家；由于任务为常规和重复性任务，因而工作效率得到提高；便于董事会监控各个部门。职能制组织结构的缺点是：由于对战略重要性的流程进行了过度细分，在协调不同职能时可能出现问题；难以确定各项产品产生的盈亏；导致职能间发生冲突、各自为政，而不是出于企业整体利益进行相互合作；等级层次以及集权化的决策制定机制会放慢反应速度。

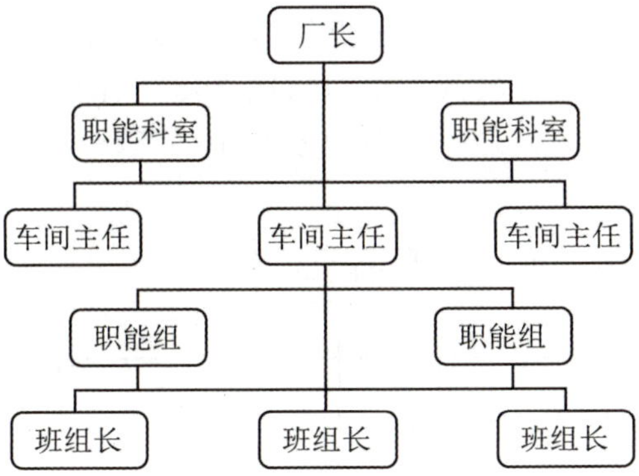


图 7-2　直线职能型组织结构示例

### 3. 事业部制组织结构

事业部制组织结构最早是由美国通用汽车总裁斯隆于 1924 年提出的，也叫“联邦分权化”，实行“集中政策，分散经营”，是一种高度集权下的分权管理体制，如图 7-3 所示。事业部制组织结构的战略决策和经营决策相分离。根据业务按产品、服务、客户、地区等设立半自主性的经营事业部，公司的战略决策和经营决策由不同的部门和人员负责，使高层领导从繁重的日常经营事务中解脱出来，集中精力致力于企业的长期经营决策，并监督、协调各事业部的活动和评价各部门的绩效。事业部制是分级管理、分级核算、自负盈亏的一种形式，即一个公司按地区或按产品类别分成若干个事业部，从产品的设计、原料采购、成本核算和产品制造，一直到产品销售，均由事业部及所属工厂负责，实行单独核算，独立经营，公司总部只保留人事决策、预算控制和监督大权，并通过利润等指标对事业部进行控制。事业部制组织结构可按照产品、服务、市场或地区为依据进行细分。

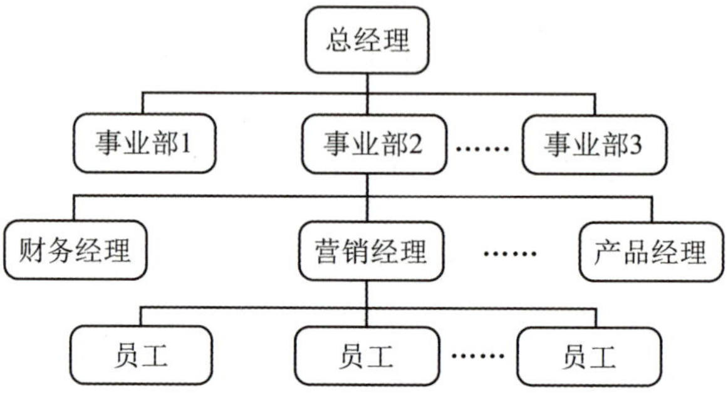


图 7-3　事业部制组织结构示例

### 4. M 型组织结构

M 型组织结构是由一种相对独立的单位或事业部组成的组织结构，组织按地区或所经营的各种产品和事业来划分部门，每一个事业部负责一个或多个产品线。在这种设计下，每个单位或事业部拥有较大的自主权，事业部经理对本单位的绩效负责，同时拥有战略和运营决策的权力，如图 7-4 所示。因此 M 型组织结构和事业部制组织结构的组织结构图是相同的，区别在于 M 型组织结构适用于存在多个产品线的企业，且独立性较强。各事业部独立核算，自计盈亏，公司总部通常扮演业务外部监管者的角色，协调和控制各事业部的活动，同时也提供诸如财务和法律方面的支援服务。在 M 型组织结构中，重要决策可以在较低的组织层次做出，有利于以一种分权的方式来开展管理工作。M 型组织结构一般适用于具有较复杂的产品类别或较广泛的地区分布的企业。

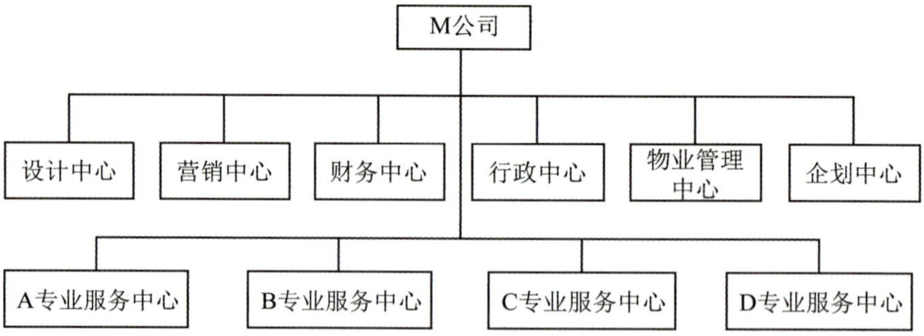


图 7-4　M 型组织结构示例

M 型组织结构实现了层级制与市场机制的有机结合，保证了必要的协调与控制，使集团内部管理成本大为减少。M 型组织结构的具体优点有：M 型组织结构中的分部作为相对独立的利益主体，在利润分配和投资决策上具有很大的自主性；由于每一个事业部都有其自身的高层战略管理者，总部员工的工作量会有所减轻；职权被分派到总部下面的每个事业部，并在每个事业部内部进行再次分派，可以保证企业集团的高层管理决策者把时间和精力集中用于处理和研究集团的重大事项。

M 型组织结构的缺点有：为事业部分配企业的管理成本比较困难并略带主观性；事业部之间容易滋生功能失调性的竞争和摩擦；分部可能为了自己的利益对总公司隐瞒某些事实；当一个事业部生产另一事业部所需的部件或产品时，确定转移价格也会产生冲突。M 型组织结构允许下属企业之间进行竞争，总公司如果不注意统一协调管理，会加大下属企业之间人员调换的难度，甚至给总公司的整体发展战略的规划和实施造成障碍。

#### 5. 矩阵制组织结构

矩阵制组织结构是指既包含职能专业化又包含产品或项目专业化的二元组织结构，如图 7-5 所示。矩阵制组织结构是为了改进职能制组织结构横向联系差、缺乏弹性的缺点而形成的一种组织结构形式。矩阵制组织结构由纵、横两套管理系统叠加在一起组成一个矩阵，其中纵向系统是按照职能划分的指挥系统，横向系统一般是按产品、工程项目或服务组成的管理系统。这种结构在职能和产品或项目之间起到了联系的作用。员工拥有两个直接上级，其中一名上级负责产品或服务，另一名上级则负责职能活动。

矩阵制组织结构的优点有：项目经理与项目的关系更紧密，能更直接地参与到与其产品相关的战略中；能更加有效地优先考虑关键项目，避免职能制组织结构对产品和市场的关注不足；与产品主管和职能主管之间的联系更加直接，能够做出更有质量的决策；实现各部门之间的协作以及各项技能和专门技术的相互交融；双重权力使得企业具有多重定位，这样职能专家就不会只关注自身的业务范围。矩阵制组织结构的缺点有：可能导致权力划分不清晰(比如谁来负责预算)，并在职能工作和项目工作之间产生冲突；双重权力容易使管理者之间产生冲突；协调所有的产品和职能会增加时间成本和财务成本，从而导致制定决策的时间过长。

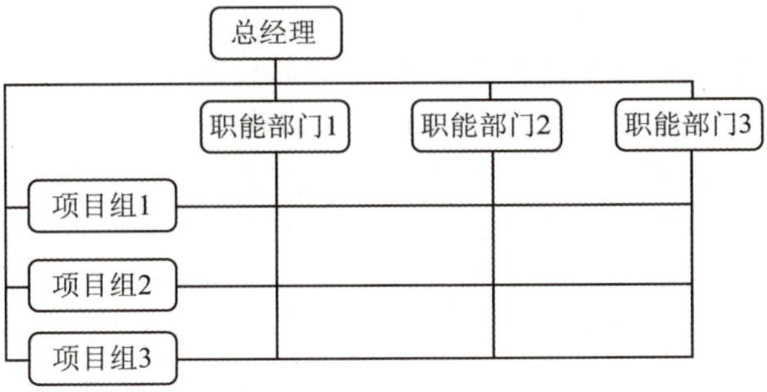


图 7-5　矩阵制组织结构示例

### 7.1.2　工业经济时代的组织结构特点

工业经济时代的经典组织结构，总体表现为金字塔形组织结构，具有垂直化、科层制、等级制等特点。组织管理专家韦伯、法约尔等提出了建立良好的企业组织结构应遵循的一些原则，如严格的等级制度、命令和指挥的统一、合理的专业化分工、适当的控制幅度等，金字塔形组织结构符合上述原则。所谓金字塔形组织结构，就是企业管理组织从结构上层层向上，逐渐缩小，权力逐级扩大，有严格的等级制度，形成一种纵向体系。金字塔形组织结构是权力导向的组织形式，其设计原理是最高领导者在金字塔的最顶端，管理人员根据权力大小从上到下依次排列，普通员工在金字塔最底层。在这样的组织架构图里，既没有使命、愿景、价值观的位置，也没有客户的位置，有的只是整个组织中的成员对上级的服从。

### 1. 金字塔形组织结构的特点

金字塔形组织结构的显著特点就是科层制，马克斯·韦伯提出的科层制理论将这种工业经济的理性思想进行了提炼和升华。科层制建立起工业经济的组织制度，或者说，科层制是工业社会最高效率的组织制度，是人与人之间社会关系的秩序化。这主要体现在科层制提供了工业经济所需要的组织管理特征，尤其是科层制蕴含的理性精神或工具理性，强调效率优先，追求精确性、持续性和统一性，都是工业经济时代规模经济发展所要求的。具体而言，与工业经济相匹配的科层制具有三方面的结构特征：一是行动者专业化且高度理性。行动者根据组织目标进行劳动分工并实现专业化，通过专业化培训使所有劳动者按照某个既定标准进行程序化操作。同时，组织中每个层面的职位占有者具有非人格化的理性，体现了工业经济的社会理性；二是行动者按权威、等级、流程与规章行动。组织建立合法权威，实行金字塔形的等级制度，以合乎逻辑和高效的方式完成复杂目标来保障组织的控制与协调。同时，依靠严密稳定的规章制度来运行，即规章制度成为科层制的管理基础；三是按照普遍标准选拔和考核行动者。强调量化的管理工具，重视通过绩效考核量才用人，通过普遍的用人标准选拔专业人才，形成合乎理性的管理体系。

### 2. 金字塔形组织结构的弊端

金字塔形组织在带来效率、标准和统一的同时，也使人们越来越疏离，成为流水线上的机械单位或等级制度。金字塔形组织与传统的工业管理思想相对应，认为最高领导者具有超人的智慧，可以领导组织。在这样的组织中，最重要的不是创新，而是执行和遵守。正如亨利·福特所抱怨的那样：“我们只需要员工的双手，他们却用他们的头脑来工作。”显然，金字塔形组织结构存在诸多弊端，导致中层管理规模大，管理流程复杂，关键绩效指标定量繁多。首先，组织中部门太多，效率较低。金字塔形组织有固定的部门设置和多层次的职位安排。随着企业规模的不断扩大，管理的部门和层次趋于增加，领导力的协调和调配越来越不足。不同部门或岗位之间协调困难，容易造成服务组织人员过多、效率低下。其次，严格的专业化分工和规章制度导致组织内部各部门相互隔离，阻碍组织内部的有效协调。金字塔形组织结构是一种封闭的、机械的组织结构，这种形式的组织结构适应性较差，不利于提供高质量的服务。例如，一些边缘性、综合性的工作，往往需要跨部门合作，而金字塔形组织结构职责明确，分工细致，导致决策缓慢，部门之间沟通受阻，服务延迟。最后，金字塔形组织的等级制度和客观理性，以及严谨细致的过程管理和量化的考核，导致组织结构僵化，阻碍组织改革和创新。

金字塔形组织结构适用于相对稳定的外部环境。在工业经济时代，顾客可以选择的商品较少，技术创新缓慢，企业的竞争主要在价格方面，采用金字塔形组织结构可以最大限度地节约成本，以适应市场竞争。然而，数字经济时代下动态性和创新性是对企业最基本的要求。与传统企业的外部环境相比，现代企业的外部环境发生了一系列变化，形成了一系列新的特征，增强了现代企业外部环境的动态性和复杂性。企业要想生存和发展，必须快速应对外部环境的变化，迅速捕捉客户需求的变化，对市场的变化做出敏锐的反应，并根据外部环境的变化和自身条件，进行新的战略调整，在环境发生较大变化时，对战略管理决策进行调整或重新决策。此外，我们还应该看到现代企业的地理范围和产品范围不断扩大，形成跨区域、跨国经营。显然，在一个层级众多、分工紧密、缺乏灵活性的金字塔形组织结构中，这是很难做到的。因此，传统工业经济时代下的金字塔形组织结构已经难以适应当前的动态环境和管理变革，现代企业必须找到一种新的组织结构形式。

## 7.2　数字经济时代的组织结构变革

### 7.2.1　组织结构趋于网络化、扁平化

战略决定了组织结构。在工业经济时代，不管是直线制、直线职能制，还是事业部制、矩阵制，企业组织结构都像金字塔一样，呈现垂直化、科层制、等级制的特点，在应对外部环境变化、资源配置等方面缺乏足够的灵活性。数字经济的高速发展使得企业战略发生转变，也要求企业对组织结构进行创新，重新协调、评估和筹划人、财、物的组合。如前所述，在数字经济背景下企业的战略应聚焦于“做正确的事”，通过加强与其他企业之间的协同，追求企业价值最大化。随着消费者对实时性体验的追求不断增强，企业的职能部门之间要加强相互配合、协作共赢，对市场需求做出即时响应，组织结构因而趋于网络化、扁平化。

企业职能部门之间的协同体现为横向业务的跨界入局以及纵向业务的贯通融会，由此构建起网络化的组织架构。其中，企业、用户都表现为一个个独立的节点，节点之间通过数据传递建立实时连接。网络组织的运营以节点为单位，具有去中心化、去中介化等特点。在数字化空间中，经济时空的外延不断拓展，逐渐取代物理时空在资源配置当中的地位，进一步提高了要素流通对于价值创造的效率与效果。一个富有活力的生态圈具有三个特征，即拥有一定规模且参与者之间能够高频交流、彼此间信任、不断有新的参与者加入。因此，为了提高价值供给的效率，企业需要不断尝试着扩大连接规模。

在横向业务上，通过跨界入局为用户创造更多的附加价值。以腾讯公司的微信为例，在最早的通信功能的基础之上，程序中陆续添加了手机充值、生活缴费、城市服务等新功能，并且通过与第三方合作的模式先后推出了车票购买、打车出行、外卖点餐、酒店预订等服务，打造微信生态圈体系。在纵向业务上，借助迁移学习、城市计算等技术实现业务之间的贯通融会，优化价值供给的成本与效率。为了改善城市生活品质，阿里巴巴提出“三公里理想生活圈”，在淘宝、天猫、蚂蚁金服、菜鸟、阿里云等业务的基础上，于 2018 年入股居然之家、收购饿了么，打通线上与线下的连接，组成新零售生态的“八路纵队”。

企业对市场变化做出的每一次应对，都会引发市场的新一轮变动。在企业与市场

相互影响的过程中，市场变得更加复杂。企业唯有加强对市场需求的即时响应，才有机会在竞争激烈的环境中赢得发展先机。在扁平化的组织结构下，供给侧的分工得到深化，小型团队将致力于持续强化在用户价值创造方面的核心能力，企业的核心能力更加侧重于价值整合、价值供给以及改善用户体验，通过平台化管理为小型团队与用户的沟通以及小型团队之间的交流、合作提供所需的各类支持。以红领集团为例，集团遵循“源点论”的价值观引导，按照“四去两组”的变革思路，逐步转变为“全员对应目标，目标对应全员、高效协同”的扁平化组织模式。红领集团的大量中层被取消后，管理者以服务和支持性业务为主要工作，员工直接对接用户，客服中心成为集团内部指令传达、资源协调的关键部门。

### 案例 7-1

## 华为的“蜂巢式”组织结构

华为独创了蜂巢型企业模式，蜂巢的六角柱形体是一种用最少耗材制成最大的菱形容器的科学结论。华为创始人任正非坚信企业的成功也必须依循损耗最低、效用最大的原则。在华为的蜂巢组织模式中，组织架构就是去中心化的管理模式，利用数字化链接，汇聚全球员工的智慧，更开放、自由、高效。公司设立基于客户、产品和区域三个纬度的矩阵组织架构，各组织共同为客户创造价值，对公司的财务绩效有效增长、市场竞争力提升和客户满意度负责。“蜂巢式”组织结构的优势明显，在建立高度统一的目标后，通过员工持股激发团队的动力，集思广益最终实现创新。扁平的组织结构可以快速应对环境的不确定性。横向的区域组织可以快速响应本地市场需求，有利于加强对当地市场的组织和管理。该结构有很好的扩展性，可以根据不同客户对业务部门细分可以促进产品的差异化。具体来说，华为蜂巢型企业模式有三大特点：

首先，轮值 CEO 制度。华为有三位轮值 CEO，每六个月轮换一次，这就是华为著名的轮值 CEO 制度：依靠集体民主决策而非一人独裁，保证了华为避免因个人意志和判断对企业造成巨大的起落风险。其次，98.6%股份由员工持有。华为在过去 20 年中获得高速成长，特别是用了 5 年时间就成长为全球第三大智能手机企业，背后重要驱动力量之一就是世界独一无二的员工持股制度。任正非创建华为之初持有 100%公司股份，而今天，任正非只拥有公司约 1%的股份，其余股份归华为员工所有。这一股权机制最大限度地确保了企业与全体员工“力出一孔，利出一孔”。最后，集合全球最优秀创新力量。华为在全球有 16 个研发中心，聚合最顶尖的地缘资源和人才资源。比如华为手机的外观设计来自世界时尚中心巴黎，工业设计则来自工业革命的诞生地伦敦，华为还在数学基础深厚的俄罗斯建立了运算中心，在处于应用研究前沿的日本和印度建立了研发中心。

就如《失控》作者凯利在研究蜂巢理论时所说，蜂群有一只看不见的手左右着每一只蜜蜂的行为。对蜜蜂来说，这只看不见的手，其实就是千万年生存之后所形成的、从无意识到有意识的生存力。因为只有这样的方式，才能让蜜蜂这一族群延续下来。而对华为而言，胜利的要义在依靠聚众力量的新商业模式，对主流基于个人权威模式的胜利。华为的蜂巢模式意味着企业的发展必须是所有华为人共同的事业，为此，华为选择让员工成为公司的所有者。这无疑让员工多了使命感和责任感，而华为也有绝对掌握自身发展的权利。也正因如此，华为可以坚持做好自己的事，不受资本羁绊。比如，华为坚持将收入的 10%投入研发，确保企业在科技创新方面保持领先的基础实力。

资料来源：宿艺：《华为“蜂巢型”企业模式解读：余承东超越苹果的信心》，壹观察微信公众号，2016-04-15。

### 7.2.2　多边平台组织兴起

商品市场平台是指形成和促进商品买卖双方或多方之间交易的场所，这个场所可以是实体的，称之为实体商品市场平台。在现实经济活动中，平台运营商提供一个或者多个线上或线下平台，通过向买卖双方提供服务，促成买卖双方或多方之间交易，进而收取费用、赚取差价等方式获得收益。平台是一种虚拟或真实的交易场所，平台本身不生产产品，但可以促成双方或多方供求之间的交易，收取恰当的费用或赚取差价而获得收益。

#### 1. 平台经济概念

平台经济是一种基于数字技术，由数据驱动、平台支撑、网络协同的经济活动单元所构成的新经济系统，是基于数字平台的各种经济关系的总称。国外学者对于平台经济的研究始于双边市场理论，认为双边市场可以通过增加市场一方的费用，同时同等减少另一方的费用来影响交易量。平台可以限制终端用户定价，双边市场必须精心设计一个对市场双方都有足够吸引力的价格结构，以确保市场双方都能获得收益，增加平台的竞争力。平台经济的产生有其必然性，当今环境下经济呈现出复杂化和多样化。这些复杂多变的外部环境因素，驱动企业进行快速反应，实行专业化分工，通过价值链进行合作，创新发展新模式和新应用，产生空间的转移、组织的变革，开展多重风险的控制，从而催生了“平台”，进而推动平台经济发展。习近平总书记在 2021 年 3 月召开的中央财经委员会第九次会议中指出，“近年来我国平台经济快速发展，在经济社会发展全局中的地位和作用日益凸显。平台经济有利于提高全社会资源配置效率，推动技术和产业变革朝着信息化、数字化、智能化方向加速演进，有助于贯通国民经济循环各环节，也有利于提高家治理的智能化、全域化、个性化、精细化水平”。

#### 2. 平台经济特征

不同于传统单边市场模式中企业间普遍存在的竞争关系，平台经济是一种双边市场的概念。双边市场特征是指平台型企业的买卖双方相互吸引，平台可以整合具有互补需求的双边用户，平台企业的双边用户履行各自的责任，为平台的正常运转做出贡献。平台企业是其中的运营核心，在创业初期平台针对不同类型潜在用户制定营销方案，通过推广活动获取双边的用户群体，同时通过整合社会资源、协调各参与方关系，为双边用户提供好的服务，使各参与方皆能获取利益，从而提升平台价值。平台通过共享的方式为利益相关方创造价值，并在共赢的基础上提升自身价值。

平台经济的突出特征是网络外部性。平台的网络外部性是指平台一边用户的数量显著影响该平台对于另一边用户的价值。用户使用平台的效用取决于另一边用户的规模及交易量。平台一边用户的规模越大，对另一边用户来说越具有吸引力，另一边的注册用户会增加，平台规模也就随之扩大，品牌效应越来越明显，平台运营会进入一个良性循环。这种平台用户双方之间相互影响的现象就是平台经济网络外部性属性的具体表现。比如，网络购物平台淘宝网的消费者越多，淘宝网这一网络购物平台对于其驻店商户的价值就越大；而注册淘宝店商户越多，淘宝网的产品就越是丰富，商户之间的竞争使得商品更具性价比，消费者有了更多的购买选择，交易量便随着增大；反过来消费者的踊跃参加也就吸引了更多商户选择在淘宝网平台上开设店铺。

3. 平台经济的重要体现：共享经济

平台经济的研究始于双边市场，起初平台主要连接上游的供应商和下游的客户，比如最典型的苹果手机应用商店，一端连接各类手机软件研发企业，另一端连接苹果手机用户，为用户提供丰富的应用软件。随着平台经济的研究和实践不断深入，平台不再局限于双边市场，而是通过整合第三方服务主体的资源，致力于建立一个共赢、高效的商业生态系统。第三方服务主体参加到平台的商业生态系统，能够提供更加丰富、快捷、多元的服务，所以势必会增强平台的服务能力，为平台吸引更多的用户，提高平台的竞争力。

共享经济是平台经济的重要体现。共享经济是指利用现代信息通信技术和网络技术形成多边平台，提倡使用权及陌生人交易，低成本高效率汇集原料、人力、信息和知识等海量资源，从而使交易成本变小甚至为零，人们可以低价或免费使用的经济模式。虽然共享经济兴起于西方，但其在发展中国家得到蓬勃发展，特别是在交通、医疗、餐饮、金融和个人服务等行业出现爆发式增长。以中国为例，以共享单车、滴滴出行为代表的共享出行在短短三个月内就席卷全国。共享经济具有六个方面的特点：强调参与主体的无界化，即“人人参与”模式；资源的使用权超越所有权；共享经济是去中介化和再中介化的过程；依托于互联网技术形成多边平台；共享经济的结果是参与者实现低成本甚至零成本的高效率即时交易；共享经济的治理比传统经济更加依赖于多边平台形成的自组织、行业自律等非正式制度。

### 7.2.3 构建跨界生态圈

在数字经济时代，以融合和共生为特征的数字生态圈建设将变得更加关键和成熟，同时也更加复杂多变。数字化企业借助成熟的信息技术和大数据技术，优化传统企业的决策、生产、销售流程，深化企业与消费者的互动，以消费者为核心对企业进行重新打造。生态圈并不是一个全新的概念，其实早在工业经济时代就已出现。数字经济生态圈是一个升级版的生态圈，数据在其中发挥着无可替代的关键作用，一方面是由于数据成为连接内外因素、形成融合和共生业态的根本生产要素；另一方面是出于数字技术的赋能以及产业数字化程度的加深，单位数据将发挥更大价值。生态圈升级演进的同时，也使其组成更为多元复杂，变化空间也更大。数字化企业通过输出自身的数字化思想、文化和技术，推动并购企业数字化转型，对其产品进行赋能，强化其竞争力，并与自身核心业务融合，打造跨界生态圈，如美团收购摩拜单车、阿里收购饿了么、滴滴收购优步等。在大数据技术的帮助下，传统的外卖和出租车服务实现了整合，完成数字化转型，成功降低了成本，优化了产品和服务，不仅在与传统企业的竞争中取得了胜利，也成功提高了数字化企业核心业务的价值。

数字经济生态圈的典型案例是腾讯依托社交软件进入支付业务和游戏业务领域。腾讯的社交软件为公司带来了巨大的用户数量增长，吸引了大量的流量。传统的流量变现方式是通过广告实现的，但频繁出现的广告会降低消费者体验，腾讯利用大数据技术实现广告精准投放，试图达到用户体验与盈利的平衡。然而，精准投放的广告依然是广告，并受限于法律和技术，无法确定消费者是否真正需要推送的广告信息，于是腾讯采用打造跨界生态圈的方式变现流量，充分利用在社交软件上的优势，提供移动支付服务，通过收取服务费和资金滞留利息的方式将流量变现。此外，腾讯还通过拓展游戏业务实现流量变现。

另外，海尔集团对"人单合一"理念的落实，离不开对市场的高度敏感与深刻洞察。在当今以指数级、非线性为主要特征的物联网时代，数字革命的深入重塑了商业生态系统，使竞争的主体转变为共创价值循环的生态品牌。海尔生态品牌体系中的卡萨帝、三翼鸟和卡奥斯可以阐释物联网时代生态品牌创新与进化的路径。卡萨帝属于海尔旗下高端家电品牌，它聚焦的是将产品作为一种艺术，而非产品本身，属于场景品牌和生态品牌。三翼鸟则是场景品牌，能将一个小型的用户需求普适化，例如，上海很多用户希望阳台不要局限于洗晒衣服，海尔就将阳台变成了洗护阳台，慢慢又推出了休闲阳台、娱乐阳台、喝茶阳台等，带动了爆发式的增长。卡奥斯则是生态品牌，能将很多生态方相互聚合，创造出人预料的新物种，目前卡奥斯已经覆盖 15 个行业。

## 7.3 组织结构变革过程中面临的问题

### 7.3.1 组织惯性

数字经济时代下，企业所面临的市场、技术和制度环境变化频繁，移动互联网、大数据、云计算以及人工智能等技术的逐步成熟和应用，大大改变了企业的外部营商环境，致使传统企业在模式、能力和资源上都难以与环境相匹配。尽管来自不同领域的学者从多个维度探讨组织与环境的适配关系，但总体而言现有对数字经济时代背景下企业成长演化的研究仍有不足。在这一背景下，企业面临的环境不确定性程度日益加剧，贯穿组织生活的惯性问题尤为突出，对企业能否持续生存起到至关重要的影响作用。

组织惯性又称为组织惰性，是企业遵循已建立的行为模式，甚至响应显著的环境变化的趋势。在组织理论文献中，组织惯性解释被广泛应用于组织行为、组织活动、组织元素、组织自身的研究之中。在组织演化理论中，惯性常常被用来解释为什么在竞争压力下组织变革延误或完全失败。惯性被看作导致组织较差的经营业绩和灭亡的重要原因。组织惯性一般分为组织内部惯性和竞争惯性。组织内部惯性是指组织在结构、政策和管理理念中的惯性。竞争惯性是指企业在改变其竞争态势中所表现出来的活动的层次。它反映了一个企业在试图吸引顾客和超越竞争对手时所做的市场导向的变化的大小。当相对于具有相似规模的竞争者企业在实践中做的变化较少时，就认为惯性较高。这些行为集中起来构成了企业全部的竞争行为。如果组织长时间没有发生基本变化，那么他们将会变得更加复杂与独立，由此将会抵制组织的基本变化。相反地，持续的环境变动，会阻止组织内部的规范、内部各方面的相互依赖差的业绩，产品种类的演化，将会引起对企业发展战略的变革，导致组织内部力量分配的变化，惯性被减少。由于动荡的环境，在组织形式方面，变化经常发生。

在数字经济时代快速变化的复杂环境下，企业的响应速度难以完全实现有计划的干预行为，因此企业几乎不会在战略和组织上做激进的变革行动，贸然提升或者降低组织惯性水平都是增强企业失败风险的行为。在数字经济时代企业如何处理与组织惯性的关系？尽管组织的稳定对企业生存十分重要，但组织生态学者过于强调稳定反而忽视了管理者资源行动的意义，上述视角的分歧为分析组织惯性与企业成长之间的关系带来了挑战。当企业对环境的变化速度和自身响应速度无法把握时，贸然增加或者降低组织惯性水平，均会增加企业经营失败的风险。此时企业往往会采取第三种措施，即巧妙地让选择与适应共生，转而进入一种长期的“备战”状态，例如华为的“备胎计划”，海尔的小微内部创业计划，阿里巴巴的大中台、小前台模式等。

## 7.3.2 人才支撑

技术创新通过创造性破坏，以新的生产活动取代旧的活动，数字经济引致传统企业的组织结构变革，会导致传统部门的岗位减少，也是数字经济引发的创造性破坏的典型表现之一，同时引发了关于“人工数字威胁论”和“机器换人”的恐慌。应当意识到，企业数字化转型本身不是就业的敌人，企业在数字经济时代的健康发展需要我们正确认识机器与人力之间的矛盾，使“机器换人”成为真正意义上的“机器助人”。

企业数字化转型不等同于简单的“机器换人”，以智能制造为例，智能制造是广义的制造，并不仅指流水线环节的机器自动生产，而是包括制造业价值链各个环节的数字化，而后者所涉及的绝大部分编程、建模、控制、管理无法由机器充分实现，反而对需要人类思考、判断等非认知技能的工作产生了更大的需求。因此，智能制造并不意味着对劳动的异化，反而通过对劳动力素质需求的提高，放大了人力资本价值。

人们对机器剥夺工作机会的担心由来已久，但纵观历史可以发现，每一次由机器生产代替人力生产的重大变革发生时，有关社会大规模失业的预言均未实现，历次技术革命在淘汰落后工作岗位的同时会催生新的工作需求。世界银行数据显示，1999—2016 年，技术的应用在欧洲取代重复性工作的同时，创造了 2 300 多万个工作岗位。① 例如，源于企业数字化转型的需要，催生了首席数据官（chief data office，CDO）这一新兴职务，其主要职责是根据企业的业务需求进行数据挖掘、处理和分析，通过加强对企业内部、外部供应商、客户之间的关系互动和数据流动，推动企业传统组织方式、运营模式与数字化技术的融合，进而对企业未来的业务发展和运营提供战略性的建议和意见。CDO 的产生与数字经济时代组织结构变革息息相关，因为企业数字化转型同时涉及企业文化、价值理念、战略管理、技术架构、运营模式、市场营销、业务拓展等诸多要素，且各个要素之间并非单线程的简单串联接续关系，而是相互关联影响的关系网结构。有了 CDO 这样的专职，就可以加强推行力度，方可确保企业数字化转型的顺利实施。

数字化技术摧毁部分岗位、创造新的岗位以及资本化效应并非同步发生，对现有

---

① 数据来源：《2019 年世界发展报告：工作性质的变革》，世界银行，2019。

岗位的摧毁效应发生在短期。此外，技术革命提高了对劳动者的技能需求，导致低技能劳动力失业增加。因此，应采取相应保障就业措施，防止由此导致的摩擦性失业和结构性失业，避免在创造性破坏发生的转型期间，进一步拉大了贫富差距，造成新型的、隐形的社会收入不平等。应完善智能制造人才培育体系，引导劳动供给结构的转变。数据分析人才对工程机制缺乏了解，难以系统、完整地理解业务本质，成为智能制造落地过程中的一大难题。因此应探索跨学科协同培养的教育模式，通过深化产教融合、校企合作，培养跨学科领域的复合型人才。此外，还应紧跟新技术发展需求，制定相应培训机制，扶植培育利于传统制造业智能化发展的新型岗位，并通过在线工作或参与零工经济引导劳动力结构转型。

## 本章小结

对于工业企业而言，战略决定了组织结构。在工业经济时代，不管是直线制、直线职能制，还是事业部制、矩阵制，企业组织结构都像金字塔一样，在应对外部环境变化、资源配置等方面缺乏足够的灵活性。数字经济的高速发展使得企业战略发生转变，也要求企业对组织结构进行创新，重新协调、评估和筹划人、财、物的组合。在数字经济背景下，企业的战略应聚焦于“做正确的事”，通过加强与其他企业之间的协同，追求企业价值最大化。随着消费者对实时性体验的追求不断增强，企业的职能部门之间要加强相互配合、协作共赢，对市场需求做出即时响应，组织结构因而趋于网络化、扁平化。具体而言，工业经济时代的典型组织结构主要有创业型组织结构、直线职能制组织结构、事业部制组织结构、M 型组织结构(多部门结构)和矩阵制组织结构，总体表现为金字塔形组织结构，具有垂直化、科层制、等级制等特点。而数字经济时代的组织结构变革方向是趋于网络化、扁平化，基于 ABCD 等技术建立起多边平台组织，并且以融合和共生为特征的数字生态圈建设将变得更加关键和成熟。另外，在组织结构变革过程中，企业还面临组织惯性、人才支撑等问题。

## 复习思考题

1. 传统工业经济时代的典型组织结构有哪些？
2. 数字经济时代企业的组织结构趋势是什么？
3. 平台经济的概念、兴起的原因、突出特征及重要体现是什么？
4. 列举一例说明数字经济时代企业构建跨界生态圈的案例。
5. 在组织结构变革过程中，企业面临哪些问题或困难？

## 案例分析

《德勤人力资源报告》中提到，如今的劳动力已经成为一个动态的生态系统。如何顺应时代浪潮，不被生态系统所淘汰，成为物联网时代每个企业都要思考的课题，而海尔的“人单合一”模式提供了一条新的解决路径。

2007 年，海尔刚开始在日本尝试落地人单合一时，推进并不顺利。海尔在 2002 年与日本三洋电机株式会社合作，设立了合资公司“三洋海尔株式会社”，又在2007年以合资的方式整合了三洋的冰箱事业，按说已建立了相当程度的合作关系，但在日本，由于终身雇佣制、论资排辈、年工序列制等观念根深蒂固，企业想要员工再签署一个单纯以工作目标为中心的契约，甚至会影响奖金，这在员工看来可谓极大的冲击。海尔日本区域CEO杜镜国回忆道：当他与海尔日本销售公司的7名销售员工第一轮签订合同时，只有4个人愿意签。半年以后，另外3个人都认为没什么问题，才愿意签字。

杜镜国将人单合一的落地手段总结为“破、立、融”。“破”是指打破日本的年功序列制，打破平均主义，纳入新的薪酬体系和管理制度。“立”则是指创立包括奖金制度、否决机制、免职、降职、市场论、市场效益论成果等新机制。“融”是指文化融合。杜镜国不断与员工沟通，消除日本员工进入中国企业后的不安全感，他告诉员工：“一定要把不安感转化成危机感，用危机感来对待竞争对手，对待市场，用真诚来对待消费者和用户。”

如今，海尔与AQUA双品牌在日本成绩斐然：中大型冰箱市场份额22%；冷柜市场份额37%；日本新生活季(每年的1至4月)市场份额33%，均位列行业第一；在物联网社区洗行业市场占有率超过70%，实现行业引领。目前，人单合一在跨文化、跨地域的落地开花还在继续，人单合一已不是海尔的专属名词，而是物联网时代企业声势浩大的管理变革。

张瑞敏介绍，这一份管理体系的变革已拥有了统一的国际标准。管理发展学界最大的国际组织、全球三大认证机构之一的欧洲管理发展基金会EFMD联合海尔成立了人单合一模式全球认证中心，共同发布物联网时代引领的管理模式——人单合一模式国际认证体系。这也意味着首个物联网国际标准的正式诞生，是物联网发展中新的里程碑。欧洲管理发展基金会主席表示：“人单合一计分卡是物联网时代的战略管理工具。而且欧洲管理发展基金会现在也设立了人单合一模式全球认证中心。过去企业要通过ISO等认证，现在全世界的企业都应通过人单合一认证。”

如今，海尔在全世界设有122个工厂，其中近半数分布在世界各地。张瑞敏表示：“人单合一是统一的，为什么大家都可以接受呢？因为它可以彰显人的价值，这是不管什么民族，什么文化都要接受的。”欧洲管理思想大师查尔斯·汉迪表示，组织是会变的，他预言随着技术的变革，只需要按一下按钮就可以跨越千山万水实现协同配合，因此我们必须重新思考组织的本质。张瑞敏对人单合一哲学意识形态的思考，不仅成为物联网时代未来组织的大势所趋，更是重新定义了组织终极至善的本质——在共创共赢的生态系统中，将人的价值最大化。

资料来源：曹新蓓：《为什么“人单合一”是未来组织的大势所趋》，中欧商业评论新浪微博，2021-09-19。

**思考与讨论：**

海尔顺应时代潮流打造“人单合一”，体现了数字经济时代的哪些特征？

# 第8章 数字营销

【学习目标】

➤掌握数字营销的框架体系和基本策略

➤熟悉数字版本化设计与数字产品定价的经济原理

➤了解全渠道营销、大数据营销的实践模式

【关键术语】

信息过载 用户画像 产品版本化 版本迭代化 全渠道营销 大数据营销

## 开篇案例

### 优衣库：一切以顾客体验为中心 数据和技术都要服务于人

在中国，“服装零售”这件事正变得越来越复杂。尤其是年轻人，在穿着打扮上，他们在意品牌，在意性价比，在意衣服的舒适度，更在意透过服装所传达的个性、爱好和生活态度。在这种“高难度”需求之下，服装零售企业如何洞察并满足消费者的新需求？优衣库被称为“亚洲最会卖衣服的企业”，近年来不断推进数字化转型，成为最先吃到智慧零售红利的服装企业之一。

#### 从流量触达到“数字触点”

最近几年，在电商的冲击下，GAP、ZARA等众多品牌都曾陷入业绩低迷，不得不通过收缩海外市场、减少库存、关店和裁员来平衡利润收入。而优衣库则是一个“特例”。据优衣库母公司迅销集团2018财年财报显示，收益同比增长14.4%；净利润1 548亿日元，连续2个财年创出历史新高。其中，中国市场占比25%，成为优衣库全球第二大市场。截至2018年12月，优衣库在中国店铺数量超过660家，遍布中国150多个城市。

近年来，迅销集团大力推动“有明计划”，这一计划的核心就是配合数字化及互联网时代，变革未来服装零售的消费模式，基于消费者洞察，更快捷、更聪明、更好地满足顾客要求。为此，迅销集团还在仓储、物流、AR技术、无人零售、自动化等领域进行了先进性探索。2018年11月，优衣库推出了“掌上旗舰店一键随心购”，用户可以从官网、官方App、微信小程序和线下扫码购进入。通过“掌上旗舰店”，优衣库有机融合了线上线下的多个场景，消费者可以第一时间看到新品资讯、优惠信息和穿搭建议，第一时间预购设计师款，随时随地一键购买。在线下门店，通过“扫码购”，消费者不仅能够了解产品的详细信息，还能查看门店、网店等全部渠道的所有商品库存、颜色与尺码；通过电商购买的消费者可以线上买线下换，也可以选择线上下单/门店提货、A地下单/B地取货；在社交朋友圈，消费者既可以自己分享，也能看到好友推荐的“心水好货”；注册会员后，消费者还可以参加抽奖，享受定制数据线、视频网站会员、免费新品体验等会员好礼。

随着电商线上流量越来越贵，企业纷纷开始寻找新的渠道。以微信为代表的社交电商成为新的流量来源。当消费者阅读公众号文章时，看到朋友圈广告时，在微信聊天时，如果看到一些自己特别喜欢、也特别适合自己的服装款式，就会自然有了购买欲。而通过绑定移动支付的小程序，消费者可以在任何时间、任何地点完成购买。“掌上旗舰店”打通了微信公众号粉丝、线下自有流量、商业流量和腾讯社交流量四大渠道。通过数据整合与分析，优衣库不仅能获取更加精细的用户画像，与消费者之间的关系也随之改变——从单向流量触达转向立体的“数字触点”。后期，借助数字化运营工具，优衣库可以对“数字触点”进行交互式管理，协同门店、网店、平台等线上线下全场景、全渠道，为消费者提供优质的商品和服务，并不断优化用户体验。

此外，门店导购人员也与“掌上旗舰店”相辅相成，比如门店最快可以在 1 小时内完成线下备货，为消费者提供当场试穿、更换颜色尺寸、免费修改裤长等服务。而结账时，对于你选择的衣服，收银员们都非常“懂行”，偶尔还能对你买到的设计师款热情赞扬一番。

### 一切以消费者为中心

优衣库的品牌口碑一直让业界羡慕不已。从 6 岁到 60 岁的人都是优衣库的潜在顾客，即使不做广告，线上也都是优衣库的产品，更不用提消费者对其产品舒适度、质量和基础百搭的高度认同。怎样能够赢得消费者的信任？优衣库始终坚持 LifeWear(服适人生)的品牌价值。这一理念也贯穿了优衣库的智慧零售实践——技术和数据很重要，但提升商品服务和用户体验才是根本。

优衣库 2018 年零售市场调研报告显示，消费者在门店和网店购物时呈现全新需求趋势，包括：超过 50%的消费者会参考朋友或意见领袖的建议，社交和口碑成为重要的决策参考；不论在线上还是线下，顾客都希望获得同样全面的信息，92%的消费者喜欢去实体店感受面料与穿着效果，而超过 60%的消费者在购物前会在线搜索商品信息，90%的消费者因为产品品质好而信任并持续购买某个品牌或商品。

为满足这些新的需求，“掌上旗舰店”进行了相应的设计和调整。查货功能在线下线上都能提供商品详细信息；分享功能方便用户转发朋友圈，并获得更多好友评价；渠道统一是为了提供无差异的产品和服务；预购服务是为了让“潮人”第一时间买到设计师款……可以说，优衣库一直都在改变，只不过它的改变与消费者的改变始终保持一致。

在设计层面，优衣库也是优先考虑用户的个性化需求。很多时尚设计师设计的服装只能在时尚的场合穿，但优衣库的服装却可以满足消费者在不同场合的不同需求。比如，针对中国南北的温度差异，优衣库 HEATTECH 系列推出了温暖、倍舒暖和高舒暖三种厚度；“感动裤”采用快干吸汗防皱的面料，既能在球场运动，又可以满足高尔夫商务的需求；INES 系列的设计、剪裁都很讲究，适合商务人群；而在寒冬零下 15 摄氏度的室外，在西装外套或衬衫里悄悄套一个羽绒背心，既保暖又有范。

为了满足消费者更加多样化和个性化的需求，“掌上旗舰店”也做了很多设计。例如，消费者可以在首页选择不同的穿衣场合，然后根据季节做出穿搭推荐。看完第一屏后，还可以直接在线预约“门店试穿”。

据了解，优衣库下一步将继续深入中国二、三线城市。在这些城市中，如何触及更多消费者，如何推广主力产品群，如何连接新的生活场景，如何融入不同城市的消费文化及生活方式，将是优衣库面临的新挑战和新机遇。

资料来源：《优衣库：一切以顾客体验为中心，数据和技术都要服务于人》，《哈佛商业评论》中文网，2019-01-25，内容有删减。

**思考与讨论：**

1. 在数字经济时代的市场营销策略中，优衣库如何感知和捕捉用户需求并构建立体的“数字触点”？

2. 优衣库采取了怎样的产品“版本”策略？

3. 在数字营销策略中，优衣库怎样实现全渠道营销和精准促销？

## 8.1　信息过载与用户画像

### 8.1.1　信息过载

信息过载的概念最早由 Jacoby 等(1974)提出，他们发现消费者在进行消费决策时往往面临大量的产品、价格、规格、质量、功能等信息。由于消费者缺乏信息处理能力或处理能力有限，导致相关信息规模超越了消费者处理信息的能力范围，由此引发了信息过载问题。当个体工作涉及的信息量超过了个体能够有效管理的信息量时，就表明个体面临着信息过载问题；上述信息量的差距越大，个体就会感受到更大的信息压力。把个体信息过载的概念进一步向群体延伸，就可以界定组织信息过载的概念内涵，即当组织内每个个体都面临着信息过载问题时，代表组织面对的信息量超过了组织的信息处理能力范围，导致组织面临信息过载困境(Allen and Wilson，2003)。

信息过载是指在消费过程中，消费者获取的与消费相关的信息规模超过了消费者自身的信息处理能力，导致消费者无法对获取的信息进行有效利用以及难以对产品进行精确选择。信息过载的概念本质主要体现为如下三个方面：①信息过载需要处理的信息规模超过了信息处理能力，核心是信息资源供给冗余导致消费者个体的信息处理能力失衡或不匹配；②信息过载往往导致消极后果，引发消费者对消费信息资源的浪费和扭曲，使得消费信息资源难以发挥应有的价值；③信息资源的供给冗余以及消费者信息处理能力不足不仅扭曲了信息资源的价值效应，而且对消费者选择造成负担，信息利用效率下降，对消费心理与消费行为产生负面影响。埃森哲在 2019 年发布《Fjord 趋势 2019》报告指出，创新领域内积年累月的争夺不断攫取着人们的时间和注意力，反而令用户感到信息过载、不堪重负。“追求新奇、兴奋和即时满足”的用户需求已经向“获得清静和价值”进行转变。

**1. 信息过载成因**

信息过载是信息技术迅速发展的产物。自 19 世纪印刷技术革新，印刷技术的进步使得大量的信息通过印刷品传播，信息传播规模显著提升。进入 20 世纪，互联网技术开始飞速发展，使得产品和营销信息的传播规模、传播速度显著提升，甚至改变了传统的消费模式，电子商务和互联网营销逐渐兴起。这使得消费者不仅面临着大量的消费信息资源，而且消费行为与消费决策的时间与空间边界均被进一步打破，这对消费者信息处理能力提出了更高要求。如今，随着数字经济时代的到来，信息资源呈现出爆发式增长态势，消费决策与消费行为被嵌入海量的数据情境之中，消费者注意力成为宝贵的市场资源。获取更多的消费者关注，代表企业产品的相关信息能够在海量信息中脱颖而出进入消费者视野，进而激发消费者的购买欲望和购买行为，这是信息过载引发的"信息竞争"。造成信息过载的原因体现为如下三个方面：

第一，数字技术的飞速发展。数字技术是对各种形式信息或数字资源进行收集、存储、传输和计算的技术手段，其本质是对数字资源进行加工与整合的方法，进而提取数字价值并向不同主体进行价值传导。一方面，数字技术改变了信息的传播效率。互联网、移动互联网甚至物联网的快速发展，使人、信息以及智能终端设备实现了实时的"在线连接"，这不仅形成了多元的信息传播模式，而且突破了信息传输的时间与空间边界，显著提升了信息传播的效率。另一方面，数字技术也使得用户或消费者具有更强的信息搜集能力和信息获取能力，这也使得消费者更容易被过量信息所包围，陷入信息资源的"诅咒"中。此外，虽然计算能力与算法升级能够加速数字资源的处理，但这种强大的算力和高级算法尚难以赋能众多消费者决策，这导致了供需双方之间存在进一步的"算力鸿沟"，加剧了双方信息处理能力的不对称，进而导致消费者缺乏足够的信息处理能力应对信息资源的爆发式增长，从而导致信息过载问题。根据爱立信发布的《移动市场报告》，从 2020 年第一季度到 2021 年第一季度，全球移动数据流量增长了 46%。5G 智能手机的推广，让移动用户的平均数据使用量也在不断增加，目前智能手机用户平均每月使用超过 10GB 的数据，预计到 2026 年年底将达到 35GB。

第二，信息特性的演变。信息具有多变性，复杂性、不确定性、新颖性、模糊性等特点。由于信息本身的数字化特性，因此其容易被大规模地批量编辑、复制、更新和传输。这导致用户在获取信息时不仅收到大量的信息资源，而且信息往往具有冗余性与重复性，并时刻处于快速更新迭代之中。单一用户个体由于缺乏多元动态信息的并行跟踪与处理能力，这使得用户无法有效利用信息资源，甚至产生误导性的决策行为。在这一媒介平台中，用户在分享个人信息的同时，无数的信息在这平台中同时展现并不断更新，用户能够通过计算机、智能手机等多元终端设备实时获取这些信息，使得用户往往无法对无关信息、重复信息等进行筛除，多变新颖且复杂多元的信息流使用户感知到信息过载(Shrivastav et al.，2012)。

第三，信息处理能力的约束。用户的信息处理能力是决定其是否可以克服信息过载问题的重要因素。由于个体的差异，不同用户对信息过载的感知程度不同。缺乏信息处理能力的用户往往倾向于直接接受全盘信息，而非依据重要程度对信息进行分类处理。缺乏对自我信息需求的认知和判断，导致不必要的信息占用了很多记忆空间，并且由于全盘接受大量的信息超过个人信息存储和处理的能力，导致用户在决策中疲惫感增加。用户的信息处理能力约束构成了信息过载问题的直接原因，影响用户信息处理能力的因素则构成了重要的间接影响因素。

### 2. 信息过载的影响

(1)对决策效率的影响

信息过载对用户决策效率产生显著影响。过量的信息导致有效信息被淹没，以及分散了用户的注意力，从而分散个体决策的效率，降低了用户的决策质量(Wheelwright，1995)。当接收的信息量超过个人处理能力时，会出现神经元处理失调，这导致用户在决策过程中出现压力上升、信息处理效率低下、信息错误解读以及沟通障碍等问题，这不仅降低了决策效率，而且难以发挥出信息资源的应有价值，甚至导致决策失误(Eppler and Mengis，2004)。可见信息过载对决策效率往往产生消极影响，或导致决策速度变慢，或导致决策扭曲，难以使得决策结果满足消费者效用最大化的经济目标。

(2)对信息搜索的影响

信息过载可能导致用户出现信息搜索目标与搜索结果不匹配的问题，导致信息搜索结果失真。当信息过载问题出现时，用户面临更高的信息容量、信息同质性，使得信息搜索结果具有更高的重复概率，引发信息搜索混乱。同时更多的信息含量意味着可能存在更高的信息异质性，这导致用户对异质性的信息搜索结果缺乏足够的处理能力，引发用户疲惫。例如过量的信息会干扰信息搜索的过程，大量重复的信息消耗了用户的注意力资源，降低信息搜索的速度和准确率(Hills et al.，2013)。

(3)对注意力配置的影响

注意力资源配置是指在用户时间、信息处理能力以及精力等资源有限的假设下，用户将注意力向产品或服务信息进行选择性分配的过程。信息过载是大量信息爆发式传播和供给引发的结果。随着信息规模的增加和扩张，信息质量往往呈现同质、无序、分散和非结构化的特性。这导致用户的注意力资源出现配置失效。一方面，用户注意力被低效率地分散配置，使大量注意力资源被用于处理重复信息或无效信息；另一方面，用户注意力资源的配置方向呈现极大不确定性，用户的关注焦点呈现多元化和分散化特征，进而导致用户偏好的不确定性显著提升。

(4)对心理的影响

信息规模与用户购买意愿呈现倒“U”形关系，信息不足与信息过载都会导致用户缺乏购买意愿。因此信息过载由于信息过度供给导致用户的信息焦虑，引发用户选择的不确定性感知显著提升，这不仅降低了用户的购买意愿和对厂商的信任感，而且导致用户难以做出消费决策并采取后续的消费行为。

## 8.1.2 用户画像

用户画像的概念源于消费者洞察。消费者洞察是指发现消费者的显性需求和隐性需求，并将其用于公司营销实务，它为发现新的市场机会、找到新的营销战略提供信息基础。因此，消费者洞察的概念本质至少体现为两个层面：第一，消费者洞察是对消费者的深入理解而非简单了解，是对用户的系统性认知；第二，消费者洞察不仅能够发现用户的现实需求，而且能够揭示用户的新需求和潜在需求，这要求消费者洞察具有一定前瞻性。用户画像是基于用户属性和用户行为提取用户的兴趣及深度了解用户的过程(单晓红等，2018)。

用户画像总体可以分为两种类型。第一种是根据用户群的多元数据进行需求挖掘与用户抽象，以用户群体数据集合描述用户需求。此类用户画像是一种有效的用户识别工具，能够利用大数据挖掘用户群的共性需求，为市场营销战略提供目标导向。第二种是根据不同用户群体的行为数据、观点数据等，对不同用户进行聚类和“贴标签”，进而得到一个标签化的用户模型。此类用户画像是一个认知用户的有效工具，基于用户数据对其进行细分，从而识别营销战略的客户群结构。

### 1. 用户画像与信息过载

用户画像是有效解决信息过载问题的一种营销策略。信息过载的产生部分源于数字技术的快速发展，使得信息传输规模爆发式增长，使得用户获取的信息量超过了用户的信息处理能力。而用户画像策略的产生同样得益于数字技术的演进，以大数据、人工智能等数字技术实现了数据与算法的有机结合，最终对用户形成深度认知。因此通过合理安排数字技术应用策略，能够使用户画像成为破解信息过载问题的有效策略。

首先，用户画像实现了营销信息的精准投送与对接。面对信息过载问题，用户画像帮助企业对用户形成深度认知，明晰用户需求、识别用户特征，进而使得企业的信息投送和信息传输有的放矢。推销和促销的精准化在信息层面表现为供需有效对接，企业能够依据用户需求特征恰当地进行营销信息传递，减少冗余信息和重复信息的传输，进而显著提升用户对信息的利用效率，缓解用户信息过载造成的焦虑，提升用户的购买欲望并激发购买行为。

其次，用户画像缓解了用户“算力”不足的问题。用户画像是企业通过主动提供事前的“算力”服务，从而缓解用户信息过载问题的一种营销策略。进入数字经济时代，企业积极谋求数字化转型，期望利用数字技术为用户提供更为全面的优质服务。因此在数字营销策略中，企业往往通过加大信息基础设施投资，强化算法支撑和人工智能服务，以自身的“算力”基础帮助用户进行大规模的信息处理，使营销信息的供给与需求在消费决策与消费行为前就实现有效对接，这极大地缓解了用户个体信息处理能力不足的问题，进而显著提升营销推送能力并有效激发用户的购买决策与购买行为，有效缓解了数字经济时代消费者所面临的信息过载问题。

### 2. 用户画像的价值效应

(1)为企业运营提供坚实的信息基础

用户画像是对需求侧的深度分析与认知过程。用户需求体现出的特征及其数据表象能够有效指导企业合理规划和安排价值链活动，优化生产活动、物资采购、储存运输、市场营销和售后服务等基础价值环节。尤其在市场营销活动中，用户画像能够帮助企业对当前用户和潜在用户进行深度识别与分析，从而合理安排产品组合、产品定价、产品分销和产品促销模式，以精准营销激发用户的购买决策和购买行为。

(2)为产品研发和用户体验优化提供指导

用户画像的深度分析结果以及持续对用户行为持续跟踪所获取的数据能够指导企业的产品研发，或不断优化用户的产品或服务体验。通过用户画像能够深度了解用户的产品偏好、使用场景、使用频率和使用方式等，发现产品在满足用户需求过程中的优势与劣势，这有助于企业不断优化产品设计和服务方案，提升用户在产品运用和服务过程中的满意度和舒适度，不断优化用户的消费体验。另外，用户画像不仅能够洞察现有的消费者需求，而且能够进一步揭示用户的潜在需求和未来需求，这为企业研发新产品或开发新服务提供了良好机会，帮助企业在新产品研发过程中建立先动优势。

(3)为业务发展提供数据源

用户画像获取的用户数据对企业来说极具价值，其不仅能够指导企业开展战略规划，对业务发展布局和市场渗透方向提供明确指引，而且数据要素自身也构成了具有宝贵价值的资源。通过挖掘数据要素本身的商业价值来开发纯数字产品，或者将数据作为交易品开展数据交易，都显著促进了企业的数字产业化发展。无论是新市场的开拓，还是数据资源的挖掘，用户画像都在其中占有重要地位并发挥突出的价值效应。

**案例** 8-1

## 青岛啤酒：逆风飞扬

新冠肺炎疫情期间，啤酒销售面临巨大的挑战，在行业处于冰点的背景下，青岛啤酒的表现却超出了众人预期。10 月 29 日，青岛啤酒发布 2020 年三季报，实现归属于上市公司股东的净利润人民币 29.8 亿元，同比增长 15.17%，再次刷新史上最好业绩。与此同时，青岛啤酒在资本市场赢得了更多的信任和信心，自 1993 年上市 27 年以来，青岛啤酒股价屡创历史新高，2020 年实现股票市值破千亿，品牌价值达到 1 792.85 亿元，在疫情的阴霾下展示出了良好的增长态势和发展韧性。

青岛啤酒逆风飞扬的重要动力之一便是依托数字化的用户画像技术开展精准营销，实现产品的大规模定制。在疫情影响下，青岛啤酒借助营销大数据敏锐察觉到消费场景的重要变化，餐饮、酒店、夜场、KTV 等传统消费场景急剧收缩，而居家饮酒的消费场景逐渐凸显。面对消费场景的显著变化，青岛啤酒开启了“无接触配送”，满足居家及社群的消费场景。上线遍布全国 28 个省 415 个城市的无接触配送地图小程序，开辟疫情形势下全新的营销渠道。青岛啤酒依托大数据技术实现了从场景对消费者及消费行为的精准识别。

在上述数字化转型的基础上，青岛啤酒走进了新时代的“灯塔工厂”行列。其凭借工业互联网的智能化升级，开展产品的个性化云定制，进而通过消费者大数据分析，打通“端到端”供应链，精准识别用户需求，与研发、生产、物流、供应商、销售终端实时共享数据，提前精准预判并快速应对需求波动。2019 年 7 月，青岛啤酒上线私人定制平台，最低起订量 15 箱，有 20 多种风格、100 多种设计模板可供选择。

青岛啤酒依托数字化转型和用户画像的市场洞察体系，实现了从“以产品为中心”到“以消费者为中心”的商业模式演进，在新冠肺炎疫情的笼罩下实现“逆风飞扬”。

资料来源：《青岛啤酒：逆风飞舞，舞入年轻化舞台》，中欧工商管理国际案例库，2020-06-30，内容有修改。

### 3. 用户画像策略的实施路径

用户画像的实施步骤可以概括为目标设定、数据采集、建立数据仓库、标签提取以及画像呈现五个步骤(周茂君，2019)。

第一，目标设定。目标设定包含两个方面，一是企业设置用户画像的策略目标，二是目标用户的识别与确定。从企业的数字营销战略目标看，用户画像能够帮助企业优化营销渠道、改进产品设计、提升服务质量、提高用户满意度与用户黏性，推动精准营销、研发创新和服务优化。因此在实施用户画像策略时，企业应首先明晰用户画像如何与企业战略目标相契合，以用户画像支撑企业战略目标的实现。从目标用户识别看，就是利用大数据明确区分企业的用户并对其进行定位识别，使不同用户人口统计特征和消费行为数据能够清晰区隔。例如在移动端设备中，手机号成为消费者最为清晰的识别与区分标志，能够为用户画像提供清晰的用户 ID。但随着数据安全意识的提升，用户越来越倾向于采用 QQ、微信、微博、邮箱等第三方注册方式获取数字服务或数字产品。

第二，数据采集。数据可以体现为静态数据和动态数据两大类。静态信息主要是指处于相对稳定状态的用户信息，例如用户人口统计特征、生活形态等。静态数据信息与用户个体高度相关，是对用户进行画像描述的基本信息基础，能够从多元化维度对用户进行标签化和群体细分。采集静态数据可以采用多重方法。既可以源于用户注册时的信息录入与采集，也可以采取问卷调研、售后回访、用户访谈等。动态数据则通常不具有稳定性，其主要取决于消费场景和消费行为的变化。动态信息的来源主要包括场景、媒体和路径。场景是指用户的访问设备、访问时长、访问频率等，可以反映用户使用产品或服务的环境特征；媒体是用户访问的平台类型，如社交平台、资讯平台、内容平台乃至游戏平台，这是反映用户态度、行为、需求等的重要媒介；路径是指用户在整个消费行为活动中的数字轨迹，记录了用户进入数字产品系统、使用数字产品系统以及离开或关闭数字产品系统的一系列行为路径。此类数据的采集可以通过用户日志、系统日志、传感器、API 等软硬件相结合的方式，将追踪和记录的用户数据及时传送到后台数据库进行存储和进一步调用分析。

第三，建立数据仓库。数据仓库是指为企业各层级运营和决策提供所有类型的数据支持的战略集合。数据仓库的建立实质上包括两个核心活动，分别为数据存储和数据预处理。数据存储是通过算法和硬件相结合，使采集、获取的用户数据能够被实时、安全地保存在存储介质之中，并且通过分布式存储技术形成良好的灾备系统，保障用户数据可以随时调用。数据预处理则体现为用户数据的清洗和标准化。由于数字经济时代的用户数据具有规模大、“噪声”多等特性，这要求数据仓库能够对用户数据进行筛选和清洗，对重复数据、不一致数据、无效数据等进行逻辑判断及剔除或修正处理，使得用户数据更加精准。在此基础上，用户数据可能源于不同平台、不同终端设备以及以不同形式存续，呈现出显著的非结构化特征。因此数据仓库还需对用户数据进行标准化处理，根据后期调用和数据库存储需要将数据格式尽量调整为一致的数字格式，使得数据分析与数据计算具有更高的规模经济。

第四，标签提取。标签提取是用户画像分析的核心步骤。标签提取的本质是对用户特征进行分析和界定。标签提取的主要方法是运用数据算法并结合人工辅助，根据用户数据对用户特征进行分析、提取和分类。数据算法主要体现为文本挖掘算法、分类算法、聚类算法和预测算法等，通过计算机逻辑判断和大数据运算对用户特征进行精准判断。同时，人工分类法也发挥辅助支持作用，企业研究人员基于 4C 理论、大五人格理论等依据用户数据对用户属性差异进行描述与分析，获取不同子群用户的标签。数据算法与人工分析有机结合，可以完成标签提取及标签验证，最终完成了对用户群体的建模分析与特征提取。

第五，画像呈现。画像呈现依托数字系统的可视化工具，将用户群体的画像特征以可视化、易理解和动态性的方式生动呈现出来，凸显用户群体的类属、行为趋势、选择偏好和评价反馈等。数据可视化需要精简、明晰，能够将用户画像信息以一种直观、可理解的方式进行表达传递，这有助于企业管理者开展快速决策与动态跟踪。因此画像呈现并非仅仅追求视觉优化，其根本目的是要实现决策效率提升。

## 8.2　产品版本化与迭代化

### 8.2.1　产品版本化

数字经济时代的产品版本划分是一种产品垂直差异化策略，一般企业通过向消费者提供不同质量的产品或服务，以满足不同消费者需求，从而获得更大收益(刘志勇等，2015)。因此，产品版本化的内涵就是企业以不同版本向不同细分市场提供数字产品的经营策略。产品版本化需要遵循两个基本原则，一是根据顾客不同需求提供不同版本的产品，一个产品系列组合会使企业实现收益最大化；二是不同产品的版本设计应凸显差异化的用户需求，这既要求企业能够清晰识别不同细分市场的需求，而且能够将不同产品版本与不同细分市场需求有效对接。

**1. 产品版本设计**

企业根据多元化的市场需求设计差异化的产品版本，因此，如何设计不同产品版本是数字产品版本化策略需要首先解决的问题。版本化设计的基础是企业能够识别不同细分用户群体的差异化需求，明确产品或服务中哪些使用价值对特定用户具有更高的价值反馈，进而针对不同用户设计不同的产品版本。

在数字产品的版本设计中，有众多价值特性可以作为版本划分的价值基准。第一，信息的延迟能够将不同用户进行区分，对信息时效要求高的用户倾向于对具有时效的信息支付更高的价格，这使得时效敏感性用户与时效不敏感用户形成了两个细分市场，进而引致不同时效版本的产品被进一步设计出来。第二，性能差异也是划分不同的产品版本的重要价值标准。在数字产品中，性能通常包括用户界面、方便性、图形分辨率或清晰度以及运行速度等。追求不同性能的用户愿意为不同性能版本的产品支付不同费用，从而企业可以针对不同性能需要设计差异化的产品版本。例如，小米公司在2015 年发布的小米 Note 手机，就依据分辨率、运算性能、内存、存储空间等性能差异被划分为顶配版和标准版。不同版本的智能手机满足了不同用户群体的差异化需求，这使得企业能够从差异化定价中获取最大化收益。第三，也有产品获得差异化的技术服务，从而依据获取的服务不同被区分为不同产品版本。技术服务差异普遍体现在不同区域市场。例如，苹果公司在中国香港销售的 iPhone 手机等智能产品仅能够在香港地区享受免费维修服务，其在中国内地并不能享受此类售后服务。当然，也有公司直接推出免费产品供用户使用，后续采取不同版本的技术服务模式满足差异化的市场需求，从而尽可能获取最大化收益。

### 案例 8-2

## 欧拉汽车：用户至上，深耕产品版本化

欧拉汽车是精准捕捉用户需求特征，开展版本化战略深耕细分市场的典型代表。2019 年 9 月，中国汽车产销量已连续 15 个月同比下降，其中新能源汽车也连续 3 个月下降，不同于往年“金九银十”的销量旺季，新能源汽车市场提前进入寒冬。

面对汽车市场的萎缩，作为新能源汽车市场的新秀，欧拉汽车坚持开展版本化策略，深耕细分市场。版本化策略的首要前提是精准洞察市场中的多元化需求。欧拉汽车首先秉持用户思维，通过举办“全球青年共享计划”活动开创万人造车理念，吸引全球用户、青年设计师加入产品设计活动，汇聚多元造车理念，有效打破用户边界。以此为基础，欧拉汽车顺势推出“欧拉猫变研究所”，为用户构建一个尽情释放潮酷和脑洞的平台，以注重用户价值观表达为内核，扩展改装上的自由度，最大限度地促成品牌与消费者互补共创。

与用户的深度互动与价值共创使欧拉汽车在“to C”和“to B”两个市场中形成了鲜明的产品版本层次布局。例如，在“to C”市场，传统车企通常以配置参数高低纵向划分产品版本，但欧拉汽车 R1 则依据目标用户的多元化需求，对产品进行了横向版本划分，陆续推出欧拉 R1 女神版、亲子版和青春版，有效支持用户在不同使用场景高质量满足出行需求和驾驶需求。例如欧拉 R1 亲子版汽车，不仅具有智能语音互联系统，而且配备了 9 寸智能液晶彩屏，能够在亲子场景中提供讲笑话、放音乐等功能，甚至辅导孩子完成作业。而在“to B”市场，欧拉汽车专为网约车市场打造了欧拉 iQ 出行版，很好地满足了网约车市场的载具功能需要和场景需求。

欧拉汽车的版本化策略与用户需求洞察交互协同，不断深耕各个细分市场，在收获大量粉丝的同时也取得了良好的销售业绩。

资料来源：《长城欧拉坚持“版本化”战略，破局多元化时代》，亚讯车网，2019-11-13，内容有修改。

### 2. 捆绑销售

捆绑是一种特殊的版本化模式。捆绑销售是企业将产品打包进行销售，同时也允许产品单独对用户提供，是一种应用广泛的营销策略和产品组合策略。捆绑的典型案例是微软公司推出的 Office 软件组合。该组合至少包括了一款文字处理软件、一个电子表格处理软件以及一个演示软件等。捆绑销售策略通过将不同版本的产品加以整合，一方面实现了产品之间的功能互补和基础资源共享，另一方面则能够有效减少用户分散支付的意愿，促使用户购买不同版本产品的组合。因此企业也对购买捆绑销售的产品组合的用户收取较低费用，其通常低于不同产品单独销售的售价之和。

在数字产品的捆绑销售中，通常采取的捆绑方式包括信息捆绑和定制捆绑。杂志和订阅是信息捆绑的典型案例。杂志中的不同文章具有不同版本的信息价值，不同用户因此也对不同文章具有差异化的信息需求。但通过信息捆绑，即使用户并不需要完全阅读整本杂志，其仍需支付整本杂志的购买费用以获取其需要的信息。这表明信息捆绑有助于降低用户分散支付的意愿，使企业有效提升收益。定制捆绑则看似以“定

制"打破了"捆绑"的约束，但事实上其原理是通过数量折扣方式，实现了"数量"上的捆绑销售。例如，美国的一家 CD 定制商 Music Maker，其以 5 首歌为最低订单数量并收取 9.5 美元的价格，后续用户每增加 1 首歌曲仅收 1 美元。Music Maker 正是以数量折扣方式实现了定制捆绑销售。

**案例** 8-3

### Apple One：苹果数字服务的捆绑销售模式

Apple One 是苹果公司所有数字服务的集合，是公司一项多合一的订阅服务。Apple One 可以让用户保持娱乐和了解信息，还为照片文件等提供了 iCloud 存储。根据公开信息显示，目前 Apple One 基本服务包括 Apple Music 和 Apple TV＋，后续的升级版本收费更高，订阅套餐会相继增加 Apple Arade 游戏服务、Apple News＋以及额外的 iCloud 存储空间等。

苹果此举是模仿亚马逊的 Prime 计划，目的是希望通过数字服务的捆绑销售提升用户忠诚度和黏性。亚马逊的 Prime 计划将免费送货、视频流媒体服务以及许多其他服务相结合，以较低价格按年或按月收费。Prime 计划吸引了大量会员购买此项服务，其被认为是亚马逊取得成功的重要因素。

资料来源：《苹果拟推 Apple One 订阅捆绑包 捆绑销售音乐 TV＋等》，网易科技，2020-08-13，内容有修改。

## 8.2.2 版本迭代化

### 1. 新产品开发与迭代创新

新产品开发是企业获取可持续竞争优势的基础价值活动(Kim et al.，2013)。新产品开发是企业根据自身的资源基础和能力基础创造新产品或改进已有产品的过程。新产品开发的过程主要包括产品概念规划、产品设计、产品批量试制以及规模化生产等一系列过程。新产品的开发模式主要包括瀑布模型、PACE(product and cycle time excellence)产品开发体系、门径管理系统流程模型以及集成产品开发(integrated product development，IPD)模式等，其中，瀑布模型和 IPD 集成开发最为经典。瀑布模型是指企业将产品开发过程分为制订计划、需求分析、设计、实现、测试和运维六个基本环节，体现的是一个自上而下的、严格线性的固定开发次序过程(白静和李哲，2012)。IPD 开发模式则是将来自市场、开发、制造、服务、采购等方面的人员组成跨部门产品开发团队，由部门成员共同管理整个产品开发过程。因此，IPD 开发模式能够及时满足市场的动态需求，提升产品研发效率并降低研发失败风险，在减少研发成本的基础上不断提升产品研发的稳定性。

在数字经济时代，市场需求的快速变化需要产品的迭代创新更加敏捷，与用户呈现更高的互动水平，新产品的开发与迭代创新贯穿于企业经营活动的始终。迭代最早源于数学概念，意指从一个初始估计出发，通过不断寻求一系列近似解，最终确定求解区间并解决问题。因此迭代创新是指以加快创新速度为目标，以持续创新为导向，通过构建充分授权的小型创新团队，以最小成本和最低风险，采用多次迭代方式进行创新的模式。例如谷歌就在产品开发中采取"永远测试版"的迭代策略，始终保持产品处于持续的升级迭代过程中。微信通过六次跨越式的版本迭代，实现了从免费社交与信息传输应用向移动生活场景的演进。

面对产品版本迭代化需要，敏捷开发逐渐成为企业普遍选择的迭代创新模式，不断推动产品或服务版本的迭代升级。敏捷开发是敏捷性在组织研究与开发领域的延伸，是指企业以研发能力为内核，以流程快速调整、内外部研发资源迅速整合以及敏捷开发工具为手段，实现缩短研究周期、降低研发成本和等目标，通过新产品版本的研发迭代不断满足动态变化的市场需求或有效应对市场中的不确定性。

在敏捷开发模式下，企业的产品版本迭代呈现出敏捷性特征。敏捷性特征主要体现在产品版本迭代过程中的研发要素、研发过程和研发结果中。研发要素敏捷性是指企业研发人员构建敏捷的研发组织，并利用敏捷开发工具和技术支撑产品版本迅速地迭代升级；研发过程敏捷性是指产品迭代过程快速、高效，并且能够根据市场需求变化开展动态的柔性调整，使产品版本迭代升级过程始终与市场目标保持动态协同；研发结果敏捷性是指产品迭代升级后具有模块化、复用性和可重新编程性等特征，使迭代升级后的产品或服务能够重新排列组合或进一步支持拓展升级，不断满足新涌现的市场需求。

**案例** 8-4

## 美军空中加油规划软件的敏捷开发

美国空军中央司令部(AFCENT)负责监督中东和近东许多国家的空中行动，这些空中行动任务及其规划产生了大量数据，其中包括用于协调在伊拉克和伊斯兰国作战的空中资产的数据。AFCENT 的一支工作团队负责规划空中加油任务。他们由至少3人挤在一块白板周围，移动不同颜色的磁铁开展模拟，然后将任务数据输入 Excel 表格中进行测算，再用记号笔在白板上画线以实现数据可视化。之所以在空中加油规划中采取上述原始方案，原因就在于空军传统的软件采购计划获取的软件版本对当前空中任务毫无帮助，导致该项采购计划已停滞数年。

面对上述问题，美国国防创新试验部(DIUx)与 Pivotal 公司开展合作，共同开发美军空中战斗中心(CAOC)所需的规划工具。在这项合作中，AFCENT、CAOC 以及 Pivotal 公司的人员共同组建了敏捷开发团队，迅速开发出一款名为"Jigsaw"的空中加油规划软件。此次合作为空军软件开发提供了解决方案，也促进了美国国防创新试验部(DIUx)将与 Pivotal 公司的合作转移至美国空军生命周期管理中心(AFLCMC)，从而成立了一个名为"Kessel Run"的空军软件敏捷开发计划。

相较于传统的基于瀑布式开发而形成的软件采购计划，敏捷开发模式表现出显著优势。正如 Kessel Run 计划的副主管桑德斯中校所述，传统的采购计划往往是以工业经济时代的瀑布式开发方法为基础。例如，美国国防部采购飞机、坦克等，首先需要拟订一份详细的计划，理解采购的目标是什么，这个需求理解过程就需要持续大概 2～5 年。基于瀑布式开发的传统采购模式严格采取线性的开发流程，仅适用于技术变化相对缓慢的时代，却与当前数字经济时代快速变化的技术环境极不协调。随着时间的推移，采购计划模式下的软件设计、开发、部署将更加复杂，最终交付的版本已难以满足需求。敏捷开发则能够在几个月乃至几周内尽快完成最小可行产品的开发，并不断与用户进行交互，实时升级系统以满足用户需求，实现了软件在敏捷开发模式下的持续迭代。此后，Kessel Run 计划还直接将作战人员纳入敏捷开发团队之中，这不仅加速了软件开发速度和质量，而且在赋能作战人员的同时，也使开发团队成员收获了有价值的学习。

资料来源：《美军空中加油规划软件敏捷开发案例》，知远战略与防务研究所，2022-01-19，内容有修改。

### 2. 最小可行产品开发原则

在敏捷开发模式中，产品版本敏捷迭代的核心是遵循最小可行产品的开发原则。最小可行产品(minimun viable product)是指企业为了尽快完成市场测试，在不确定的环境下，耗费尽可能少的资源，以尽可能快的速度构建的最小功能集成的产品。通过最小可行产品的开发策略，能够使企业在短期内以最低的成本完成一次“开发—测试—认知”的创新循环。

最小可行产品的开发方案一般包括如下四个流程。第一，建立愿景。虽然最小可行产品开发的目的是实现敏捷研发，但无论怎样的敏捷行动都是为了实现特定目标而开展的。最小可行产品的开发同样需要首先明确产品的开发愿景和满足怎样的市场需求，敏锐地识别用户所面临的问题，并以此作为产品开发的初始目标。第二，开发最小可行产品。在前期充分调研和深入挖掘用户需求的基础上，由研发、营销、运营、采购等多部门共同组成的开发小组制定并提出最小可行产品的开发方案，形成产品开发指南并予以实施。第三，用户测试与反馈。开发完成的最小可行产品应请用户进行试用与测试。通过测试，研发团队能够获取用户反馈，识别出产品或服务系统中哪些功能模块是用户需要的，哪些功能模块需要进一步改善和如何改善，以及哪些功能模块很少被用户使用甚至给用户造成了困扰和不安。这一过程使产品版本迭代与用户需求能够持续协同，保障产品迭代升级遵循了正确的技术路线。第四，学习与迭代。在收集用户测试数据的基础上，开发团队能够对用户使用行为、反馈意见等数据进行组织学习，从而利用学习成果指导产品的进一步升级与完善。上述四个流程循环运转，构成了产品版本化迭代的持续性过程，使产品始终处于版本的升级迭代过程之中，不断满足市场的动态需求。例如，美国通用电气公司基于精益创业理论提出了 GE 版本的“Fast Works”方法论，如图 8-1 所示。通过采取这一方法论，GE 公司推动了以最小可行产品开发为核心的敏捷迭代循环，促进了企业的产品不断升级迭代。

### 3. 版本迭代的基础

产品版本的敏捷迭代需要企业具有相应的能力与资源基础，主要包括柔性化生产与满足个性化定制。在工业经济时代，产品的版本设计基本从“大众化需求”出发，从而导致产品版本化单一或版本化锁定的问题，原因是“大众化需求”的变动呈现较为稳定的状态。进入数字经济时代，用户的个性化需求差异逐渐凸显，大规模个性化定制成为新的需求特征，这要求企业具有满足不同需求的能力，甚至针对不同需求开发不同版本的产品或服务，从而尽可能地占领更广阔的市场。实现大规模个性化定制，本质是在提升产品多样性和定制化程度的基础上不增加任何成本，并能够以大规模生产

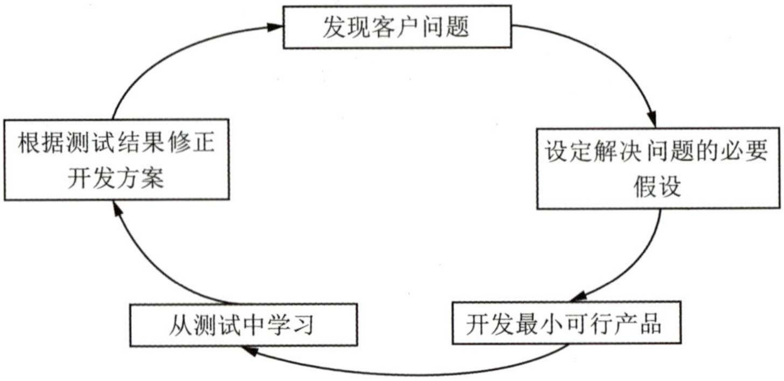


图 8-1　GE 公司“Fast Works”方法论

满足用户个性化需要。这要求企业具备用户识别、敏捷学习、迭代试错等动态适应外部环境的核心能力(Coviello and Joseph，2012)。通过集成上述动态能力，企业就具备了满足用户个性化定制的资源与能力基础，通过有效识别不同用户的需求特征或征集用户的功能诉求，企业能够基于最小可行产品迅速迭代出不同的版本的产品或服务，实现对不同用户差异化需求的有效满足。这种个性化定制能力不仅降低了企业面临的资源禀赋约束和增强了企业的战略多样性(Andries et al.，2020)，而且强化了对版本迭代式创新的支撑，是企业产品敏捷迭代的前提基础。

柔性化生产是敏捷迭代的保障。研发层面的敏捷迭代更多体现为对研发动态能力的要求，而柔性化生产则是确保迅速迭代升级的产品版本能够被低成本、快速和高质量地制造出来，将不同产品版本的设计方案转换成为对应的可行产品。因此柔性生产是在柔性制造的基础上，为适应市场需求多变和市场竞争激烈而产生的市场导向型的按需生产的先进生产方式。随着数字技术的持续演进及其与传统制造技术的有机融合，智能制造、柔性制造成为制造业的重要发展趋势，智能化的生产线能够在少品种、大批量生产与多品种、小批量生产之间的任意切换。因此当企业获取了用户的差异化需求和个性化定制，就能够进行快速的产品版本设计与开发，进而依托先进制造技术完成小批量的经济生产和模块化组合，甚至实现用户对生产活动的全程在线参与。家居品牌索菲亚主营定制家具的研发、生产和销售，该公司紧跟工业 4.0 的发展浪潮，依靠自身突出的柔性制造能力开展个性化定制的经营模式，通过引进全球先进的柔性生产线，实现生产机器自动调整。依托“标准件＋非标件”相结合的柔性生产模式，索菲亚柔性制造能力可以达到 2.8 万件/天，相当于约 700 套衣柜/天，且误差可以控制在 0.5 毫米以内。

## 8.3　数字产品定价

### 8.3.1　数字产品的内涵及特征

数字产品的概念内涵有狭义和广义之别。狭义上的数字产品是指信息内容基于数字格式的交换物；而广义上的数字产品则可以理解为狭义数字产品和数字技术上的电子产品的集合。因此数字产品的价值体现为凝结在数字信息产品中的一般人类劳动(廖宏军和高雅佳，2012)，其让渡的本质是数字使用价值，通过数字技术、数据要素和传统资源要素的结合满足用户需求。

数字产品具有独特的经济特征，其具体体现为：

(1)高度的个体偏好依赖性

由于数字产品本身往往是无形的，因此用户对数字产品的消费实质上是对产品中所包含的信息内容或技术服务的使用。因此数字产品的需求更加严格地取决于用户偏好的变动。因此数字产品的价格设置、生产决策和需求分析等需要与用户身份信息高度关联，评估用户对产品的边际支付意愿。

(2)成本特殊性

数字产品具有高技术属性，因此其面临较高的研发成本和初始固定成本，并且一旦产品终止，上述成本通常转化成为沉没成本难以回收。但数字产品具有低廉的边际成本，甚至某些产品生产的边际成本为 0，这使得边际成本定价策略对数字产品定价缺乏指导意义。

(3)价值附加特征

数字产品具有在原产品的基础上，通过技术化处理而创造附加价值的属性。例如，传统的纸质图书通过数字化扫描和编辑，被加工生产成为电子图书，从而可以适用于在多元智能终端设备上进行阅读，更好地满足了用户的阅读需求。

(4)时间价值属性

由于数字产品往往是信息和先进技术服务的载体，因此数字产品具有较高的时效性。例如，在线内容平台提供的新闻、资本市场、外汇市场等信息类数字产品，对投资者来说具有较高的时效价值，如果延迟过高将导致数字产品价值减损。因此在数字产品定价策略中，时间成为需要考虑的重要因素。

(5)网络外部性

网络外部性是指当消费同样产品的其他使用者的人数增加时，某个使用者消费该产品获得的效用增加。这导致数字产品的价值部分取决于该数字产品的用户数量或该数字产品的互补品数量。这需要在数字产品定价中予以考虑。

### 8.3.2　数字产品的成本分析

数字产品的成本结构通常包括生产成本(或研发成本)、服务成本、营销成本和维护成本(赵涛和郑诗田，2009)。

数字产品的生产成本是指数字产品在研究、开发和生产过程中物化劳动和活劳动消耗的费用。物化劳动是指生产数字产品时投入的物质设备折旧和数字信息材料的消耗之和。活化劳动是指数字产品需要投入的员工工薪及其知识服务的成本。由于数字产品具有较高的技术附加价值，因此数字产品的活化劳动成本相较于传统产品更高，这使得数字产品的前期固定成本较高。

数字产品的服务成本是指用户在使用数字产品或服务的过程中，企业需要提供相关配套服务的成本，包括技术咨询、设备维护、软件运维、数据传输、安全防护等。数字产品的服务成本与用户数字能力高度相关。数字能力较强的用户能够自行解决产品运行过程中的众多技术问题，减少对企业的数字技术依赖，因此此类客户的服务成本可能较低。

数字营销成本是指企业为了扩大数字产品市场占有率，提高其销售量而在分销渠道上所付出的努力和资源投入，通常包括营销渠道的建设投资、广告投入以及产品折扣让利等。

数字产品维护成本是指企业为保障数字产品系统正常运行所需要的后续投入。由于数字产品或服务是一项复杂的技术系统，因此在投入使用的过程中，其需要持续的技术性维护，保障数字产品系统能够稳定运行。此外，由于不同用户具有差异化的使用场景，在产品使用过程中产生差异化的需求或出现不同问题，这需要企业对数字产品进行及时的升级与迭代更新，满足用户后续出现的差异化需求。

数字产品上述经济特征和成本结构，使得数字产品成本特征与传统产品成本特征存在较为显著的差异，如图 8-2 所示。数字产品的总成本、平均固定成本和平均可变成本均随着产量增加呈现递减趋势，而边际成本能够始终保持在一个较低水平，甚至在极端情形下可以始终为 0。因此在数字产品定价策略中，难以依据边际成本进行价格设置，否则企业可能蒙受经济价值的损失。此外，由于数字产品的上述成本特征，这使得企业能够通过差异化定价捕捉更多的利基市场，从而充分获取长尾效应所带来的经济收益。例如，当当网通过与各大科技类出版社的合作，其在售图书从最初的 15 000 个品种一举扩张到 50 000 个品种，覆盖文学、人文社科、经管、科技、生活等多个学科领域，使很多在实体书店难以买到的图书都能够以优惠价格在当当网购买到，能够有效满足读者的多元需求。事实表明，这些价格优惠的“冷门”图书销售情况并不弱于畅销书，甚至其利润水平超过了畅销书的利润水平。正是由于长尾效应的有效利用，使得当当网在 2019 年注册用户数达到 3.5 亿，2018 年的净利润达到 4.25 亿元，同比增长 34.9%，公司实现连续 5 年的全面快速增长。

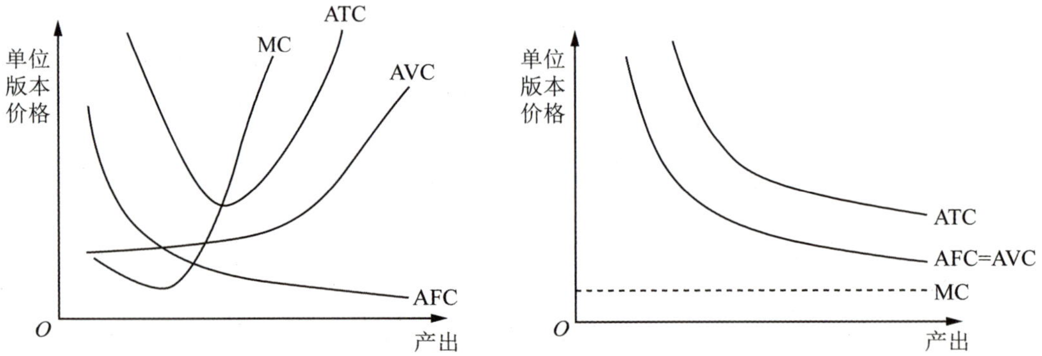


图 8-2　传统产品与数字产品的成本特征

## 8.3.3　数字产品的定价策略

### 1. 个性化定价策略

个性化定价是针对不同需求的用户提供不同版本的产品并收取差异化的价格。正如上述产品版本化策略所述，不同用户对时间、性能或服务有不同的需求，而数字产品也可以依据不同需求设计不同版本，这为实施个性化定制与个性化定价提供了可能空间。个性化定价有利于分析用户特征，依据不同用户的人口特征、收入特征、行为偏好以及使用场景等确定其需求侧特征，进而以此为依据划分用户群体，针对不同子群提供不同版本的产品并制定差异化的价格；同时，企业也可以从产品自身出发，依据产品不同的价值属性将产品划分为不同版本，引导具有不同需要的用户购买恰当版本的产品。因此，个性化定价的本质是依据用户购买意愿制定差异化的价格，从而使企业获取最优的经济收益。例如，优步利用算法事先对里程和时间进行估算，并结合动态加价的系数，生成一个"一口价"车费。"一口价"车费替代了原有的以实际里程和时间收费的模式，进而为优步拓展了定价空间。通过用户信息数据并结合特定算法，优步能够对不同特征的用户制定个性化价格，进而获取最大收益。

**案例** 8-5

## 优步(Uber)的动态定价

2012 年年初，优步在波士顿的研究组发现，每到周五和周六凌晨 1 点左右，会出现大量的"未满足需求"。原因在于这一时段的优步司机已经退出系统准备回家休息，而结束 Party 的年轻人则刚刚结束狂欢准备回家。

针对上述供需缺口，优步的研究组尝试开发了新定价方案，在上述凌晨高峰时段提高乘坐单价，继而观察供需两侧的市场回应。通过数据分析，仅仅在该方案推出 2 周后，该时段的网约出租车供应量增加了 70%～80%，有效弥补了周末凌晨高峰时段的供需缺口。

在这一方案的启发下，优步进一步优化了系统算法，针对不同交通场景制定动态化的定价方案。例如，针对上下班高峰时段、大型活动周边区域、出现恶劣的天气条件和其他紧急事件等情况，优步都正式实施了动态定价策略。在动态定价的基础上，优步改变了传统依据里程和时间进行收费计算的方法，改而以预估里程计算"一口价"。这使得优步具有更大的定价空间，从而可以依据用户使用记录数据分析用户的行为偏好与价格偏好等信息，甚至针对每位用户制定个性化定价。个性化定价本质上与价格歧视相一致，有时会导致用户的反感情绪，降低用户忠诚度，甚至可能引发用户权益被侵犯的投诉。

资料来源：《从内部视角剖析 Uber 动态定价》，36 氪，2014-03-16；《如何理解 Uber 的动态定价》，IT 技术精华，2020-04-11。

### 2. 转换成本与锁定效应

转换成本是指消费者用一种商品取代原来消费的商品时所产生的成本，包括用户使用原产品所投入的沉没成本、使用新产品的学习成本、旧产品淘汰的机会成本以及与新供应商之间的交易成本等。由于数字产品往往具有显著的网络外部性，因此当用户转换使用新的数字产品时，上述转换成本将被进一步放大。因此，转换成本的存在导致数字产品的用户面临锁定效应。锁定效应的本质是组织或个体面临难以低成本地脱离价值网络的特殊现象，其主要表现为高沉没成本、高转换成本和高机会成本。因此在企业开展数字产品定价的过程中，应充分考虑自身数字产品的网络外部性强度及其转换成本，是否能够对用户形成强大的锁定效应，进而制定合理的产品价格。

企业为获得足够的“安装基础”进而构建网络效应的正反馈，可以采取低价策略首先使自己的产品或服务在市场中占据主流地位。随着产品的不断迭代升级以及附加值提升，企业能够进一步强化对用户的锁定效应，提高用户的转换成本。最终通过向用户销售数字产品的互补品获取经济利益。

**3. 免费策略**

免费策略的基础是数字产品具有近乎为零的边际成本。由于数字产品的边际成本极低甚至为零，导致市场竞争迫使企业逐渐降低产品价格并趋近边际成本，最终导致数字产品出现免费的情形。面对数字产品独特的边际成本特征，数字产品生产者可将免费策略用于推动市场规模扩张并获取产品的“安装基础”。

为有效实现上述经营目标，企业可以采取三种免费策略：

(1)限制免费策略

企业允许用户免费获取数字产品或服务，并可以在一定期限或次数(或流量)范围内无偿使用；当用户使用时间超过这一期限或超过规定次数(或流量)，企业将对用户收取费用。因此限制免费策略能够促使用户加强数字产品的体验，提高用户的产品黏性，促使企业能够获取更大的“安装基础”以不断拓展市场份额。

(2)部分免费策略

用户可以免费使用数字产品的一种或几种用途，但无法获取产品的全部功能，若想获取全部功能则必须支付相应费用购买全部产品功能或服务。此外，也有企业的数字产品是在用户支付购买费用后，进一步获取个性化服务。例如，腾讯视频针对不同用户设置了差异化的内容服务。付费会员有权限跳过视频内的广告，而非付费会员则不享受这一权限。

(3)完全免费策略

完全免费策略是指用户在使用数字产品或服务时不受任何限制，能够完全免费地使用全部产品功能。这一定价策略的目的是通过免费尽可能地吸引大量用户，不断扩大“安装基础”的规模并尽快达到网络效应的临界点，形成对用户的锁定效应。在此基础上，企业未来将向用户出售互补性的产品或服务，实现企业长远收益。例如，为了应对 ebay 的强大市场地位，淘宝在平台成立之初制定了 3 年免费的定价策略，吸引了 ebay 平台中的大量消费者和商家向淘宝平台进行转移。凭借这一免费策略，淘宝在 2006 年占领了全国 C2C 电商市场 70%的份额，迫使 ebay 于同年 12 月宣布放弃中国市场。获取大量的“安装基础”为阿里巴巴的快速发展奠定了基础，淘宝在后期凭借多元的互补性业务取得了快速发展，获取了大量的经济回报。

## 8.4 全渠道营销

### 8.4.1 全渠道营销的概念内涵及其特征

全渠道营销是指企业采用 ABCD 等技术，通过实体商店、网上商城、移动终端、社交网络等多元化的渠道满足用户多方面的综合性需求，给予用户全方位的直接沟通以及一体化消费体验，并在不同渠道之间实现精准衔接(戚聿东和肖旭，2020a)。理解全渠道营销的概念应重点了解其如下内涵：

(1)全渠道营销在表现形式上体现为不同营销渠道的布局与协同

全渠道营销是指企业利用数字经济时代的先进信息技术实现营销活动在不同渠道媒介中的全面覆盖，既包括电视、电话、印刷品等传统媒介，又包括智能手机、智能手表等终端设备以及电子商务平台乃至智能汽车等移动平台，使得营销活动无处不在，与经济社会活动实时“在线连接”。

(2)全渠道营销有赖于不同渠道之间的无缝衔接

全渠道营销不是在多渠道营销基础上简单的渠道扩展和累加，而是能够利用数字技术打通不同渠道之间的数据壁垒，能够让不同渠道中的信息互联互通并实时交互，使用户在不同渠道切换中不再面临渠道壁垒，甚至感觉不到场景切换。

(3)全渠道营销的目标是整合用户的综合性需求

全渠道营销的目的不仅是实现多渠道的互联互通和协同整合，更需要在此基础上能够为用户提供一致性的消费体验，从不同渠道整合用户的异质性需求并进行综合分析，继而由企业开发产品或提供服务统一满足。因此全渠道营销的本质是构建用户与平台、用户与用户、用户与厂商之间的信息网络，实现在整个消费过程中信息无障碍地交互沟通。

## 8.4.2　全渠道营销的演进历程

全渠道营销的产生与发展源于营销渠道战略的不断变革。随着人工智能、区块链、云计算和大数据等数字技术的不断演进，技术变革为企业营销渠道的变革提供了技术支撑，而用户对消费模式升级的需求也不断增强。根据毕马威中国、香港货品编码协会和汇丰银行在 2021 年联合发布的《零售新里程：大湾区全渠道发展展望》调查报告，有将近 55%的企业越来越多地直接使用电子商务和运用第三方的电子商务平台，而 77%的香港地区消费者和 85%的内地城市消费者希望获得线上线下一体化购物体验。这表明全渠道营销从供需两端都呈现快速发展态势。

营销渠道的战略变革总体上可以分为以下四个阶段(参见图 8-3)。

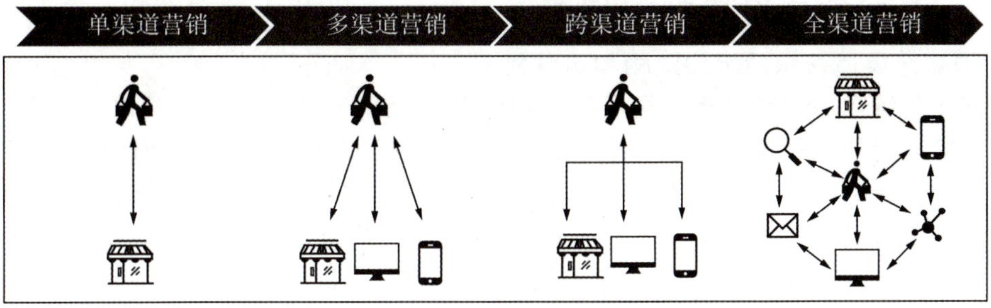


图 8-3　全渠道营销的演进历程

### 1. 单渠道营销阶段

单一渠道是企业仅专注于打造唯一的营销渠道。在此模式下，线下直营或分销的模式往往成为传统企业单一渠道战略的首要选择。随着电子商务的不断发展成熟，很多采取单一渠道策略的新创企业更加偏好线上电商平台的渠道建设。企业之所以选择单渠道营销策略，主要的原因是企业处于初期发展阶段，一方面由于市场相对狭小、产品种类单一等原因对多渠道种类的需求并不高，单渠道营销更具成本优势和管理效率；另一方面是由于初创企业缺乏多渠道建设所需的资金和人才，存在开展多渠道营销的资源约束。但由于渠道过于单一，这也使得单渠道营销面临用户覆盖范围狭窄、渠道锁定风险以及营销效率不高等问题。

#### 2. 多渠道营销阶段

互联网和电子商务的发展成熟使得多渠道营销成为可能并被更多企业选择。多渠道营销的主要模式是企业采用线上＋线下的多元渠道建设，形成实体分销渠道和电子商务渠道的并行销售体系。这充分满足了信息时代消费者的便捷购物需求，打破了购买行为的时间与空间边界，极大提升了用户的消费体验。此外，线上营销渠道的建立节省了企业的分销成本和运营成本，渠道覆盖范围更广、管理效率更高，这有助于提升企业营销活动的效率。

#### 3. 跨渠道营销阶段

随着大数据、人工智能等数字技术的不断成熟，营销渠道战略步入跨渠道营销阶段。跨渠道营销的核心是"整合"。企业利用大数据分析技术、人工智能算法对不同渠道的产品信息、库存信息、物流信息、价格信息乃至用户信息等进行全面整合，使得用户可以通过任何单一渠道获取全面的产品信息，并可以根据自身所处的场景任意开展渠道切换。跨渠道营销彻底打破了不同渠道之间的技术壁垒，使不同渠道之间自由互动与切换。

#### 4. 全渠道营销阶段

虚拟现实、大数据、智能终端、智能穿戴设备等的快速发展，为企业实现全渠道协同提供了技术基础。借助数字技术，企业将线上线下等全部渠道的信息流、物流、资金流、用户流、产品流等进行全面整合并有序协同，彻底打破了不同渠道之间的边界，使用户不仅能够更加便捷地开展交易活动，而且可以在任何渠道享受一致的消费体验，不同渠道也被企业构筑成为全面覆盖经济与社会活动的价值网络。

### 8.4.3 全渠道营销模式的构建

#### 1. 构建全渠道营销的组织结构和运营机制

不同于传统单一渠道营销，全渠道营销涉及多元渠道的管理、协调以及互联互通，并需要能够及时协同企业的物流、信息流、员工、生产能力等，以及时对用户需求做出敏捷反映。这需要企业具有专门的整合营销机构，负责规划企业全渠道整合营销的战略战术，统筹管理线上线下的客户、商品或服务、信息等营销资源，协调价值链各环节、企业各部门、各渠道的营销活动，获得并强化品牌效益和客户信任，达成线上线下互补的协同营销效应(曾繁斌，2021)。

全渠道营销也需要在线上和线下渠道体系之间构建紧密协同的运营机制。线上渠道在品牌推荐、引流、促销等方面具有天然优势，可以为线下实体渠道引导并吸引用户。而线下实体渠道则在展示、体验、配送、服务等环节具有优势，能够发挥用户转化、提升用户黏性等功能。这要求线上和线下渠道能够实时共享产品、仓储、物流、用户、价格等信息，为用户提供无缝衔接的消费体验。例如良品铺子构建了线下、线上以及 O2O 的全渠道营销体系，使得消费者能够通过多元渠道的任何一种获得购买产品的入口，然后根据消费者的位置信息确定到店自提、同城配送还是快递到家。全渠道营销体系的构建使得良品铺子在 2019 年的营业收入达到 760 029 万元，2017—2019 年环比增长率分别维持在 26%、18%和 20%，实现了企业的高速增长。

### 2. 打造全渠道运营的信息基础设施

全渠道营销体系的构建有赖于运用新一代信息技术打造技术后台、数据中台和业务中台，构建有效支撑智能化营销决策的信息基础设施。通过数字化打通各业务、各系统的信息交叉点，加强前端技术支持与后端业务需求之间的密切协同，建立畅通的数据流通渠道，实现业务整合，为消费者洞察、用户画像、精准营销等全渠道整合互动营销活动的决策与实施提供强有力的技术支持。

### 3. 加强线上渠道的营销互动

线上营销渠道的核心是电商平台的建设与推广。企业可以围绕客户需求及企业战略定位，设计界面友好的网络平台或店铺系统，为用户提供便捷化、智能化的查询、推荐功能，能够让用户实时获取支付、物流、产品和仓储等信息，与线下实体门店、App 等移动商城形成多元互补、互为导流的营销闭环(曾繁斌，2021)。

打造私域流量体系，形成线上营销互动。随着直播平台、App 开发工具、在线社区以及短视频平台等的发展与成熟，打造专属于企业的私域流量体系成为全渠道营销的重点。在私域流量体系中，企业能够与用户形成更为直接、紧密的互动，企业能够对用户形成更为深刻的认知，进而形成精准营销方案，为用户提供定制化的产品或解决方案，并形成专属化的服务体系。例如小米公司的成功离不开其对米粉社区的成功运营。通过建立米粉社区，使得小米的“粉丝经济”取得巨大成功，使小米的品牌形象快速建立。

### 4. 重塑线下渠道的顾客体验

全渠道营销的线下体验是将购买意愿成功转化成为购买行为的重要环节。通过应用生物识别、智能机器人、AR/VR 以及物联网等技术推进线上线下融合，强化对用户购买行为的记录与分析，使用户在线下渠道能够全面试用产品，并且能够享受与线上同等的优惠价格。同时，线下渠道应及时获取用户人口特征信息，将线下获取的用户信息与线上数据库及时互联，形成对用户全面的精准画像，迅速了解用户的需求特征，为用户提供定制化的产品推介与服务，并以此加强客户关系管理，强化用户黏性。

## 案例 8-6

### 霸蛮科技打造数字经济时代的“无界餐饮”

霸蛮科技是数字经济时代餐饮行业全渠道布局的典型体现。进入数字经济时代，面对疫情防控常态化，餐饮行业消费场景呈现显著变化，逐渐从线下转移至线上，从饭店转移到家中，从餐饮转移为零售。霸蛮科技敏锐地洞察到上述消费场景的转换，开展全渠道营销布局，打造出数字经济时代的“无界餐饮”模式。

首先，霸蛮科技突破门店边界，将经营的空间范围延伸至家庭餐桌之上。通过迅速入驻外卖平台，霸蛮拥抱外卖渠道与社区营销，直接将门店加工好的产品配送到家庭餐桌。在此过程中，霸蛮为避免外卖用餐对汤面口味的影响，为外卖营销重新精心设计了包装方式，并将汤粉分离，使产品能够在1小时配送时间内保持最优口感。

其次，霸蛮科技突破产品边界，将餐饮产品转化为零售产品。为进一步拓展营销渠道布局，增加产品和渠道与终端消费者之间的触点，霸蛮创新了产品形态，推出生鲜食品和预包装食品。其中，生鲜食品通过急速冷冻处理，能够获得48小时的保质期，从而其能够通过便利店、商超等社区营销渠道进入市场，这使得霸蛮的营销渠道由门店拓展至社区商超。而预包装食品则是通过脱水干粉和高温灭菌等技术，使米粉、牛肉、原汤、配套小菜等具有120天的保质期。这使得霸蛮开拓电商渠道成为可能。

通过"门店＋外卖＋商超＋电商"的全渠道营销体系，霸蛮形成了"线上＋线下"的"立体化作战"模式。线上产品可以圈粉，吸引消费者走入门店体验堂食；而线下门店是触点，可以吸引忠实的米粉爱好者购买零售产品或外卖，直接在家享受与门店一致的美味，甚至亲自动手煮出"更具仪式感"的美餐。"线上＋线下"的立体化相互支撑促进了线上流量与线下流量的交互转化，使得霸蛮即使面对疫情冲击，也能实现线上和线下的双轮驱动。

资料来源：《霸蛮科技：打破餐饮的边界》，中欧国际工商学院，2020-06-30，内容有修改。

## 8.5 大数据营销

### 8.5.1 大数据营销的概念与特征

数据要素被誉为数字经济时代的"石油"，在经济与社会活动中占有重要的基础地位。依据谷歌的相关数据显示，该公司每天平均每分钟约从全球24亿互联网用户那里收到400多万个搜索请求；而脸书的13亿用户每分钟则要分享250万条内容。与此类似，中国具有强大的国内市场，因此也具有丰富的数据资源。例如，天猫商城仅2019年"双11"的电子商务成交额数据就达到了2 684亿元，其中包含了大量的订单、支付、用户和物流数据。在这样的背景下，大数据营销成为企业一项重要的营销策略并逐渐发展成熟。

大数据营销主要是指营销人员运用大数据技术和分析方法，将不同类型或来源的数据进行挖掘、组合和分析，发现隐藏其中的规律、特征与模式，以及这些发现是如何影响消费者 的购买决策；并在此基础之上有针对性地开展营销活动，满足用户的需求偏好，并为用户创造更大的价值(杨扬等，2020)。因此大数据营销本质上是将大数据及其分析技术与企业营销活动进行有机结合，以数据及算法为基础开展营销决策并制定营销策略，为用户提供更优质的销售服务和创造更大价值。

由于大数据本身具有规模性(volume)、高速性(velocity)、多样性(variety)以及价值性(value)特征，这决定了大数据营销具有与此相关联的四个突出属性。

(1)大数据营销需要强大的数据处理能力

大数据的规模性属性嵌入企业营销活动中，要求企业能够快速收集、安全存储大量的用户数据，对不同格式、不同设备终端的数据能够有效汇总和清洗，使数据具有较高的可用性和标准化程度。

(2)大数据营销需要敏捷能力的支撑

大数据的高速性要求企业在营销活动中具有与之匹配的数据处理能力、快速决策能力以及敏捷执行能力，只有这样才能发挥大数据营销的先动优势。

(3)大数据营销能够有效满足用户多样化的价值需求

大数据的来源、格式以及种类的多样性，蕴含着用户需求的多样性。这不仅要求企业具有强大的智能算法支撑多样化数据的处理，更需要企业具有足够的动态能力，以满足用户的个性化需求。

(4)大数据营销需要具有强大的价值挖掘能力

大数据的价值不会自然涌现，这需要将数据与企业营销战略紧密结合，才能有效利用大数据为用户创造更高的附加价值。通过对数据的深入挖掘，企业不仅能够发现用户的当前需求，还能预测用户的未来需求，甚至洞察用户的潜在需求，使数据价值得以有效发挥。

### 8.5.2　大数据营销的意义

随着大数据科学的崛起，大数据营销的重要作用逐渐显现并深入商业活动的多个层面。从当前主要营销实践看，大数据营销的作用主要体现在如下三个方面。

#### 1. 用户分析

与用户画像、消费者洞察中的数据应用类似，大数据营销能够依托用户数据信息对用户开展深度挖掘与分析，为企业制定个性化产品方案、开展产品研发与升级提供极具价值的指导。例如，亚马逊、京东、淘宝等电子商城通过记录和跟踪用户的浏览行为刻画用户的需求特征，进而有针对性地开展产品信息的精准推送。

#### 2. 产品优化

大数据营销记录了用户的访问、购买以及评论等信息，并且依据这些数据进一步精确刻画每个用户个体的独特需求，实现产品的定制化与个性化设计。例如今日头条根据用户的浏览行为，帮助用户设计个性化的信息内容，持续向用户推送更为偏好的信息产品。此外，也有企业将大数据营销前置于产品开发，以用户偏好数据指导产品的设计与生产。例如奈飞公司在投资拍摄《纸牌屋》之前，通过收集观众反馈出的导演和演员偏好信息，并有针对性地邀请这些人员进行影片的拍摄与制作，最终取得了良好的市场评价。

#### 3. 客户关系管理

大数据营销积累了大量的用户数据，能够对不同用户开展精准分层，这为企业针对新客户、忠实客户、流失客户等差异化群体开展差异化的客户关系管理提供了数据基础。例如恒丰银行在2017年推出基于大数据的客户关系管理系统2.0版本。通过该系统，恒丰银行能够有效区分不同客户群体，识别高价值的潜在客户，继而有针对性地对客户实施差异化的关系管理举措。

## 案例 8-7

### 大数据生成年度歌单，网易云走进用户内心

近年来，流行的年度账单和年度歌曲列表可以在年底为用户生成专属的个人报表，显示一年内该用户在应用程序上的各种使用行为。网易云同样采用了这项大数据营销策略，依托数据技术搜集和记录用户数据，进而开展分类与计算，形成个性化的推荐内容。近年来，网易云一直在应用中嵌入社交属性，允许用户在 App 中发表评论，并记录用户收听的歌曲、收听时间和收听习惯等。网易云对此类用户数据进行深度分析，非常清楚地列出每个用户的收听喜好并分析用户的心情，个性等，为每位用户赋予大概的标签，增加更多的个人情感内容，并让用户体验定制化。

正是由于大数据技术的运用，网易云与用户形成深度的创意互动，并实时生成独家歌曲列表。然后借助情感视角，使精准推荐的内容引起用户情感共鸣，进而使网易云可以与每个用户建立情感联系，增强用户对网易云音乐的信任和依赖性。最终，网易云年度歌曲列表不断刷屏，收获了大批粉丝；而用户从年度歌曲列表中收获独特性和特殊性，在使用年度歌曲的同时给用户带来独特的优越感。此外，歌曲列表回顾过去一年的心情也触动了许多用户的情感点。这是网易云依托大数据营销维护客户关系的经典案例，也使网易云与用户之间产生了情感互动，使产品与服务真正“走进”用户的情感世界。

资料来源：《网易云音乐发布歌单年度报告 歌单总数已超 21 亿》，央广网，2021-01-11，内容有修改。

### 8.5.3 大数据营销模式的构建

#### 1. 数据层：实现数据的融合互通

“数据孤岛”是阻碍大数据营销的基础障碍。“数据孤岛”的概念源于“信息孤岛”，是指数据被分割、储存在不同的主体或部门之中，成为若干相对独立的数据集，无法实现数据互联互通、相互分享和整合利用，就像海洋中的孤岛，彼此之间缺乏信息、交通等的相互关联与互动。“数据孤岛”问题主要存在于两个层面。第一层面是不同企业组织和数据平台之间存在明显的数据壁垒，不同类别的数据资源呈现高度分散特征。以 BAT 的数据资源分布为例，百度凭借其在搜索引擎市场中的优势地位掌握了大量的用户搜索和广告资讯数据，阿里巴巴则凭借淘宝、天猫等电商平台拥有大量的电子商务数据，而腾讯则依托微信等热门社交平台获取了大量的用户社交数据。不同类型数据分散在不同数据平台之中，彼此之间难以互联互通共享，导致“数字孤岛”问题，数据价值就难以被有效挖掘和充分利用。第二层面是企业内部由于数字化程度不高，也可能导致内部数据资源难以在不同部门之间形成共享和有效协同，从而形成企业内部的“信息孤岛”问题。

面对上述两类“信息孤岛”问题，需要采取有效的数据治理模式，促进数据要素的高效利用、合作共享，并有效维护数据隐私。针对上述第一类“数据孤岛”问题，“资本＋技术＋数据”是一种有效的合作模式，促进了不同类型数据平台的互联互通。例如

阿里巴巴投资布局微博，而腾讯入股京东，这使得电商数据与社交数据、不同数字技术通过资本合作的途径实现了有效融合。第二类“数据孤岛”问题则有赖于企业内部全面数字化转型战略的有效推进。通过利用自有或第三方的数据技术，构建标准统一、互联互通、协同共享的数字系统，有效整合企业的物流、人流、现金流、知识流等信息资源，使大数据营销能够及时调用和分析各类数据，及时满足用户需求。

#### 2. 业务层：数据分析与挖掘

大数据的价值是在掌握庞大数据信息的基础上，将数据充分与业务进行有机融合，通过数据挖掘与数据分析为业务决策与开展提供数据支撑，这是大数据营销的关键环节。依托强大的数据平台和算力平台，企业能够从异构数据源中进行预测分析、趋势分析、数据挖掘、数据比较分析、语义分析等计算，抽取与业务和用户高度相关的信息价值，进而对营销策略中的产品、价格、分析、促销等决策提供指导。但需要注意的是，数据挖掘与分析具有种类繁多的算法与技术手段，而与之匹配的大数据也具有突出的 4V 特征，这要求数据分析与挖掘必须与业务层的战略目标紧密相关，避免大数据分析对业务决策层产生“信息过载”问题，使得大数据营销反而受到数据要素的“资源诅咒”。同时，大数据营销的价值应体现在为用户提供增值的营销服务，目标是在提升用户价值的基础上实现企业经济收益的增长，而非利用大数据营销侵犯消费者权益。例如，2021 年 7 月绍兴市审理了一起侵权纠纷案。该案中，用户作为携程旅行的钻石贵宾客户，在携程旅行 App 中订购酒店所支付的价格比酒店挂牌房价高出约 1 521 元。用户不仅没有享受到钻石客户应有的优惠，反而比酒店实际价格多支付将近一倍。这引发消费者及其代理律师以该公司采集非必要个人信息进行“大数据杀熟”为由，对携程公司提出诉讼。最终法院支持了原告的诉讼请求，判决携程公司为原告增加不同意其《服务协议》和《隐私协议》仍可继续使用携程旅行 App 的选项，对原告按房费差价的三倍支付赔偿金，并及时停止对用户的非必要信息采集与使用。上述“大数据”杀熟的诉讼案表明，企业大数据营销应紧密结合业务层的战略目标，树立正确的使命导向，使大数据营销能够为用户创造价值增值。

#### 3. 应用层：数据驱动精准营销

第一，大数据驱动产品精准化管理。产品精准化管理是指以产品为核心，围绕产品的设计、生产、物流运输、售后服务等全流程实施精益管理。进入数字经济时代，产品逐渐被嵌入数字属性，呈现出模块化和可重新编程性，能够依据不同用户需求定制差异化的产品设计与功能。大数据驱动的用户分析、消费者洞察为产品精准化设计与开发提供了良好的数据基础，在扩大生产规模、降低定制成本的基础上尽量满足用户的个性化需求。例如，2014 年天猫家电推出了“C2B”定制化生产活动。用户通过天猫平台反馈需求，天猫平台对用户的需求数据进行收集、归类与分析，进而反馈给家电生产企业，为一批用户设计生产了一系列定制化产品，有效满足了不同用户的差异化需求。在产品生产制造环节，物联网结合大数据分析技术能够实时进行生产监控与质量管理，使生产过程更加智能可控，为用户制造更高质量的产品。在产品售后与服务阶段，大数据营销成为客户关系管理的重要手段。产品的数字配件能够收集用户的使用信息和设备信息，并及时将相关数据回传至企业，企业根据用户的使用情况和习惯升级软件或完善产品设计，不断推出更加贴合用户需求的产品与服务。例如，爱奇艺视频平台能够依据用户的观看记录和浏览习惯，及时定制个性化的内容推送策略，持续为用户推荐符合其个性化需求的播放内容。

第二，数据驱动消费者洞察精准化。消费者洞察是指正确描述和认知消费者的真实需求、信念、态度等特征。这既是企业主动获取用户需求信息的行为策略，也是用户参与企业价值共创的重要途径。传统的消费者洞察手段主要包括调查问卷、深度访谈等方式，不仅成本高、反馈周期长、样本量小，而且往往由于消费者主观偏差导致分析误差，分析结果与用户实际需求并不一致。相较于传统手段，大数据驱动下的消费者洞察具有数据全面、客观真实、样本量大和动态反馈等优势，这使得洞察分析结果更加贴近用户真实需求，并且节约了大量的人力资源成本。

基于 Cookies、搜索引擎、智能穿戴设备、移动智能终端等数字手段或智能数字设备，企业能够有效获取用户的行为数据。上述数据能够反映用户和记录用户的登录信息、浏览轨迹、使用习惯、使用场景、评论信息等，这为对用户进行精准分析并有针对性地采取营销策略提供了数据决策基础。例如，Keep 始终秉持着“具有社交属性的移动健身工具”的产品定位，通过推出完善的健身课程以及 KeepKit 等智能健身硬件，持续获取消费者的运动信息与运动习惯，并根据消费者在新时代的健身需求推出了 Keepland 新型健身房，实现了线上与线下产品的高度融合。

第三，数据驱动营销渠道精准化。大数据时代的渠道偏好已经从线下转为线上，方便快捷的线上营销渠道更受到用户青睐。通过线上渠道建设，企业能够与用户实现动态、实时、双向的高质量互动，甚至邀请用户在线参与产品设计、品牌宣传、客户关系管理等活动，用户成为价值创造的重要参与者。但线上渠道的快速发展并不意味着线下渠道的没落。线下渠道通过加入大数据属性，可以发挥其现实中的用户关怀优势和体验优势，进一步促进线上用户活动和用户需求“落地”。例如，小米的米粉社区在线上渠道中具有突出优势，成功打造了一批公司专属的私域流量；同时，小米也加快布局线下体验，通过“小米之家”为用户提供现实世界的产品体验场景，并在现实场景中收集用户的行动数据和试用数据，实现线上、线下双渠道的精准布局和精准营销。

**案例** 8-8

## Netflix：大数据驱动的邮件营销

《纸牌屋》的制作方、美国流媒体巨头 Netflix 是美国最具影响力的影视网站之一，其通过对 3 000 万个用户行为的大数据分析，预判出《纸牌屋》的卖座。Netflix 的成功之处就在于其强大的内容推荐系统 Cinematch。该系统将用户视频点播的基础数据，如评分、播放、快进、时间、地点、终端等，储存在数据库中并开展大数据挖掘与分析，计算出用户可能喜爱的影片，并为他提供定制化的推荐。

首先，通过会员注册就代表用户进入了 Netflix 的会员生命周期计划中。Netflix 向新加入用户发送欢迎邮件，同时重新对用户名字、邮寄地址、合同条款等个人信息进行确认与验证。在此基础上，Netflix 鼓励用户在自己的 queue(movies list)中加入至少 6 部喜好的电影，以便日后进行个性化推荐。

其次，在日常运营中，Netflix 会与用户进行深度邮件互动。为此，Netflix 会对邮件内容进行不断优化，使得邮件标题、风格和用语精美简洁，既吸引用户参与互动，又降低用户沟通成本。通过邀请用户参与打分、评价等活动，增加互动的乐趣，最终凭借强大的数据分析能力为用户持续精准地推动影片。

最后，大数据驱动的邮件营销也成为吸引用户回归的重要工具。Netflix 基于用户大数据将用户分为不同群组，进而对不同的群组以不同频率发送相关的主题邮件。如果用户订阅了流媒体服务，但是有一段时间没有光顾，那么 Netflix 将做会基于用户以往的收视习惯(如搜索记录、观看记录、观看进程及上次登陆时间等信息)发送给你相关的邮件，邀请用户重新回到 Netflix 观看。

资料来源：《“大数据”邮件营销案例：Netflix》，载《世界经理人》，2014-02-25，内容有修改。

## 本章小结

数字经济时代的企业营销面临巨大变革。信息爆发式增长产生了信息过载问题，导致用户决策效率下降、信息搜索成本提升、注意力资源分散配置以及产生消极的消费心理。用户画像是能够有效解决信息过载问题的解决方案，为企业获取用户需求特征、优化企业运用、创新产品设计等提供了新的可行路径。

面对数字经济时代用户的个性化需求，企业能够依托数字技术的模块化属性和可编程性，实现产品的版本化设计与迭代式创新，这需要企业具有敏捷开发的能力基础，以及能够满足用户个性化定制的柔性生产能力。

在完全竞争条件下，依据边际成本进行产品定价难以适用于数字产品的定价。由于数字产品具有固定成本高、边际成本低的成本结构属性，要求数字产品采取新的定价策略。依据产品特征和目标用户特征，企业可以采用个性化定价、锁定效应定价以及免费等定价策略，实现企业经济报酬的最大化。

全渠道营销是数字经济时代企业营销的重要战略布局。全渠道营销能够整合用户的全面体验，实现用户在不同渠道场景的无缝衔接，为用户提供一致性的消费体验，使用户嵌入企业整体的价值网络之中，更好、更全面地满足用户需求。

大数据营销是数字营销发展的新阶段。通过大数据营销，企业能够实时洞察用户需求，指导产品创新、开发与生产，进而实施精准营销与高质量的客户关系管理，在数据层、业务层以及应用层实现数据要素与企业营销的深度有机融合，赋能企业提升营销活动效率、提高营销决策质量，并通过数据驱动的营销活动为用户实现价值增值。

## 复习思考题

1. 信息过载问题的产生根源是什么？有哪些举措可以有效解决信息过载问题？
2. 数字产品定价策略有哪些？结合生活中的案例，谈一谈你对数字产品定价的经济原理的理解。
3. 产品版本化的动因是什么？产品版本化如何与数字产品定价策略有效配合？

4. 数字产品定价面临哪些法律风险？

5. 如何利用大数据营销实现全渠道营销的有效整合？

## 案例分析

### 老牌“鞋王”奥康如何转身新零售？

和许多传统行业一样，鞋服业曾一直奉行“渠道为王”，在销售上比拼的核心是线下门店数量，以求达到规模效应。进入数字经济时代，商圈的碎片化导致单店客流量大幅减少，而消费者偏好的碎片化则使得转化率降低，二者叠加之下，单店销售下滑成为必然。这意味着，实现相同的销售总额需要更多的店面，换言之，企业的成本比例大幅提升，“开店越多死得越快”成为鞋服行业普遍存在的现象。

成立于1988年的奥康正是此中一例。但不同的是，这个老牌“鞋王”已经走在新零售之路上。从2020年起，奥康和有赞联手，开启了以构建私域为核心的新零售探索。

#### 构建私域从区域公司开始，打造“一区一店”线上商城

2019年，奥康把目光转向新零售，开始酝酿从构建私域能力着手，用线上势能激活线下门店。2020年年初，新冠肺炎疫情的暴发推动奥康走出了新零售的第一步。疫情期间，奥康紧急上线小程序，展开全域营销。起初，奥康使用的小程序只支持全国共用一个线上店，无法满足区域的消费差异，更无法保证区域公司的利益，致使后者很难保持激情。等到疫情基本稳定后，小程序流量陡降。2020年9月，奥康成立新零售运营中心，总监陈祥武惊喜地发现，有赞的解决方案能够基于私域资产，通过一个“总部”，赋能包括区域公司、经销商在内的整个线下零售体系，实现“门店、导购、会员”的全面数字化转型方案。有赞商城系统支持每个区域公司都可以有自己个性化的小程序商城，即一区一店。基于LBS定位，各地的顾客只能看到当地的微店，有效地实现了各地的价格区隔。奥康新零售运营中心又在总部设立了“片区新零售运营”岗位及设计岗位，以“辅导员”的身份帮助区域公司做基础的上架设计等服务，为区域公司进一步赋能。

#### 让沉睡会员可持续触达，企业微信成链接纽带

私域本质上是人与人之间的关系运营，想要达到日销的稳定，构建自己的私域池，并和顾客形成黏性关系才是核心。这使得企业微信成为奥康新零售的又一个抓手。为打开推广局面，新零售运营中心别出心裁，开展全国企业微信推广大赛，表现优异的导购员一个月最高可以拿到数千元奖励，其对应的新零售负责人也同样嘉奖。此后的短短3个月里，奥康的企业微信粉丝就从2021年年初的3万人，猛增至70万人。为确保区域公司激情的可持续，新零售运营中心又通过类似于游戏闯关的奖励活动，树立私域推广标杆。

现在，奥康每天的企业微信增量都在一万人以上，总量已突破百万人。而且小程序、企业微信和会员这三驾马车彻底打通。顾客到店后，通过扫描二维码添加企业微信，就可以自动收到开会员卡和小程序商城的链接，三项工作一次性完成。不少沉淀

在会员系统中的老会员由此被重新激活。由于是和企业微信绑定，真正做到了可以持续触达，而不再仅仅是一个未必能接通的电话号码。

**打通线上线下，数据驱动用户和业绩增长**

新零售给奥康区域公司带来的不仅是业绩，而且解决了其多方面的痛点。首先是线下关键角色——导购员的调动。对这个群体来说，最好的福利就是订单。但以往，受时间和工具的限制，导购员的收入上不去，也很难有成就感，因此流动性非常大。而将线下和线上真正打通后，导购员的发挥空间大增，这使得优秀的导购员更愿意留下来，解决了门店员工频繁流失的痛点。

同时，和线上的打通，还可以帮助门店突破空间的限制。不但帮助其在日常提升收入，更在疫情、装修等特殊时期必须闭店时提供了第二战场，可以通过线上来保持和顾客群体的互动，弥补销售损失。而通过新零售方式，收集顾客反馈变得更加方便，且可转化为数据，这给总部的研发和生产部门的持续改善带来了极大的帮助。

资料来源：《那些“渠道为王”的鞋服巨头如何转身新零售?》，腾讯新网，2021-11-19，内容有删减。

**思考与讨论：**

1. 在新零售模式下，奥康采取了什么样的渠道战略?

2. 结合本章的学习，思考奥康还可以采取哪些数字化变革举措进一步强化数字营销。

# 第9章　数字化生产运营

【学习目标】

- 了解数字孪生等数字技术的发展历程及其在企业生产运营中的应用
- 掌握数字化环境下企业生产运营数字化、网络化、智能化的内涵和表现
- 熟悉柔性生产、智能制造和大规模定制的应用场景

【关键术语】

数字孪生　智能制造　大规模定制　柔性制造　信息物理系统　工业互联网

## 开篇案例

从2008年开始，青岛啤酒全面推广实施了生产运营管理系统，在工业自动化的控制衔接上，首先进行的就是对生产设备和仪表仪器的改造，实现生产全过程的数据自动采集。一旦出现生产异常指标，能够自动及时反映。并将制造执行系统与现有ERP系统、供应商门户系统、WMS系统进行集成，实现现场生产系统与自动化控制系统之间的无缝衔接。通过统一编码体系、集中数据中心、集中应用系统、集中系统运营和维护，实施大集中的信息技术应用模式，并且整合内外部整个价值链上的资源，青岛啤酒初步迈上了智能制造的道路。

2021年3月，青岛啤酒成为全球首家啤酒饮料行业工业互联网"灯塔工厂"。青岛啤酒独树一帜地在智能制造中将个性化定制融入大规模生产中，厂长孟庆尚详细介绍过这种定制化智能制造新模式：在每小时生产6万～8万罐啤酒的流水化生产线上，工业互联网智能分拣系统能快速识别每一个罐上的二维码，准确分拣出数量少到可能只有一罐的个性化定制产品，实现同时生产20个品种彼此互不影响。

近日，青岛啤酒厂智能制造示范工厂正式启动。改造升级后的工厂即将实现无人化操作，AGV无人叉车可在包装线与成品仓库之间穿梭，以达到自动搬运物料的效果；示范工厂还将引进国际一流智能化生产线，行业领先的智能包装线、集中控制系统和生产线监控系统。打造无人值守的自动化立体仓库，智能物流系统，实现物料供应、生产、发运和产品追溯全供应链智能化、自动化流水线生产。

青岛啤酒董事长黄克兴曾指出，"没有传统行业，只有传统企业。企业发展好不好，关键要看能不能踏准甚至引领时代变革的步伐，不断开展自我革新。"青岛啤酒在智能制造的征程上不断探索前行，与时代共同加速奔跑。

**思考与讨论：**

1. 从生产运营管理系统到"灯塔工厂"，以及进一步的智能化生产，青岛啤酒的快速发展有着什么特殊动力？

2. 青岛啤酒数字智能的发展与变革对于制造企业实现生产运营的数字化转型有什

么启示?

随着新一代数字技术与传统产业的融合，生产方式进入了以数字化、智能化为表征的新时代。例如，3D 打印技术提高了企业的产品设计能力，缩短了设计到投产的周期，降低了企业满足消费者个性化需求的成本，为企业优化生产运营流程赋能。各种新技术的应用产生了大量数据，据 IDC 预测，全球数据量的总和将从 2018 年的 33 ZB 增长到 2025 年的 175 ZB(Reinsel，2018)。数据这一新生产要素的加入以及数字技术的深度应用，在给企业带来更多机遇的同时，也带来了更多挑战。

《2021 年国务院政府工作报告》提出，促进产业数字化转型，“要加快发展工业互联网，培育壮大集成电路、人工智能等数字产业，提升关键软硬件技术创新和供给能力”。2021 年我国企业研发经费增长 155%，数字技术与实体经济正加速融合。然而技术变革更深远的影响在于从根本上改变了传统的商业逻辑和管理思想，推动着企业目标、治理结构以及内部管理的系统性转变，重构现有的生产运营流程和模式。区别于工业经济时代的单一性、批量化生产模式，新技术驱动的生产方式呈现智能化、柔性化和定制化等特点。

## 9.1 数字技术

布莱恩·阿瑟在《技术的本质》一书中指出，技术塑造了经济形态，“一项新技术的到来会引起经济中的价格和生产网络在各行各业伸展、重塑”。当前，以人工智能、数字孪生、3D 打印、大数据、云计算等为标志的数字技术作为新一轮技术革命浪潮已经兴起，并开始向生产和生活的各个领域不断渗透与融合。可以说，数字技术正在成为推动世界各国经济发展的新动能和新引擎，也必将加速推动全球价值链重构。

### 9.1.1 数字技术范式

随着包括大数据、云计算、人工智能和区块链等多种技术在内的数字技术爆发式发展，全球经济动荡性、复杂性和多样性逐步加剧，企业内外部环境面临巨大变革，机遇与挑战并存。与传统技术相比，数字技术在为消费者供给使用价值方面具有更为明显的优势。它作为一种通用目的的技术正在渗透到企业组织中的各个领域和各个环节，数字技术在企业中的大量扩散和应用，促使管理和创新领域的学者强调发展数字技术管理理论的必要性。

范式是某一事物一段时期内的价值观、方法论和思维原则，范式结构就是体现事物价值观、方法论和思维原则，由相互关联的逻辑部件构成的系统结构。从本质上来说，技术范式揭示了技术发展的内在规律，新的技术范式形成标志着进入新的技术发展时期。数字经济的本质是技术经济范式转换，经过近十年广泛的实践和理论探索，围绕如何发展数字经济已经形成了初步的范式结构，为数字经济发展提供了基本的理论支撑。

早在 1983 年，佩雷斯在其发表的《社会经济系统中的结构变迁与新技术吸收》一文中就提出了“技术-经济范式”的概念，将技术范式和经济增长直接联系起来。作为一种理论框架，技术-经济范式是指因科技和产业革命引起的技术创新对宏观和微观经济的结构与运行模式进行变革后所形成的经济格局。每一次技术-经济范式转换都会带来全新的经济形态和经济结构，如：蒸汽机革命催生了工厂、铁路运输、印刷出版等；能源革命催生了流水线生产、汽车交通、电话和电报、电视媒介等；计算机和网络的出现使得精益化生产、电子邮件、电子商务、互联网媒体等成为可能。以此类推，当前正在发生的技术-经济范式转换也必然会产生全新的经济结构和全新的经济形态。

随着数字经济时代的加速到来，数字技术已然开启对经济社会组织方式和运行方式的重塑。新技术以数字平台为主导，借助发达的数据传输系统、强大的算力，跨时空跨国界跨部门集成生产、分配、交换与消费，为社会生产与再生产过程构建起数据与算法驱动的数字体系。技术重塑经济的起点是生产要素和生产资料。数字要素和数字型生产资料为经济活动架构起新场域，并借助产业数字化和数字产业化路径，发挥其对经济体系的革命性作用。总的来看，数字技术范式作为一种新的技术-经济范式，具有以下特征：①数据成为新的生产要素；②数字技术具有强大的渗透性和网络化特征；③新一代数字技术的创新带动了全社会的技术进步，从而引发经济和社会的重塑；④数字基础设施创造了新的市场条件。

## 9.1.2 主导技术

### 1. 数字孪生

数字孪生是以数字化方式创建物理实体的虚拟模型，借助数据模拟物理实体，再现现实环境中的行为，通过虚实交互反馈、数据融合分析、决策迭代优化等手段，为物理实体增加或扩展新的能力。作为一种充分利用模型、数据、智能并集成多学科的技术，数字孪生发挥着连接物理世界和信息世界的桥梁和纽带作用，面向产品全生命周期，实现对目标物理实体对象的超现实镜像呈现。数字孪生的实现主要依赖以下几方面技术的支撑：高性能计算、先进传感采集、数字仿真、智能数据分析、VR 呈现等。

数字孪生的概念模型最早出现于 2003 年，由 Grieves 教授在美国密歇根大学的产品全生命周期管理课程上提出，当时被称作"镜像空间模型"，用来描述产品的生产制造和实时虚拟化呈现。受限于当时的技术水平，该理念没有获得足够的重视。随着传感技术、软硬件技术水平的提高和计算机运算性能的提升，数字孪生的理念得到了进一步发展，尤其是在产品、装备的实时运行监测方面。由于 GE、西门子等公司的推广，数字孪生技术近年来在工业制造领域发展迅速。GE 基于 Predix 平台构建资产、系统、集群级的数字孪生，生产商和运营商可以利用数字孪生来表征资产的全寿命周期，以便更好地了解、预测和优化每个资产的性能。西门子公司的数字孪生计划致力于帮助制造企业在信息空间构建制造流程的生产系统模型，实现从产品设计到制造执行的全过程数字化，通过利用 ANSYSY Twin Builder 创建数字孪生并可快速连接至工业物联网(industrial internet of things，IIoT)平台，帮助用户进行故障诊断，确定设备维护计划，降低由于非计划停机带来的成本，优化每项资产的性能，并生成有效数据以改进其下一代产品。

从产品全生命周期的角度来看，数字孪生可以深度应用在企业生产运营的各个阶段，对产品提供支撑和指导。

在产品设计阶段，数字孪生技术可以将全生命周期的产品管理数据的分析结果反馈给产品设计专家，帮助其判断和决策不同参数设计情况下的产品性能情况，利用已有物理产品与虚拟产品在设计中的协同作用，通过虚拟样机不断挖掘产生新颖、独特、具有价值的产品概念，获得更加完善的设计方案，提高设计的质量和效率。

在产品生产制造阶段，数字孪生技术可以通过虚拟映射的方式将产品内部不可测的状态变量进行虚拟构建，细致地刻画产品的制造过程，解决产品制造过程中存在的问题，提高产品生产的可靠性。生产制造阶段的数字孪生体和物理制造设备及生产线随时随地动态交互，共享数据，在模型的驱动下自我优化和迭代。

在产品运行过程中，数字孪生技术可以全面地采集产品运行的环境和工作状态，对各个运行参数和指标进行监测和评估，并通过数据分析来避免和预防故障，使产品能够获得更长的生命周期，改善用户的使用体验。

在后勤保障过程中，凭借多批次、全生命周期的数据支撑，通过虚拟传感采集到反映系统内部状态的变量数据，产品故障能够被精确定位分析和诊断，从而使产品的后勤保障工作更加简单有效。

### 案例 9-1

## 数字孪生仿真协同应用提升产品质量：中车四方的虚拟仿真厂房

为了适应未来产品制造柔性化和自动化生产的需求，为建立基于网络信息化、生产自动化的智能化制造平台提供技术保障，提高生产效率和产品质量，降低制造成本、提高企业核心竞争力，中车四方股份有限公司将数字孪生技术用于高铁转向架的制造过程，通过对厂房等主要资源三维建模的搭建，建立主机厂的数字化车间虚拟环境，以实现生产系统的运行仿真、优化工艺布局、提高制造资源利用率，为实现产品设计与工艺设计并行提供基础，为实现虚拟装配、工艺仿真等提供三维数据模型。

通过建设数字化模型，开展高铁转向架产品三维设计，在虚拟生产环境中进行试生产，对生产线产能、设备利用率等进行分析，对物流流量、路径进行模拟，对工艺装配过程进行验证和优化。通过虚拟制造与物理生产的循环迭代，缩短产品的研制周期和研制费用，在提高生产产能的同时，提升产品质量，降低制造成本。

工厂布局仿真：在三维虚拟环境中，通过快速建模方式完成工厂 3D 模型的搭建，对产品的加工制造、装配、测试、生产规划等进行模拟，使技术人员可以在一个虚拟的环境中对未来的过程进行预分析。

产品三维设计和仿真验证：以骨架模型定义为基础，开展多专业关联协同设计，通过模型设计、管理设计、线缆设计、三维标注、模型检查等过程实现转向架产品的三维定义。

装配仿真：在三维虚拟环境中，直接调用装配工序的三维工艺规划，模拟装配过程，进行装配干涉检查，对装配路径进行分析并优化；对其中应用的工装、夹具进行干涉检查；按需添加人的动作仿真，进行人因工程分析。在虚拟环境中验证装配工艺规划的准确性和合理性，提前发现问题，减少车间安装和调试的时间；减少工装夹具的更改，降低制造成本，提高产品的制造质量。

加工仿真：直接读取三维设计模型、工序模型，采用 CAM 系统数控编程，自动生成数控加工代码，通过数控机床联网 DNC 系统传输到数控机床进行数控加工。

物流仿真：通过物流仿真软件，创建物流系统的数字化模型，对生产过程及其流程进行仿真，进而优化资源利用率，检查和消除物流瓶颈。

资料来源：国家工业信息安全发展研究中心：《工业设备数字孪生白皮书》，2021-10-20。

### 2. 3D 打印

3D 打印技术是制造业领域正在迅速发展的一项新兴技术，被称为“具有工业革命意义的制造技术”。运用该技术进行生产的主要流程是：应用计算机软件设计出立体的加工样式，然后通过特定的成型设备(俗称“3D 打印机”)，用液化、粉末化、丝化的固体材料逐层“打印”出产品。3D 打印技术是“增材制造”的主要实现形式。“增材制造”的理念区别于传统的“去除型”制造。传统数控制造一般是在原材料基础上，使用切割、磨削、腐蚀、熔融等办法，去除多余部分，得到零部件，再以拼装、焊接等方法组合成最终产品。而“增材制造”与之不同，无须原胚和模具，直接根据计算机图形数据，通过增加材料的方法生成任何形状的物体。它简化了产品的制造程序，缩短了产品的研制周期，在提高效率的同时，降低了成本。

3D 打印技术需要依托多个学科领域的尖端技术，主要包括：①信息技术，即要有先进的设计软件及数字化工具，辅助设计人员制作出产品的三维数字模型，并根据模型自动分析出打印的工序，自动控制打印器材的走向；②精密机械，3D 打印技术以“每层的叠加”为加工方式，产品的生产要求高精度，对打印设备的精准程度、稳定性有较高的要求；③材料科学，用于 3D 打印的原材料较为特殊，必须能够液化、粉末化、丝化，在打印完成后又能重新结合起来，并具有合格的物理、化学性质。客观地说，目前 3D 打印技术尚不成熟。作为一项多学科交叉的高新技术，还需要在各相关领域投入较大的研发力量，才能掌握完整的核心技术。

近年来，3D 打印技术迅速发展，已成为现代生产制造的有效手段。在工业领域，3D 打印可应用于产品概念设计、原型制作、产品评审、功能验证，制作模具原型或直接打印模具和产品。3D 打印技术制造的小型无人飞机、小型汽车等概念产品已问世，家用器具模型也被用于企业的宣传、营销活动中。在文化创意和数码娱乐领域，3D 打印用来制作形状和结构复杂、材料特殊的艺术表达载体。科幻类电影《阿凡达》运用 3D 打印技术塑造了部分角色和道具，3D 打印技术制造的小提琴接近于手工艺制作的水平。在航空航天和国防军工领域，3D 打印可用于形状复杂、尺寸微细、性能特殊的零部件的直接制造。生物医疗方面，3D 打印可应用于人造骨骼、牙齿、助听器、假肢等的制作。在建筑工程领域，它可应用于建筑模型风动实验和效果展示、建筑工程和施工(AEC)模拟。在教育培训行业，3D 打印可应用于模型验证科学假设等，一些高校已将 3D 打印机应用于教学和科研。另外，3D 打印还可应用于珠宝、服饰、鞋类、玩具、创意 DIY 作品的设计和制造，为客户提供个性化定制。从市场应用份额看，3D 打印技术的应用在汽车及零配件领域占 37%，在消费品领域占 18.2%，在航空航天和国防军工领域占 13.7%，在商业机器领域占 11.2%，在医疗领域占 8.8%，在科研方面占 8.6%。

### 3. 大数据和云计算

进入数字经济时代，数据正逐渐成为驱动经济社会发展的新的生产要素。大数据作为一种概念和思潮由计算领域发端，逐渐延伸到科学和商业领域。大数据为人类提供了全新的思维方式和探知客观规律、改造自然和社会的新手段，这也是其引发经济社会变革最根本的原因。早在 2015 年 9 月，国务院印发了《促进大数据发展行动纲要》，明确要推动大数据发展和应用，系统部署大数据发展工作。

目前，人们对于“大数据”的概念尚未形成一个明确且公认的定义，维基百科对大数据的定义是：利用常用软件工具捕获、管理和处理数据所耗时间超过可容忍时间的数据集。麦肯锡将大数据定义为无法在一定时间内用传统数据库软件工具对其进行采集、存储、管理和分析的数据集合。研究机构 Gartner 的定义是：大数据是指需要新处理模式才能具有更强的决策力、洞察发现力和流程优化能力的海量、高增长率和多样化的信息资产。可以看出，虽然各种定义的角度不同，但核心和出发点皆围绕大数据的特征。目前公认的大数据特征可以归纳为“4V”，即规模性(volume)、高速性(velocity)、多样性(variety)以及价值性(value)。

大数据技术离不开云计算，云计算是大数据分析处理技术的核心原理，也是大数据分析应用的基础平台。Google 作为大数据应用最为广泛的互联网公司之一，2006 年率先提出“云计算”概念。云计算是一种大规模的分布式模型，通过网络将抽象的、可伸缩的、便于管理的数据能源、服务、存储方式等传递给终端用户。根据维基百科的描述，狭义云计算是指 IT 基础设施的交付和使用模式，指通过网络以按照需求量的方式和易扩展的方式获得所需资源；而广义的云计算指服务的交付和使用模式，是通过网络，按照需求量和易扩展的方式获得所需服务。目前，云计算包含三个层次的内容：服务(IaaS)、平台即服务(PaaS)和软件即服务(SaaS)。

通过大数据与云计算技术的结合，可以构建高效的信息处理服务平台，也能够为企业信息平台基础建设提供多样性的发展。商业是大数据应用最广泛的领域，例如通过分析客户购买记录和消费习惯等非结构数据，可以利用产品分类和精准推广来提升销售额，提高客户体验。在医疗领域，大数据与云计算能够促进健康管理，通过对人们信息的分析与采集，可以为人们的生活方式提供合理的建议。同时，医疗的大数据可以支持临床决策，实现网上远程诊断等现代化医疗手段。医疗的大数据应用可以提供个性化服务，比如帮助患者合理利用医疗社保资金，提高医疗质量。在教育领域，大数据与云计算和信息技术的融合使人们可以通过线上教育进行跨地区、跨平台教学，打破教育资源分配不均的现状，有效提升教育教学质量。在制造业领域，大数据和云计算技术驱动越来越多的企业在原有的各种控制系统和生产经营管理系统的基础上，将管理重心从以前的以流程建设为主，转换为以流程建设和全生命周期数据架构建设并行的模式，在关注流程的质量和效率的同时，关注全流程上数据的质量和效率，建立以产品为核心的覆盖产品全生命周期的数据结构，用企业级 PLM 系统来支撑这些数据结构，有效地提高了企业满足市场需求的响应速度。除此之外，大数据和云计算技术的应用场景已扩散到各个领域，使产业向数字智能方向转型，提升社会生产效率。

### 4. 人工智能

20 世纪 50 年代，人工智能的概念第一次被提出，随着近年来物联网、大数据、云计算等技术的日趋成熟，人工智能迎来了爆发式的增长。物联网使得大量数据能够被实时获取，大数据为深度学习提供了数据资源及算法支撑，云计算则为人工智能提供了灵活的计算资源。这些技术的有机结合，驱动着人工智能技术不断发展，并取得了实质性的进展。

人工智能(AI)是指研究和开发用于模拟、延伸和扩展人的智能的理论、方法、技术及应用系统的一门技术科学。作为新一代信息技术革命的代表技术之一，人工智能广泛应用了计算机、数学、物理学、生物学、逻辑学等学科的理论与方法，旨在利用计算设备模拟人类思维决策的过程。随着智能制造热潮的到来，人工智能应用已经贯穿于设计、生产、管理和服务等制造业的各个环节。

目前，人工智能研究领域主要分为六大类：计算机视觉、自然语言处理、机器学习、认知及推理、机器人、博弈及伦理。人工智能已经成为世界各国竞争角逐的焦点，其发展水平是国家核心竞争力的重要体现，将对经济发展、社会进步、国际政治经济格局产生深远影响。

党的十九大报告明确提出，要“推动互联网、大数据、人工智能和实体经济深度融合”，这是我国深化供给侧结构性改革、建设制造强国、促进经济高质量发展的重要举措。党的十九届五中全会通过的《中共中央关于制定国民经济和社会发展第十四个五年规划和二〇三五年远景目标的建议》强调，要“推动互联网、大数据、人工智能等同各产业深度融合”，这是建设制造强国、质量强国、网络强国、数字中国的重要内容，是提高经济质量效益和核心竞争力的关键。

从技术层面来看，人工智能的核心能力可以分为三个层面，分别是计算智能、感知智能、认知智能。计算智能是指机器具备超强的存储能力和超快的计算能力，可以基于海量数据进行深度学习，利用历史经验指导当前环境；感知智能是指使机器具备视觉、听觉、触觉等感知能力，可以将非结构化的数据结构化，并用人类的沟通方式与用户互动；认知智能是指机器像人一样，有理解能力、归纳能力、推理能力，有运用知识的能力。认知智能技术目前还处于研究探索阶段，如在公共安全领域，通过对犯罪者的微观行为和宏观行为的特征提取和模式分析，开发犯罪预测、资金穿透、城市犯罪演化模拟等人工智能模型和系统。要将认知智能推入发展的快车道，还有很长的路要走。

从应用层面来看，一项人工智能技术的应用可能会包含计算智能、感知智能和认知智能多个层次的核心能力。工业机器人、智能手机、无人驾驶汽车、无人机等智能产品，本身就是人工智能的载体，其硬件与各类软件结合具备感知、判断的能力并实时与用户、环境互动，无不是综合了多种人工智能的核心能力。例如，在制造业中被广泛应用的各种智能机器人：分拣/拣选机器人能够自动识别并抓取不规则的物体；协作机器人能够理解并对周围环境做出反应；自动跟随物料小车能够通过人脸识别实现自动跟随；借助同步定位与地图构建(simultaneous localization and mapping, SLAM)技术，自主移动机器人可以利用自身携带的传感器识别未知环境中的特征标志，然后根据机器人与特征标志之间的相对位置和里程计的读数估计机器人和特征标志的全局坐标。无人驾驶技术在定位、环境感知、路径规划、行为决策与控制方面，也综合应用了多种人工智能技术与算法。目前制造企业中应用的人工智能技术，主要围绕在智能语音交互产品、人脸识别、图像识别、图像搜索、声纹识别、文字识别、机器翻译、机器学习、大数据计算、数据可视化等方面。

## 9.2　数字生产方式

马克思曾说："手推磨产生的是封建主的社会，蒸汽磨产生的是工业资本家的社会"，"各种经济时代的区别，不在于生产什么，而在于怎样生产，用什么劳动资料生产。"目前占主导地位的工业化生产方式，是机器生产机器，是大规模、大批量、标准化生产。这一生产方式的普及与应用，积累了人类社会的财富，价廉物美的消费品和服务大规模涌现，改变了人类社会的物质世界，同时也推进了人类文明与精神世界的发展。应该说前三次工业化的核心就是确立了这一生产方式的主导地位，最典型的就是美国，大规模、大批量、标准化生产方式不仅应用于工业生产，还广泛地应用于农业与服务业，例如连锁超市、连锁餐饮企业、连锁咖啡店等。

数字生产方式指数字化技术和经济融合环境下的生产力与生产关系的分层模块化组合结构或关系。数字技术驱动的新的生产方式是以互联网平台为支撑的智能化、个性化规模定制生产方式。这一生产方式的本质是创造一种为消费者个性化消费生产服务且可以大规模进行的全新模式。以互联网平台为支撑的智能化、个性化大规模定制生产方式的有效运行依赖全新的生产服务供给体系，这是新的载体，也是未来企业构造重要的内在逻辑。我们称之为"智能化生产服务体系"，见图 9-1。

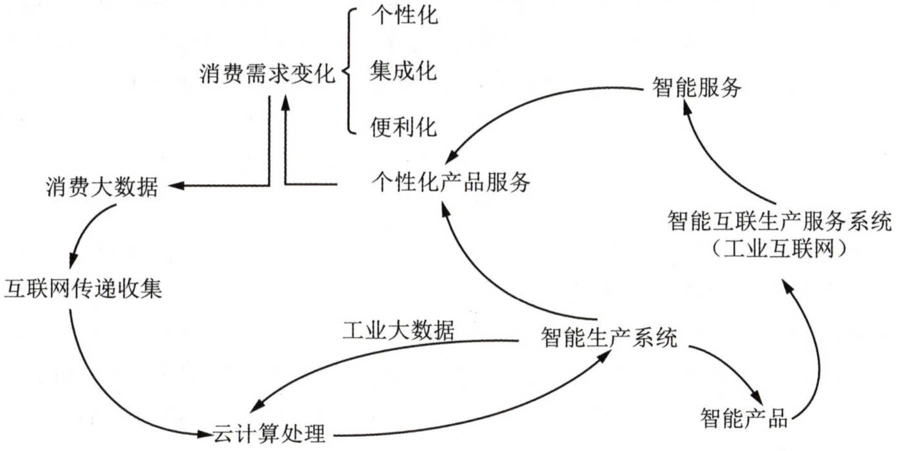


图 9-1　未来新生产体系的内在逻辑

资料来源：芮明杰：《未来的管理》，载《经济与管理研究》，2020，41(3)：11-20。

在智能化生产服务体系中，由于消费者众多，每个人的需求不同导致需求的具体信息也不同，加上需求的不断变化，就构成了海量的消费者消费偏好、消费行为、消费心理、收入变化、价值理念等一系列非结构化数据。这些海量数据的搜寻、收集、交换、传递与互联网、互联网平台以及其他数据收集设备的发展与互联密切相关。通过云计算对这些海量数据进行分析处理，精准把握消费者个性化的产品与服务需求，进而自动传递给智能工厂和智能设备，进行运算、设备调整、材料准备与自动加工，生产出符合个性化需求的智能产品，并可以通过工业互联网平台获得智能服务。

上述过程中，消费性大数据与生产性大数据交汇融合。消费行为产生的大数据通过互联网平台反馈至生产设备，在进行个性化产品定制生产的同时，还会进一步调控智能化生产，也就是说，上一轮智能生产所产生的工业数据经过快速处理，反馈至下一轮智能生产过程及其涉及的产业链链条中，从而使得生产过程可以不断优化。

工业互联网介入生产制造过程，一方面可以对整个生产过程进行即时优化。智能工厂中，具有自组织功能的定制流水线或分布式的3D打印技术等都为个性化、规模化定制生产创造了条件。另一方面大数据分析技术通过收集和分析客户需求，能够精准把握客户消费偏好，同时客户也能参与到生产过程当中，迅速调整生产方案来实施快速的定制。此外，5G的应用给基础通信带来了巨大的变化，智能定制生产线上的设备可以快速进行自组织调整生产。新一代数字技术的创新与变革，为新的生产方式奠定了技术层面上的现实基础。

### 9.2.1 智能制造

智能制造是指利用先进制造工具和网络信息技术对生产流程进行智能化改造，以实现数据的跨系统流动、采集、分析与优化，完成设备性能感知、过程优化、智能排产等智能化生产方式。近年来，我国以海尔、广汽传祺、五家渠石化等为代表的制造企业以“互联网+”制造为主攻方向，通过建立智能工厂，推动智能化生产，实现了数字化、网络化和智能化转型。

除了制造业，智能化对其他产业的生产过程也产生了颠覆式的影响。例如传媒行业，数据分析、人工智能、物联网等种种新技术，正在把媒体带到一个智能化时代，智能化将驱动一场新的内容革命，传统媒体的转型需要在智能化的方向下进行新布局。

智能化生产侧重于从制造技术和生产运作层面诠释智能制造，即通过生产运营过程的数字化、网络化和智能化，实现设计技术、生产技术和管理技术的全面创新，全面提高企业的产品设计能力、制造效率和管理水平，其本质是构建智能化集成制造系统。智能化生产不仅影响着智能产品的生产质量和开发速度，而且促进了产业形态和商业模式的变革，是智能制造推进的主线。

智能制造是新一代信息技术与先进制造技术的深度融合，贯穿于产品、制造、服务全生命周期的各个环节及相应系统的优化集成，实现制造的数字化、网络化、智能化，并不断提升企业的产品质量、效益、服务水平，推动制造业创新发展、协调发展、绿色发展、开放发展、共享发展。

智能制造是第四次工业革命的标志。对比美、德、中三国制造业的国家发展战略，可以发现智能制造是保持各国制造业竞争优势和技术领先的突破方向。智能制造不仅为企业生产运作管理的“兵棋推演”提供了基础和条件，也为企业战略管理的“排兵布阵”提供了基础和条件，因为智能制造有以下三方面的管理特征：首先，智能制造是互联网、大数据和人工智能与先进制造技术深度融合的产物，形成数字孪生驱动的制造模式变革；其次，基于数字孪生的智能制造形成规模经济与范围经济的协同，使解决制造管理中效率与灵活的二元性问题提升到一个新的高度；最后，基于智能制造，制造业能够真正实现面向用户需求的管理创新，从而形成现实意义而非理论意义上的用户驱动的管理变革。因此，智能制造可以为企业战略管理和生产运作的模拟优化提供不同的场景分析。

与精益生产、柔性制造等以往制造技术的进步相比，智能制造的影响呈现出三个不同的特征：其一，以往制造技术进步的影响多限于制造领域，而智能制造不仅仅是制造技术的变革，同时也带来社会生产方式和人类生活方式的革命；其二，以往制造技术进步多侧重在生产运作领域，而智能制造驱动企业的全面管理变革，使战略管理与生产运作面临同样的创新挑战；其三，以往制造技术进步主要是从企业视角出发，而智能制造的数字孪生不仅促进了企业层面面向用户的互动创新，同时也诱发了产业或行业层面的各类衍生创新，推动社会协同创新。

### 9.2.2 大规模定制

技术的进步、经济的发展以及企业对利润的追求，使生产方式由单一小批量生产、批量生产、大批量生产向个性化、定制化生产演化。传统生产方式的弊端促使企业不断寻求既能够快速应对市场多样化、个性化需求，又能以较低成本为客户提供定制化产品的生产方式。在这种背景下，大规模定制生产应运而生。

大规模定制是个性化定制产品和服务的大规模生产，作为一种新型生产模式，以大规模生产的成本和速度为目标，以客户需求为导向，采用先进的制造技术、信息技术和管理技术，最终完成客户个性化定制的产品和服务。功能各异的模块，通过重用、改进和整合，能够迅速地制造出满足消费者个性化需求的产品，协调生产的规模化与需求的个性化之间的矛盾，真正实现生产商的“弹性专精”。在传统的大规模生产中，低成本主要是通过规模经济实现的——通过高产量和生产过程的高效率降低产品和服务的单位成本。在大规模定制中，低成本主要是通过范围经济实现的——应用单个工艺过程便可更便宜、更快捷地生产多种产品和服务。

大规模定制具有以下特征：

(1)以客户需求为导向

在传统的生产活动中，企业先生产、后销售，客户更多地是作为产品的被动接受者。如今，数字技术应用为产品的大规模定制奠定了技术条件，企业更加注重以客户需求为导向，进行产品的设计与生产。

(2)以现代信息技术和柔性制造技术为支持

大规模定制经济必须对客户的需求做出快速反应，这要求有现代信息技术作为保障。互联网技术和电子商务的迅速发展，使企业能够快速获取客户的订单和信息；大数据、云计算技术能及时准确地处理和分析客户需求；CAD 系统能够根据在线订单快速设计出符合客户需求的产品；柔性制造系统保证迅速生产出高质量的定制产品。

(3)以模块化设计、零部件标准化为基础

通过模块化设计、零部件标准化，可以批量生产模块和零部件，减少定制产品中的定制部分，从而大大缩短产品的交货期，减少产品的定制成本。

(4)以敏捷为标志

在传统的大批量生产方式中，企业与消费者是一对多的关系，企业以不变应万变。而在大规模定制经济中，企业与消费者是一对一的关系，企业面临的是千变万化的需求，大规模定制企业必须快速满足不同客户的不同需求。因此，大规模定制企业是一种敏捷组织，这种敏捷不仅体现在柔性的生产设备、多技能的人员，而且还表现为组织结构的扁平化和精练。

（5）以竞争合作的供应链管理为手段

在未来市场经济中，竞争不是企业与企业之间的竞争，而是供应链与供应链之间的竞争。大规模定制企业通过与其供应商建立起竞合的关系，共同来满足客户的需要。

## 9.3 数字化运营

数字技术驱动企业生产运营变革创新。随着信息技术等的发展和普及，数字化"赋能"企业不断提升效率，此时环境的变化以及企业的创新呈现"线性"发展。然而各种跨学科的新技术共同推动了数据、连接和智能等要素的汇聚，正在重构整个商务系统的环境和结构，带来环境变化和企业创新的"非线性"发展。企业不仅要像过去一样继续利用技术赋能提升效率，更需要借助大数据、云计算、人工智能、3D 打印等数字技术创新商务模式，为企业和消费者创造新价值，即所谓的"使能"创新。随着数字化程度的不断提升，企业将从赋能向使能演进，随之带来的是运营管理效率的提升，如图 9-2 所示。

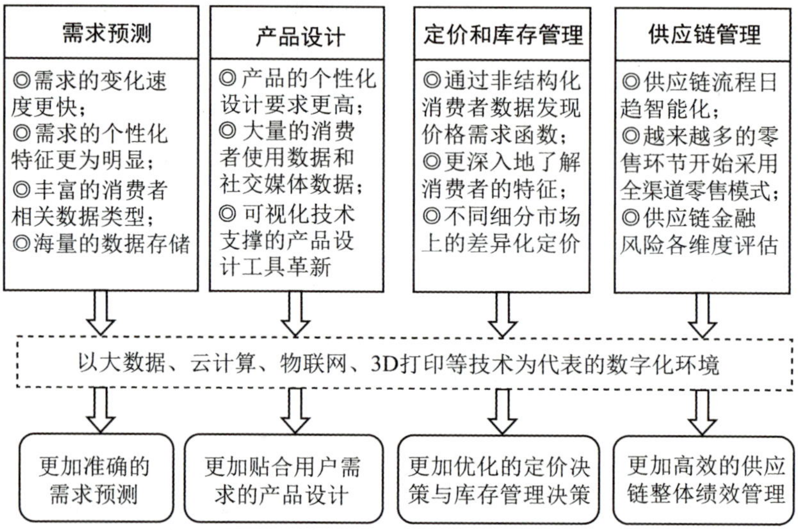


图 9-2 数字化赋能：运营管理的效率提升

资料来源：陈剑、黄朔、刘运辉：《从赋能到使能——数字化环境下的企业运营管理》，载《管理世界》，2020，36(2)：117-128，222。

### 1. 需求预测

需求预测是企业运营管理的基础。进入数字经济时代，消费者需求与过去相比变化速度更快、需求的个性化特征更为明显。同时，企业可以获取的数据类型和数据量都远比过去丰富。以淘宝网为例，除了交易数据以外，平台还可以收集用户浏览、购买、使用、评价等数据，包括搜索的关键词、页面的停留时间等非结构化数据。这些行为特征往往是用户偏好及其个性化需求的直接表现，加上强大的数据分析运算能力，可以更加准确地预测顾客的需求，为提高运营管理绩效打下良好的基础。

### 2. 产品设计

数字化技术能够实现更加贴合用户需求、性能更佳、效率更高的产品设计。首先，大量的消费者使用数据和社交媒体数据，为企业准确捕捉市场潮流从而设计相应的产品提供了可能。例如，通过手机应用 Nike+，耐克公司可以更好地了解用户的运动习惯，从而帮助设计师和产品经理们设计出更加贴合用户需求的产品。其次，数字仿真、虚拟现实和增强现实等技术的发展，推动数字技术作为设计工具、精确地模拟和仿真产品的各种物理参数，并通过可视化的模式加以展示，从而形成最佳性能的产品设计。例如，基于智能互联产品传回的用户使用数据，利用虚拟现实等可视化技术，设计人员能够模拟产品的真实使用环境，构造出实际产品的数字化映射模型，这些技术手段对于企业持续改进产品设计，无疑具有重大意义。最后，为了更好满足数字化时代消费者需求日益个性化的趋势，许多企业开始利用云计算技术，将越来越多的功能转移到云服务器，增强了与用户的互动设计，通过软件实现客户端产品的定制。

### 3. 定价和库存管理

借助数字化技术，企业可以制定更加优化的定价和库存决策。定价决策方面，首先，通过从数据中学习，企业能够动态优化定价策略，实现更好的收益管理。目前，非结构化的消费者评论数据成为企业定价的重要信息，尤其是对于体验型产品如电影、娱乐项目等，企业可以从消费者评论数据中了解关于其产品质量的信息，发现价格需求函数，从而更好地制定价格，提高利润。其次，企业可以实现不同销售渠道或不同细分市场上的差异化定价。例如，京东经常为某些商品设定 Plus 用户专享的价格。为避免价格歧视，差异化定价可以利用数字技术向不同细分市场推送不同优惠券或现金返还的机制来实现。值得注意的是，企业在优化定价策略的过程中需要避免一些不合规或对企业长期发展不利的行为。

对于涉及实物产品的需求，企业的库存管理决策与定价决策密切相关，一方面动态的价格决策需要考虑剩余的库存数量，另一方面库存补货决策受到消费者需求的影响，需要同时对两者进行优化。基于数字技术，企业甚至可以在需求发生之前就制订相应的库存补货计划。一个典型的例子是亚马逊的一项专利技术，基于消费者的搜索数据，以及在商品页面的停留数据，通过深度学习算法，亚马逊能够在消费者的真实订单到达之前，就将货物准备好并运往相应的配送中心，以降低运输成本和库存成本。企业通过深度学习潜在购买者在商品展示网站的点击数据与线下的实际购买数据之间的关系，有助于选择合适的库存管理策略，从而降低物流成本和仓储管理成本。

### 4. 供应链管理

数字化及相关技术在企业的供应链管理创新中发挥了重要的作用，供应流程日趋智能化，供应链上下游之间的决策越来越多地依赖于数据分析。首先，制造业正在变得越来越智能，传感器和无线技术的深度应用可以捕获生产环节中的各种数据，再传递回智能设备以指导生产，工厂由集中控制转变为分散式自适应的智能网络。例如，一台机器检测出流水线上可能存在的故障时，可以直接关闭其他可能受损的设备，并引导维修人员解决问题。类似地，数字化技术还可以用于监控和分析整个生产流程，发现能耗异常，从而在生产过程中实现实时优化。

其次，在互联网时代，越来越多的零售环节开始采用全渠道零售模式，即零售商通过线上及线下等多种渠道进行销售。例如，线上零售商开设线下“无收银员”零售店，这种新型商店在购物体验和运营管理方面都与传统零售店有很大差异。商店要求消费者在进店时扫描在线购物应用程序，以便商店掌握消费者的在线标识信息；结账过程实时完成，不需要排队等候；物流方面，依托线上零售商的先进物流，线下商店不需要考虑附属仓库的问题，相反，可以更频繁和灵活地补货，从某种程度上扩大了实体店的空间。通过线上的销售数据还可以帮助零售商更好地对线下零售中遇到的问题进行决策，特别是通过全渠道收集的数据多于传统数据，指导操作更具参考性。

最后，在供应链金融领域，数字化技术也发挥了重要作用。金融机构在提供金融服务时不再仅仅依据财务报表，而是基于多维度的数据评估目标企业的信用，提高风险管控能力。金融机构通过分析企业数据、个人数据、政府数据、社交网络数据、第三方数据和利益相关者数据，可以更加全面地评估相关主体所面临的内外部风险。

## 9.4 CPS 和工业互联网

### 9.4.1 信息物理系统(CPS)

智能制造的实现需要建立在一套完整的技术体系之上，信息物理系统集成的信息通信和自动控制等技术构建了一个物理空间与赛博空间相互映射、实时交互、高效协同的复杂系统，是智能制造发展的关键技术支撑。信息物理系统的核心在于构建一套基于数据自动流动的状态感知、实时分析、科学决策、精准执行的闭环赋能体系，从而解决生产制造过程中的复杂性、不确定性，提高资源配置效率。

#### 1. CPS 的概念和关键特征

2006 年，美国国家科学基金会的科学家海伦·吉尔(Helen Gill)首次提出 CPS 的概念，认为 CPS 是网络世界与实体世界融合的新一代系统。自 2006 年起，德国、美国、中国等制造业大国纷纷确立了 CPS 在制造业发展中的核心地位，加速推动 CPS 的创新研发与多领域应用。有学者指出，新一代工业将建立在 CPS 基础上，CPS 与汽车、航空航天、国防、工业自动化、健康/医疗设备、重大基础设施等主要工业领域的深度融合将会提高制造业竞争力。因此，无论从学术角度还是从实践角度，CPS 成为理解、剖析和指导“再工业化”战略的关键切入点。我们对 CPS 的解释是：CPS 是整合计算技术、通信技术、控制技术和实体系统的智能体系。它强调网络空间和实体空间的深度融合，通过在网络空间实现对实体设备和运行进程的感知、数字化采集、数据化集成、智能分析及预判，达到优化配置的目标，从而实现网络空间与实体空间的自适应、自组织和自协调。

CPS 因控制技术而起，因信息技术而兴，随着制造业与互联网的融合迅速发展壮大，正成为支撑和引领全球产业变革的核心技术体系。CPS 能力架构支持设计、生产、管理、服务等制造活动的各个环节，能够实现先进的、智能的实践应用。从中国、德国、美国的实践来看，智能工厂成为“再工业化”的主要应用形态。

### 2. 与 CPS 对应的应用架构

(1)装备数字化

在智能工厂车间内，使用传感器、设备和仪器自动在线采集生产对象、设备、流程、环境等关键数据。

(2)装备自监测

实时采集装备数据以后，由信息系统对各制造环节产生的数据进行实时监测和分析，有效监视现场设备的运转状态，发现生产过程中的问题。

(3)工厂网络化

使用工业控制网络，将智能工厂中的制造设备、信息系统、操作人员、生产物料等连接起来，使用互联网将智能工厂与价值网络中的企业连接起来，实现设备与设备、设备与人、物料与设备、企业与企业之间的互联互通和柔性组合。海量的数据在网络层集成，形成工业数据云，建立全生产周期的数据共享平台。

(4)工厂自决策

基于网络层集成的海量数据，利用大数据分析和挖掘技术对数据进行处理，建立工厂知识库，利用机器学习、预测分析等智能技术对数据进行解析，应用 LED 看板、图形报表、工业 App 等可视化技术支持人机交互，进而制定合理的决策。

(5)工厂自配置

使用智能控制系统和智能设备，实现整个制造流程的智能管理，根据用户实时的需求进行动态生产，实现自我配置、精准执行的自组织生产。工人从执行例行任务中解放出来，能够专注于创新、增值的活动。

## 9.4.2　工业互联网

2017 年 11 月 27 日，国务院印发《关于深化“互联网＋先进制造业”发展工业互联网的指导意见》，该意见对发展工业互联网做出重要部署，提出要着力打造网络、平台、安全三大体系，其中，网络是基础，平台是核心，安全是保障。当前，我国工业互联网平台的发展总体还处于起步阶段，技术体系、应用场景、商业模式、产业生态仍处于快速迭代、持续探索中，需要结合国际国内发展形势和应用实践，持续开展调查研究、总结经验、提炼规律、深化认识，打造我国多层次、系统性工业互联网平台体系。

工业互联网(industrial internet)是新一代信息通信技术与现代工业技术深度融合的产物，是制造业数字化、网络化、智能化的重要载体，也是全球新一轮产业竞争的制高点。工业互联网通过构建链接机器、物料、人、信息系统的基础网络，实现工业数据的全面感知、动态传输、实时分析，从而形成科学决策与智能控制，以提高制造资源配置效率。工业互联网平台是面向制造业数字化、网络化、智能化需求，构建基于云边协同的海量数据采集、汇聚、分析服务体系，进而支撑制造资源泛在连接、弹性供给、高效配置的载体。

在《工业互联网平台白皮书》中，泛在连接、云化服务、知识积累、应用创新被归结为工业互联网平台的四大特征。

①泛在连接，即具备对设备、软件、人员等各类生产要素数据的全面采集能力。

②云化服务，即实现基于云计算架构的海量数据存储、管理和计算。

③知识积累，即能够提供基于工业知识机理的数据分析能力，并实现知识的固化、积累和复用。

④应用创新，即能够调用平台功能及资源，提供开放的工业 App 开发环境，实现工业 App 创新应用。

### 1. 工业互联网平台的架构

从工业互联网的定义和特征来看，工业互联网平台需要具备四个基本功能。一是需要实现将不同来源和不同结构的数据进行广泛采集；二是需要具备并支撑海量工业数据处理的环境；三是需要基于工业机理和数据科学实现海量数据的深度分析，并实现工业知识的沉淀和复用；四是能够提供开发工具及环境，实现工业 App 的开发、测试和部署。因此，工业互联网平台体系架构必须能完全实现这四个功能，即涵盖数据采集(边缘层)、IaaS 层、工业 PaaS 层(平台层)、工业 App 层(应用层)以及贯穿上述各层级的安全防护。其中，边缘层、平台层、应用层是工业互联网平台的三大核心层级。

首先，数据采集(边缘层)是基础。数据采集的本质是利用泛在感知技术对多源设备、异构系统、运营环境、人等要素信息进行实时高效采集和云端汇聚。核心就是要构建一个精准、实时、高效的数据采集体系，把数据采集上来，通过协议转换和边缘计算，将一部分数据在边缘层进行处理，这适用于对实时性、短周期数据的快速处理，处理结果将直接返回到机器设备；将另一部分数据传输到云端，通过云计算更强大的数据运算能力和更快的处理速度，对非实时、长周期数据进行综合利用分析，从而进一步优化形成决策。

在平台的边缘层，对海量设备进行连接和管理，并利用协议转换实现海量工业数据的互联互通和互操作；同时，通过运用边缘计算技术，实现错误数据剔除、数据缓存等预处理以及边缘实时分析，降低网络传输负载和云端计算压力。

其次，IaaS 层是支撑。IaaS 是通过虚拟化技术将计算、存储、网络等资源池化，向用户提供可计量、弹性化的资源服务。IaaS 是工业互联网平台运行的载体和基础，其实现了工业大数据的存储、计算、分发。在这一领域，我国与发达国家处在同一起跑线，阿里、腾讯、华为等所拥有的云计算基础设施已达到国际先进水平，形成了成熟的提供完整解决方案的能力，并成为树根互联“根云”、海尔“COSMO”等国内工业互联网平台的云计算合作伙伴。

再次，平台层是核心。工业 PaaS 本质上是一个可扩展的工业云操作系统，它能够实现对软硬件资源和开发工具的介入、控制与管理，为应用开发提供了必要接口及存储计算、工具资源等技术，为工业应用软件开发提供了一个基础平台。在通用 PaaS 架构上进行二次开发，实现工业 PaaS 层的构建，为工业用户提供海量工业数据的管理和分析服务，并能够积累沉淀不同行业和不同领域内技术、知识、经验等资源，实现封装、固化和复用，在开放的开发环境中以工业微服务的形式提供给开发者，用于快速构建定制化工业 App，打造完整、开放的工业操作系统。

从国际上看，GE、西门子依托亚马逊、微软等成熟的云计算基础设施(IaaS 平台)搭建了工业 PaaS 平台，将行业核心技术和经验知识固化封装为模块化的微服务组件和开发工具，同时为工业 App 提供开发环境。从国内看，工业 PaaS 在垂直细分领域已有局部应用，形成了三种典型模式：以航天云网为代表的协同制造工业互联网平台，以树根互联为代表的产品全生命周期管理服务工业互联网平台，以海尔为代表的用户定制化生产工业互联网平台。

最后，应用层是关键。通过自主研发或者引入第三方开发者的方式，平台以云化软件或工业 App 形式为用户提供设计、生产、管理、服务等一系列创新性应用服务，实现价值的挖掘和提升。工业 App 主要表现为面向特定工业应用场景，整合全社会资源推动工业技术、经验、知识和最佳实践的模型化、软件化、再封装，用户通过对工业 App 的调用实现对特定制造资源的优化配置。

### 2. 工业互联网的本质

工业互联网平台的本质是一套面向制造业数字化、网络化、智能化的解决方案，这套解决方案与传统方案最本质的区别就在于它是基于云架构的解决方案。这是需求场景、技术演进、生态构建共同作用的必然结果，其基本的逻辑就是“数据＋模型＝服务”，就是如何采集制造系统海量数据，把来自机器设备、业务系统、产品模型、生产过程及运行环境中的大量数据汇聚到工业 PaaS 平台上，实现物理世界隐性数据的显性化，实现数据的及时性、完整性、准确性，并将技术、知识、经验和方法以数字化模型的形式沉淀到平台上，形成各种软件化的模型(如机理模型、数据分析模型等)，基于这些数字化模型对各种数据进行分析、挖掘、展现，以提供产品全生命周期管理、协同研发设计、生产设备优化、产品质量检测、企业运营决策、设备预测性维护等多种多样的服务，从而实现数据—信息—知识—决策的迭代，最终把正确的数据、以正确的方式、在正确的时间传递给正确的人和机器，优化制造资源配置效率。

“数据＋模型＝服务”这一逻辑并非工业互联网所独有的特质，而是贯穿于整个制造业信息化发展的全过程。伴随着数据采集的精度、速度的不断提升，模型准确性、软件化、智能化水平不断提高，“数据＋模型”在不同的发展阶段以不同的载体呈现，并提供不同层级的“服务”价值。

①单元级。通过对设备运行过程中的电压、电流、转速等数据采集，基于经验规律及数学计算模型，能够实现对局部生产装备的智能化提升，这些经验规律及数学分析模型大都以传统 IT 架构形式固化成独立的软件系统，面向工业现场人员提供设备运行状态优化服务。

②系统级。随着数据采集的范围逐渐扩大，企业 CAD、CAE 等研发设计软件及 MES、ERP、CRM 等业务系统的数据与生产运行状态数据逐渐实现互联互通，基于更加精确、高效的机理模型和数据分析模型，以数据的自动流动解决企业生产过程中的多种复杂不确定性，从而优化设计、仿真生产等环节的资源配置。

③系统之系统级(SoS 级)。当企业生产经营过程中的研发设计、业务系统、设备运行等各类数据汇聚到基于私有云或公有云部署的工业互联网平台，同时接入来自互联网端的各类客户行为、环境信息等数据，基于平台沉淀多种工业 App、微服务组件等更为全面、精准的工业知识，实现智能决策、产品全生命周期管理、协同制造等跨行业、跨领域、跨企业内部的制造资源优化配置。

伴随着“数据＋模型”的不断演进深化，制造资源优化精度、广度、深度不断提升，带来更加全面、细致、精确的服务。对于工业互联网的各种场景应用而言，基于“数据＋模型＝服务”的业务逻辑已体现在工程机械、工业锅炉、新能源设备、发电设备优化与企业征信等多个场景。

**案例** 9-2

### 树根互联联合三一重工打造工业互联网服务平台

随着工程机械行业竞争的加剧，产品和服务同质化日趋严重。工程机械往往在环境复杂的建筑工地作业，设备运营管理的好坏直接影响客户的收入。一台复杂的机械设备，对于操作及维修保养的技术水平往往要求较高，而目前国内外各大厂商的服务水平，仅仅停留在通过有限的技术熟练人员实施服务的狭义服务上，因而遭遇诸多问题，例如，远程售后无法实时操控了解情况；巡检人员繁忙无法及时响应、巡检周期长；无法进行售后维护数据采集、售后分析困难；故障排除滞后；等等。如何降低对设备管理及服务人员的技术要求，实现设备智慧管理及"人人皆可服务"的广义，是工程机械服务能力提升必须考虑的问题，也是引领行业变革的重大机遇。

三一重工的工程机械产品全生命周期智能服务依托树根互联打造的工业互联网平台，借助 3G/4G、GPS、GIS、RFID、SMS 等技术，配合嵌入式智能终端、车载终端、智能手机等硬件设施，构造设备数据采集与分析机制、智能调度机制、服务订单管理机制、业绩可视化报表、关键件和重要件追溯等核心服务。同时，基于工业互联网平台的大数据 PaaS 服务能力，实现装备工况数据的存储、分析和应用，有效监控和优化工程机械运行工况、运行路径等参数与指标，提前预测预防故障与问题，智能调度内外部服务资源，为客户提供智慧型服务。

资料来源：树根互联，https://www.rootcloud.com/，2022-04-15。

## 9.5 数字化生产实践

数字化转型的行业领导企业有一个非常重要的趋势，那就是围绕构建基于客户需求的实时决策来自主构建数字化解决方案。尽管今天有物联网、大数据、云计算、人工智能等各种各样新的技术，但是相对于企业需求的快速变化，企业数字化转型并没有大量成熟的解决方案可供选择，需要企业协同内外部资源不断探索创新。

### 9.5.1 犀牛智造：探索未来制造之路

"犀牛智造"是阿里巴巴的新制造平台，"犀牛工厂"是阿里面向未来建设的一座数字化实验工厂。2020 年 9 月，犀牛智造作为服装行业数字化转型的探索者之一，与来自半导体、汽车、生物制药等领域的示范案例一起成为世界经济论坛"灯塔工厂"。犀牛智造致力于服务中小商家数字化转型，通过产业全链路数字化改造和云化升级，构建需求实时响应、极小化库存以及"100 件起订、7 天交付"的"小单快返"新模式，实现供需精准匹配和更高水平的动态平衡，促进传统产业高质量发展。

自工业革命以来，制造业不变的追求是高效率、高质量、低成本和高满意度。从工业经济时代到数字经济时代，制造业的挑战在于如何实现从供给导向的规模化生产向消费者驱动的定制化生产的演变，这需要全球制造加速构建万物互联、数据驱动、软件定义、平台支撑、智能主导的新模式，并迈向体系重构、动力变革、范式迁移的新阶段。犀牛智造的探索和实践，展现了制造业发展的这一新趋势。

### 1. 犀牛智造的思路

面对传统制造业的挑战，犀牛智造通过构建端到端的数字化解决方案，实现供需精准匹配和高质量发展。犀牛智造生产模式给整个行业带来的价值体现在三个方面。

(1)对品牌厂商而言

一是建立了比较稳定的"小单快返"供给能力，覆盖从商品企划到成衣物流的全价值链，提供了完整的柔性生产供应链能力；二是精准锁定消费者需求，及时洞察及发现新品开发的方向，快速设计研发，并形成端到端的及时响应能力；三是由于生产和采购实行数字化精准管理、全程监控、资源优化，实现了定制化产品的交期可控和质量可控。

(2)对制造工厂而言

一是实现基于云边端的数字化制造普及，一站式地满足了"小单快返"这样"苛刻"的生产需求；二是实现了数字化决策，数字化驱动的每一次供需匹配都是基于精确、及时数据的全局优化结果，确保每一个动作(设计、采购、生产、质检、配送等)背后的决策都可以最优化供应链整体效率；三是确保生产的高质量、高效率、低成本。

(3)对产业转型价值而言

一是通过对传统中小企业的数字化改造，构建起规模化柔性生产能力，为产业整体价值链提升打下了坚实基础；二是实现传统产能与海量碎片化需求的精准匹配，是建立动态供需平衡的有益探索。

### 2. 方案与路径

数字科技对传统产业改造的核心是，面向采购、制造、营销、零售的全产业链，重构市场洞察、设计打样、生产计划、生产工艺、排产计划、制造执行、营销分销等各环节数据的流转体系和模式，实现从物理载体的低频、手工信息流到数字世界的高频、自动数据流，从基于人工经验的决策到基于数据+算法的决策，从局部系统的数据集成到端到端的数据融合，优化资源配置效率。

犀牛智造的探索在于，让一个个中小工厂从孤岛走向协作、从封闭走向开放、从混乱走向专注。犀牛智造通过重构软件体系，依托工业互联网、工业软件、智能算法，打造多样化、高质量、数字化的供需精准匹配的解决方案。

当前，产业升级的关键在于实现全链路各环节每一次决策都是数据驱动的决策，构建全链路各类业务决策的关键指标、机理模型、数据价值。在这一过程中，犀牛智造面向端到端需求，基于云边端架构，重新开发了一套面向服装行业的工业软件体系，重构并打通了生产供应链的所有运营动作，形成了面向一个完整行业的一站式数字化生产供应链。支撑一站式供应链的背后，是一套完全原创、完整支持服装行业数字化转型的云原生技术体系。

犀牛智造是一个云端算法定义的在线工厂。在实现制造设备、生产线、物料、人员等生产要素全面数字化及云端汇聚，以及需求、设计、工艺、排产、经营、物流等管理运营系统云端部署的基础上，犀牛智造构建了端到端的生产指挥大脑系统，实现了需求分析-产品定义-加工工艺-排产计划-制造执行-设备工艺-车间物流-中央仓储等环节决策指令和数据流的云端生成和自动下发，探索端到端数据自动流动的新模式。

犀牛智造开发的这套技术体系由五大自研应用 SaaS 构成，为服装行业提供了完整的云原生工业软件集合。这五大 SaaS 应用包括需求大脑(对应传统 CRM＋BI 功能)、数字化工艺地图(对应传统 CAX＋PLM 功能)、全链路统筹计划(对应传统 APS 功能)、集群式供应网络(对应传统 ERP＋WMS 功能)和柔性制造系统(对应传统 MES 功能)。在云端的深度集成最终确保了全链路每一次运营动作都可以获得精准及时的数据，并应用行业最先进的机理模型完成优化决策。这五大 SaaS 核心应用如下。

(1)需求精准洞察(需求大脑)

解决高库存、供需精准匹配的逻辑起点是对需求的精准洞察。服装商品季节性非常强，传统需求管理缺乏对于天气、社群、潮流等多维度数据的洞察。商家选款、订货、营销等决策严重依赖于经验，既面临滞销高库存风险，也存在畅销补货周期长的问题。服装商家要解决"卖什么、卖多少、什么时间卖"这一类决策问题。因此，犀牛智造以数据驱动构建趋势洞察、设计选款、快速翻单的全链路决策机制。

(2)工艺自动生成(数字工艺地图)

当客户需求确定后，规模化柔性供给要解决的核心是，如何快速精确处理海量需求信息，并转化成可被客户认可的样衣、可被生产现场识别的工艺单。当一个企业每天接到数百种款式处理需求时，传统依赖人工的方式已无法保证打样和工艺的效率、质量，必须基于云端的工艺图谱快速高效地处理需求、推理设计意图、推荐设计选项、沉淀实操经验。

传统数字化解决方案中，CAD/CAM(纸样制作、程序生成)和 GSD/GST(分解工序、估算成本)等应用，实现了半自动化、无纸化，在一定程度上提高了样衣制作效率。但各类软件信息不通，软件只提高了局部环节操作的效率，并没有从根本上解决设计智能化问题。犀牛智造构建了智能化数字工艺解决方案，提高了小批量的个性化设计效率。犀牛智造所实现的技术本质是工艺信息的全链路透明和多部门共享。

(3)全链路统筹计划

在传统服装制造企业，计划的制订与跟踪多依赖计划员的个人经验，再辅以简单的办公软件记录。传统的 APS(高级排产排程软件)从来不会考虑调度上百个不同形态、不同设备的车间，也无法适应成千上万个产业工人的技能水平会随着工作内容和时间逐渐淡忘或加强。面对需求个性化、高频次、小批量的趋势，需要响应计划的变更频率是传统工厂的 100 倍左右。犀牛智造"全链路计划运筹平台"从产能调度、物料调度和敏捷排产三个方面解决了这些新挑战。

(4)集群式供应链网络

剧烈的需求波动会导致资产利用极不平衡。犀牛智造的理念是把某一地区各工厂、各车间的物料管理从制造中分离出来，形成一个中央化的基础设施，以"中央厨房"的形式负责出入库、预加工、配送，使该地区的产业互联网快速形成规模优势。

(5)智能制造系统

犀牛智造对工厂的数字化升级，核心目的在于实现高频换产、柔性制造能力。这些数字化技术能力包括：一是设备全面云化，通过设备上行和下行数据的云端汇聚，实现供应链端到端全局优化。二是产业工人数字画像，给产业工人以更多的自主权、选择权。三是智能高频换款，探索出基于“相似工序连续生产”的转款提效应用。四是生产实时调度，实时指挥产线衣架走向，动态调整工人的工序任务分配，从而保持了最高效的柔性生产效率。

从全球制造业数字化转型的实践来看，犀牛智造探索出了一条实现四个大国优势叠加、倍增效应的新路径，是新供给与新需求联动的一次全面展示，是构筑中国制造业竞争新优势的必由之路。未来，犀牛智造将继续依托阿里巴巴服务商家的丰富经验、对市场趋势的精准洞察、深厚的数字科技能力，不断扩大服务内容和供给规模，探索产业升级之路，为逆风前行的制造业同行指明转型的方向。

## 9.5.2 工业软件开启西门子数字化之路

从2007年开始，西门子通过收购UGS大举进军工业软件领域(UGS是一家成立于1969年的老牌工业软件厂商，旗下产品包括NX、SolidEdge、Teamcenter)。随后，西门子将UGS更名为Siemens PLM Software，搭建了从CAD到PLM的研发软件能力。2012年，西门子继续收购全球领先的CAE厂商LMS，启动在仿真领域的布局。之后数年，公司又将Camstar(MES)、Mentor Graphics(EDA)、CD-adapco(CAE)等企业收入囊中。

工业互联网是西门子这一阶段的布局重点，2015年西门子推出了MindSphere工业云平台，旨在依托工业互联网平台，连接旗下工业硬件并向外输出工业软件能力。例如，2016年河钢集团开始采用西门子MindSphere的解决方案，建立了一套轧机数字孪生方案，通过实时采集设备运行过程中的关键作业参数，在MindSphere平台进行数据分析，从而指导下一步生产，制订最优的维护计划以及故障预测计划。

Simcenter是西门子研发的数字孪生开发平台，是一个灵活、开放和可扩展的仿真和测试解决方案组合，支持客户在数字化转型中的各类创新活动。知名药企葛兰素史克(GSK)通过Simcenter建立了疫苗研发和生产的数字孪生，来加速新冠病毒疫苗的上市；光刻机巨头阿斯麦(ASML)的工程师则通过Simcenter仿真优化晶圆工艺。

2018年，西门子的管理层通过分析预测未来的技术、经济、社会等宏观趋势，以及微观的各类社会场景，制定了“公司愿景2020＋”，一方面通过精简业务保持专注，另一方面更加专注于在各自行业市场的发展。

2019年，Siemens PLM Software更名为Siemens Digital Industry Software。数字工业业务覆盖了离散工业(discrete industry)和过程工业(process industry)两端，贯穿了从产品设计、流程设计/规划、工程化、生产执行到运营以及末端服务的全过程。此外，西门子的这套数字化解决方案依托于其一百多年来在不同领域的沉淀，当前已从轻工业覆盖到重工业，以及底层的公用基础设施。

## 本章小结

以人工智能、数字孪生、3D打印、大数据、云计算等为标志的数字技术革命带来了新的技术-经济范式，使我们处于一个巨变的时代。巨变的核心是新技术的产生驱动了新的生产方式，并且这种新的生产方式在不断地发展成熟且必然影响甚至改变未来。

新的生产方式就是“以互联网平台为支撑的智能化、大规模个性化定制生产方式”。这一生产方式的本质是一种为广大消费者个性化消费需求服务且可以大规模进行生产的全新模式，当前新技术革命中的大部分技术，如人工智能、大数据分析、互联网、5G通信、智能设备、工业互联网、区块链技术、智慧供应链等，本质上都是为了这一生产方式的诞生与发展做准备的。正因如此，相应于此的生产方式的管理必然发生巨大变化。

企业管理的新时代已经来临，数字化以及相关技术促进企业优化生产运营系统，提高生产效率，同时为企业创造消费者价值、围绕消费者创新产品和服务、重组组织架构和业务流程、重塑供应链关系等提供了机遇。然而，数字化及相关技术在企业中的成功应用不是一蹴而就的，尤其是对于原本缺乏数字化基因的非信息技术企业而言，更是如此。企业应分阶段、按步骤地实施数字化创新，在初期的项目中积累经验和技能，建立对数字化及相关技术的信心，最终实现生产运营管理模式的颠覆式创新。

## 复习思考题

1. 什么是技术-经济范式？
2. 数字孪生是如何应用到企业生产当中的？简单描述一个场景。
3. 智能制造实现的基础是什么？
4. 信息物理系统的应用架构包括什么？
5. 以某个企业为例，分析数字经济时代如何做好供应链管理。

## 案例分析

红领集团成立于1995年，是一家以生产西装为主的服装生产企业。红领的发展起点和很多国内同行一样，接外贸订单，批量生产，是一家典型的传统OEM。不一样的是从21世纪初起，红领试水大规模定制，打造单件生产的柔性生产线。2013年，红领完成了大规模定制的转型，建成了数据驱动的智能工厂。现在红领每天能生产3 000多套(件)定制服装，订单实现7个工作日内交货。

定制服装是指根据穿着者个人情况量体裁衣，通常要根据穿着者的体形、肤色、职业、气质、爱好等来选择面料花色，确定服装款式造型。红领成功研发了一套通过信息技术把工业生产和定制相结合的大规模定制服装生产系统，实现了全程数据驱动，包括自动排单、自动裁剪、自动计算并整合板型等，完全解放了人工，并将交货周期、专用设备产能、线号、线色、个性化工艺等编程组合，以流水线生产模式制造个性化产品。

通过红领服饰“酷特智能”服装定制交易平台，消费者首先进入套装、西服、西裤、马甲等选择界面。针对每一种产品，消费者首先面临休闲、礼服和正装三个给定大类系列的需求选择。这相当于显示消费者个性化需求的第一个层次。随后，系统将通过一系列后续选项在产品各种特征维度及其参数空间上进一步获取消费者的个性化需求信息。类推上述过程，消费者可以通过该定制平台向生产者传递其个性化需求信息。此外，在显示消费者个性化需求的每一次选择中，该平台都配有及时展现消费者选择结果的 3D 图像，以保证消费者在生产者给定“模板”库中的选择与其真实偏好之间的准确对应。上述过程产生如下结果：

①消费者偏好的选择过程其实也是生产者解构其个性化需求的过程。每一件服装在“整体层面”所表达的个性化需求内涵通过服装大类、面料、款型、风格等“局部层面”特征维度与参数加以分解，并必然在规模、累积性意义上表现为每一个“局部”的同质化集中过程。这意味着，消费者需求的个性化与同质化内涵在该解构过程中同时显现。

②所有个性化、同质化内涵得到及时筛选，并被生产者以数据形式记录下来，进入规模意义上的分类、计算、处理和建模过程。

③所有消费者以“自定义”方式新增的个性化需求内涵，将通过特定特征维度和参数以数据形式进入生产者数据空间，在增加生产者数据空间存量的同时，与其他参数产生迭代效应，创造多种选择，并以产品特征“模板”的形式提供给下一个消费者进行选择和比较。上述过程完成以后，所有数据通过云端传导、CAD 大数据制版、分解生产工艺数据、配料、个性化裁剪、进入智能化生产操作台、计算机终端识别、生产加工等一系列环节，最后根据唯一“身份证”特征的符号或编码进行个性化反向加总，完成整个大规模定制过程。

资料来源：吴义爽、盛亚、蔡宁：《基于互联网十的大规模智能定制研究——青岛红领服饰与佛山维尚家具案例》，载《中国工业经济》，2016(4)：127-143，内容有删改。

**思考与讨论：**

1. 大规模定制和传统的大规模工业化制造有何区别？
2. 结合本章的学习，思考红领集团实现大规模定制的技术基础有哪些。

# 第 10 章　开放式创新

【学习目标】

➤掌握数字化对企业创新的影响和企业的应对策略

➤熟悉数字创新内涵和各种类型

➤了解开放式创新、协同创新等新一代创新模式的产生和应用场景

【关键术语】

数字创新　开放式创新　协同创新　开源系统

## 开篇案例

在一次与阿尔斯蒂尼的对话中，张瑞敏曾经说，“现在，我们变成一种开放式创新，在和用户交互的过程当中，不断迭代，并把各种资源都整合进来。迭代过程是一个试错的过程，重要的是用户要参与，如果没有用户参与，不管是渐进的还是突破性的创新，可能都没有太大的意义。”

仔细分析海尔近期的智能家居产品海尔星盒、空气魔方、无压缩机酒柜等，无不是开放式创新的产品。例如，海尔空气魔方是全球首款可以模块化组合的智能空气产品，实现了加湿、除湿、净化、香薰等多个模块的自由组合，为每个家庭带来了可定制的专属“空气圈”。空气魔方的最特别之处，在于它是海尔基于开放式创新理念研发成功的一个智能产品。

空气魔方不是企业基于自身能力在实验室里规划和研发出来的产品，而是基于海尔开放创新平台组成的来自 8 个国家的内外部专家和学者团队 128 人，历时 6 个月与全球超过 980 万不同类型用户交互意见，利用大数据分析，最终筛出 81 万粉丝最关注的 122 个具体的产品痛点需求，这是空气魔方核心功能研发的初衷。

在互联网时代，海尔的理念便是“世界是我们的研发中心”，研发的过程要让用户参与进来，也要让全球创新者参与进来。基于此，海尔开放创新平台于 2013 年 10 月正式上线，并于 2014 年 6 月进行了改版升级，新增的海尔生活创意社区也成为用户全流程参与研发设计的线上互动平台。

海尔开放创新平台遵循开放、合作、创新、分享的理念，整合全球一流资源、智慧及优秀创意，与全球研发机构和个人合作，为平台用户提供前沿科技资讯以及超值的创新解决方案，最终实现各相关方的利益最大化，并使得平台上所有资源提供方及技术需求方互利共享。目前，在海尔开放创新平台上成功达成的技术合作已有 200 余例。

**思考与讨论：**

1. 在数字经济时代，创新在哪些方面突破传统创新理论的边界？
2. 海尔的开放创新平台体现了数字创新的哪些特点？

ABCD 等技术的兴起带来了新的技术-经济范式。《中共中央关于制定国民经济和社会发展第十四个五年规划和二〇三五年远景目标的建议》(以下简称《建议》)指出，要“推动互联网、大数据、人工智能等同各产业深度融合，推动先进制造业集群发展”。同时，《建议》提出“坚持创新驱动发展，全面塑造发展新优势”，并且强调“强化企业创新主体地位，促进各类创新要素向企业集聚”。在这样的背景下，我国企业的未来发展，一方面要实现信息化与工业化的深度融合，以数字化推动制造业转型升级；另一方面要强化创新，用创新引领高质量发展。促进 ABCD 等技术驱动的创新发展，是我国企业在数字化浪潮的变局中开新局、拓展新发展空间、打造新核心竞争力的重要机遇。

## 10.1 数字化与创新

### 10.1.1 数字经济时代的创新范式

ABCD 等技术正在快速地向经济和社会的各个领域渗透，带来了全方位的深层次变革。数字经济背景下，基于交叉网络外部效应的作用，顾客价值主导和替代式竞争成为驱动企业管理变革的两个根本力量。具体而言，用户在商业活动中将发挥更为重要的作用，替代式竞争则驱使着企业的管理创新。传统的封闭式、闭源式创新模式在市场需求趋同、信息相对有限的情况下具有优势，但是在响应多样化需求以及应对不确定性方面存在不足。数字经济时代下，任何企业都不具备在所有领域都保持领先的全部技术与资源的能力，只有在不断凝聚、展现新想法的过程中才能发展壮大。因此，创新不应仅仅是组织内部的闭门造车，而是需要整个生态的协力共进。整个生态在价值创造上的协同，产生指数级的增长效应。有价值的思想遍布数字化空间的各个角落，企业要实现可持续发展显然不能忽略规模庞大的外部知识。

开放式创新模式有助于企业调动网络上的资源与能力，将研发活动交由最合适的人员在最有效率的地方来开展，通过汇聚来自不同领域的知识，发掘跨界创新的潜力，构建创新生态圈。在动态、不确定的市场环境中，生态圈内部参与主体的多元化为信息交换、解决问题提供了更多的选择，也提高了系统的稳定性和应对未知风险的能力。企业借助生态圈内部合作伙伴跨界提供的专业知识基础，有利于优化创新的成本、质量和速度，更好地适应用户需求的变化。雷蒙(Raymond)将创新模式区分为大教堂模式和集市模式，二者分别对应了封闭化和开放化的创新文化。与大教堂模式相比，集市模式下开放化、开源化的研发思路(见图 10-1)，吸引了多方参与主体，也增强了企业对市场机遇的捕捉。2000 年年初，宝洁公司因为研发能力停滞，导致企业市值缩水 800 亿美元。随后，宝洁公司将非核心业务全部剥离，并且增加了创新支出规模，将研发重心转至企业内外部创意的整合与孵化，而不再仅仅依赖于内部研发。为了促进研发团队之间的信息共享，宝洁公司建立了产品资讯平台，加强与用户、供应商以及其他合作伙伴的技术交流。经过 4 年多的变革，宝洁公司完成了对近 200 个品牌产品的更新换代，还陆续推出一些全新的产品类别，其中一半以上的创新成果来源于组织外部。海尔集团的开放式创新平台 HOPE，旨在打造全球智慧家庭领域最大的技术创新入口和交互平台，通过内部 1 000 多名接口人，紧密对接 10 万多家一流资源、120 多万名科学家和工程师，组成一流资源的创新生态圈，形成了一个遍布全球的创新网络，进而构建了“世界就是我的研发部”的开放式创新格局。

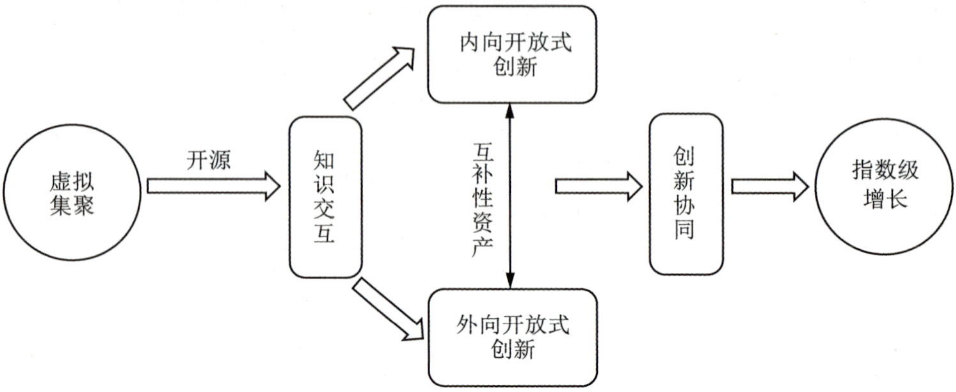


图 10-1　开放开源的研发模式

## 10.1.2　数字化如何驱动企业创新

数字技术将原本分散的设备、企业、市场等连接起来，使整个产业链网络化、智能化，不但实现企业内部研发、生产、供应链、市场等环节的协同发展，而且通过强化不同企业间及企业与市场间的连接和互通，提升企业创新效率，改变其创新方式和创新类型，拓展其创新空间。数字技术对企业创新的促进作用，可以通过五种机制实现。

第一，更精准掌握市场需求的变化，并根据对用户潜在需求的精准分析，推出新产品。随着在线支付、社交媒体、可穿戴设备等数字技术的日益普及，企业可以通过大数据技术对用户消费数据和行为数据进行更精准的分析，为企业创新提供更及时、更丰富、更有效的海量数据，从而使得企业可以根据对用户需求的更精准掌握推出更加个性化定制的创新产品。比如，以字节跳动和网易为代表的互联网企业最先基于对用户的精准分析成功推出了定制化创新，随后越来越多的企业开始重视对用户信息的大数据分析以及基于上述分析的定制化创新。可以预计，传统工业企业与互联网企业的战略融合，一定可以加速数字技术赋能实体企业，将海量市场数据转化为企业创新的重要源泉。

第二，赋能用户参与创新流程。除了更好地获取和分析用户信息，数字技术还可以帮助企业更好地将用户纳入创新流程，使其成为企业创新的重要组成部分。比如，很多企业将基于互联网的用户生成内容(UGC)作为创新的重要来源。海尔和小米推出的用户创新平台是这方面的典型案例：海尔通过 HOPE 等创新平台激励用户参与产品的设计和研发，还通过微博等社交平台征求用户的创意；小米将用户参与视为最核心的理念，通过小米社区征求用户创意，并且允许用户重新编译定制 MIUI 系统。数字技术使得企业与用户之间的交互不再受到地理边界的影响，帮助企业在更大范围内将用户纳入其创新流程，加强企业与用户之间的深度交互及资源共享，从而提升企业的创新能力。

第三，创新流程的优化。ABCD 等技术能够以多种形式融入企业原有组织体系，使得原材料或零部件的制造流程、产品的开发及生产流程、销售和交付流程等多个环节实现数字化，从而引发企业创新流程和组织体系的数字化变革，提升企业的创新能力。比如，各类复杂产品的设计，都已经有一些比较好的在线平台，这些平台的应用可以有效提升新产品设计的效率。更重要的是，复杂产品系统的数字三维模型还可以跟生产制造、产品运维等多个环节的数字化过程交互，从而在价值链多个环节为企业带来新价值。例如，飞机发动机、风力发电机、空调等设备运行过程中的在线实时数据，可以成为生产商进行产品性能改进的重要数据来源。企业可以据此进行新产品的迭代开发，从而推动创新流程和创新产品的持续改进。

第四，赋能更多创新创意的涌现。除了改进内部创新流程，有些企业还利用数字技术搭建创新平台，赋能更多参与者参与创新流程。比如，成立专注产品创新的共享平台，由专业团队或者合作伙伴提供强大的云端计算能力和智能算法技术能力，吸收全球的优秀创新创业人员借助这一平台进行工作。这样不但可以大幅拓展业务范围，而且赋能更多人员在创新平台上进行产品创新，激发更多创意。

第五，实现数字技术与实体产品的深度融合。数字技术的另一大优势是可以与非数字的实体产品进行深度融合，从而催生颠覆性的创新产品。除了传统的数字型产品之外，家电、汽车等领域的产品创新中，数字创新的成分也在大幅度增加：海尔、美的、方太等传统家电企业早已经开始在自己的一些产品中加入数字化的智能模块，蔚来、小鹏、理想等造车新势力更是将自动驾驶技术和智能互联技术作为新产品开发的重要部分。不难看出，数字技术和非数字技术的协调融合，让产业之间的界限变得模糊，互联网企业开始跨界进入汽车、家电等传统产业，同时方太等传统企业也开始与京东等互联网企业联手开发智能产品。

相比于前几次产业革命，中国企业在数字技术的发展和应用方面几乎与国际同行同步。在这一巨大机会窗口期，中国企业应该借助数字化的优势推动自身的创新突破。无论是实体经济拥抱数字技术，还是数字化企业助力实体经济，中国企业都应该利用我国庞大互联网用户和大力发展数字经济的优势，把握创新与数字化融合的机会窗口，通过创新范式的转变实现跨越式发展。为此，企业需要在创新流程、创新工具、组织结构等方面进行革新以支撑新的创新模式，建立与数字技术相匹配的组织管理基础，拥抱数字技术驱动的创新机遇。

## 10.2　数字创新

随着数字技术的迅速发展及其对产品和服务过程的深度嵌入，数字技术与产业发展的高度融合超越了传统创新理论研究的边界，数字化创新下衍生的新产品、新服务层出不穷，创新管理研究面临重大挑战：数字技术的可重新编程性和数据同质化特性改变了产品创新、过程创新、组织创新和商业模式创新的方方面面，极大地扩张了传统意义上的产品与服务创新的功能、意义和内涵。传统创新理论研究逻辑偏重于对物理过程和有形资源的研究，而新兴数字技术和数字化产品组件的大量出现需要新的架构知识和创新逻辑的支撑。

### 10.2.1 数字创新的内涵和基本特征

实施数字创新需要各个创新主体不断挖掘潜在的组织或社会需求，对数字技术的进步具有较深的洞察，理解不断增长的数字基础设施重构产品或服务创新的组织过程、产品和商业模式。首先，数字技术的进步，解耦了内容创造过程中产品或服务的功能性与媒介性，从而产生新的产品和新服务。数字创新的嵌入性和融合性推动了传统产业、新兴产业与互联网、自动化等信息科学和数字化技术及产业的融合，企业通过对既有产品的重新组合与各个产品组件的重新配置，不断产生新的产品和服务，从而满足社会潜在需求，比如耐克跑鞋和苹果公司的计算产品(手机)组合产生了智能健康监测服务。因此，数字创新是产品或服务的数字、物理组件通过新的组合以产生新产品或提供新服务的过程。数字创新产生的新产品或服务既嵌入数字化技术中又受到数字化新技术的不断驱动，从而在产品、服务的生产过程中不断产生新的数字与物理组件的组合方式。数字创新要求物理和数字化产品、生产方式和组织逻辑之间相互连接、组合，此外，非竞争性(非排他性)、可扩展性、可复制性以及可重新组合性也是数字创新的重要特性。

数字化速度和范围的不断增加，也在不断提高数字创新的动态性和复杂性。数字创新通常具有可溯源性、可寻址性、可编程性、可感知性、可记忆性、可交流性以及可关联性等特性。数字化内容的可复制性降低了内容存储、复制和传输的成本，也提高了创新过程中内容的可溯源性。数字化产品的可编程性是指产品在整个生命周期中可以持续地更新和改变，推动了产品数字化逻辑和物理功能之间的分离。传统创新过程中，在生产物理性、有形产品时需要大量生产资源的投入以取得规模经济效应。而数字化产品具有可再现性的特征，即能够进行无边际成本的再生产。

这里的数字创新可以同时包含数字和物理组件两种逻辑的创新，数字创新不仅依赖于物理组件的数字化，比如产品过程的可编程化、可寻址化、可溯源化以及可交流性等特征，还依赖于这些产品特性的数字化。以电子书产业的创新为例，数字化为进入数字出版业的企业提供了新的机会，使得非数字产品中可以嵌入数字能力，包括通信、存储过程的可编程与可寻址等能力(比如亚马逊可以通过 Kindle 产品跟踪读者阅读习惯)。电子书产业已经被解构为不同的设备、网络服务与内容层次之间的耦合，这说明出版行业中出版商在内容创造、产生以及分销等组织逻辑方面发生了变化。类似的，数字创新也影响了数码相机和智能手机的创新与产业组织过程。

### 10.2.2 数字创新的分类

根据数字创新的内涵，可进一步将其分为数字流程创新、数字产品创新、数字组织创新和数字商业模式创新四种类型。

#### 1. 数字流程创新

创新以企业为焦点，数字流程创新探讨企业何时、为什么采用新技术，以及如何融合数字技术与创新流程。数字流程创新是指数字技术的应用重构原有的流程框架。在数字经济时代，产品设计开发、生产制造、物流和销售等环节都受到颠覆性影响。例如，在产品研发阶段利用数字仿真和数字孪生技术可以大大降低企业研发成本；

企业采用“自动化立体仓库”技术从实质上改变了管理库存的方式；社交媒体平台的使用则帮助企业更加方便和深入地获取客户关于新产品的想法。数字流程创新影响着企业间交易的处理方式、决策形式、办公方式、企业处理客户和供应商关系的方式等。

### 2. 数字产品创新

数字产品创新是指企业研发包含数字技术或者基于数字技术的新产品和新服务。数字技术塑造新产品的形式可以分为两类：一是利用数字连接的跨时间和空间功能，提高效率、提升协作能力或知识整合能力。二是数字融合，把不同的信息转换成统一的数字格式，以一种可以改变产品特征的方式，增加知识的异构性和组合性。数字产品又可以分为纯数字产品（如 App）以及数字技术与物理部件相结合的产品（如智能手机）。

数字产品创新也包含服务的创新。数字服务创新可以为客户提供新的、独特的价值主张，形成竞争优势，创造战略价值。特别是大数据和云计算技术的发展，为数字服务创新提供了更多可能。例如，家电制造商可以通过产品中的传感器来跟踪客户的使用习惯，并结合其他渠道的使用数据洞察客户的偏好和行为。

### 3. 数字组织创新

数字组织创新是指数字技术的运用改变了组织形式和结构。例如，阿里巴巴在 2015 年为了适应数字经济而实施的中台战略，重构了组织的模式和运行机制。在数字化转型的过程中，数字技术不仅会影响商业模式、价值链、客户关系等，进而影响企业的组织文化、组织流程和组织结构，也会影响组织中各个岗位的工作内容、重要性等，甚至使某些岗位消失。此外，产品和服务的数字化也会影响组织的结构和形态。总之，数字技术会对组织参与者、组织结构、组织实践、组织价值观、组织文化带来颠覆性影响，这些影响将会改变、威胁甚至取代现存的组织、生态系统和行业游戏规则，这种新的组织被称为数字组织。

### 4. 数字商业模式创新

数字技术已成为近年来商业模式创新的主要驱动力，数字商业模式创新主要体现在使用信息技术创造、捕捉商业价值的新途径，比如基于移动互联网和智能终端的移动支付模式。商业模式是指描述价值主张、价值创造和价值获取等活动的架构。数字商业模式创新就是通过数字技术的嵌入改变企业价值创造和价值获取的方式，进而改变商业模式。数字技术改变商业模式主要有三条路径：第一，自动化和数字增强，是指企业使用数字技术增强现有的商业模式。第二，数字化扩展，是指企业使用数字技术支持新的业务流程进而改变原有商业模式，这些新的业务流程补充完善了现有活动和流程。第三，数字转型，是指企业利用数字技术开发出新的商业模式以替代传统的商业模式。

在数字创新实践中，各种类型的数字创新并不是孤立运行的，而是相互融合、相互作用。例如，数字产品创新的过程必然会改变原有的流程框架和组织结构，进一步发展为新的数字商业模式。

### 案例 10-1

## 华新水泥数字化转型实践

华新水泥数字化转型坚持清晰的战略定位，以提升企业竞争力为目标，不强求数字化的直接经济效益；聚焦企业产品、运营和用户的核心业务价值，在丰富完善信息化、自动化的基础上，实施“传统工业＋数字化的创新”的企业发展战略。围绕“工业智能、商业智能、管理智能”三大数字化场景，坚持自主研发、自主掌控，以高性价比方式构建全业务数字化生态。大胆实施“战略＋执行统筹”“业务＋技术驱动”“自主＋合作并重”的数字化转型应用模式，率先探索出了一条传统工业绿色智能、高质量发展的创新之路。

在数字化转型过程中，华新水泥敢于优先建设数字化上层建筑，转变领导团队数字化意识，打造数字化文化，健全数字化组织架构和人才培养机制，系统地完善和优化了27个工业和商业业务体系，实现了以营销为驱动，通过智能管理运营(IT)推动生产层面的执行(OT)，有效地应用数据资产，打通业务和管理边界，实现监控预警、指挥调度，形成横向价值网络的组合式创新，从而实现产销平衡、敏捷决策、降本增效，提升企业市场竞争力，赋能企业创新发展。

针对传统行业数字化转型的难点，华新水泥着力融合管理和生产业务的数据逻辑，打通产业全业务链流程，以数据驱动业务，把数据变成共同的管理语言，有效地转变各级管理人员的数字化意识。同时，华新水泥通过自主掌控主要系统的核心技术，实现快速迭代优化和规模化推广，有效地支撑了数字化转型常态化。

资料来源：《10个有关数字化的梦想与征途》，36氪，2021-12-12。

## 10.2.3 数字创新的技术属性

### 1. 数字创新的自生长性

数字创新的一个显著技术属性是自生长性，是指创新主体主动适应数字化趋势而创造性地使用数字技术创造新产品和服务的能力，这种能力来源于大量异质性较高的用户驱动的，对现有产品、环境或者产品组件信息的新组合，是将不同信息转变为统一的数字格式以重新组合已有的信息，从而通过数字技术或者数字化平台形成新产品或者新服务。在数字创新过程中，产品的边界往往是未知而不确定的。例如，智能手机在最初购买时并未明确全部的可能应用边界，用户需要安装应用以将新的场景应用于已有的产品中；谷歌公司的谷歌地图可以和多种硬件平台兼容，比如手机、汽车导航系统或者数码相机，而在谷歌地图的最初设计过程中并没有考虑到未来会出现的大部分应用场景，很多应用场景是随着用户需求的变化不断出现的。数字创新的自生长性具有四个关键特征：相关数据的同质化、数字设备的可编程性、软件和数据的无形性以及数字组件的自我参考性。异质化的创新主体间的互动推动了自生长性创新的出现，也带来了产品和服务的高速升级迭代。虽然数字创新主体之间的互动会受到标准化结构(比如应用程序接口)和所在平台的限制，但其结构仍然是去中心化的。较高的数字创新的自生长性可以更好地促进创新的迭代与循环，而这种创新模式相比传统集约管理的创新模式往往更具有效率和动态性，也因此使得数字创新往往难以控制和预测。

### 2. 数字创新的模块化

具有自生长性的数字创新与已有的基于模块化规律的创新具有显著差别。已有的模块化创新主要是对现有产品的一种或几种组件及其核心设计进行的创新改变，但产品架构及组件之间的连接规则并没有改变。来源于技术或设计、生产价值链、市场业务划分以及组织结构模块化分解的创新规律并没有改变产品架构和组件、产品子系统之间的互动方式，因此在产品设计和开发过程中缺少不断吸收新的信息，改变既有产品组合以不断创造新产品和服务的产品开发架构。而自生长性的数字模块在设计初始阶段并没有对整体架构进行全面设计，也没有明确各模块如何与其他模块整合。随着对用户相关需求的不断挖掘，数字创新产品架构不断通过产品及其部件之间的组合以及数字技术的嵌入增加产品功能，从而提供新的产品和服务。

世界各国都在积极进行数字化战略布局，2016 年杭州 G20 峰会首次发表《G20 数字经济发展与合作倡议》，明确了数字经济发展与合作的关键领域。中国互联网络信息中心(CNNIC)于 2022 年 8 月 31 日在京发布的第 50 次《中国互联网络发展状况统计报告》显示，截至 2022 年 6 月，我国网民规模为 10.51 亿，互联网普及率达 74.4%。网民人均每周上网时长为 29.5 小时，网民使用手机上网的比例达 99.6%。中国拥有庞大的互联网用户基础，也培育出了以阿里巴巴、腾讯、百度为代表的世界领先的互联网企业。“十四五”期间，中国将大力实施网络强国战略、国家大数据战略、“互联网+”行动计划等一系列重大战略和行动。数字技术正嵌入产品与服务并且与产业创新过程深度融合，由于其发展超越了传统创新理论研究的边界，为深入理解这一发展模式，需要以数字创新理论为支撑对其关键特征与发展机制作深入探讨与分析。

## 10.3 开放式创新与开源战略

### 10.3.1 开放式创新概述

2005 年出版的《开放式创新——进行技术创新并从中赢利的新规则》一书中首次提出了“开放式创新”的概念。开放式创新是指企业不断打破原有组织边界，利用外部环境中的创新知识来源，通过内部组织过程进行有效整合，转化为创新成果从而创造价值。开放式创新模式意味着，一个组织可以从其外部和内部同时获得有价值的创意和优秀的人力资源，运用外部和内部的研发优势在外部或内部实现研发成果商业化，并在使用自己与他人的知识产权过程中获利。简言之，开放式创新模式下，组织的所有创新活动的边界都是模糊的。从实践角度来看，开放式创新是指企业借助互联网将研发职能众包给非特定的主体，在任何时间、任何地点对各种形式的意见都保持开放、接收的姿态，并将其中好的创意表现在产品和服务中。例如，宝洁公司采用开放式创新政策，通过建立联系与发展平台利用来自全球各地的创新火花、创新资源，不断加快新产品开发，走出其发展低谷，再次成为创新性企业。因此，开放式创新给创新资源利用和自主创新推进带来了新的启示。一个组织只要有很强的资源挖掘和资源整合能力，就可以通过开放式创新整合全球的创新资源，实现自身的研究目标，提升创新能力，保持自身的创新优势地位。

开放式创新模式可以分为外部知识在组织内部的利用和内部知识向组织外部的转

移。在内向开放式创新与外向开放式创新的协同作用下，知识的跨界传播与交互促进不同主体在数字化空间中密集地虚拟集聚，催生出开放式创新网络。替代式竞争促使企业对新知识进行探索，不断寻找竞争优势的新基础。借助互联网的力量，企业能够在创新网络中实时获取互补性资产，尤其是隐性知识的积累。与显性知识相比，隐性知识往往是特定情境下的产物，具有较强的情境依赖性。数字化、密集化的创新网络降低了隐性知识在不同情境下应用的试错成本，加快了隐性知识的创造、传播、共享，促进产品迭代、技术升级以及创新扩散。只有接受者表现出更为积极的姿态，知识才能够在不同主体之间实现有效“转移”。这也要求企业与创新网络中的其他主体建立更为密切的连接，在汲取新思想、新知识的同时，充分发掘并整合生态中的碎片化价值。Linux 系统向全球开放源代码，允许程序员在原始系统的基础上进行修改、研发与测试，提高产品质量和性能。正是凭借全球爱好者的共同努力，Linux 系统被广泛地应用于各类计算机硬件设备中。根据中国信息通信研究院发布的《中国云计算开源发展调查报告(2018 年)》，有 80%以上的企业在使用私有云的过程中应用了开源技术。

封闭式创新是相对于开放式创新的概念。在很长一段时间内，封闭式创新能够适应创新管理和外部环境的要求。例如，施乐公司的帕洛阿尔托研究中心发明了静电复印技术，并将其商业化，一举成为世界 500 强企业。随着专业化分工、模块化生产、网络组织和数字化技术的应用，封闭式创新模式逐渐不能满足企业创新活动的要求，开放式创新在实践中逐渐产生，它的思维逻辑要求企业打破组织边界，并认识到外部研发工作可以创造巨大的价值，而封闭式创新主要关注企业内部，二者从创新来源和商业化应用路径两个层面上均有不同的组织原则(见表 10-1)。

**表 10-1 封闭式创新和开放式创新比较**

| 项目 | 封闭式创新 | 开放式创新 |
| --- | --- | --- |
| 创新来源 | 行业内最聪明的员工都为我们工作 | 并不是所有聪明的人都为我们工作，企业需要联合内、外部聪明的人通力合作 |
| | 为了从研发中获利，企业必须自己进行发明创造，开发产品并推向市场 | 外部研发工作可以创造巨大的价值，内部研发工作需要或有权利分享其中的部分价值 |
| 创新的商业化应用路径 | 如果企业进行独立研究，就能领先将新产品推向市场 | 企业并非必须自己进行研究才能获利 |
| | 最先把新技术转化为产品的企业必将胜利 | 建立一个更好的模式比把产品争先推向市场更重要 |
| | 如果企业的创新能力在行业内最强，那么一定能在竞争中获胜 | 如果企业能充分利用好内部和外部的创新，就一定能成功 |
| | 企业应当牢牢控制住自身的知识产权，从而使竞争对手无法从中获利 | 企业应当从出让自己的知识产权中获利，同时可以通过购买别人的知识产权提升或改进自身的绩效 |

资料来源：Chesbrough H W. *Open Innovation*：*The New Imperative for Creating and Profiting from Technology*，Brighton，Harvard Business School Press，2003.

开放式创新的实施依赖于一定的情境。首先，在外部环境中，行业属性、市场因素和知识专属性等均影响开放式创新的过程及其与绩效的直接关系。其次，组织情境包括组织静态特征（如企业规模、企业成立年限等）和组织动态特征（如互补资产、吸收能力、研发能力等），这些特征的差异会产生不同的开放式创新过程。开放式创新的过程需要描述企业如何有效实施开放式创新，包括模式和机制。其中，开放式创新的模式涉及开放度和开放类型的选择，机制则表现为企业进行开放式创新的程序，探索其运行方式。开放度和开放类型的不同会产生不同的创新绩效与财务绩效，即不同的开放式创新结果。

## 10.3.2　开源战略

开源（open source）全称为开放源代码，即用户可以利用源代码在其基础上修改和学习。开源是推进创新和共享文化的最佳手段。ABCD 等技术以及开源系统能够为企业源源不断地输入新的创意，开源战略背后反映出的开放式创新模式为产品迭代提供了强劲动能。

### 1. 开源战略日益成为流行趋势

在信息技术的发展扩散过程中，开源运动发挥了不可或缺的作用。开源运动以其对计算机软件的自由共享和开发模式，对世界信息产业发展格局产生了异乎寻常的影响。开源运动源于开源软件，开源软件是指开放源代码的软件，即代码创作者在遵循相关开源协议的基础上，将自己开发的软件源代码向全世界公开，允许其他开发者进行自主学习、测试、修改、二次开发和传播等活动，以协同方式改善软件产品的质量和优化软件功能。在操作系统、数据库、中间件等都有许多流行的开源软件产品，如 Linux 操作系统、安卓手机操作系统、MySQL 和 PostgreSQL 开源数据库等。

以计算机操作系统为例，Linux 操作系统是一个著名的开源操作系统。著名计算机专家林纳斯·托瓦兹于 1991 年率先构建了一个 Linux 系统基本框架，然后让成千上万的程序员自由使用、传播、增补和修改 Linux 系统。经过不断的改进和发展，Linux 系统目前已可安装在台式计算机、大型机和超级计算机等各种计算机硬件设备中。与此同时，微软也逐渐以开放的姿态走向开源，斥资收购了开源软件项目托管平台 GitHub，同时让长期被微软称为“癌症”的 Linux 系统进入微软的 Azure 云服务平台的 IT 框架。在手机操作系统领域，开源与闭源之争主要发生在苹果公司与谷歌公司之间。苹果公司的 iPhone 手机曾是一个从软件到硬件全部由苹果完成的闭环生态系统。谷歌公司为了对抗苹果公司，选择关键的手机操作系统进行开源，由此安卓手机操作系统诞生，并形成了谷歌公司与手机厂商的手机开放同盟。通过协同众人之力，安卓手机操作系统成为全球市场占有率最高的手机操作系统。

随着软件世界不断从封闭走向开放，ABCD 等前沿信息技术的不断突破往往都是从开源开始的。《中国云计算开源发展调查报告（2018 年）》显示，超过 80%的使用云计算的企业都采用了开源技术的产品。例如，滴滴出行作为全球领先的共享出行平台之一，2017 年开始已有 23 个项目对外开源。

### 2. 开源战略对发展数字经济的重要性

在软件世界中，开源软件已成为数字企业的流行趋势，也纷纷成为数字企业的战略方向和商业模式，开源战略对于数字企业具有以下重要作用。

（1）开源战略有利于数字企业降低产品开发成本，提高数字产品质量

数字产品开发具有典型的“高固定成本、低边际成本”的特征，企业初始进入市场时往往需要较大的研发资本投入，一般企业难以承受，而通过开源战略，数字企业可以有效分摊巨额开发成本。另外，数字企业的产品往往使用很多其他公司的专利，需要支付大量的专利费用，而开源战略可以大幅减少数字企业使用专利的授权费用。开源战略通过将开源产品向开发者、合作伙伴等开放，通过众多参与者的力量对产品进行测试、改进和优化，以精益求精的精神完善产品，从而使开源产品的质量和用户体验越来越好。

（2）开源战略有利于数字企业基于核心开源产品快速建立企业生态圈

在数字经济领域，生态圈与生态圈之间的竞争已成为企业间竞争的最高形态，竞合(co-opetition)也成为企业追求的最高境界。数字企业通过核心开源产品，与上下游产业链协作，发挥各个环节不同企业的优势，可以迅速形成自己的生态圈。数字企业通过开源产品，与上下游企业形成共享代码、协同开发、成本分摊的战略联盟，能够充分发挥各个企业的竞争优势与核心能力，增强企业之间的资源互补，有效地扩大企业的业务范围，提高企业产品的市场占有率，从而增强企业竞争力。特别是随着 Linux 成为大型机主流系统以及安卓移动设备在全球的普及，越来越多的数字企业采用开源系统，亚马逊、脸书、阿里巴巴、腾讯等世界级数字企业巨头纷纷发布开源项目，积极拥抱开源战略，就连传统闭源软件的典型代表微软以及被认为是全球行事最隐秘的苹果公司，也开始逐步加入开源之列。

（3）开源战略有利于降低数字经济的技术风险水平

作为数字经济的技术基础，ABCD 等技术的风险对数字经济的风险水平有重要的影响。相比于闭源软件等产品，开源产品在技术上更具有自主可控的优势。闭源软件是一个黑箱，用户难以清楚认识其内部情况，因此闭源软件等产品存在较大的被监控、被劫持、被攻击、被禁售、密钥和证书失控、无法打补丁等安全风险，而开源产品由于源代码开放，具有较高的透明度，并且可以修改和优化代码，因此技术风险水平较低。

（4）开源战略有助于促进传统企业的数字化转型

世界经济论坛与埃森哲公司于 2016 年联合发表的白皮书《产业界的数字转型：数字企业》认为，信息技术在经济社会发展中的作用已经从提升效率和劳动生产率的辅助角色转变为基础创新和创造的赋能者角色，成为支持数字经济发展的主要角色。建立开源工业互联网平台已成为我国制造业企业数字化转型的关键选择，企业可以通过开源战略以相对较低的投入、较小的风险和较高的质量完成面向物联网、柔性生产、个性化定制等形式的数字化转型，获得“数字化生存”的动态技术能力。

（5）开源战略有助于促进企业形成开放式创新的格局

企业开放式创新，是指企业的产品研发和商业化活动充分整合全社会的智力资源，基于一定的风险分担和利益分配机制，与外部创新主体协同创新，实现互利共赢。开放式创新的理念和模式已经成为企业创新的主要形态之一。例如海尔集团的开放式创新平台 HOPE，旨在打造智慧家庭领域全球最大的技术创新入口和交互平台，通过内

部 1 000 多名接口人，紧密对接 10 万多家一流资源、120 多万名科学家和工程师，组成一流资源的创新生态圈，形成了一个遍布全球的创新网络，进而实现了“世界就是我的研发部”的开放创新局面。自主创新是开放环境下的创新，决不能关起门来搞，而是要聚四海之气、借八方之力。可以说，开源战略以其强调开放、协作、共享和创新的理念，非常契合企业开放式创新的思路和机制。

**案例** 10-2

### 聆听行业声音，HMS Core 与各行业开发者共建智慧未来

华为移动核心服务（HMS Core）是华为移动服务（HUAWEI Mobile Services，HMS）提供的端、云开放能力的合集，助力开发者高效构建精品应用，是华为为其设备生态系统提供的一套应用程序和服务，开发者只需集成 HMS SDK 即可使用华为的多个开放能力。

目前，HMS Core 6 在应用服务、图形、媒体、AI 等七大领域开放了 69 个能力，包括 3D 建模服务、AR Engine、音频编辑服务、机器学习服务等，为开发者提供多终端、跨 OS、全场景的开放能力。开发者们通过 HMS Core 行业解决方案，不断开发创新，丰富移动应用使用场景，提升用户体验。HMS Core 在助力应用提升功能体验的同时，也积极倾听，收获了诸多来自开发者的声音。

通过使能开发者创新，帮助开发者实现应用的高效开发、快速增长、商业变现，HMS Core 将继续在建设全场景万物智联的道路上坚定前行，与全球应用开发者一起，共同为用户打造优质的应用体验，构建开放创新的应用生态，共创智慧未来。

资料来源：华为开发者联盟，2022-03-11。

## 10.4 协同创新

在经济全球化和数字技术广泛应用的环境下，创新越来越具有开放性，科技知识的创造、创新和应用部门之间需要构建开放化、协同化的创新。协同创新是以知识增值为核心，企业、政府、知识生产机构（大学、研究机构）、中介机构和用户等为了实现重大科技创新而开展的大跨度整合的创新组织模式。

### 10.4.1 协同创新的基础条件

协同创新的先期基础是协同制造。协同制造是充分利用网络技术、信息技术等手段，实现供应链内部及供应链之间的企业在产品设计、制造、管理和商务等方面的精细合作，最终通过改变业务经营模式达到企业资源充分利用的目的。协同制造整合了敏捷制造、虚拟制造、网络制造、全球制造等生产模式的优点，打破了时空的约束，通过互联网络，使整个供应链上的企业和合作伙伴共享客户、设计、生产经营信息。协同制造从传统的串行工作方式转变成并行工作方式，从而得以最大限度地缩短新产品上市时间，缩短生产周期，进而快速响应客户需求，提高设计、生产的柔性。大型工程协同制造的典范是波音 777 飞机的诞生，整个项目参与人员总数超过 8 000 人，所

用的小型机和个人计算机总数超过 10 000 台，通过对 10 万余个零部件的协同制造和整合，整机的设计制造周期约 4.5 年，远低于波音 757、波音 767 所花的 9～10 年时间，创造了巨大的经济效益。

当前，世界范围内科技加速发展，学科交叉和技术融合加快，新一轮科技革命正在兴起，新兴技术、新兴产业正在成为引领未来发展的重要力量，科学研究、技术创新、产业发展一体化发展趋势更加明显。为了应对大科学、技术汇聚的挑战，必须制定更科学的创新战略，有效实施全球创新资源获取整合。协同创新对于推进我国自主创新，具有深远的现实意义和理论意义。

### 10.4.2 协同创新的内涵

协同创新是各个创新要素的整合以及创新资源在系统内的无障碍流动。协同创新是以知识增值为核心，以企业、高校科研院所、政府、教育部门为创新主体的价值创造过程(见图 10-2)。基于协同创新的产学研合作方式是国家创新体系中重要的创新模式，是国家创新体系理论的新进展。合作的绩效高低很大程度上取决于知识增值的效率和运行模式。知识经济时代，传统资源如土地、劳动力和资本的回报率日益减少，信息和知识已经成为财富的主要创造者。在知识增值过程中，相关的活动包括知识的探索和寻找，知识的检索和提取，知识的开发、利用以及两者之间的平衡，知识的获取、分享和扩散。协同创新过程中知识活动过程不断循环，通过互动过程，越来越多的知识从知识库中被挖掘出来，转化为资本，并且形成很强的规模效应和范围效应，为社会创造巨大的经济效益和社会效益。

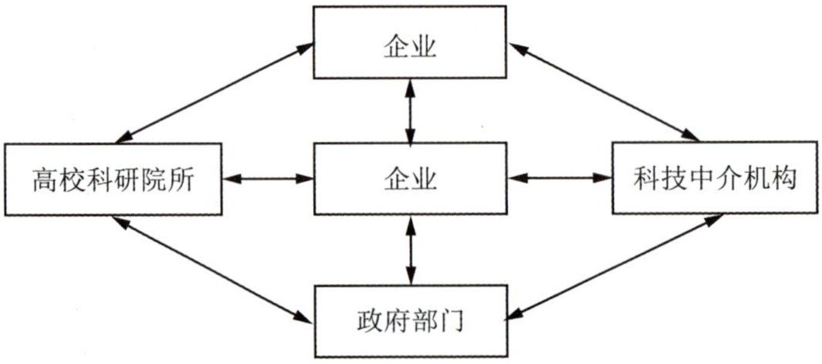


图 10-2 以知识增值为核心的协同创新系统结构图

资料来源：陈劲、阳银娟：《协同创新的理论基础与内涵》，载《科学学研究》，2012，30(2)：4。

### 10.4.3 协同创新的特点

相对于协同制造和开放式创新，协同创新是一种更为复杂的创新组织方式，其关键是形成以高校、企业、研究机构为核心要素，以政府、金融机构、中介组织、创新平台、非营利性组织等为辅助要素的多元主体协同互动的网络创新模式，通过知识创造主体和技术创新主体间的深入合作和资源整合，产生系统叠加的非线性效应。

协同创新的主要特点：①整体性，创新生态系统是各种要素的有机集合而不是简单相加，其存在的方式、目标、功能都表现出统一的整体性；②动态性，创新生态系统是不断动态变化的。因此，协同创新的内涵本质是：协同创新是企业、政府、知识生产机构(高校、研究机构)、中介机构和用户等为了实现重大科技创新而开展的大跨度整合的创新组织模式。协同创新是通过国家意志的引导和机制安排，促进企业、高校、研究机构发挥各自的能力优势、整合互补性资源，实现各方的优势互补，加速技术推广应用和产业化，协作开展产业技术创新和科技成果产业化活动，是当今科技创新的新范式。

在科技创新和经济全球化的环境下，实现以开放、合作、共享的创新模式被实践证明是有效提高创新效率的重要途径。充分调动企业、高校、科研机构等各类创新主体的积极性和创造性，跨学科、跨部门、跨行业组织实施深度合作和开放创新，对于加快不同领域、不同行业以及创新链各环节之间的技术融合与扩散，显得更为重要。

## 本章小结

ABCD 等技术正在快速地向经济和社会的各个领域渗透，带来了全方位的深层次变革。数字经济背景下，基于交叉网络外部效应的作用，顾客价值主导和替代式竞争成为驱动企业管理变革的两个根本力量。具体而言，用户在商业活动中将发挥更为重要的作用，替代式竞争则驱使着企业的管理创新。

随着与数字化平台的连接，企业可以采集用户数据，出售关于产品或服务的度量数据，也可以出售产品或服务的设计、运营等。这些数据非常有价值，因为它不仅能用于度量市场和复杂系统，还能供企业洞察；不仅推动着价格和供求关系的变化，还能刺激企业调整服务，未雨绸缪，帮助企业获得先发优势。

ABCD 等技术以及开源系统能够为企业源源不断地输入新的创意，开源战略背后反映出的开放式创新模式为产品迭代提供了强劲动能。开放式创新是指企业不断打破原有组织边界，利用外部环境中的创新知识来源，通过内部组织过程进行有效整合，转化为创新成果从而创造价值。

协同创新是深入贯彻科学发展观，落实中长期科技发展规划纲要，提高自主创新能力，促进科技与经济结合的重要举措；是深化科技体制改革，进一步完善科技管理体制，完善国家创新体系的关键所在；是转变政府职能，发挥市场经济下举国体制优势的重大部署。

## 复习思考题

1. 数字化环境对企业的创新研发带来了哪些积极影响？
2. 数字创新的内涵和基本特征是什么？
3. 简述开放式创新和封闭式创新的区别。
4. 协同创新具有哪些特点？
5. 选择一家企业，分析其在数字化创新实践中遇到的问题及应对策略。

## 案例分析

### 数字化创新：江西五十铃持续成长的动力

#### 引言

2020年12月的一天，江西南昌的一家江西五十铃4S店内，前期观看了“汽车之家”平台产品直播的张师傅被邀请到店试车，体验完毕后他决定购买翼放轻卡——一款江西五十铃旗下的流行产品，在办理手续时销售人员开始教他下载一款配套的手机App：“您打开应用商店，搜索江西五十铃智联，点击下载。我们这个App有许多实用的功能，比如可以监测油耗，提醒您车辆有问题可能需要维修保养。还有，万一您忘记锁车门、关窗或拉手刹，这个软件都会提醒；您要是到了大型物流集散地忘记了卡车停在哪里，这个软件还能帮您找车。”在好奇心的驱使下，张师傅很快下载App并完成了注册，试用了基本操作后满意地开着车离开了4S店。他是2020年江西五十铃43 602个购车司机之一。

2020年，突如其来的新冠肺炎疫情犹如一只扇动着翅膀的黑天鹅，使本就处于寒冬之中的汽车行业遭遇又一个“至暗时刻”。2020年中国汽车市场累计销售2 540万辆，同比下降1.4%，这是中国汽车行业连续第二年负增长。然而在这样的困境中，2020年江西五十铃却完成了全年销售四万余台、销量同比增长百分之20.4%的壮举，甚至超过了2019年12.8%的增长率，同时这也是自2015年以来第六年取得销量正增长。江西五十铃是如何做到逆势高速增长的呢？其实答案只有一个，在动荡的时代下，这家传统的汽车制造商践行了彼得·德鲁克提出的“不能按过去逻辑做事”的准则，运用数字化创新这一驱动力实现了应对黑天鹅事件的“反脆弱”，我们或许可以从着重于数字化创新的江西五十铃身上学到些什么。

#### 江西五十铃企业及其产品简介

20世纪80年代，江西江铃集团首次在中国引进日本五十铃轻卡技术。2013年，江铃集团和日本五十铃公司重新组建了整车和发动机两家合资公司，成为日本五十铃公司在中国拥有股权最多的整车合作伙伴——江西五十铃汽车有限公司。该公司由江西江铃集团与日本五十铃公司各出资50%组建，总投资额44.02亿元（含发动机公司17.18亿元）。江西五十铃汽车有限公司规划10万台产能，产品线在成立之初主要涵盖最新款的五十铃品牌皮卡及SUV。

2014年6月，江西五十铃引进五十铃发动机，推出了D-MAX，第一次将自动挡皮卡带到国内，坚持“为引领者而来”的形象，其从外观设计到内饰设计再到智能驾驶搭配，改变了人们对皮卡仅仅是一台货车或者工程抢修车之类的商用车型的认知，而是代表了自由精神可以带他们去任何地方的车。2016年11月，江西五十铃在D-MAX的基础上推出了瑞迈自主品牌，定义了中国自主品牌皮卡的一个中高端新标杆。目前江西五十铃皮卡的市场占有率居全国第四，高端皮卡（售价高于10万元）领域在国内位列第一。SUV是江西五十铃的另一个主打产品，江西五十铃首款SUV mu-X于2015年7月正式上市，主打的卖点包括非承载车身、后整体桥、分时四驱。2020年7月推出的江西五十铃翼放系列轻型卡车，是江西五十铃进军轻卡行业并符合国六排放标准的首款战略车型。

江西五十铃工厂坐落于南昌市新建县望城新区，于 2014 年建成，占地面积 43 万平方米，规划年产能约为 10 万辆，规划及生产线布局参考了五十铃泰国 gate way 工厂的经验。工厂规划有冲压、焊装、涂装和总装四大区域，厂内的物流引入了机器人等数字化设备。江西五十铃工厂无论是规模还是质量控制都已经达到了五十铃公司的全球统一标准，在国内的皮卡生产方面处于比较领先的水平。江西五十铃的销售为经销商模式，全国各地拥有超过 200 家一级经销商，一级经销商受到五十铃市场销售公司的直接培训指导，财务和销售数据与江西五十铃总部共享。此外，全国范围内还有八百多家线下渠道，主要坐落于全国各地最主要的商圈，如汽车城、汽车销售集散地等。

### 产能复苏：数字化生产帮大忙

2020 年 2 月 1 日，农历正月初六本是大部分上班族春节假期的最后一天，但当时疫情突发，人心惶惶，复工复产看起来遥遥无期，且政府规定复工时间不得早于 2020 年 2 月 9 日。面对严峻的疫情形势，江西五十铃高层领导在正月初六这天召开了会议，为疫情防控做了一系列准备：将一条生产线改为口罩生产线，备有充足的口罩、防护服等防疫物资，每天为到岗员工发放口罩，并进行早晚两次体温测量；装备上自家瑞迈 S 改造的消毒车，高频率进行厂房消杀工作；将 D-MAX 改造成了救护车。但是紧接着的一个问题是——大量的员工因为在外地而无法返岗进行工作。此时，年轻、富有活力的江西五十铃在数字化方面的优势便体现了出来。

江西五十铃工厂占地 43 万平方米，但实际员工却仅有 1 900 人左右，其中还包含了大量的行政、财务、人事、销售人员。负责生产的员工人数如此之少实际上反映了江西五十铃数字化和无人化生产占比高的特点。具体在企业制造系统数字化方面，江西五十铃旨在实现企业级 BOM(物料清单)管理和产品设计数据管理，初期构建了工程研究基础平台，现阶段实现了工艺 BOM 管理与 ERP/MES 系统(manufacturing execution system)集成，在产品设计数据管理方面实现了工程在线协同设计、CAD 数据规范、PFMEA(潜在失效模式及影响分析)管理。MES 系统作为其主导的数字化生产系统软件，主要负责车辆的概念设计、干涉检查、装配检查、人机工程、安全法规分析、风阻分析、汽车强度与刚度分析及其优化等生产计划管理工作。与 MES 系统相配套的是车间里的智能硬件设备：冲压流水线采用了德国 Strothmann 冲压自动化系统；焊装工作由 KUKA 机器人完成点焊/绲边以提升产品质量和生产柔性；涂装方面江西五十铃则用到了德国环科公司生产的废气焚烧炉，将烘烤中的废气充分焚烧，保护环境的同时也为烘烤车身提供了热量；最后的总装阶段，配备了工厂 90%的 AGV(无人搬运车)，有效节约了边线场地面积并且降低了劳动强度。

在高度数字化生产的背后是江西五十铃对智能制造项目长期的大量投入。江西五十铃望城工厂 2015 年第一辆车下线，截至 2016 年，江西五十铃在智能制造模式项目上针对开发、IT、冲压、焊装、涂装、总装、物流七个项目合计投入了 4 832 万元；截至 2020 年，江西五十铃对智能制造项目投资额已接近 3 亿元。作为传统的制造型企业，能为智能化装备在前期进行大量资金的投入实属不易。疫情期间，灵活的系统、高效率的智能设备，成为江西五十铃在疫情中复工复产的有力保障。依靠数字化叠加智能化生产，江西五十铃工厂做到了产能的高效利用，2020 年总计产量 45 017 辆，相比 2019 年增长了 11 777 辆，同比增长 35.43%。

### 数字化营销："留资"打通线上线下

然而，尽管复工得早，但在复工后的 20 天里，物流部刘部长回忆道："2020 年第一季度没做出什么事儿。"也就是说，车子虽然生产出来了，但是却卖不出去。从数据上看，江西五十铃的产量以及销量在第一季度确实出现了不同程度的下滑，二月产量同比下降 72.58%，呈现断崖式下跌，销量也同比下降 54.8%。

汽车对于一般家庭来说是大宗购买，消费者的购买决定周期偏长。并且汽车购买交易不像一般的产品通过线上销售即可形成下单成交，汽车的产品交易一般都在线下，消费者不太可能在不试驾的情况下进行购车。尽管如此，疫情期间江西五十铃的市场营销便无事可做了吗？答案是否定的。

由于传统的营销活动效果大打折扣，凭常规的营销手段难以接触到客户，江西五十铃的数字营销部门担当起了疫情期间的营销重任。就在线下经销商尚未复工开门之时，数字营销部门的全体员工就早早地返回了工作岗位，他们一方面将新媒体运营作为常规工作，除了运营微信公众号、微博官方号之外，还包括抖音号、快手号、微信视频号等平台，负责内容生成及运营；另一方面在微信小程序中推出了一款 VR 线上智能展厅，"选车零接触"，满足用户足不出户无忧选车的需求，用户在家就能全面了解 D-MAX、铃拓以及瑞迈皮卡等产品的外观、内饰等情况。

在数字营销方面，江西五十铃的一大重要举措是帮助经销商尝试开拓直播业务。一直以来，江西五十铃采取的销售模式是经销商模式，在全国除了新疆、西藏等省份，在其他省份的大城市共有超过 200 家一级经销商。江西五十铃也是国内最早采用 4S 店模式运营的商用车品牌之一。疫情期间，江西五十铃市场销售部门与懂车帝、易车、汽车之家等垂直汽车类门户网站开展了深度合作，帮助其一级经销商获取了上述平台的直播资源和直播的权限，提高直播的曝光率。2020 年前两个季度，江西五十铃的经销商们开展了 100 多场直播。此外，江西五十铃数字营销部门还为经销商们的直播方式和直播内容提供了一些技术上的支持(比如设备)和培训指导。

据负责线上市场营销的周经理回顾，在各经销商开展的 100 多场直播中，仅统计抖音平台，单场最高同时观看人数上百人，全场共计千人次观看。这个数字看上去似乎不算高，但汽车行业直播不同于传统带货直播模式强调现场成交额，其目的更多是进行品牌推广和产品亮点宣传，希冀获得大量流量并在直播中变现显然不现实。低数目人次的背后却是高意向的目标客户群体，经销商能在一场直播收获千人次的观看量，相当于举办了一次小型的车展，赚足了路人缘，俘获了许多潜在用户。

由于汽车交易本身是在线下进行，类似江西五十铃这类传统汽车厂商最终还是要回到线下渠道完成产品的成交。也就是说，在汽车行业，线下传统营销仍然是绕不过去的一道坎。对销售部门来说，疫情期间的线上直播更重要的目标在于顾客信息的获取，江西五十铃的市场部为其取了一个内部术语——"留资"，即通过直播的方式让意向客户留下资料，通过获取留资，精准捕获有意向的用户个人信息。

事实上，2019 年才成立的江西五十铃数字营销部(隶属于市场销售公司)，已经建立了详细的客户关系管理系统，掌握了客户来源数据。"有的客户来自网页搜索、有的来自各类垂直门户网站、有的来自直播，针对上述‘留资’，我们自己(江西五十铃)首先在客户管理系统里面有一个线索清晰的标签，以确定客户的大概级别。商用车用户有着不同的社群和不同的需求，如泛户外爱好、个体自用、商贸自用、工程机械需要等，而不同需求的客户会有不同的集聚地。通过对保留的客户档案进行大数据分析，我们对于后续营销活动的定位和目标人群就有了较为清晰的认知。然后我们会把资料给经销商，因为我们有一个初步定级，系统会自动给经销商推荐，到了时间就通知经销商今天有多少个客户要联系，从而达到智能化帮助经销商提升其邀约成功率和管理效率。”数字营销部郑经理介绍道。

经销商通过电话沟通后，还需根据客户购车意愿程度高低进行再定级，此后根据定级会在不同的时间进行回访，例如 a 级是 3 天后，b 级是 5 天后，也就是说，上述两级客户需要经销商进行线下拜访，目的是邀约客户促进成交。经销商与客户的不断沟通是一个“数据清洗”的过程，市场销售部在线上可能得到数万条用户信息，而通过经销商的再次定级，潜在客户画像就会比之前精确得多。

“后来疫情稍微缓解，各行各业陆续复工复产以后，我们立即开展了常规的线下营销活动，一方面邀请客户试驾，另一方面大量拜访客户。不管是上门咨询的客户、买车的客户还是潜在的客户，我们都送口罩，在当时全国防疫物资都略显紧俏的情况下，这一举动确实为江西五十铃赚了不少口碑。”郑经理谈道。而之前数字营销部和经销商线上线下共同确认的潜在客户信息，为随后的车辆成交打下了扎实的基础。传统与数字结合的营销策略，使江西五十铃汽车销量迅猛增长。江西五十铃在 2020 年 3 月就扭转了颓势，实现了销量 1.77%的正增长。

### 车联网：迎接数字化产品趋势

数字营销与传统营销的有机结合，使江西五十铃的宣传实现了效用最大化，打开了销路。但从另一个角度来看，销量增长固然是因为江西五十铃高明的营销策略，其过硬的产品更是能被市场接受的保障。疫情期间，江西五十铃没有放弃修炼自己的内功，其力推的一系列产品都有一个共同的特点：运用数字化技术提高用户的用车体验，其中最具代表性的技术，是“车联网”平台的搭建。

车联网系统，是指通过在车辆仪表台安装车载终端设备，实现对车辆所有工作情况的静、动态信息的采集、存储和发送。车联网系统一般具有实时实景功能，利用移动网络实现人车交互。汽车行业内普遍将车联网的演进大致分为三个阶段：第一阶段是车企主导的功能性车载信息服务阶段，第二阶段是智能网联服务阶段，第三阶段是智慧出行服务阶段。而现阶段绝大部分车联网正处于第二阶段。

关于江西五十铃车联网项目的由来，市场销售公司负责车联网的工作人员这样介绍：“一开始做车联网并不是像乘用车那样为了提升消费者体验，我们商用车做车联网首先是为了满足法规的要求以推出翼放轻卡。在国六排放标准下，环保部门要求每辆轻卡必须接入政府服务器的设备装置，实时监控汽车尾气等参数，所以我们开始做车联网的目的首先是这个，但后来功能就越做越多了。”

江西五十铃的车联网系统首先包含了硬件部分——每辆车上都安装了车载终端 T-BOX，T-BOX 由传感器、数据采集器、无线发送模块组成，采集各项车辆实时运行数据，包括驾驶员的操作行为、动力系统工作参数数据等。其次包含了软件部分——与北京航空航天大学合作开发的云计算处理平台，用于处理车辆信息并对数据进行分析。以上两部分是行业内几乎所有的车联网系统都具备的，但是在此基础上，江西五十铃还进一步开发了司机端的“江西五十铃智联”App应用。

“(政府)要求T-BOX能够上传基础数据就可以了。但是我们认为多功能车联网系统的搭载是未来所有车型的一种趋势，商用车的车联网与乘用车一样，也不应只是满足环保数据监管的要求，所以我们就找软件开发商做了这个App应用。”渠道部周总监解释说，“为了搭建App应用，江西五十铃特意成立了项目小组，我们销售公司包括营销、售后等职能部门都集中提出了自己的需求，就为了把这个App不断拓展，做一个更实用的东西(产品)出来，而且我们还和北京航空航天大学等高校长期合作，将云端数据存储在它们那边，我们希望这个App日后成为轻卡、皮卡的重要卖点，成为江西五十铃未来大数据平台战略‘智能座舱’的重要一环。”

江西五十铃的车联网系统除了功能丰富，关键还在于其功能的适用情景广泛，能解决用户的痛点，包括对整车实时状态的监控和安全预警功能，可以全天候地为用户的行车安全提供保障；T-BOX实时传回汽车的运行数据，这些物理世界的数据传回数据中心形成了数字孪生，后台通过虚拟的数字孪生进行预演、诊断、评估，然后导入AI诊断，可以预先研判汽车是否存在潜在的问题，以及时发现问题。如果问题情况出现，车联网App将向用户和终端发送预警，提醒司机返厂维修或即刻进行车辆保养，有效地防止事态恶化。这些痛点的解决也成为其目前产品的重要卖点。

此外车联网系统的适用情景不单单针对个体消费者，对于车队管理者如物流公司、货运公司等企业也有很强的实用性。车联网的“电子车辆围栏”功能，可以实时监控车辆位置，车辆一旦超出规定的配送范围或是与既定路线发生较大偏差，车内就会发出警报，同时通知管理人员，可以有效杜绝司机不遵守企业制度“接私活”，损害企业利益的现象。而车联网的行车报告功能同样能为车队管理带来便利，车联网将车辆的油耗数据直观地呈现在管理人员的面前，得以对同一型号车辆的不同司机的驾驶习惯进行分析，比较司机们的路程油耗情况，从而帮助司机养成良好的驾驶习惯，实现成本的降低。

以合规为出发点，江西五十铃并不满足。从客户的立场出发，江西五十铃借轻卡立项，国内排放标准升级的契机，把车联网开发成了一个以用户体验为主的数字化产品，形成了传统商用汽车的新卖点。车联网对于江西五十铃而言也并不是“一锤子”买卖，江西五十铃车联网还在不断地更新迭代，在进行产品设计、质量改进、与客户沟通，构建大数据平台等方面都发挥了不可替代的作用。

### 尾声：数字化创新还在路上

回顾江西五十铃此次在抗击疫情期间实现销量逆市增长的过程，数字化发挥了举足轻重的作用。但是，在谈到数字化时，两位江西五十铃的中层干部依然保持冷静。市场销售部周总监指出，现在有些客户买了五十铃的车，却不想安装车联网App，因为他们不想自己的位置信息一直被后台监控，这个比例还不小。“未来怎么能让绝大部分司机都安装车联网App，这是要逐步推进的。我更希望只是有买车想法的甚至只是对我们有点兴趣的客户能在购买前安装这个App？这样车联网系统就能打通售后与售前了。”

如果说周总监的“畅想”有“锦上添花”的意涵，那么作为江西五十铃集团数字化转型小组的核心成员之一的物流部刘部长则表达了自己的担心。他先讲了一个鲜为人知的故事，2020年年初，武汉市持续开展流感及相关疾病监测，发现多起病毒性肺炎病例，均诊断为病毒性肺炎/肺部感染。而武汉有至少9家江西五十铃的汽车零部件供应商。当时江西五十铃物流部敏锐地察觉到了武汉形势不容乐观。在做好疫情防护的前提下，江西五十铃在物流采购环节展现出了极强的执行力，用时一个半月，将武汉9家重要供应商库底全部清空，日夜兼程地运回江西五十铃工厂。物流部刘部长是这次决策的制定者，他回忆道："我们还算好的，(受影响的)量不大。"同时刘部长也心有余悸："提前备料这一决策，无疑是充满风险的举动，现在生产企业都不敢压很多货。"在这个故事的讲述中，他并非在炫耀提前备料的"神机妙算"，相反他谈到了江西五十铃数字化的短板——在供应链上制造商的数字化还未能与供应商特别是核心供应商打通，现阶段供应链反应周期僵化，脱离不了基础逻辑，有时不可避免地"以料定产"而不是"以产定供"。"现在我们上游到下游的信息流是没有打通的。我们现在客户订单都知道了，但是上游供应商能不能给我们供货，什么时候能供货我们是不知道的，也不确定的。我建议数字化视角应该延伸到大的供应链上去，其实把五十铃和核心供应商打通是可行的。你比方说我们对供应商的设备进行监控，我只要监控它的电机的转速情况就可以了，它的设备的运转，它的部署状况，它的在途情况，以及它的在途数据能不能进我的DMS(数据库管理系统)，我只要关注这个就行了。未来的信息流至少是要和合作伙伴共享的，不管是半开放还是全开放，至少有一个外联接口。"

"内部来说，江西五十铃的生产数字化与物流数字化两项模块之间的衔接还有提升空间，从接到订单到最后交付的全过程目前还不能呈现到我的面前，如果能做到这一点，它就是一条记录，就像人的履历表，出问题的时候就可以知道问题出在哪个环节。所有的数字化都是把数据作为生产资料去投入生产的，让数据来产生效率。但是江西五十铃的数字创新道路离大规模应用阶段还较为遥远，目前还主要体现在微小、渐进、反复变化来促进变革，我们的跨职能协作、设立多功能团队才刚起步。非常明显的一点，现在车联网，销售部那边做得很好了，但是用户在车联网的数据能否直接指导我们制造部门进行车的设计与改进?"物流部刘部长说道，"车联网是未来趋势，让更多的部门参与数字化进程，形成协同创新、平台创新，是我们的长远目标。"在刘部长看来，江西五十铃在数字化的深层次发展道路上，依然有不少改进空间。

资料来源：傅颖、范浩东、薄秋实：《数字化创新：江西五十铃持续成长的动力》，中国管理案例共享中心，2021。

**思考与讨论：**

1. 根据案例内容分析，江西五十铃是从哪几个方面进行数字化的?

2. 江西五十铃的数字营销和车联网分别属于哪种数字创新类型?具体表现是什么?

3. 你同意刘部长的担心吗?试分析江西五十铃数字化创新进一步提升的空间在何处。

# 结语　数字企业的未来

数字经济正在重塑世界经济版图，也成为中国经济增长的新动能。数字经济的迅猛崛起，对生产、生活、生态产生了全面而深刻的影响，进一步促进了信息在市场主体之间的传递，数据作用日益凸显，意味着经济范式在深层次上发生了转变。正如马克思在《资本论》中指出，“各种经济时代的区别，不在于生产什么，而在于怎样生产，用什么劳动资料生产”。如果说“手推磨产生的是以封建主为首的社会，蒸汽磨产生的是以工业资本家为首的社会”(马克思，1965)，那么，数字技术产生的必然是以数字企业家为首的社会。

## 11.1　数字化商业逻辑

2018 年 6 月，习近平总书记在中央外事工作会议上发表的重要讲话指出，“当前，我国处于近代以来最好的发展时期，世界处于百年未有之大变局，两者同步交织、相互激荡”。在当今这个变革的新时代，商业、经济大环境和社会都将发生翻天覆地的变化。随着各行各业纷纷拥抱数字化、智能化，互联网服务的主要对象，已经从顾客发展到产业和社会。数字技术的广泛应用，增强了顾客在市场中的地位和作用，顾客价值主导成为企业创造与供给价值的核心理念。在数字经济下，信息的表现形式从原子转变为比特，数据驱动对企业的数字化赋能彰显了智力资本价值，加剧了替代式竞争，重构了传统的商业逻辑，推动着企业目标、治理结构以及内部管理的系统性转变。原有的商业特征在不断地加快变化，企业在劳动力、工作环境和工作本身方面都面临着巨大的转变。这些转变几乎改变着所有企业的员工行为，从员工学习、管理到工作定义本身的规则。技术正以前所未有的速度向前发展，包括人工智能、移动平台、传感器和社会协作系统等技术，这些技术正在不断颠覆着我们的生活、工作和沟通方式，给个人和社会造成了很大冲击。

快速变革不仅局限于技术领域，还包括社会和人口统计领域。业务人员已不能再依照旧模式工作，每个人都必须采用新的思维方式去思考企业、人才以及自身在全球社会问题中的角色。企业必须以全新且极具挑战性的眼光去审视和关注领导力、架构、多样化、技术以及员工的整体体验。在数字经济时代，企业竞争从拼产品、拼功能到拼服务，再到现在及未来越来越多的企业开始在客户体验方面展开竞争，谁能给客户带来优质愉快的体验，谁就能赢得未来的市场。客户需求在不断升级，从功能层面升级到心理情感层面，也需要更加个性化、专业化的服务体验。企业做好从生产到营销的无缝协同体验变得非常重要，必须通过数字化的手段打破时空，让员工能为其客户、同事、伙伴企业提供一个无界的服务，并尝试推出更快、更多的产品服务和解决方案实现即时响应。

数字化转型是在业务数据化后利用人工智能、大数据、云计算、区块链、5G 等新一代信息技术，通过数据整合，对组织、业务、市场、产品开发、供应链、制造等经济要素进行全方位变革，实现效率提升、风险控制，从而提升产品和服务的竞争力，形成五力世界与数字世界并在的局面。如今，数字化转型已经不是“要不要做”的问题，而是“该如何做”的问题。数字化早已变成了刚需，是企业提质增效、创新发展的关键战略。数字化颠覆了很多企业原有的商业模式，企业与顾客之间的关系也发生了深刻的改变，从一次性的买卖关系变成了持续性的服务关系。

对企业来说，数字化不再仅仅意味着一个单独的销售渠道，而是营造了一个企业跟顾客密集互动的新空间。数字化在企业经营中发挥作用的同时，也在不断向组织内部渗透，改变了组织传统的运作方式。组织中的各个环节逐步实现数字化改造，不断涌现全新的平台型组织。数字化组织让企业具有了更大的开放性，企业边界逐渐消失，与上下游生态伙伴建立起更加灵活的、基于价值链的合作模式，实现了全链路的融会贯通。企业不再是一个孤岛，数据开始流动起来，合作伙伴之间相互进行赋能，各种生产要素得以更加充分地释放，最终形成更大的生产力。

数字技术融入业务场景，正在重塑众多传统产业形态，IT 运维从传统运维流程化管理逐步向智能化演进。例如，在生产车间，借助 5G 和工业互联网等技术，可以实现从“串行生产”到“协同制造”的转变，缩短产品交付周期、降低生产成本；在地下煤矿，引入无人开采、智能装车等系统，可以更好地保障作业安全，提升开采效率；在产品制造方面，通过数字化管理，可以有效提升服务水平与质量，从科学的供应链管理，到物流和售后，形成了一套数字化、智能化、可视化的领先管理模式，实现顾客消费全周期、全链路、全场景的跟进，为产品的研发和销售提供了有力的支持，确保产品可以更好地触达消费者；等等。越来越多的行业和企业从数字化转型中寻找突破，不断延展产业数字化、数字产业化的空间。

游戏已然改变，规则也在变化，任何不采取新规则的企业都可能落于人后。近年来，企业比以往任何时候都更忙于“数字化”，数字化转型不断提速，企业纷纷将之视为实现增长的必胜法宝。数字化本身不仅是个技术问题，更是一个观念和组织问题。当组织变得更加数字化，组织再造的需求也愈发势在必行。只有这样，企业才能更快发展，更快适应，促进快速学习并满足员工的动态职业需求。在过去，大多数组织的设计目的都是针对工作效率和效能，最终演变为复杂且孤立的组织。这种运作模式建立在可预测的商业模式的基础上，已经不适应当今充满不可预测性和破坏性的时代。与单纯追求工作效率不同的是，成功的组织设计必须能提升速度、增强灵活性和提高适应力，从而在当今全球化商业环境中有能力竞争并取得胜利。虽然组织网络化可以优化灵活性和实现快速响应，但同时也提高了对团队协作的要求。在团队中，责任变得更加透明。个人目标和团队目标以及指标应该分享给每个人，由此所带来的责任感对团队和企业效率都极其重要。为了更好地适应数字化转型带来的一系列变化，企业不得不重新思考如何做好员工的职业生涯管理并提供永不停息的学习发展的机会，学习技术也在迅速变革之中。由于企业建立了未来组织，持续学习对实现企业成功将至关重要。

对于今天的数字化企业，新规则提倡建立学习发展型组织，通过一系列移动平台提供永不停息和随时随地的学习资源。内容策展和传播、视频发布和移动设备使用这一系列更广泛的新型技术正在补充并取代传统的学习管理系统。高质量、免费或低成本内容的爆炸性增长为企业和员工提供了持续学习的通道，那些采用动态职业模式的企业通过提供持续的学习机会和深入人心的发展文化，将会超越其竞争对手。企业的角色转变为协助员工完成该做之事，但学习方面的内容却有所不同，企业主要的角色是为员工创建不断学习和再学习的环境和信息系统。随着免费学习内容的爆炸式增长，企业应将内部和外部学习资源无缝整合到自己的平台上。

数字化转型带动技术开源化和组织方式的去中心化，知识传播壁垒被打破，创新研发成本大幅降低，发明速度明显加快，群体性、链条化、跨领域创新成果屡见不鲜，颠覆性、革命性创新与迭代式、渐进式创新并行。产业创新主体、机制、流程和模式发生重大变革，组织边界模糊化，资源流动方式和成果转化方式要依托网络在线展开，跨地域、多元化、高效率的众筹、众包、众创、众智模式不断涌现，凸显出全球开放、高度协同的创新体系。数字经济时代下，任何企业都不具备在所有领域保持领先的全部技术、资源与能力，只有在不断凝聚、展现新想法的过程中才能发展壮大。因此，创新不应仅仅是组织内部的闭门造车，而是需要整个生态的协力共进。整个生态在价值创造上的协同，可以产生指数级的增长效应。有价值的思想遍布数字化空间的各个角落，企业要实现可持续发展显然不能忽略规模庞大的外部知识。数字技术以及开源系统能够为企业源源不断地输入新的创意，开放化创新模式为产品迭代提供了强劲动能。开放化创新要求企业借助互联网将研发职能众包给非特定的主体，在任何时间、任何地点对各种形式的意见都保持开放、接收的姿态，并将其中好的创意表现在产品和服务中。众包有助于企业调动网络上的资源与能力，将研发活动交由最合适的人员在最有效率的地方来开展，通过汇聚来自不同领域的知识，发掘跨界创新的潜力，构建创新生态圈。

## 11.2 数字化转型浪潮

随着“互联网＋”的边界不断拓宽，数字经济发展孕育出平台经济、共享经济等新业态，制造业、零售业、生活性服务业等行业都加速迈向数字化，已成为中国消费增长的重要驱动力之一。党的十八大以来，我国制造业大力推进数字化车间工厂建设，相继在国家战略性新兴产业规划——智能装备发展专项和工信部智能制造专项新模式应用中支持制造企业的数字化建设。在实施的数字化车间项目中，以智能制造为建设目标。根据工信部公开统计，我国规模以上工业企业生产设备数字化率、关键工序数控化率、数字化设备联网率分别从 2015 年的 42.9％、45.4％和 37.3％提高到 2020 年的 49.9％、52.1％和 43.5％。① 云计算、大数据、物联网、区块链、车联网等新技术快速发展，远程教育、在线医疗、远程办公等新业态迅速兴起，共享经济、电子商务、移动支付加速普及，焕发蓬勃生机，中国制造正在向中国“智”造加速转变。

智能化发展是流程制造业顺应时代发展的必然趋势，而数字化交付则是未来企业工程设计、建设以及运维的必然发展方向。数字化交付通过数字化集成平台，有效收集、管理、共享工程信息，并将设计、采购、施工、调试等阶段产生的数据、文档、

① 数据来源：《数字化转型升级 中国制造向中国“智”造转变》，中国经济网，2022-04-15。

模型以标准数据格式提交给企业，是一种区别于传统纸质文档交付的新型交付方式。数字化交付贯穿于企业的建设阶段、运维阶段以及退役的全生命周期，是工程协同设计、工厂建设信息透明化、提升工厂建设效率和企业管理运维的有力手段。数字化交付可以满足企业对透明数据的需求。采用数字孪生技术构建工厂模型是工厂数字化交付的一种典型应用，它基于工厂对象自动识别设计变更，并叠加施工进展和库存、风险预警等信息，向各项目参建方提供透明的施工过程信息，可以降低一半以上的会议频率和时长，增强各方在项目实施中的协调性，减少冲突、规避风险，从而缩短项目周期。工厂数字化交付能够在工程设计阶段统一所有交付物的设计标准，实现基于平台的异地图纸会审，这是企业业主、设计院、工程公司多方数字化、集成化协同设计的目标之一，也是工程交付模式数字化转变的标志。不仅仅是设计阶段的交付物，包括工程实施阶段的采购信息、施工信息等一切与工程相关的数据和文档，都以关联的方式在数字化交付平台向业主展现，使业主彻底摆脱工厂基础数据查找难的烦恼，为企业运维、改扩建、技改等管理决策提供支持。数字化交付平台可以帮助企业业主接收和管理服务方移交的数据资产，使企业从源头掌握工厂运行管理数据，并以此为基础实现工厂数字化，开展现代化的工厂运维管理及设备资产管理，从而实现工厂全生命周期的数字化管理。数字化交付在工厂的规划设计、建设和运维等各个阶段发挥着重要作用，对工厂的退役同样意义重大。以化工厂的退役为例，只有数字化交付的数据模型足够详细和完整，其各种厂房、机械设备、管线、结构、电气设备等才能得到尽可能环保的拆除和处理。如果是核电厂，退役后的放射性废物处置同样需要前期的数据模型予以支撑。数字化交付在流程行业的典型应用，也拓展了其他行业工程建设的数字化交付思路，其贯穿于企业建设全生命周期，是提高企业精益化管理水平和生产力的重要途径。

智能终端和移动互联网的发展，进一步催生出社交电商、内容电商、直播电商等升级业态。在数字化赋能下，顾客的场景需求更加多元互融，也呼唤零售业供给更加智慧精准。数字技术正在深刻重塑零售业的“人-货-场”，持续带动商业模式、运营规则和竞争态势的演化。随着数字化进程加快，一方面，生产和制造端基建的数字化得到极大改善，数字技术助力零售价值链进一步走向开放和共享；另一方面，销售和消费端沉淀的数据成为重要生产要素，驱动供应链创新，促进零售对产业的赋能和牵引。数字化在推动产业结构转型的同时，可以更好地满足消费者个性化需求，重塑以需求为核心的定制化价值链并带来整个零售业生态变革。“生产、分配、流通、消费”的经济循环中，消费既是起点也是终点。在消费升级、零售数字化下沉的背景下，一个贯通城市乡村、涵盖线上线下、融合到家到店的消费生态圈正在形成，作为供需“适配器”的零售业正进一步升级优化。借助数字技术赋能打造零售新基建，以零售业态创新为实体经济注入活力、不断满足社会需求、改善民生福祉的数字科技能力体系，将成为零售业的下一个增长点。

新冠肺炎疫情期间，生活服务业数字化转型速度加快，创新模式呈现多元化特点，服务方式更加注重寻求线下和线上的融合，线下场景加快线上化，前端消费互联网带动后端产业互联网发展。过去，电商商品的展示更多是将服装的款式、材质、特征进行简单的线上化，如今，顾客能看到具备真实观感的数字化商品模型。与此同时，整个场景中涉及的导购员、店铺陈列也能实现多维度信息的呈现，甚至与顾客互动。数字化的生活服务有效保障了人们的日常生活、学习和工作，旺盛的市场需求促使相关企业加快数字化转型来提升自身生产和运营效率，这为保障中小微企业健康稳定发展提供了重要支撑。同时，随着生活性服务业在国民经济中的比重日益提升，其数字化发展将进一步拓展行业边界，为中国经济迈向高质量发展开拓新空间。

## 11.3 后摩尔时代数字企业创新方向

当下，数字经济浪潮正在全球范围内蓬勃兴起，对人类生产、生活和生态业已产生全面而深刻的影响。总体上看，数字经济是由 ABCD 等数字技术驱动的，而集成电路芯片是支撑这些底层数字技术发展的共同关键物理基础。半个多世纪以来，集成电路芯片的性能一直沿袭摩尔定律所预测的技术轨迹不断演进。然而，最能反映摩尔定律的晶体管集成度增速近年来逐渐放缓，集成电路芯片制程不断逼近物理和成本极限，摩尔定律日益趋近极限，“后摩尔时代”悄然来临。为此，各国纷纷展开针对后摩尔时代的技术战略部署。2017 年，美国国防高级研究计划局启动了“后摩尔时代的电子复兴计划”；2018 年，欧盟提出由 29 家欧洲公司共同参与的“后摩尔定律时代半导体增值策略”。2021 年 5 月，中国国家科技体制改革和创新体系建设领导小组第十八次会议中，国务院副总理刘鹤强调了科技创新在经济社会中的关键作用，并专题讨论了面向后摩尔时代的集成电路潜在颠覆性技术。

“后摩尔时代”实质上是技术演进范畴的概念，意味着随摩尔定律趋近极限，集成电路芯片领域的既有技术轨道难以为继，技术轨道面临跃迁。数字经济有典型的技术驱动特征，后摩尔时代出现于数字经济蓬勃发展的大背景下，并且涉及芯片的技术跃迁，必然会对数字经济的发展产生深刻影响。然而，现有研究缺乏对数字经济与技术的交互关系及其演进规律的诠释，以佩雷斯(Perez)为代表的新熊彼特学派学者提出的技术-经济范式理论将技术变化纳入经济系统分析框架，援用数字技术-经济范式理论能够深刻解释后摩尔时代的技术进步与数字经济演进的关系。围绕技术轨道跃迁引致的技术演进与经济发展的交互作用，后摩尔时代数字经济的创新方向相较以往，将在技术基础、创新重心、产业发轫、产权结构、组织结构、金融资本和制度支持等方面呈现显著的差异性。在中国芯片研发面临“卡脖子”的特殊背景下，把握好后摩尔时代集成电路芯片的技术跃迁机遇和数字经济发展新方向，对中国以数字经济“新赛道”实现经济总量的“变道超车”具有特别重大的战略意义。

### 11.3.1 后摩尔时代与数字技术-经济新范式

#### 1. 后摩尔时代的技术经济特征

1965 年，英特尔联合创始人戈登·摩尔提出摩尔定律(Moore's Law)，即每隔 18～24 个月，集成电路芯片上所容纳的晶体管数目将增加一倍，届时处理器的功能和处理速度会翻一番，并且价格会降到原来的一半(Moore，1965)。半个多世纪以来，集成电路芯片领域一直遵循摩尔定律的技术轨迹快速发展，摩尔定律也被视为数字经济的重要法则。然而，微电子学界和业界已率先意识到摩尔定律趋近极限，“后摩尔时代”悄然来临。中国工程院院士许居衍 1992 年时就预测，摩尔定律将在 2014—2017 年失效(许居衍，1992)；2016 年 2 月英国《自然》杂志发表的文章指出，半导体技术发展不再以摩尔定律为目标，摩尔定律将走向终结(Waldrop，2016)；同年，全球半导体技术路线图(ITRS)史无前例地放弃了以摩尔定律为主导的思路，重组新路线以适应半导体行业的重大变革①。

摩尔定律至少在物理、功耗、成本三方面趋近极限：①物理极限，延续摩尔定律的传统思路是不断缩小芯片的特征尺寸，若继续缩小至 2～3 纳米，芯片上线条宽度仅相当于几个原子大小，届时宏观世界的物理学定律失效，硅材料的性能将发生质的改变；②功耗极限，晶体管密度持续增加使单位面积内的电子移速越来越快、产生大量热量，现有技术方案无法从根本上解决问题；③成本极限，即使在技术上可以实现特征尺寸的持续缩小，高昂的研发成本也会大大降低产品的经济效益，当市场无法满足丰厚回报，甚至研发投入难以收回时，芯片开发商将转而寻求新的技术轨迹。

为检验“摩尔定律已趋近极限”，这里选取最能代表摩尔定律成就的 CPU 晶体管集成度的技术参数，分别考察 CPU 产品的晶体管数量和特征尺寸两项指标在 1971—2020 年的变化趋势，并与摩尔定律发展的模拟曲线进行对比。根据图 11-1，除 1985—1995 年增长略微缓慢之外，CPU 晶体管数量在 2010 年之前的增长趋势基本与摩尔定律保持一致。但从 2010 年开始增长速度明显放缓，始终在百亿级上下浮动且难以突破，无法追随摩尔定律的增长速度。根据图 11-2，CPU 集成电路的特征尺寸呈现指数型的下降趋势。因此，当前技术参数虽然仍在沿袭摩尔定律艰难推进，但追随摩尔定律的脚步正在放缓，“后摩尔时代”确已悄然来临。后摩尔时代意味着集成电路芯片在技术轨道的跃迁，也因此为数字经济发展提供了新的方向。从技术-经济交互的视角看，在后摩尔时代，在集成电路芯片领域，沿袭摩尔定律作用下的既有技术轨道已达到物理和成本维度的极限，在新材料、新架构、新原理上将产生越来越多的颠覆性创新，继而实现对经济、制度产生深远影响的技术轨道跃迁。

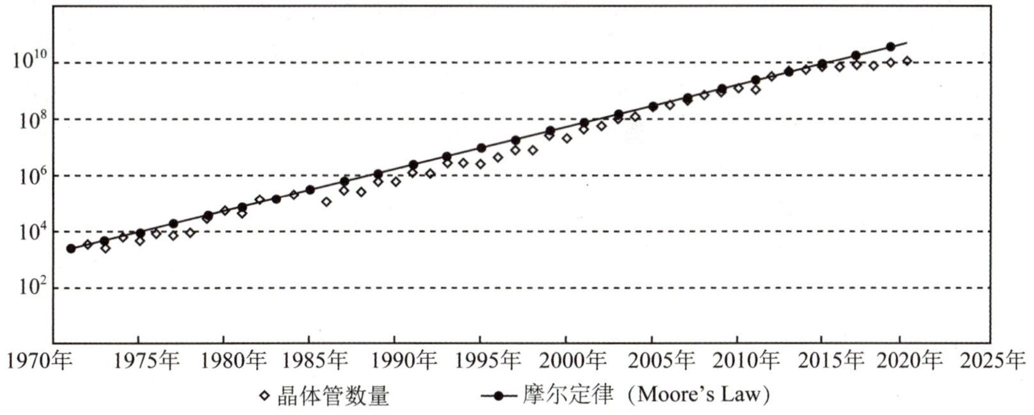


**图 11-1　CPU 晶体管数量历年变化趋势**

① “What Is the IRDS,”https://irds.ieee.org/，2021-12-25.

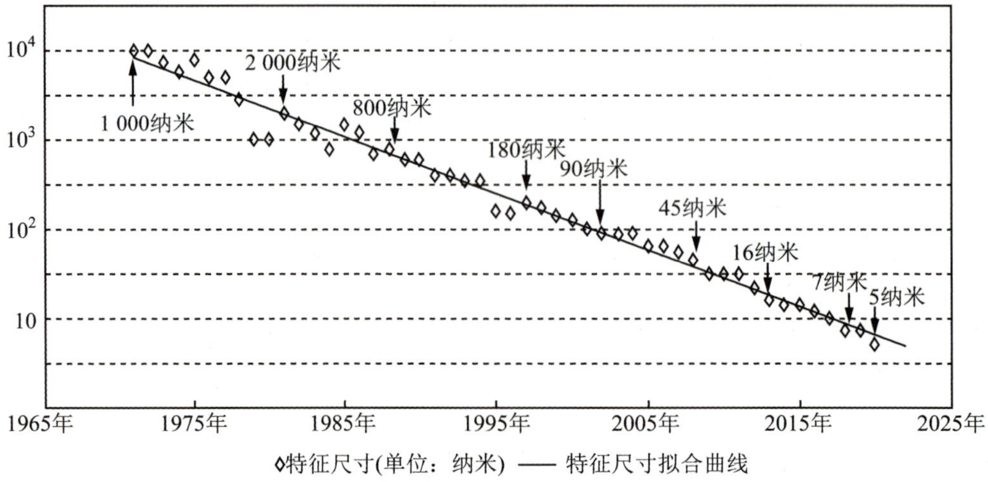


**图 11-2　CPU 特征尺寸历年变化趋势**

注：图 11-1 和图 11-2 的数据来源为英特尔、AMD 和台积电官网 1971—2020 年发布的主要 CPU 产品的技术参数值，由作者手工整理绘制。为更直观显示，将数据取以 10 为底的对数。

### 2. 后摩尔时代数字技术-经济范式的演进

多西(Dosi)首次将范式引入技术创新研究，指出“技术范式”是挑选出来解决技术问题的一种模型或模式(Dosi，1982)，并提出了“技术轨道”概念，定义为“经过经济和技术的要素权衡，由技术范式所限定的技术进步的轨迹”(Dosi，1988)，为进一步探讨技术演进的路径和特征提供了框架。随后，佩雷斯提出“技术-经济范式”，将技术范式与经济增长直接联系了起来，阐释了不同经济部门在技术变革中起到的作用(Perez，1983)。佩雷斯认为技术革命引起了通用技术、基础设施和经济组织原则的爆炸性增长，逐渐衍生出新的技术-经济范式，并以此划分了发展的巨潮(great surge of development)，用以解释技术革命的扩散。发展的巨潮带来技术-经济范式的改变，每次发展巨潮的核心都有一种“关键生产要素”，技术-经济范式的形成是通过关键生产要素变迁实现的，如蒸汽时代的煤、铁，电气时代的钢、石油、天然气等。第三次工业革命下，电子计算机的产生和信息通信技术的发展使新的技术经济-范式形成，弗里曼和佩雷斯率先提出了“信息技术范式”这一概念，明确指出“芯片”是这一范式的关键生产要素。现在看来，芯片依然是难以替代的关键生产要素，它被广泛应用于生产和生活，并主导着信息通信时代以数字经济的形态进行新一轮产业升级。

根据佩雷斯的观点，每次技术革命的扩散都要遭遇根植于旧的技术-经济范式在技术、经济、制度上的巨大抵抗，所以新的数字技术-经济范式演进的过程可以分为导入期和拓展期，分别持续大约 30 年，包含爆发、狂热、协同、成熟四个阶段。在导入期，先进的数字技术克服旧的技术-经济范式的重重阻力，从实验室扩散到经济社会，并展现出超额利润、增长的生产率和迅速的市场渗入能力，技术革命由此爆发。在导入期后期会引发金融资本的狂热投机行为，金融与生产发生分离，但过量的资金也会助推技术革命的深化进程。从导入期到拓展期中间需要经历转折期，这通常是一次“严重的衰退”，往往体现为泡沫的破裂，继而引发技术经济系统的调节和重组。这一重组使增长重新启动，技术-经济范式进入拓展期，拓展期伴随着数字经济高速协同增长的“黄金时代”的到来，意味着数字产业结构升级的重大机遇。在这一阶段，数字技术-经济范式的整个潜力可以被充分挖掘出来，产生使整个社会普遍受益的经济增长。

当前，以智能化、网络化、数字化为核心特征的数字技术-经济范式正处于由导入期向拓展期转变的关键阶段(谢伏瞻，2019)。经过长时间的技术积累和市场探索，数字经济在资本层面，早期诸如“共享单车千亿级融资”的资本狂热炒作现象逐渐冷却；在产业层面，数字经济从消费端向产业端渗透落地，探索实体经济、传统产业链的重塑升级；在监管层面，逐渐结束了数字企业无序扩张的“野蛮生长”阶段，平台垄断、大数据歧视、算法合谋、信息泄露、扼杀式并购等问题被提上政府监管的议事日程。按照技术-经济范式理论，当生产关键生产要素的动力部门取得突破性进展时，支柱部门和引致部门会随之出现爆发式增长，部门间由此形成正循环，进而跨越转折点步入拓展期(杨虎涛和冯鹏程，2019)。① 后摩尔时代的来临，或为数字技术-经济范式跨越转折期提供了契机。②

在拓展期，能够削减关键生产要素成本的创新至关重要，如果关键生产要素物美价廉，就会吸引越来越多的生产者使用并改造其产品和工艺，进而扩大市场，这种生产者需求的增长转而提高了投入品和基础设施上的生产率，从而产生一种良性循环。正如马克思指出的：“由于劳动生产率提高一倍，以前需要使用 100 资本的地方，现在只需要使用 50 资本，于是就有 50 资本和相应的必要劳动游离出来；因此必须为游离出来的资本和劳动创造出一个在质上不同的新的生产部门，这个生产部门会满足并引起新的需要(马克思，1979)。”在摩尔定律的指导下，1971 年以来集成电路芯片不断追求性能上的提升，并同时使成本稳步下降，但随着摩尔定律趋近极限，沿袭摩尔定律寻求成本与性能间的“两全”越来越难以为继。若能在后摩尔时代的技术跃迁机遇期，出现跨越技术轨道级别的颠覆性创新，实现关键生产要素——芯片性能/成本阈值上的突破性进展，就能引发动力部门多种类、大规模的生产资料价值下降和支柱部门规模的扩张。动力部门、支柱部门和相应的基础设施构成了美国经济学家罗斯托在《经济增长的阶段：非共产党宣言》一书中提出的主导部门(leading sectors)(罗斯托，2001)。主导部门是在经济增长过程中通过引入新的生产函数而率先具备高增长率的主要增长部门，并通过扩散效应带动其他产业部门增长。支柱部门向传统行业的延伸和改造诱发了引致部门的增长，引致部门是吸纳就业最广泛的部门，引致部门的扩张为技术革命浪潮提供了产业协同的力量。将引致部门纳入正循环标志着数字技术对全产业链的全面渗透，生产关键生产要素的动力部门、支柱部门和引致部门的正反馈循环形成，数字技术-经济范式进入拓展期，参见图 11-3。

---

① 佩雷斯提出“动力部门”“支柱部门”“引致部门”“基础设施”构成每次巨潮的增长部门。动力部门(motive branches)，生产关键生产要素的部门；支柱部门(carrier branches)，最密集和最活跃地使用新关键生产要素和新技术的部门；引致部门(induced branches)，支柱部门发展的结果和补充，只有在必要的社会、制度创新以及适当的基础设施投资下，才会以流行的方式倍增；基础设施(infrastructures)，服务于新产业的需要。

② 事实上，技术进步为跨越转折期的必要不充分条件，数字技术-经济范式跨越转折期，还需制度、金融资本等因素的互相适应、协调与改进。为聚焦主题，这里只讨论了技术因素。

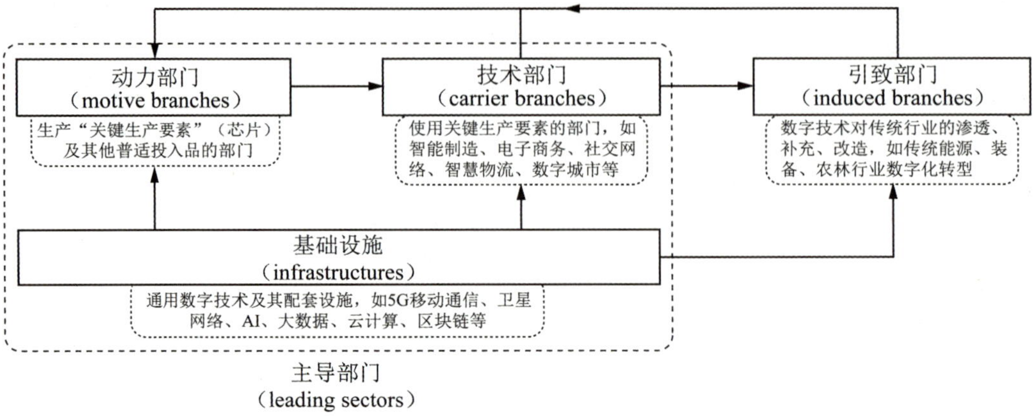


图 11-3 数字技术-经济范式各增长部门的正反馈循环

## 11.3.2 后摩尔时代数字经济的创新方向

根据数字技术-经济范式理论，技术发展对数字经济演进历程有深刻影响，后摩尔时代的数字经济也将在技术驱动下呈现新的创新方向。自 1971 年英特尔发明第一台微处理器，数字经济以 PC 端为主导的通信互联网形态存续，并随着集成电路等核心技术的不断突破，由最初的计算、存储功能发展到实时通信与社交网络，但技术赋能商业的特征尚未显现。2008 年，苹果公司 iPhone 3G 正式发售，谷歌也在同年推出 Android 操作系统，由此开启了移动互联网元年。之后颠覆性数字技术如雨后春笋般不断涌现，电子商务呈现“梅开二度”之势，并进军移动端，消费互联网出现井喷行情。经过 10 多年的持续发展，当前全球消费互联网行业生态逐渐成熟，美国的苹果、微软、谷歌、亚马逊、脸书以及中国的阿里巴巴、腾讯等数字企业稳居全球市值前 10 名榜单，并通过技术扩散，驱动以通用电气、特斯拉、西门子、海尔等为代表的产业互联网快速发展，表明产业互联网开始破局。与此同时，随着关键生产要素的技术突破，各经济部门将实现正反馈循环，进入拓展期。相较于消费互联网，产业互联网对于数字经济和社会发展更为关键，产业互联网致力于打通、补全消费端与供给端的中间链条，意味着数字技术对经济、社会、制度系统的全面构建。技术-经济范式将拓展期描述为“高歌凯旋的新范式以其现代化的力量重塑整个经济结构，并充分发挥财富生产潜力”，就对应于这一时期。

因此，后摩尔时代将继续延续技术驱动数字经济演进的逻辑。围绕技术轨道跃迁引致的技术演进与经济发展的交互作用，后摩尔时代数字经济的创新方向相较以往也有所差异。首先，数字经济的底层技术基础将从 ICT、ABCD 等技术向更高层级的技术演化，技术演化将驱使企业创新重心从商业模式创新转向原始技术创新。其次，后摩尔时代技术跃迁推动数字技术-经济范式跨越转折期步入拓展期，体现为数字技术赋能产业从消费端向供给端发轫。再次，后摩尔时代也呼唤着公司治理结构和组织结构的适应性转变，创始股东往往具有不可替代的作用，从而在产权结构及其治理机制设计上更加注重保护创始股东的一股多权等形式的超级控制权；为适应数字经济与创新驱动的天然联系，企业组织结构趋向网络化，并注重建立生态圈链接。最后，在外部环境方面，金融资本将重点流向基础研发和技术创新，逐渐从短期投资主义转变为长期主义；为抢占数字经济这一国际竞争的新制高点，各国将更加注重处理好技术创新与扩散的关系，一方面继续加强技术创新的知识产权保护力度，另一方面以技术标准化促进技术创新的扩散和普及。

### 1. 技术基础：由 ICT、ABCD 到量子技术

数字经济有强烈的技术驱动性，数字经济演进与底层数字技术的不断突破密切相关。ICT 往往被看作狭义的数字技术，借助硅材料半导体得天独厚的性质，操纵电流交替变化将图文声像转化为二进制的 0 和 1，实现对其加工、储存、运算、传送与还原。并且在摩尔定律作用下，计算机效能和速度呈指数型增长，相对价格稳步降低。自此 ICT 技术驱动早期的数字技术-经济范式顺利步入导入期，逐渐改变了人们的生产和生活方式。随着移动互联网逐渐普及和 5G 商用不断扩大，新兴数字技术呈现群体涌现、协同融合的特征。海量数据处理催生大数据技术兴起，数据成为数字经济关键要素；2015 年纳斯达克首次使用区块链技术完成私人证券交易；云计算于 2016 年进入全面爆发阶段，开始深入应用于亚马逊、微软、阿里巴巴等企业；2018 年深度学习三大顶尖巨头共同获得图灵奖，标志着人工智能取得突破性进展，ABCD 等底层数字技术成为数字经济发展的重要“使能”。但是，无论是 ICT 还是 ABCD 技术，作为其驱动载体的基础物理器件都是硅基半导体芯片，如前所述，后摩尔时代微电子技术理论将无能为力，需要引入量子结构理论来解决问题。量子是迄今为止人类发现的能表现出某物质或物理量特性的最小单元，与构成物质的基本粒子属不同范畴的概念，全球半导体技术路线图(ITRS)指出，芯片的中长期发展要以量子技术为物理基础的颠覆性、革命性新型器件来超越摩尔定律。为此，中共中央政治局 2020 年 10 月 16 日就量子科技研究和应用前景举行集体学习，习近平总书记在主持集体学习时强调指出，量子科技发展具有重大科学意义和战略价值，是一项对传统技术体系产生冲击、进行重构的重大颠覆性技术创新，将引领新一轮科技革命和产业变革方向。

### 2. 创新重心：由商业模式创新到原始技术创新

克里斯坦森(Christensen，2002)提出，企业需要进行相应的破坏性商业模式创新，以匹配技术发展。随着信息技术的成熟和互联网的深度普及，企业创新的重心一度偏向商业模式创新。借助开放和内部协调的数字平台，数字技术的嵌入重构了产品开发、试制、加工以及物流与销售的流程框架，催生了以小米科技、盒马鲜生为代表的电子商务新模式。而相较于其他创新类型，技术创新对企业的影响强度最大，并推动经济的高质量发展(孙祁祥和周新发，2020)。在后摩尔时代，企业创新重心将向原始技术创新转移，一方面，驱动数字经济的关键软硬件技术面临颠覆性创新，摩尔定律是推动“硅-冯”范式技术进步的重要力量，随着摩尔定律的终结，后摩尔时代的技术创新将沿突破硅 COMS 技术的“类硅模式材料创新”和突破冯·诺依曼模式的“类脑模式架构创新”两个方向演进(许居衍和黄安君，2020)，原始技术创新面临“新蓝海”；另一方面，根据后发优势理论的技术发展“蛙跳”(leap-frogging)模型，在新一代颠覆性技术刚刚出现时，发达国家此前拥有的技术优势变成了沉没成本，往往面临技术进步的“锁定”效应，而后进国家因为技术转换成本较低，可直接迅速采用新技术，从而实现技术赶超和后发优势。在后摩尔时代的技术跃迁期，中国科技创新已进入跟跑、并跑、领跑

"三跑并存"的新阶段，然而数字产业利润的增加仍主要来自规模性扩张而非创新性升值，这一系列问题导致中国在全球价值链上频频受制于人。依靠商业模式带来的超额利润固然富有吸引力，但科技创新的"星辰大海"着实更令人心潮澎湃。因此，在后摩尔时代，中国企业应当承担起科技创新的责任，在新一代人工智能、量子信息、集成电路、先进制造、类脑科学、空天科技等科技前沿领域攻关中发挥作用。

#### 3. 产业发轫：由消费端到供给端

技术赋能数字经济从消费互联网向产业互联网发展，后摩尔时代下的数字经济供给端处于发轫之际，产业互联网将成为数字经济的进一步发展方向。目前中国数字经济领域的头部企业基本属于消费互联网的范畴，在生产供给端缺乏具有全球竞争力的企业，数字技术与实体经济依然存在"两张皮"现象。按照技术-经济范式理论，关键生产要素的突破性进展将引致各经济部门形成正循环，推动数字技术-经济范式进入拓展期，拓展期具体体现为数字经济的产业互联网阶段，因此后摩尔时代的来临为数字经济实现从消费端到供给端的跨越提供了契机。若想实现产业内外大规模、通用化的互联网普及，就需要使不同工业体系、平台体系、技术部类之间具有可靠的链接特性，超高速率和几何增长的连接密度是万物互联的基础保障。因此，ABCD 等数字技术深度嵌入纵向产业链"研发—生产—销售"全过程是根本的技术保障。随着数字技术与供给端产业系统全方位深度融合，数据要素赋能将推动传统产业结构变革，优化全产业价值链。以数字技术为驱动力的生产和活动会依存于新的组织形式、组织关系和边界，即形成新的生产方式和生产关系，其本质是由计算机通信技术、互联网和数据要素与产业融合并重构的产业形态。数字技术向供给端整体渗透，进而渗透到经济社会生活的方方面面和各个环节，是数字技术扩散的终极形态，正如业内人士所言，所有行业和生意都可以用数字化重做一遍。

#### 4. 产权与治理结构：由物力资本到人力资本

技术演进对公司产权结构的影响体现为产权结构从物力资本导向往人力资本导向演进。企业产权的实质是剩余索取权和剩余控制权，企业是物力资本所有者和人力资本所有者达成的长期合作契约，在企业的"人-物"契约中，谁主导剩余索取权和剩余控制权，取决于相对重要性和稀缺性。在工业经济时代，特别是在大机器生产方式下，物力资本相对重要且稀缺，由此产生了股东至上、大股东主导的公司治理逻辑。在数字经济时代，颠覆性创新和替代式竞争成为常态，这在很大程度上依赖于公司创始人的原创能力、精神动力和趋势洞察力，而过度强调大股东主导容易忽略对创始股东团队的保护。事实上，创始股东团队除了是数字企业的物力资本提供者，还是企业最重要的人力资本提供者，不仅拥有管理者"把方向、定大局"的能力，而且往往拥有巨大的关系资本，这正是数字企业保持长期快速可持续发展的关键因素。在这种背景下，创始股东一股多票的"双层股权结构"和"有限合伙人"制度流行开来，这种产权结构及治理机制的创新使公司创始人能够在持有较少股份的情况下掌握公司控制权。因此，数字企业的产权结构由工业经济时代的同股同权同利，转为数字经济时代"同股不同权"结构下的创始股东超级控制权。后摩尔时代技术创新的突破为企业家引入新生产方式、实施新组合提供了广阔空间，与之相适应的产权结构设计将进一步深化对人力资本的保护，并从保护创始人团队延伸到保护关键核心数字技术的研发人员，尤其是具有显著的数字素养、数字创新机会识别和数字吸收能力的人才。由此，高管股东化、员工创客化等做法将会逐步走向常态化，未来的产权结构和治理机制将会进一步演变，由工业经济时代“谁出资、谁所有、谁控制、谁受益”的逻辑，逐步转变为数字经济时代“谁创造、谁所有、谁控制、谁受益”的逻辑。

**5. 组织结构：由垂直化到网络化**

“结构紧随战略”，数字技术革命下，伴随着企业数字化战略的全面推进，为“让听得见炮声的人来指挥战斗”，工业经济时代的垂直化组织结构逐步让位于数字经济时代的扁平化组织结构。数字技术的深度应用使扁平化组织结构能够围绕用户进行价值创造，加强企业内各小团队的链接和集合，加速整合配置资源，例如，阿里巴巴实施“中台战略”打造互联网云平台企业架构；华为的蜂巢式组织模式实现了以人为本的“去中心化”；海尔集团的“人单合一”模式打破了内部横向间、纵向间以及外部地理和文化的边界，形成了“人人都是 SBU(strategical business unite，战略事业单位)”甚至“人人都是 CEO”的 2 000 多个小微联合体。

随着后摩尔时代的到来，数字技术市场更趋复杂，并呈现全球产业链化、生态圈化的趋势，企业组织将进一步网络化，以链接创新生态。以华为的芯片制造为例，华为海思实际上是芯片的无晶圆制造设计(fabless)企业，处于芯片制造供应链的中游，其上游包括硅材料制造、EDA(电子设计自动化软件)、IP 核，下游包括芯片制造和封装，由于芯片生产的高度垂直分工化，一旦狭隘的单边贸易主义盛行，芯片就面临只能设计而无法制造的封锁困境。由此可见，随着技术的不断进化，无论从技术难度还是经济成本方面，过去的“单打独斗”模式都断不可行，企业创新竞争由“单体企业之争”演变为“创新生态系统之争”。因此，坚持自主创新原则固然重要，但打破国外垄断、实现自主可控与开放生态、跨越边界并无矛盾。除了研发自主可控技术，构建属于自己的创新生态圈也是必然要求。这就要求企业以开放包容的心态与外界交流，并由此衍生出有利于技术创新的组织结构，组织结构将进一步趋于网络化。中国可以凭借“数字人口”最多和数字技术应用场景最广的优势，以技术标准为创新耦合纽带，借助交叉网络外部效应形成共存共生、协同配套的技术创新生态，具体体现为横向业务的跨界入局以及纵向业务的融合与贯通，并且不断扩大全球连接规模，由此构建起网络化的组织结构。

**6. 金融资本：由短期主义到长期主义**

佩雷斯的技术-经济范式理论有一定的局限性，如对转折期过于乐观，低估了其时限和跨越难度。但是她对于金融资本作用的认识，尤其是转折期前的金融泡沫的预测，得到了历史发展的印证。这不仅体现在 2002 年纳斯达克指数崩盘和 2008 年金融危机，还表现为以共享单车为代表的领域出现资本狂热追逐以及接踵而至的倒闭潮，P2P 网贷等互联网金融行业平台频频爆雷以及企业资产的账面价值和真实价值背离，数字企业出现市值飙升的同时却长期连年亏损等现象。这是因为金融资本与生产资本的锁定效应和路径依赖性不同，金融资本具有高度的流动性和短期营利倾向，可以随时选择和转换目标并抽逃风险。当数字技术需要外部资金支持时，其所代表的生产资本和金融资本的相互作用业已展开。随着数字技术-经济范式狂热期来临，金融资本显现出短期主义，当具有革命性的新兴产业迅速超越现有部门的利润和创造力时，数字企业便成为金融资本操纵和投机的对象。然而，泡沫终将破裂，当资产的账面价值和真实价值重新取得一致时，金融资本将面临“清算和规制”，并开始重新建立与生产资本之间的恰当联系。金融资本与生产资本的主导权的交替是从技术革命导入期到拓展期的必经之路。在后摩尔时代，数字经济底层技术基础的研发投资门槛进一步提升，如2021年英特尔公司宣布投资200亿美元建设7纳米级芯片晶圆厂，动辄百亿美元的技术研发费用要求大量金融资本流向基础技术。因此，后摩尔时代的生产资本被视为数字经济财富增长的创造者，而金融资本仅扮演“增长润滑剂”的角色，金融资本开始与新技术的发展相适应，资金由规模化低附加值的平台模式行业投入高附加值的技术创新领域，金融资本逐渐转变为依靠基础技术、实体经济进行生产的长期主义增长模式，真正成为持续投入到产业互联网的创新资本。

#### 7. 制度支持：从知识产权到技术标准

技术创新不仅涉及技术、经济问题，还关系到多种法律形态以及政府的制度支持。作为技术创新的桥梁和载体，知识产权保护和技术标准化成为数字经济创新发展所亟须的两大制度支持。知识产权保护是为激励、保护科技创新而被法律赋予的专有权，具有排他性；技术标准是具有公共资源属性的通用技术要求或方案，具有公共性。二者本来是并行的体系，甚至存在一定异质性。但是，随着数字经济领域专利数量的不断增加，企业在重视知识产权保护的同时也易造成知识产权滥用现象，甚至引发“专利流氓”盛行。数字经济领域的公知技术越来越少，企业在技术运用过程中“踩雷”现象频发，技术扩散进程受阻。而技术标准在保护知识产权的同时，通过标准必要专利的FRAND(公平、合理、无歧视)原则承诺，有助于技术创新扩散和社会技术进步。因此，如何在知识产权保护和促进开放竞争中寻求平衡以推动技术的发展，成为后摩尔时代的重要议题。

后摩尔时代的到来使各国纷纷抢占数字技术的关键核心领域，这将继续加速知识产权保护与技术标准的融合协同。当前，半导体芯片的制造工艺日趋复杂，从芯片设计、晶圆制造到封装均呈现全球产业链紧密融合态势，复杂制造系统模块化，兼容性技术大量涌现。一些跨国公司开始利用其知识产权的合法垄断性控制技术标准来限制竞争、牟取暴利，知识产权与技术标准之间的平衡被打破，将破坏技术创新秩序，抑制科技创新发展。中国在芯片制造底层核心技术上面临技术封锁等“卡脖子”问题，主要在于美国率先抢占了底层核心技术的知识产权与技术标准的制高点。知识产权和技术标准构成了数字技术创新发展的两个支点，两者相互依赖、相互制约。我国目前对专利技术的保护程度不断提高，但对技术标准化重视不足，亟须制度安排在开放和控制两种策略中进行取舍，以支持、保障技术发展的健康生态环境。

## 11.4 中国企业数字化管理变革

从发展趋势看，数字化转型正呈现新的方向和特征。首先，数字化转型由消费领域向生产领域扩展。过去一个时期，消费领域的数字化转型更为活跃，移动支付、电子商务、网络购物、视频直播、智慧物流等新业态和新模式迅猛发展，促进供需时空匹配，降低交易成本，释放巨大的消费潜能。未来，随着先进传感技术、数字化设计制造、机器人与智能控制系统等日趋广泛应用，将推动数字技术与制造业深度融合，形成人机共融的智能制造模式，大幅提升生产效率，拓展生产可能性边界，实现高水平价值创造。越来越多的企业迈上“云端”，预示着工业互联网正在作为一种新的生产方式登上历史舞台。其次，人工智能技术将重塑数字化生态。物联网、云计算、大数据等新技术，构建“人-网-物”的互联体系和泛在智能信息网络，推动人工智能向自主学习、人机协同增强智能和基于网络的群体智能等方向发展，推动生产模式和数字化生态发生革命性变化。人工智能将成为数字化转型的新引擎。人工智能技术正在向各个领域渗透，应用场景日趋多样化，如工业生产的智能远程控制、精准医学、智慧交通、深度学习等。人工智能技术与物联网和大数据技术的融合，为“云计算＋AI”应用创造了条件，而5G的规模化应用将使人工智能的发展动能更加强劲。最后，数字技术推动绿色低碳转型。数字技术与能源技术融合，推动化石能源清洁化、清洁能源规模化和能源服务智能化，推动能源技术向绿色低碳和智能化方向转型，促进能源结构从高碳向低碳转变。有研究表明，数字技术可以减少20%以上的碳排放。数字技术推动能源生产各环节数字化，提升能源企业的生产效率，有效降低碳排放，同时提高能源互联网的智能化水平。利用人工智能、大数据和云计算等技术实时采集运行数据，实现精准预测需求、设备远程监测、能耗管理，也可以有效降低能耗和碳排放。数字技术赋能绿色低碳转型，有利于加快实现碳达峰、碳中和目标。利用工业互联网、大数据、人工智能等技术，可以打造钢铁、石化、水泥等重点高能耗、高排放行业的能源管控解决方案，实现节能减排和绿色生产。利用智能技术还可以强化数据分析和价值挖掘，加速绿色产品开发，精细管理工业企业工艺、制造、采购、营销、物流及服务等各个环节，提升管理效率，实现各环节的节能减排。数字科技将在C(consumer)端助力城市生活提效减排。智慧城市建设融合城市管理和数字技术，通过数据管理优化城市运行，在为居民带来便捷与高效的同时，实现碳排放的减少。同时，数字科技也将助力B(business)端工业生产提效减排。在工业互联网赋能下，企业生产力和工作效率得到提升，同时能源使用和碳排放有效减少，实现节能增效。

全球数字化革命浪潮下，数字技术的广泛应用使得产业结构和产业组织发生巨大变化，市场竞争变得更加复杂激烈，企业面临着一系列新的机遇和挑战。2021年10月，习近平总书记在主持十九届中共中央政治局第三十四次集体学习时强调，“要推动数字经济和实体经济融合发展，把握数字化、网络化、智能化方向，推动制造业、服务业、农业等产业数字化，利用互联网新技术对传统产业进行全方位、全链条的改造，提高全要素生产率，发挥数字技术对经济发展的放大、叠加、倍增作用”。面对当今世界的“百年未有之大变局”，数字化转型、智能化升级业已成为各类企业战略方向上的不二选择。根据埃森哲于2021年9月发布的《2021埃森哲中国企业数字转型指数》报告，2021年转型成效显著的中国企业比例持续上升，由2020年的11%跃升至16%。领军企业在数字化能力、经营绩效等方面，与其他企业进一步拉开了差距。随着转型分水岭的形成，加速推动转型取得成效，实现可持续发展，成为企业的当务之急。凭借更高的数字化成熟度，领军企业扩大竞争优势，在国内疫情得到有效控制后实现了增长提速。从2020年的营收增速来看，领军企业的营收增幅是其他企业的3.7倍，远超2016—2019年的营收年平均增速差距(1.4倍)。整体来看，中国企业数字化转型稳步推进，但与此同时企业之间数字化差距逐步拉大，与发达国家优秀企业同样存在一定距离。面对差距，中国企业需要明确方向，加速进程；面对痛点，中国企业需要直面挑战，才能够实现数字化转型价值的最大化。对于中国企业而言，应当重点围绕以下四个方面做出应对。

第一，确立数字化转型意识。区别于工业经济时代企业主要关注产品的数量、质量和价格等属性，数字经济下企业管理将围绕顾客而展开，产品、服务的模式均以价值的创造与供给为核心。数字化不仅是利用数字技术提升效率，而且意味着竞争属性的变化，也意味着管理思维和范式的转变。企业只有聚焦满足顾客多元化、个性化的需求，不断加强与生态伙伴的密切协作，才有可能把握住数字化机遇。数字化的最终目的是创造更多的顾客价值，只有顾客真正认可了这些价值，企业的数字化转型才算发挥了作用。当然，顾客价值还需要是有温度的、个性化的。每个人的需求都是不一样的，数字化如何将大规模的定制变为现实，挖掘个性化的顾客价值，需要企业共同来思考。与发达国家的企业相比，中国企业的数字化转型意识还普遍较为薄弱。根据波士顿咨询公司 2019 年 1 月发布的《为中国互联网下一阶段做好准备》，仅有 25%的中国制造企业提出将建造智慧工厂，而美国与德国分别有 54%和 46%的制造企业开始进行转型；近几年来，一部分中国企业在数字化转型后产生了良好的经营绩效，在盈利性、成长性以及应对外部冲击等方面都有着更佳表现，然而绝大多数企业的数字化转型实践尚没有带来实质性的成果。中国制造企业在智慧连接、数据整合、智慧决策、人机协作四个方面的表现，也落后于美国与德国的同类企业。在数字产业经历了原始的“野蛮生长”期之后，在顾客数量逐渐逼近“天花板”乃至趋于市场饱和的背景下，中国企业需要尽早确立数字化转型意识，从根本上转变传统管理理念，让顾客切实、有效地参与到生产、设计等活动中，通过赋能顾客与员工充分发挥智力资本的力量，在不断探索数字技术升级及其广泛应用的同时，推动其与实体经济的深度融合，加速从消费互联网时代迈入产业互联网时代，即实现“从 C 端到 B 端”的转移。

第二，及早制定实施数字化转型战略。根据埃森哲于 2019 年 9 月发布的《2019 埃森哲中国企业数字转型指数》研究报告，有 67%的高管认为在未来 1～2 年“数字技术+商业”是企业发展的主要动能，有 54%的高管表示将在强化核心业务的同时，开拓新的业务。面对数字化转型的大势所趋，中国企业迫切需要制定数字化转型战略，依据战略管理的组成要素，制定既先进又可行的数字化战略及其实施方案。虽然并不存在普适性的数字化战略，但“成功的企业是一样的，失败的企业各有各的不幸”，这就要求企业依据“系统决定成败”的理念，先行满足数字化转型的关键要件；同时根据“牵一发而动全身”的特点及时“补短板”。对制造业企业的数字化转型而言，需要构建数字化决策体系与管控系统，促进组织结构的网络化、扁平化；需要注重线上和线下渠道的有机结合，运用大数据增强营销行为的精准化、精细化；需要运用数字孪生、数字主线(digital thread)、高性能模糊控制器、智能制造等技术加强生产流程管理，促进生产活动的模块化、柔性化；需要整合客户关系管理系统和产品设计平台，利用敏捷开发和精益创业方法论，助推产品的版本化和迭代化；需要选择开放式创新平台和各类开源软件，激励全球各种“兴趣小组”主动发现问题并贡献解决方案，实现研发与创新的开放化和开源化；需要利用零工经济趋势，基于在线工作平台，采用多元化、弹性化的用工模式，有效汇聚“碎片化”价值。当然，这里所谈的数字化战略转型，只是择其要点而言，远非全部。即便是对于芯片制造而言，一条生产线就会涉及50多个细分行业、2 000～5 000道工序。显然，现实中的数字化战略转型过程是一个复杂的系统工程，不仅仅是技术层面的选择，也不完全是管理方面的考量，甚至包含着对体制改革的内在要求以及对各种利益集团的精心考虑和妥善安排。数字化转型不可能一蹴而就，企业要不断根据内外部全新的情况进行敏捷迭代。上云是手段，用数是关键，赋智是目的。在信息化时代，很多组织可能采购完基础设施或应用系统就结束了。而在智能化时代，更多的是要把海量数据用起来。在用数的过程中不断演变、进化，就带动了商业模式、营销模式、组织流程等的变化。随着数字化转型程度加深，发展重点应转向数字化业务的覆盖面与商业模式的有效性，应更加关注管理流程是否集约、组织结构是否适配等，进而让数字化战略持续驱动企业发展。数字化转型不能只关注短期利益，而应注重长期效益，唯有紧跟变革方向、瞄准技术前沿、科学谋划布局，才能在转型大潮中勇立潮头。

第三，加强对数字化人才的内培外引。越来越多的行业开始加码数字化，系统复杂性越来越高，对技术创新的要求呈指数级上升。随着数字化转型的不断深入，企业对数字化人才的需求日益扩大。从组织内部来看，人才问题是最大的痛点。数字化转型不是空中楼阁，要为具体的应用场景服务，这就要求组织拥有一批既懂业务又懂数字技术的人才，对数字化转型进行顶层设计。适应数字经济时代的管理者和理念，是企业成功转型的关键。培养、吸纳一批具有数字技能的人才队伍，对于企业转型升级、强化核心优势是必不可少的。根据埃森哲于2018年7月发布的《智企业 新工作》，预计2018—2022年，全球企业加大在人工智能、人机协作上的投资，收入将提高38%，总利润将增加4.8万亿美元，员工规模将增加10%。根据德勤于2020年2月发布的《制造业工作的未来》，随着先进技术的发展，在未来10年，美国制造业面临的数字化人才缺口将达到200万以上。毫无疑问，未来中国对数字化人才的需求肯定会更为旺盛。对此，企业需要主动应对。企业应设立副总裁级别的首席数字官(CDO)，统筹软件平台建设、运营以及数字化人才队伍的管理。在加大对企业内部人员的数字技能培养的同时，利用外部渠道向全球招聘所需要的数字化人才。作为传统制造业典型的通用电气公司，自2011年开始着手制造业数字化转型以来，仅2012—2016年的5年间就迅速从外部特别是硅谷地区招聘了7 500名数字化人才。与此同时，公司加强对原有员工的数字化培训，加速员工轮岗。到2016年6月，在30.7万名的员工队伍中，有2.8万人从事与数字化相关的业务(中田敦，2018)。正是这些数字化人才的新活力，助推了通用电气向“数字化制造业”的成功转型。

第四，充分利用中央和地方政府的支持性政策。党的十八大以来，中共中央、国务院围绕数字产业化和产业数字化已经出台了百余个专项战略规划和指导意见，如《国务院关于积极推进“互联网+”行动的指导意见》(2015年)、《国家创新驱动发展战略纲要》(2016年)、《“十三五”国家信息化规划》(2016年)、《新一代人工智能发展规划》(2017年)、《关于促进移动互联网健康有序发展的意见》(2017年)、《数字乡村发展战略纲要》(2019年)等，几乎涉及了数字经济的方方面面和各个环节。与此同时，各个部委和各级地方政府围绕发展数字经济及其具体业态也出台了众多支持性政策。《中华人民共和国国民经济和社会发展第十四个五年规划和2035年远景目标纲要》中，专门辟出一篇“第五篇 加快数字化发展 建设数字中国”，分四章(第十五至十八章)分别对打造数字经济新优势、加快数字社会建设步伐、提高数字政府建设水平、营造良好数字生态进行了具体规划。2022年1月，国务院印发《“十四五”数字经济发展规划》，明确了“十四五”时期推动数字经济健康发展的指导思想、基本原则、发展目标、重点任务和保障措施。可以说，中国政府针对数字经济发展已经制定了健全完善的政策体系，各项具体配套政策业已渐次落地，日益完善的政策体系必将为中国企业数字化转型释放出更多的“利好”。为此，企业应该用好用足中央和地方政府的各种支持政策，合理利用各级政府的产业引导基金，充分享受地方政府的人才引进政策红利，大力开展数字化投资，尽早收获“数字效益”。

# 参考文献


白静，李哲. 2012. 优化瀑布模型的网络课程开发模式研究[J]. 中国电化教育，(5)：94-99.

布莱恩·阿瑟. 2018. 技术的本质[M]. 曹东溟、王健译. 浙江：浙江人民出版社.

陈春花，赵海然. 2018. 共生：未来企业组织进化路径[J]. 当代电力文化，(11)：88.

陈剑，黄朔，刘运辉. 2020. 从赋能到使能——数字化环境下的企业运营管理[J]. 管理世界，36(2)：117-128，222.

陈劲，阳银娟. 2012. 协同创新的理论基础与内涵[J]. 科学学研究，30(2)：4.

戴翔，张雨，刘星翰. 2022. 数字技术重构全球价值链的新逻辑与中国对策[J]. 华南师范大学学报(社会科学版)，(1)：116-129，207.

戴亦舒，叶丽莎，董小英，等. 2018. CPS与未来制造业的发展：中德美政策与能力构建的比较研究[J]. 中国软科学，(2)：11-20.

单晓红，张晓月，刘晓燕. 2018. 基于在线评论的用户画像研究——以携程酒店为例[J]. 情报理论与实践，(4)：99-104.

杜媛. 2020. 何种企业适合双重股权结构？——创始人异质性资本的视角[J]. 经济管理，42(9)：160-175.

郭朝先，方澳. 2021. 人工智能促进经济高质量发展：机理、问题与对策[J]. 广西社会科学，(8)：8-17.

郭家堂，骆品亮. 2016. 互联网对中国全要素生产率有促进作用吗？[J]. 管理世界，(10)：34-49.

黄津孚. 2019. 智能互联时代的管理变革[M]. 北京：首都经济贸易大学出版社.

金帆，张雪. 2018. 从财务资本导向到智力资本导向：公司治理范式的演进研究[J]. 中国工业经济，(1)：156-173.

卡尔·夏皮罗，哈尔·R. 范里安. 2017. 信息规则：网络经济的策略指导[M]. 孟昭莉，牛露晴译. 北京：中国人民大学出版社.

李海舰，李燕. 2020. 对经济新形态的认识：微观经济的视角[J]. 中国工业经济，(12)：159-177.

李海英，李双海，毕晓方. 2017. 双重股权结构下的中小投资者利益保护——基于Facebook收购WhatsApp的案例研究[J]. 中国工业经济，(1)：174-192.

李燕萍，李乐，胡翔. 2021. 数字化人力资源管理：整合框架与研究展望[J]. 科技进步与对策，38(23)：151-160.

廖宏军，高雅佳. 2012. 网络环境下数字信息产品定价策略[J]. 承德石油高等专科学校学报，(4)：98-100.

刘大同，郭凯，王本宽，等. 2018. 数字孪生技术综述与展望[J]. 仪器仪表学报，39(11)：1-10.

刘磊，万迪昉 . 2004. 企业中的核心控制权与一般控制权[J]. 中国工业经济，(2)：68-76.

刘洋，董久钰，魏江. 2020. 数字创新管理：理论框架与未来研究[J]. 管理世界，36(7)：198-217，219.

刘志勇，李敏强，寇纪淞 . 2015. 网络外部性因素影响下信息产品版本化策略研究[J]. 管理科学学报，18(7)：13-26.

刘智慧，张泉灵 . 2014. 大数据技术研究综述[J]. 浙江大学学报(工学版)，48(6)：957-972.

吕文晶，陈劲，刘进 . 2019. 工业互联网的智能制造模式与企业平台建设——基于海尔集团的案例研究[J]. 中国软科学，(7)：1-13.

罗斯托 . 2001. 经济增长的阶段：非共产党宣言[M]. 郭熙保，王松茂译. 北京：中国社会科学出版社 .

马克思 . 1979. 马克思恩格斯全集(第 46 卷上)[M]. 北京：人民出版社 .

马克思 . 1965. 哲学的贫困[M]. 北京：人民出版社 .

马克思 . 2009. 资本论[M]. 郭大力，王亚南译 . 上海：上海三联书店 .

马克思 . 1975. 资本论(第二卷)[M]. 北京：人民出版社 .

戚聿东，肖旭 . 2020a. 数字经济时代的企业管理变革[J]. 管理世界，(6)：135-152.

戚聿东，肖旭 . 2020b. 新基建，新引擎：产业动能转换与企业管理创新[J]. 清华管理评论，(9)：74-83.

戚聿东，肖旭，蔡呈伟 . 2020. 产业组织的数字化重构[J]. 北京师范大学学报(社会科学版)，(2)：130-147.

齐若兰 . 2014. 管理的实践[J]. 当代电力文化，(4)：12.

清华大学社会科学学院经济学研究所，北京字节跳动公共政策研究院 . 2020. 互联网时代零工经济的发展现状、社会影响及其政策建议[R].

石晓军，王骜然 . 2017. 独特公司治理机制对企业创新的影响——来自互联网公司双层股权制的全球证据[J]. 经济研究，52(1)：149-164.

孙祁祥，周新发 . 2020. 科技创新与经济高质量发展[J]. 北京大学学报(哲学社会科学版)，(3)：140-149.

汪清松，赵万一 . 2011. 股份公司内部权力配置的结构性变革——以股东"同质化"假定到"异质化"现实的演进为视角[J]. 现代法学，33(3)：32-42.

王春艳，林润辉，袁庆宏，等 . 2016. 企业控制权的获取和维持——基于创始人视角的多案例研究[J]. 中国工业经济，(7)：144-160.

王如玉，梁琦，李广乾 . 2018. 虚拟集聚：新一代信息技术与实体经济深度融合的空间组织新形态[J]. 管理世界，34(2)：13-21.

王忠宏，李扬帆，张曼茵 . 2013. 中国 3D 打印产业的现状及发展思路[J]. 经济纵横，(1)：90-93.

习近平 . 2015-12-17. 在第二届世界互联网大会开幕式上的讲话[N]. 人民日报.

肖旭，戚聿东．2019. 产业数字化转型的价值维度与理论逻辑[J]. 改革，(8)：61-70.

肖旭，戚聿东．2021. 数据要素的价值属性[J]. 经济与管理研究，(7)：66-75.

肖旭．2019-10-23. 数字化转型：先进制造业和现代服务业深度融合的“催化剂”[N]. 学习时报.

谢伏瞻．2019. 论新工业革命加速拓展与全球治理变革方向[J]. 经济研究，(7)：4-13.

谢康，吴瑶，肖静华．2021. 生产方式数字化转型与适应性创新——数字经济的创新逻辑(五)[J]. 北京交通大学学报(社会科学版)，20(1)：1-10.

谢小云，左玉涵，胡琼晶．2021. 数字化时代的人力资源管理：基于人与技术交互的视角[J]. 管理世界，(1)：200-216.

许居衍．1992. 微电子技术发展前景预测[C]. 中国电子学会第五届学术年会(大会特邀报告)，北京．

许居衍，黄安君．2020. 后摩尔时代的技术创新[J]. 电子与封装，20(12)：3-6.

杨虎涛，冯鹏程．2019. 技术—经济范式演进与资本有机构成变动——基于美国1944—2016年历史数据的分析[J]. 马克思主义研究，(6)：71-82.

杨青峰，李晓华．2021. 数字经济的技术经济范式结构、制约因素及发展策略[J]. 湖北大学学报(哲学社会科学版)，48(1)：126-136.

杨帅．2015. 工业4.0与工业互联网：比较、启示与应对策略[J]. 当代财经，(8)：99-107.

杨扬，刘圣，李宜威，等．2020. 大数据营销：综述与展望[J]. 系统工程理论与实践，(8)：2 150-2 158.

余菁．2009. 美国公司治理：公司控制权转移的历史分析[J]. 中国工业经济，(7)：98-108.

约瑟夫·熊彼特．2014. 经济发展理论[M]. 何畏，易家详，等译，北京：商务印书馆．

曾繁斌．2021. 百货零售企业全渠道整合营销管理研究[J]. 中国商论，(23)：1-3.

张伟华，王斌，宋春霞．2016. 股东资源、实际控制与公司控制权争夺——基于雷士照明的案例研究[J]. 中国软科学，(10)：109-122.

张新春，张婷. 2022. 数字技术下社会再生产分层：表现、实质与启示[J]. 教学与研究，(2)：27-38.

赵涛，郑诗田．2009. 数字产品定价策略探析[J]. 价格理论与实践，(9)：75-76.

郑志刚．2019. 从“股东”中心到“企业家”中心：公司治理制度变革的全球趋势[J]. 金融评论，11(1)：58-72，124-125.

中田敦．2019. 变革：制造业巨头GE的数字化转型之路[M]. 北京：机械工业出版社．

余江，孟庆时，张越，等. 2017. 数字创新：创新研究新视角的探索及启示[J]. 科学学研究，35(7).

钟义信 . 2017. 人工智能：概念 · 方法 · 机遇[J]. 科学通报，62(22)：2 473-2 479.

周江华. 2021-01-29. 数字化如何驱动企业创新[N/OL]. 光明网.

周茂君. 2019. 数字营销概论[M]. 北京：科学出版社 .

朱恒源，王毅 . 2021. 智能革命的技术经济范式主导逻辑[J]. 经济纵横，(6)：66-72.

Allen D, Wilson T D. 2003. Information overload: Context and causes[J]. New Review of Information Behaviour Research, 4(1): 31-44.

Andries P, Debackere K, Looy B V. 2020. Simultaneous experimentation as a learning strategy: Business model development under uncertainty—Relevance in times of COVID-19 and beyond[J]. Strategic Entrepreneurship Journal, 14(4): 556-559.

Avey G, James B, Bruce J. 2009. Psychological ownership: Theoretical extensions, measurement and relation to work outcomes[J]. Journal of Organizational Behavior, 30(2): 173-191.

Bakhshi H, Bravo B A, Mateos C J. 2014. Inside the datavores: Estimating the effect of data and online analytics on firm performance[R]. London: NESTA.

Ban G Y, Rudin C. 2018. The big data newsvendor: Practical insights from machine learning[J]. Operations Research, 67.

Brynjolfsson E, Hitt L M, Kim H H. 2011. Strength in numbers: How does data-driven decision making affect firm performance[J]. Proceedings of the International Conference on Information Systems, Shanghai.

Chesbrough H W. 2003. Open innovation: The new imperative for creating and profiting from technology[M]. Harvard University Press.

Christensen C M, Johnson M W, Rigby D K. 2002. Foundations for growth: How to identify and build disruptive new businesses[J]. Social Science Electronic Publishing. 43(3): 22-31.

Coviello N E, Joseph R M. 2012. Creating major innovations with customers: Insights from small and young technology firms[J]. Journal of Marketing A Quarterly Publication of the American Marketing Association, 76(6): 87-104.

DeAngelo H, DeAngelo L. 1985. Managerial ownership of voting rights: A study of public corporations with dual classes of common stock[J]. Journal of Financial Economics, 14(1): 33-69.

Dimitrov V, Jain P C. 2006. Recapitalization of one class of common stock into dual-class: Growth and long-run stock returns[J]. Journal of Corporate Finance, 12(2): 342-366.

Dosi G. 1982. Technological paradigms and technological trajectories[J]. Research Policy, 11(3): 147-162.

Dosi G. 1988. Sources, procedures and microeconomic effects of innovation[J]. Journal of Economic Literature. 26(3): 1 120-1 171.

Eppler M, Mengis J. 2004. The concept of information overload: A review of literature from organization science, accounting, marketing, MIS, and related disciplines [J]. Information Society, 20(5): 325-344.

Fischel D R. 1987. Organized exchanged and the regulation of dual class common stock[J]. The University of Chicago Law Review, 1: 119-152.

Gilson R J. 1987. Evaluating dual class common stock: The relevance of substitutes [J]. Virginia Law Review, 73(5): 807-844.

Hagiu A, Wright J. 2020. When data creates competitive advantage[J]. Harvard Business Review, (1-2): 94-101.

Hills T T, Noguchi T, Gibbert M. 2013. Information overload or search-amplified risk? Set size and order effects on decisions from experience[J]. Psychonomic Bulletin & Review, 20(5): 1 023-1 031.

Hong P T, Plowman D, Hancock P. 2007. Intellectual capital and financial returns of companies[J]. Journal of Intellectual Capital, 8(1): 76-95.

Howell J W. 2017. The survival of the US dual class share structure[J]. Journal of Corporate Finance, 44: 440-450.

Iansiti M, Lakhani K R. 2020. Competing in the age of AI[J]. Harvard Business Review, (1-2): 60-67.

Jacoby J, Speller D E, Kohn C A. 1974. Brand choice behavior as a function of information load[J]. Journal of Marketing Research, 11(1): 63-69.

Jordon B D, Soohyung K, Mark L. 2016. Growth opportunities, short-term market pressure, and dual-class share structure[J]. Journal of Corporate Finance, 41: 304-328.

Kim N, Im S, Slater S F. 2013. Impact of knowledge type and strategic orientation on new product creativity and advantage in high-technology firms[J]. Journal of Product Innovation Management, 30(1): 136-153.

Lehn K, Jeffry N, Annette P. 1990. Consolidating corporate control: Dual-class recapitalization versus leveraged buyouts[J]. Journal of Financial Economics, 27(2): 557-580.

Li X D, Jiao Y, Yu M, et al. 2018. Founders and the decision of Chinese dual-class IPOS in the US[J]. Pacific-Basin Finance Journal, (57): 1-11.

Moore G E. 1965. Cramming more components onto integrated circuits[J]. Electronics, 38(8): 114-117.

Nuryaman. 2015. The Influence of intellectual capital on the firm's value with the financial performance as intervening variable [J]. Procedia-Social and Behavioral Sciences, (211): 292-298.

Perez C. 1983. Structural change and assimilation of new technologies in the economic and social[J]. Systems Futures. 15(5): 357-375.

Rajan R G, Zingales L. 1988. Power in a theory of the firm[J]. Quarterly Journal of

Economics, 113(2): 387-432.

Raymond E S. 1999. The cathedral & the bazaar: Musings on linux and open source by an accidental revolutionary[M]. Sebastopol: O'Reilly.

Reinsel D, Gantz J, Rydning J. 2018. The digitization of the world from edge to core[M]. Boston: IDC.

Shrivastav H, Collins R, Hiltz S R, et al. 2012. Facebook news feed: Relevance or noise? [C]. Americas Conference on Information Systems, Seattle: 18.

Tallarita R. 2018. High tech, low voice: Dual-class IPOs in the technology industry [J]. Harvard Law School Working Paper, 5.

Waldrop M M. 2016. The chips are down for Moore's law [J]. Nature, 530 (7 589): 144.

Wheelwright G. 1995. Information overload [J]. Communications International, 22(1): 55-58.